ମୁଁ ବଡ଼ ହେଲେ ଆଦିବାସୀ ହେବି...

ଡ଼. ଅନ୍ତର୍ଜିତା ନାୟକ

Made with ♥ on the Notion Press Platform
www.notionpress.com

ପ୍ରସ୍ତାବନା

ଭାରତର ସମୃଦ୍ଧ ସାଂସ୍କୃତିକ ବିବିଧତାର ମୂଳଦୁଆ ଓ ପରିଚୟ ହେଲା ଭାରତର ଆଦିବାସୀ, ଯେଉଁମାନେ ଦେଶର ଇତିହାସ ଏବଂ ବିକାଶରେ ଏକ ଗୁରୁତ୍ୱପୂର୍ଣ୍ଣ ଭୂମିକା ଗ୍ରହଣ କରିଛନ୍ତି । ୨୦୨୧ ମସିହାରୁ ପ୍ରତିବର୍ଷ ନଭେମ୍ବର ୧୫ ତାରିଖ ସ୍ୱାଧୀନତା ସଂଗ୍ରାମୀ ଭଗବାନ ବିର୍ସା ମୁଣ୍ଡାଙ୍କ ଜନ୍ମ ଦିବସକୁ, ଦେଶ ନିର୍ମାଣ ଓ ଦେଶ ଭବିଷ୍ୟତ ଗଠନରେ ଆଦିବାସୀଙ୍କ ଅବଦାନକୁ ସମ୍ମାନ ଜଣାଇବା ପାଇଁ, ବିଶେଷକରି ଭାରତର ସ୍ୱାଧୀନତା ସଂଗ୍ରାମରେ ଆଦିବାସୀଙ୍କ ବଳିଦାନକୁ ଶ୍ରଦ୍ଧାଞ୍ଜଳୀ ଅର୍ପଣ କରିବା ପାଇଁ, ଜନଜାତି ଗୌରବ ଦିବସ ପାଳନ କରାଯାଉଅଛି । ଭଗବାନ ବିର୍ସା ମୁଣ୍ଡାଙ୍କ ନେତୃତ୍ୱରେ ବ୍ରିଟିଶ ଶାସନ ବିରୁଦ୍ଧରେ ଆରମ୍ଭ ହୋଇଥିବା ଆନ୍ଦୋଳନ କେବଳ ବ୍ରିଟିଶ ସରକାରଙ୍କ ଅତ୍ୟାଚାର ବିରୁଦ୍ଧରେ ଏକ ଆନ୍ଦୋଳନ ନ ଥିଲା, ବରଂ ଏହା ଥିଲା ଏକ ଜାତୀୟ ଜାଗରଣ । ଏହି ଅବସରରେ ଭାରତର ଐତିହ୍ୟର ସଂରକ୍ଷଣ ଏବଂ ଏହାର ପ୍ରଗତି ଦିଗରେ ଆଦିବାସୀଙ୍କର ଗୁରୁତ୍ୱପୂର୍ଣ୍ଣ ଭୂମିକା ଉପରେ ଆଲୋକପାତ କରାଯାଉଅଛି । ଭଗବାନ ବିର୍ସା ମୁଣ୍ଡଙ୍କର ୧୫୦ ତମ ଜନ୍ମ ବାର୍ଷିକୀ ପାଳନ ଅବସରରେ, ଭାରତ ସରକାରଙ୍କ ତରଫରୁ ବର୍ଷ ୨୦୨୪-୨୫ କୁ ଜନଜାତୀୟ ଗୌରବ ବର୍ଷ ହିସାବରେ ପାଳନ କରାଯିବା ଅବସରରେ, ସ୍କୁଲ, କଲେଜ ଓ ବିଭିନ୍ନ ମଞ୍ଚରେ ଭିନ୍ନ ଭିନ୍ନ କାର୍ଯ୍ୟକ୍ରମ ମାନ ଅନୁଷ୍ଠିତ ହେଉଛି । ବିଶେଷକରି ପିଲାମାନେ ଯେମିତି ଆଦିବାସୀଙ୍କର ଗୁରୁତ୍ୱ ଓ

ସେମାନଙ୍କର ଭୂମିକାକୁ ସଠିକ ଭାବରେ ହୃଦୟଙ୍ଗମ କରିବେ ଓ ସେମାନଙ୍କ ଠାରୁ ପ୍ରେରଣା ନେବେ, ସେଥିପାଇଁ ଭିନ୍ନ ଭିନ୍ନ ସ୍ତରରେ ସମସ୍ତେ ତତ୍ପର । ଆଦିବାସୀଙ୍କ ଏହି କୀର୍ତ୍ତିଗାନ ଅବସରରେ, ଆଦିବାସୀ କଳା, ସଂସ୍କୃତି, ଐତିହ୍ୟ, ପରମ୍ପରା, ନୃତ୍ୟ, ପୋଷାକ ପରିଧାନ, ଖାଦ୍ୟପେୟ ଇତ୍ୟାଦିକୁ କେନ୍ଦ୍ର କରି ଏକ ଆଦିବାସୀ ଚିତ୍ରକଳା ପ୍ରତିଯୋଗିତା ଆୟୋଜନ କରାଯାଇଥିଲା, ଯାହାର ବିଷୟବସ୍ତୁ ଥିଲା "ଆଦିବାସୀ ଅସ୍ମିତା, ଅସ୍ତିତ୍ୱ ଓ ବିକାଶ" । ତାହା ସହିତ ସମସ୍ତ ପ୍ରତିଯୋଗୀ କଳାକାରଙ୍କୁ ସେମାନଙ୍କ ଚିତ୍ରକଳାକୁ ଏକ ଶୀର୍ଷକ ପ୍ରଦାନ କରିବାକୁ ନିର୍ଦ୍ଦେଶ ମଧ୍ୟ ଦିଆଯାଇଥିଲା । ଚିତ୍ର ଶେଷ କରିବାକୁ ଦେଢ଼ ଘଣ୍ଟା ସମୟ ଦିଆ ଯାଇଥିଲା, ଯାହା ପରେ ସମସ୍ତ ଚିତ୍ର ପ୍ରଦର୍ଶିତ ହୋଇଥିଲା । ପ୍ରାୟ ସମସ୍ତେ ଅନନ୍ୟ ଚିତ୍ର କରିଥିଲେ ଓ ଅଭିନବ ଶୀର୍ଷକ ମଧ୍ୟ ଦେଇଥିଲେ, ଯେପରି: ***"Bold Strokes of Identity, Vibrant Hues of Pride", "Traditional Roots, Modern Wings", "Bridging Past and Future", "Tribal Fabric of Life", "Colours of Asmita, Lines of Astitwa, and Patterns of Bikash",*** ଯାହା ଆଦିବାସୀଙ୍କ ସମୃଦ୍ଧ ପରିଚୟକୁ ବଖାଣୁ ଥିଲା । ସବୁ ଚିତ୍ର ମଧ୍ୟରେ କିନ୍ତୁ ଗୋଟିଏ ଚିତ୍ର ଅତ୍ୟନ୍ତ ଅଭିବ୍ୟକ୍ତିପୂର୍ଣ୍ଣ ଥିଲା । ଯାହା ଶବ୍ଦରେ ବର୍ଣ୍ଣନା କରିବା କଷ୍ଟ । ଚିତ୍ରଟିର ଶୀର୍ଷକ ଥିଲା ***"Journey of Asmita, Astitwa, and Bikash."*** ଯେଉଁଥିରେ କୃତ୍ରିମ ବୁଦ୍ଧିମତାର ଦୁନିଆକୁ ଚିତ୍ରଣ କରୁଥିବା ଏକ ବିକଶିତ ଏବଂ ଜନଗହଳିପୂର୍ଣ୍ଣ ସହର, ଯେଉଁଠାରେ ମଣିଷ ମେସିନ୍ ପରି କାମ କରୁଛି, ତା ଭିତରେ ଗୋଟିଏ ନିରୀହ ଆଦିବାସୀ ଝିଅ ମୁଣ୍ଡ ତଳକୁ କରି କାନ୍ଦୁଛି । ସେଇ କଥାକୁହା ଚିତ୍ର ପଛର କଳାକାର ନିଜେ ଜଣେ ଆଦିବାସୀ ଝିଅ ଥିଲା । ସେଇ ଚିତ୍ରର ବିସ୍ତୃତ ମାନେ, ବୁଝାଇବାକୁ ଯାଇ ଝିଅଟି

କହିଥିଲା, "ମୋର ଅନ୍ୟ ଆଦିବାସୀ ସମ୍ପର୍କୀୟ ବା ମୋ ଆଦିବାସୀ ଗାଁର ପଡ଼ୋଶୀଙ୍କ ତୁଳନାରେ ମୁଁ ବହୁତ ବିକଶିତ । ମୁଁ ବହୁତ ପାଠୁଆ । ମୁଁ ଜଣେ ପାଠୁଆ ଆଦିବାସୀ ହୋଇଥିବାରୁ କାଲି ମୋତେ ଗୋଟେ ଭଲ ଚାକିରୀ ବି ମିଳିଯିବ । ହେଲେ, ଭବିଷ୍ୟତରେ ବୋଧେ ମୁଁ ଆଉ ଆଦିବାସୀ ହୋଇ ରହିବି ନାହିଁ । କାରଣ, ମୁଁ ଜଣେ ବିକଶିତ ଆଦିବାସୀ ହେଲାପରେ, ଆଦିବାସୀ ଭାଷାରେ କଥା ହେଉ ନାହିଁ, ଆଦିବାସୀ ଖାଦ୍ୟ ଖାଉନାହିଁ, ଆଦିବାସୀ ପୋଷାକ ପିନ୍ଧୁନାହିଁ, ଆଦିବାସୀ ନାଚ ନାଚୁ ନାହିଁ, ଆଦିବାସୀ ପର୍ବପର୍ବାଣି ପାଳନ କରୁନାହିଁ । ମୋତେ ବିକାଶ ତ ମିଳି ଯାଉଛି, ହେଲେ ମୋ ଅସ୍ତିତ୍ୱ ଓ ଅସ୍ମିତା ଯେମିତି ମୋ ଠାରୁ ପର ହୋଇ ଯାଉଛନ୍ତି । ଅସ୍ମିତା, ଅସ୍ତିତ୍ୱ ଓ ବିକାଶକୁ ଏକାଠି କେମିତି ଗୁନ୍ଥି ରଖାଯିବ, ତାହାର ଉପାୟ ମୁଁ ପାଉ ନାହିଁ । ସେଥିପାଇଁ ଏଇ ଚିତ୍ରରେ ଥିବା ସେଇ ନିରୀହ ଆଦିବାସୀ ଆଉ କେହି ନୁହେଁ, ବରଂ ମୁଁ ନିଜେ । ମୁଁ ଆଦିବାସୀ, ସବୁବେଳେ ଆଦିବାସୀ ହୋଇ ରହିବାକୁ ପସନ୍ଦ କରିବି । ତାହା ହିଁ ମୋର ଅଲିଭା ଓ ଅଭୁଲା ପରିଚୟ, ଯାହାକୁ ମୁଁ ନିଜର କରି ରଖିବାକୁ ଚାହେଁ ।" ତଥାକଥିତ ବିକାଶର ଭିଡ ଭିତରେ ହଜି ଯାଉଥିବା ଆଦିବାସୀ ଅସ୍ମିତା ଓ ଅସ୍ତିତ୍ୱ ର ଏହା ଏକ ଜୀବନ୍ତ କାହାଣୀ କହିଲେ ଅତ୍ୟୁକ୍ତି ହେବ ନାହିଁ । ହେଲେ, ଭୁଲି ଯାଉଥିବା ଆଦିବାସୀ ଅସ୍ମିତା ଓ ଅସ୍ତିତ୍ୱ ଭିତରେ ବିକାଶର ଛବି ମଧ୍ଯ ଅତି ଅଲଗା । ସେଇ ଅଲଗା ଏକ ଛବିର କିଞ୍ଚିତ ଝଲକ ଆଦିବାସୀଙ୍କର ପର୍ବପର୍ବାଣି ପାଳନ, ପୋଷାକ ପରିଧାନ ବା ଆଧୁନିକୀକରଣ ସହିତ ବଦଳୁଥିବା ଚାଲିଚଳନ ରେ ଦେଖିପାରିବା । ଅନେକ ଆଦିବାସୀ ପର୍ବପର୍ବାଣି ମଧ୍ୟରୁ ଗୋଟିଏ ବଡ଼ ପର୍ବ ହେଲା ପୁଷ ପୁନେଇ । ପୌଷ ପୂର୍ଣ୍ଣିମା, ଯାହା କୃଷି ଉପରେ ଆଧାରିତ ଏକ ବାର୍ଷିକ ପର୍ବ, ଯାହା ପୌଷ ମାସର ପୂର୍ଣ୍ଣିମା ଦିନ

ପାଳନ କରାଯାଏ । ଏହି ପର୍ବ ସମଗ୍ର ଓଡ଼ିଶାର ଉଭୟ ଗ୍ରାମୀଣ ଏବଂ ଆଦିବାସୀଙ୍କ ଦ୍ୱାରା ପାଳନ କରାଯାଏ । ବିଶେଷକରି ଆଦିବାସୀଙ୍କ ମଧ୍ୟରେ ଏହି ପର୍ବର ସବୁଠାରୁ ଲୋକପ୍ରିୟ ନାମ, ହେଲା "ଛେର୍-ଛେରା" ଯାହାକି, ମୁଖ୍ୟତଃ ଭାରତର ଆଦିବାସୀମାନଙ୍କ ମଧ୍ୟରେ ଆଦୃତ ଲୋକଗୀତର ଏକ ଅନନ୍ୟ ଶୈଳୀ । "ଛେର୍-ଛେରା" ର ଏକ ଅନନ୍ୟ ମହତ୍ତ୍ୱ ରହିଛି ଯାହା ଫସଲ ବୃଦ୍ଧି ଏବଂ ଉତ୍ପାଦକତାକୁ ପାଳନ କରିବା ସହିତ ଗୀତ ମାଧ୍ୟମରେ ଆଦିବାସୀଙ୍କର କୃଷି ଜୀବନଶୈଳୀକୁ ପ୍ରତିଫଳିତ କରେ । "ଛେର୍-ଛେରା" ରେ ବୋଲା ଯାଉଥିବା ପ୍ରତ୍ୟେକ ଗୀତ, ଏକ କାହାଣୀକୁ ବଖାଣେ, ଯାହା ଆଦିବାସୀଙ୍କ ପାରମ୍ପାରିକ ଜୀବନଶୈଳୀ ଓ ଜୀବନ ଜୀବିକା ର ଏକ ପ୍ରତିବିମ୍ବ । "ଛେର୍-ଛେରା" କୁ ତାଳ ଦେଇ ଆଦିବାସୀଙ୍କ ଗୌରବମୟ ପ୍ରଥାର ସାକ୍ଷୀ ହୁଏ ଢୋଲ-ମାଦଳର ଧ୍ୱନି । ହେଲେ ଆଜି ନା ତ ଶୁଭୁଛି "ଛେର୍-ଛେରା" ନା ତ ଛାତି ଦୁଲୁକଉଛି ସେଇ ଢୋଲ-ମାଦଳ । ନିଜ ଅସ୍ମିତା ଓ ଅସ୍ତିତ୍ୱ କୁ ଭୁଲି ଯାଉଥିବା ଆଦିବାସୀ, ଆଜି ଡି.ଜେ ର ତାଳରେ ମତୁଆଲା । ଆଧୁନିକ ଗୀତ ସାଙ୍ଗକୁ ଆଧୁନିକ ନାଚ, ପୋଷାକ ଓ ବିକାଶର ତାଳେ ତାଳେ ଆଜି ଆଦିବାସୀଙ୍କ ଅସ୍ତିତ୍ୱ ଓ ଅସ୍ମିତା । ଗୋଟିଏ ପାଖରେ ଆଦିବାସୀ ଯେତେବେଳେ ବିକାଶର ଚାଦର ତଳେ ନିଜ ପାରମ୍ପାରିକ ନାଚ, ନିଜ ଆଦବ କାଇଦା, ପ୍ରାଚୀନ ଜ୍ଞାନ କୌଶଳକୁ ପରିତ୍ୟାଗ କରିଦେଉଛନ୍ତି, ସେତେବେଳେ ଆମେ ଆଦିବାସୀଙ୍କ ବିକାଶ ନାଁ ରେ ଆଦିବାସୀ କାର୍ଯ୍ୟକ୍ରମ କରି, ସେଇମାନଙ୍କୁ ଆଣି ନଚେଇ ଦେଉଛନ୍ତି । ନିଜ ସ୍ୱାର୍ଥ ସାଧନ ଲାଗି ଆମେ ଆଦିବାସୀ ନାଁ ବା ଆଦିବାସୀଙ୍କର ଫାଇଦା ଉଠାଇବାକୁ ମଧ୍ୟ କୁଣ୍ଠାବୋଧ କରୁନାହାନ୍ତି । ତାହା ନ ହେଉ ଥିଲେ ଆଦିବାସୀ ମେଳା ଭଳି ଭବ୍ୟ ବିଶାଳ ମେଳା, ଯାହା

ଆଦିବାସୀଙ୍କ ବିକାଶ ଲାଗି ଉଦ୍ଦିଷ୍ଟ, ତାହା କୌଣସି ଆଦିବାସୀ ଅଞ୍ଚଳରେ ନ ହୋଇ ସବୁବେଳେ ରାଜଧାନୀରେ କାହିଁକି ହେଉଥା'ନ୍ତା! ଓଡ଼ିଶାରେ ପ୍ରାୟ ୬୪ ସମ୍ପ୍ରଦାୟର ଆଦିବାସୀ ବାସ କରୁଛନ୍ତି ଓ ତାହାସହିତ, ଭାରତରେ ଚିହ୍ନଟ ହୋଇଥିବା ୭୫ ଟି ପିଭିଟିଜି **{Particularly Vulnerable Tribal Groups (PVTG)}** ବା ବିଶେଷଭାବେ ସଂକଟରେ ଥିବା ଆଦିବାସୀ ସମୂହମଧ୍ରୁ ୧୩ ଟି ସମୂହ ଓଡ଼ିଶାରେ ହିଁ ଅଛନ୍ତି । କୋରାପୁଟ, ସୁନ୍ଦରଗଡ଼, କେଉଁଝର, ମୟୁରଭଞ୍ଜ, ରାୟଗଡା, କଳାହାଣ୍ଡି, ମାଲକାନଗିରି, ନବରଙ୍ଗପୁର, ଫୁଲବାଣୀ, କନ୍ଧମାଳ, ଏମିତି କେତେ କେତେ ଜାଗାକୁ ଲମ୍ବିଛନ୍ତି ଓଡ଼ିଶାର ଆଦିବାସୀ । ନିର୍ଦ୍ଦିଷ୍ଟ କିଛି ବର୍ଗର ଲୋକଙ୍କ ସୁବିଧା ନିମନ୍ତେ, ପ୍ରତିଥର ଆଦିବାସୀ ମେଳାକୁ ରାଜଧାନୀ କୈନ୍ଦ୍ରିକ କରିବା ପରିବର୍ତ୍ତେ, ଆଦିବାସୀ ବହୁଳ ଅଞ୍ଚଳ ମାନଙ୍କରେ, ପର୍ଯ୍ୟାୟକ୍ରମେ ମେଳାର ଆୟୋଜନ କରାଯିବା ଉଚିତ, ଯେଉଁଥିରେ ଆଦିବାସୀମାନେ ପ୍ରତ୍ୟକ୍ଷ ଏବଂ ସକ୍ରିୟ ଭାବେ ଅଂଶଗ୍ରହଣ କରି ସେମାନଙ୍କର ଜ୍ଞାନ, ଦକ୍ଷତା, ସଂସ୍କୃତି ଏବଂ ଐତିହ୍ୟର ପ୍ରଦର୍ଶନ କରିପାରିବେ । ଧୀରେ ଧୀରେ ଆଦିବାସୀଙ୍କ ବିକାଶ ଯେମିତି ସଭା, ସମିତି, ଜାତୀୟ ବା ଅନ୍ତର୍ଜାତୀୟ ସମ୍ମିଳନୀରେ ସୀମିତ ହୋଇ ନ ରହିଯାଉ, ସେଥିପାଇଁ ଆମ ସମସ୍ତଙ୍କୁ ଯତ୍ନବାନ ହେବାର ଅଛି । ଅସ୍ମିତା, ଅସ୍ତିତ୍ୱ ଓ ବିକାଶର ତ୍ରି ଛକିରେ ଆଜି ଆଦିବାସୀ । ସେଇ ଛକରେ ଆଜି ଆଦିବାସୀ ବାଟବଣା । କାହିଁ କେବେଠାରୁ, ଆଦିବାସୀଙ୍କର ପାରମ୍ପାରିକ ଜ୍ଞାନ, ସାଂସ୍କୃତିକ ବିବିଧତା ଏବଂ ପ୍ରକୃତି ସହିତ ସୌହାର୍ଦ୍ଦ୍ୟପୂର୍ଣ୍ଣ ସମ୍ପର୍କ ଏକ ସାମଗ୍ରିକ ମାର୍ଗ ପ୍ରଦାନ କରୁଥିବା ବେଳେ, ଆଜି କିନ୍ତୁ ସମସ୍ତେ ଆଦିବାସୀଙ୍କ ବିକାଶ ପଛରେ । କିନ୍ତୁ ଆମେ ବୋଧେ ଭୁଲି ଯାଉଛନ୍ତି ଯେ, ବୈଷୟିକ

ପ୍ରଗତି ଏବଂ ଦ୍ରୁତ ଜଗତୀକରଣ ଦ୍ୱାରା ଅନୁପ୍ରାଣିତ ଓ ଆଧୁନିକ ଯୁଗର ଜଟିଳତା ଦ୍ୱାରା ପରିଚାଳିତ ସାରା ବିଶ୍ୱକୁ ଆଦିବାସୀଙ୍କ ଗୁରୁତ୍ୱକୁ ଚିହ୍ନିବା ଏବଂ ଗ୍ରହଣ କରିବାର ଆବଶ୍ୟକତା କେତେ ଅଧିକ ।

ଏହି ପୁସ୍ତକଟି, ଆଧୁନିକ ବିଶ୍ୱରେ ଆଦିବାସୀ ସମ୍ପ୍ରଦାୟର ବହୁମୁଖୀ ତଥା ଏକ ସମାବେଶୀ ଜୀବନଶୈଳୀ ଉପରେ ପର୍ଯ୍ୟବେକ୍ଷିତ, ଯାହା ସେମାନଙ୍କର ସାଂସ୍କୃତିକ, ପାରମ୍ପାରିକ, ସାମାଜିକ, ଆଧ୍ୟାତ୍ମିକ, ଏବଂ ଅର୍ଥନୈତିକ ଅବଦାନ ଉପରେ ଆଧାରିତ । ଆଦିବାସୀ ଶିକ୍ଷା, ସ୍ୱାସ୍ଥ୍ୟ, କଳା, ସଂସ୍କୃତି, ଖାଦ୍ୟ, ବାଦ୍ୟ ଏବଂ ଆଦିବାସୀ ବିକାଶ ଉପରେ ଅନେକ ପ୍ରବନ୍ଧ ଲେଖାଯାଇଛି ଏବଂ ଅନେକ ଗବେଷଣା ମଧ୍ୟ ହୋଇଛି ଓ ଅନେକ ଚାଲିଛି, ଯାହା କେବଳ ଗବେଷକ, ସନ୍ଦର୍ଭ, ସମ୍ମିଳନୀ, ସମାଲୋଚକ ମାନଙ୍କ ମଧ୍ୟରେ ସୀମିତ । ତେବେ, ଏହି ପୁସ୍ତକଟିରେ ଏମିତି କ'ଣ ନିଆରା ଅଛି, ଯେତେବେଳେ ଆମେ ଆଦିବାସୀମାନଙ୍କ ବିଷୟରେ କଥା ହେଉଛୁ ବା ଆଦିବାସୀ ପ୍ରସଙ୍ଗ ଆଲୋଚନା କରୁଛେ? "ମୁଁ ବଡ଼ ହେଲେ ଆଦିବାସୀ ହେବି", ଆଦିବାସୀ ସମ୍ପ୍ରଦାୟ, ସେମାନଙ୍କର ପରିଚୟ ଏବଂ ଏକ ସ୍ଥାୟୀ ଭବିଷ୍ୟତ ଗଠନରେ ସେମାନଙ୍କର ଭୂମିକା ଉପରେ କରାଯାଇଥିବା ଆଲୋଚନା ଯାହା ସାଧାରଣ ପାଠକ, ବିଶେଷକରି ଆଦିବାସୀ ଭାଇ ଓ ଭଉଣୀଙ୍କ ପାଇଁ ଏକ ନିଆରା ପ୍ରୟାସ । ଆଦିବାସୀମାନଙ୍କୁ ପ୍ରାୟତଃ ଅବହେଳିତ କିମ୍ବା ପଛୁଆ ବୋଲି ଦର୍ଶାଉଥିବା ପାରମ୍ପାରିକ ବର୍ଣ୍ଣନାଗୁଡ଼ିକ ତୁଳନାରେ, ଏହି ପୁସ୍ତକ ଆଦିବାସୀମାନଙ୍କୁ ଜୀବନର ଅଗ୍ରଦୂତ ଏବଂ ପରିବେଶ ଜ୍ଞାନର ଅଭିଭାବକ ଭାବରେ ପରିଭାଷିତ କରେ । ଏହା ଆଦିବାସୀ ଜ୍ଞାନ, ସଂସ୍କୃତି ଏବଂ ଅଭ୍ୟାସକୁ ଜଳବାୟୁ ପରିବର୍ତ୍ତନ, ଜଙ୍ଗଲ କ୍ଷୟ ଏବଂ ସ୍ଥାୟୀ ଅଭିବୃଦ୍ଧି ଢାଞ୍ଚାର ସନ୍ଧାନ ଭଳି କେତେକ ଗୁରୁତ୍ୱପୂର୍ଣ୍ଣ

ବୈଶ୍ୱିକ ଆହ୍ୱାନର ମୁକାବିଲା ପାଇଁ ଅତ୍ୟାବଶ୍ୟକ ଉପାଦାନ ଭାବରେ ସ୍ଥାନିତ କରେ । ସେମାନଙ୍କର ପ୍ରାଚୀନ ଅଭ୍ୟାସକୁ ଆଧୁନିକ ପ୍ରସଙ୍ଗ ସହିତ ଯୋଡ଼ି, ପୁସ୍ତକଟି ସେମାନଙ୍କର ପ୍ରାସଙ୍ଗିକତା ଉପରେ ଆଲୋକପାତ କରେ, ଏବଂ ପ୍ରମାଣ କରେ ଯେ, ଏକ ସନ୍ତୁଳିତ ଭବିଷ୍ୟତର ପଥ ଆଦିବାସୀ ଜୀବନଶୈଳୀ ଉପରେ ନିର୍ଭରଶୀଳ । ପୁସ୍ତକର ସବୁଠାରୁ ଅଭିନବ ଧାରଣା ମଧ୍ୟରୁ ଗୋଟିଏ ହେଉଛି 'ଆଦିବାସୀକରଣ'ର ପରିଚୟ । ଏହି ପୁସ୍ତକ ଆଦିବାସୀମାନଙ୍କୁ ପୃଥିବୀର ପ୍ରକୃତ ସବୁଜ ରାଷ୍ଟ୍ରଦୂତ ଭାବେ ତୁଳନା କରିବା ସହିତ, ପ୍ରାକୃତିକ ସମ୍ବଳର ପରିଚାଳନା ଏବଂ ସବୁଜ ଅଭିବୃଦ୍ଧିର ଅଗ୍ରଦୂତ ଭାବରେ ଆଦିବାସୀଙ୍କର ଭୂମିକାକୁ ଚିତ୍ରିତ କରିଛି । ବିଜ୍ଞାନ, ସମାଜ ବିଜ୍ଞାନ, ଅର୍ଥନୀତି, ଇତିହାସ, ଧର୍ମ, ସାହିତ୍ୟ ଏବଂ ପ୍ରଯୁକ୍ତିବିଦ୍ୟା ସମେତ ବିଭିନ୍ନ କ୍ଷେତ୍ରରେ ଆଦିବାସୀ ଜ୍ଞାନ ଏବଂ ଅଭ୍ୟାସର ଯୋଗଦାନ ସମ୍ପର୍କରେ ପୁସ୍ତକଟି ଏକ ଆନ୍ତଃବିଷୟକ ଆଭିମୁଖ୍ୟ ପ୍ରଦାନ କରିଛି । ପୁସ୍ତକଟିର ପ୍ରତ୍ୟେକ ଅଧ୍ୟାୟ ଆଦିବାସୀଙ୍କ ଯୋଗଦାନର ଗଭୀରତା, ଶକ୍ତି-ସାମର୍ଥ୍ୟ, କଳା-କୌଶଳ, ଜ୍ଞାନ-ବିଜ୍ଞାନ, ନବସୃଜନକୁ ବଖାଣିବା ସହିତ, ଏକ ବିଶାଳ ପାରମ୍ପାରିକ ଜ୍ଞାନ ଭଣ୍ଡାରର ରକ୍ଷକ ଭାବରେ କୃଷି, ଔଷଧ ଠାରୁ ଆରମ୍ଭ କରି କଳା ଏବଂ ଆଧ୍ୟାତ୍ମିକତା ପର୍ଯ୍ୟନ୍ତ ବିଭିନ୍ନ କ୍ଷେତ୍ରକୁ ଅନ୍ତର୍ଭୁକ୍ତ କରେ । ଆଧୁନିକ ଯୁଗରେ, ଯେଉଁଠି ସମ୍ବଳ ଉତ୍ତୋଳନ ପରିବେଶ ସନ୍ତୁଳନ ପ୍ରତି ବିପଦ ସୃଷ୍ଟି କରୁଛି, ସେଇଠି ଆଦିବାସୀଙ୍କର ସମ୍ବଳ ପରିଚାଳନା ଅଭ୍ୟାସ, ନିରନ୍ତର ବିକାଶ ପାଇଁ ଏକ ମୂଲ୍ୟବାନ ଢାଞ୍ଚା ପ୍ରଦାନ କରିଥାଏ । ପ୍ରଗତିଶୀଳ ଓ ଆଧୁନିକ ଏଇ ବିଶ୍ୱରେ ଯେଉଁଠି ବ୍ୟକ୍ତିବାଦ ଏବଂ ସାମାଜିକ ବିଭାଜନ ଅଧିକରୁ ଅଧିକ ପରିଲକ୍ଷିତ, ସେଇଠି ଆଦିବାସୀଙ୍କ ସାମ୍ପ୍ରଦାୟିକ ମୂଲ୍ୟବୋଧ ଓ ଗୋଷ୍ଠୀ

ଜୀବନଯାପନ ପ୍ରଣାଳୀ, ଏକ ସମାବେଶୀ ସମାଜ ଗଠନ ପାଇଁ ଅଭିନବ ବିକଳ୍ପ ପ୍ରଦାନ କରେ । ସେମାନଙ୍କର ପାରମ୍ପାରିକ ଜ୍ଞାନ, ଭାଷାଗତ ବିବିଧତା, କଳାତ୍ମକ ପରମ୍ପରା ଏବଂ ସ୍ଥାୟୀ ଅଭ୍ୟାସ, ସାଂସ୍କୃତିକ ପରିଦୃଶ୍ୟକୁ ସମୃଦ୍ଧ କରିଥାଏ, ଏବଂ ସମସାମାଜିକ ଆହ୍ୱାନର ମୁକାବିଲା ପାଇଁ ମୂଲ୍ୟବାନ ଅନ୍ତର୍ଦୃଷ୍ଟି ପ୍ରଦାନ କରିଥାଏ । ତଥାପି, ଆଦିବାସୀ ସମ୍ପ୍ରଦାୟ ଅବହେଳିତ । ତଥାକଥିତ ବିକାଶର ଚକ୍ରବ୍ୟୁହରେ ଭେଦଭାବ, ଶିକ୍ଷା ଓ ସ୍ୱାସ୍ଥ୍ୟ ସମ୍ବନ୍ଧୀୟ ସମସ୍ୟା, ଜମି ଅଧିକାର ପ୍ରସଙ୍ଗ ଏବଂ ସାଂସ୍କୃତିକ ଅବକ୍ଷୟ ସମେତ ଅନ୍ୟାନ୍ୟ ସାମାଜିକ ବା ଆର୍ଥିକ ସମସ୍ୟାର ଶିକାର ହୁଅନ୍ତି ଆଦିବାସୀ । ଏହି ସମସ୍ୟାର ମୁକାବିଲା ଲାଗି ଆବଶ୍ୟକ ଏକ ବ୍ୟାପକ ଏବଂ ସମାବେଶୀ ଆଭିମୁଖ୍ୟ, ଯାହା ଆଦିବାସୀଙ୍କ ଅଧିକାର, ପରିଚୟ ଏବଂ ଆକାଙ୍କ୍ଷା କୁ ସ୍ୱୀକୃତି ଏବଂ ସମ୍ମାନ ଦେଇପାରିବ । ଏ ପରିପ୍ରେକ୍ଷୀରେ, "ମୁଁ ବଡ଼ ହେଲେ ଆଦିବାସୀ ହେବି..." ପୁସ୍ତକଟି ଆଦିବାସୀ ସିଦ୍ଧାନ୍ତରେ ନିହିତ ସ୍ଥିରତାର ଏକ ସାମଗ୍ରିକ ଦୃଷ୍ଟିକୋଣ ପ୍ରଦାନ କରେ, ଯାହା ପାଠକମାନଙ୍କୁ ବିକାଶ ଏବଂ ପ୍ରଗତିର ସଂକୀର୍ଣ୍ଣ ସଂଜ୍ଞାକୁ ବ୍ୟାପକ କରିବାକୁ ଆହ୍ୱାନ ଦିଏ ।

ଉପରୋକ୍ତ ଘଟଣାରେ ସେଇ ଚିତ୍ର ଯେମିତି ଆଦିବାସୀ ଝିଅଟିର ଦୁଃଖକୁ ଆଙ୍କିଥିଲା, ସେହିପରି ଏହି ପୁସ୍ତକଟିର ପ୍ରଥମ ଅଧ୍ୟାୟ, "ମୁଁ ବଡ଼ ହେଲେ ଆଦିବାସୀ ହେବି...", ଅନ୍ୟ ଏକ ଅଣ-ଆଦିବାସୀ ଝିଅଟିର ଆଦିବାସୀ ହେବାର ଇଚ୍ଛାକୁ ପ୍ରକାଶ କରେ, ଯାହା ଆଦିବାସୀଙ୍କ ଗୁରୁତ୍ୱ ଓ ସମାଜ ପ୍ରତି ସେମାନଙ୍କର ମହତ୍ତ୍ୱପୂର୍ଣ୍ଣ ଭୂମିକାକୁ ପ୍ରାଧାନ୍ୟ ଦିଏ । ଆଦିବାସୀ ଓ ଆଦିବାସୀଙ୍କର ଗୁରୁତ୍ୱ, ସମାଜ ଲାଗି ସେମାନଙ୍କର ଯୋଗଦାନ, ସେମାନଙ୍କର ସ୍ଥିତି ଓ ଅବସ୍ଥିତିର ମୂଲ୍ୟକୁ ହୃଦୟଙ୍ଗମ କରିବା ଲାଗି ଓ

ସେମାନଙ୍କ ଅସ୍ମିତା ଓ ଅସ୍ତିତ୍ୱର ମହତ୍ତ୍ୱ ସାରା ଜଗତକୁ ଜଣାଇବା ଲାଗି, ଏହି ପୁସ୍ତକ "ମୁଁ ବଡ଼ ହେଲେ ଆଦିବାସୀ ହେବି...", ଏକ ମାଧ୍ୟମ ହୋଇପାରିବ ବୋଲି ଆଶା । ପୁନଃଶ୍ଚ, ଏହି ପୁସ୍ତକ ଆଦିବାସୀଙ୍କ ସ୍ୱର ହୋଇ, ସେମାନେ ସମ୍ମୁଖୀନ କରୁଥିବା ଅସୁବିଧା, ଅସମାନତା, ଭେଦଭାବ, ଅବହେଳା ବା ଅଣଦେଖା ଭଳି ସମସ୍ୟାର ସଠିକ ବିଶ୍ଳେଷଣ କରି, ଏକ ସମାଧାନର ସୂତ୍ର ପ୍ରଦାନ କରି ପାରିବ । ପୁସ୍ତକର ୧୮ଟି ଅଧ୍ୟାୟ ମାଧ୍ୟମରେ ଏକ ଅଭିନବ ଉପାୟରେ, ଆମେ ଚିତ୍ରରେ କାନ୍ଦୁଥିବା ଆଦିବାସୀ ଝିଅର ସମସ୍ୟାର ସମାଧାନ ଖୋଜି ପାଇ ପାରିବା । ଏହା ବ୍ୟତୀତ, ଏହି ପୁସ୍ତକ ମାଧ୍ୟମରେ, ଆଧୁନିକୀକରଣ ସତ୍ତ୍ୱେ ଆମେ କିପରି ଆଦିବାସୀ ଲୋକକଥା, ଲୋକ ସଂଗୀତ, ପାରମ୍ପାରିକ ବାଦ୍ୟର ତାଳ, ଯୁଗ ଯୁଗ ଲାଗି ଶୁଣି ପାରିବା, ଆଦିବାସୀଙ୍କ ଉପସ୍ଥିତିକୁ ସମ୍ମାନ ଦେଇପାରିବା, ସେମାନଙ୍କ ଅବଦାନକୁ ମନେ ରଖିପାରିବା ଏବଂ ସେମାନଙ୍କ ପାରମ୍ପାରିକ ଜ୍ଞାନ, ସଂସ୍କୃତି ଏବଂ ଐତିହ୍ୟକୁ ସ୍ୱୀକୃତି ଦେଇପାରିବା, ତାହାର ସରଳ ଉପାୟ ଖୋଜି ପାଇପାରିବା । ଆଦିବାସୀଙ୍କ ଅସ୍ତିତ୍ୱ ଓ ଅସ୍ମିତା ର ପ୍ରକୃତ ଅର୍ଥ ଓ ତାହାର ମୂଲ୍ୟବୋଧ କ'ଣ ସମସ୍ତଙ୍କୁ ଜଣାଇବା ସହିତ ଜଳ, ଜଙ୍ଗଲ ଓ ଜମି ସାଙ୍ଗରେ ଆଦିବାସୀଙ୍କର ସମ୍ପର୍କକୁ ବଖାଣିବା, ଆଦିବାସୀଙ୍କ ସମସ୍ୟାକୁ ବୁଝିବା, ସମସ୍ତଙ୍କୁ ବୁଝାଇବା ଓ ପରିଶେଷରେ ତାହାର ସମାଧାନ ବାହାର କରିବା ଦିଗରେ, ପୁସ୍ତକଟି ଛୋଟ ଏକ ପ୍ରୟାସ ।

ସୂଚୀପତ୍ର

ମୁଁ ବଡ଼ ହେଲେ ଆଦିବାସୀ ହେବି...

"ସେପ୍ଟେମ୍ବର ୫ତାରିଖ ହେଉଛି ମହାନ ଶିକ୍ଷକ ଡ଼.ସର୍ବପଲ୍ଲୀ ରାଧାକୃଷ୍ଣନଙ୍କ ଜନ୍ମ ବାର୍ଷିକୀ । ସେ ସ୍ୱାଧୀନ ଭାରତର ପ୍ରଥମ ଉପରାଷ୍ଟ୍ରପତି ଓ ଦ୍ୱିତୀୟ ରାଷ୍ଟ୍ରପତି ଏବଂ ଜଣେ ବିଦ୍ୱାନ ବ୍ୟକ୍ତି ଭାବେ ସୁପରିଚିତ । ତାଙ୍କର କିଛି ଛାତ୍ର ଏବଂ ବନ୍ଧୁ ଥରେ ତାଙ୍କ ନିକଟକୁ ଆସି ତାଙ୍କୁ ତାଙ୍କର ଜନ୍ମଦିନ ପାଳନ କରିବାକୁ ଅନୁମତି ଦେବାକୁ ଅନୁରୋଧ କରିଥିଲେ । ଡ଼.ସର୍ବପଲ୍ଲୀ ରାଧାକୃଷ୍ଣନ ବଦଳରେ କହିଥିଲେ ଯେ ତାଙ୍କର ଜନ୍ମଦିନକୁ ପୃଥକ୍ ଭାବରେ ପାଳନ କରିବା ପରିବର୍ତ୍ତେ, ଯଦି ସେପ୍ଟେମ୍ବର ୫କୁ 'ଶିକ୍ଷକ ଦିବସ' ଭାବରେ ପାଳନ କରାଯାଏ ତେବେ ତାହା ତାଙ୍କ ଲାଗି ସୌଭାଗ୍ୟ ଓ ଗର୍ବର ବିଷୟ ହେବ । ସେହି ଦିନଠାରୁ, ଭାରତରେ ସେପ୍ଟେମ୍ବର ୫ତାରିଖରେ ଡ଼.ସର୍ବପଲ୍ଲୀ ରାଧାକୃଷ୍ଣନଙ୍କର ଜନ୍ମଦିନ ଉପଲକ୍ଷେ ଓ ଭାରତର ଶିକ୍ଷକମାନଙ୍କୁ ସମ୍ମାନ ଓ କୃତଜ୍ଞତା ଅର୍ପଣ କରିବା ନିମନ୍ତେ 'ଗୁରୁ ଦିବସ' ପାଳନ କରାଯାଉଛି ।" ବିଦ୍ୟାଳୟର ଶ୍ରେଣୀ ଗୃହରେ ଗୁରୁଦିବସ ପାଳନ କରୁଥିବା ବେଳେ ଶିକ୍ଷକ ପିଲାମାନଙ୍କୁ ଏହା କହୁଥିଲେ ।

ଏହା ପରେ ଗୁରୁଜୀ ପିଲାମାନଙ୍କୁ ପ୍ରଶ୍ନ କରିଲେ "ପିଲାମାନେ ତୁମେ ବି ଡ଼.ସର୍ବପଲ୍ଲୀ ରାଧାକୃଷ୍ଣନଙ୍କ ଭଳି ହୋଇପାରିବ । ଜୀବନରେ କିଛି ଲକ୍ଷ୍ୟ ରଖିବ ଓ ତାକୁ ପୂରଣ ମଧ୍ୟ କରିବ । ଆଚ୍ଛା! ପିଲାମାନେ କହିଲ, ତୁମେ ସବୁ ବଡ ହେଲେ କ'ଣ ହେବ ବୋଲି ଭାବିଛ?" ଗୁରୁଜୀଙ୍କ ପ୍ରଶ୍ନରେ

ଅନେକ ପିଲା ଅନେକ କଥା କହିଲେ । କିଏ କହିଲା ଡାକ୍ତର ହେବ, କିଏ ଓକିଲ, କିଏ IAS ଅଫିସର ହେବ ଓ ଏହିଭଳି ଅନେକ । କିନ୍ତୁ ଗୋଟେ ଝିଅଟିଏ ଠିଆ ହୋଇ କହିଲା "ଗୁରୁଜୀ ମୁଁ ବଡ଼ ହେଲେ ଆଦିବାସୀ ହେବି ।" ଝିଅଟିର ଉତ୍ତର ରେ ସାରା ଶ୍ରେଣୀ ହସିଲା । କିନ୍ତୁ ଗୁରୁଜୀ ଅତି ଉତ୍କଣ୍ଠିତ ହୋଇ ପଚାରିଲେ "ମା'ରେ ଏମିତି କାହିଁକି?" ତୃତୀୟ ଶ୍ରେଣୀରେ ପଢୁଥିବା କୁନି ଝିଅ ଉତ୍ତର ରଖିଲା: -

ଗୁରୁଜୀ! ମୋତେ ଶ୍ୱାସରୋଗ (ଆଷ୍ଟମା) ଅଛି । ଡାକ୍ତର କହନ୍ତି ଧୂଳି, ମଳି, ପ୍ରଦୂଷଣ ମୋ ଜୀବନ ଲାଗି ବିପଦ । ଯେତେ ପାରିବ ସ୍ୱଚ୍ଛ ଓ ନିର୍ମଳ ପରିବେଶରେ ରହିବ । ସବୁଜ ବାତାବରଣ ମୋ ଲାଗି ଭଲ । ହେଲେ ସହରରେ ଏମିତି କ'ଣ ସମ୍ଭବ? ମୁଁ ଆଦିବାସୀ ହେଲେ ଜଙ୍ଗଲ ଓ ପ୍ରକୃତିର କୋଳରେ ରହିବି ଓ ମୋତେ ଆଉ ଶ୍ୱାସରୋଗ ଆକ୍ରମଣ କରିବ ନାହିଁ । ଡାକ୍ତର କୁହନ୍ତି ଯେ ଅଧିକ ସବୁଜ ରଙ୍ଗର ଅଞ୍ଚଳରେ ରହୁଥିବା ପିଲାମାନଙ୍କର ମେଦବୃଦ୍ଧି ସମସ୍ୟାର ସମ୍ଭାବନା ମଧ୍ୟ କମ୍ । ମୁଁ ଆଦିବାସୀଟିଏ ହୋଇଗଲେ, ମୋ ମୋଟା ଭାଇକୁ ବି ଆଦିବାସୀ କରି ପ୍ରକୃତିର ପାଖକୁ ପଳାଇବୁ, ଓ ସୁସ୍ଥ ବାତାବରଣରେ ରହିବୁ ଓ ତା'ର ମେଦବହୁଳତା କମିଯିବ ।

ଗୁରୁଜୀ! ମୁଁ ଆଦିବାସୀ ହୋଇଗଲେ ସେମାନଙ୍କ ଭଳି କରମା, ଟୁସୁ ପର୍ବ ପାଳିବି । ଆମଭଳି ସେମାନେ ମୂର୍ତ୍ତି ପୂଜା କରନ୍ତି ନାହିଁ । ସେମାନେ ଗଛ,ଜଙ୍ଗଲ,ଝରଣା ଓ ପ୍ରକୃତିକୁ ନିଜର ଦିଅଁ ଭାବନ୍ତି ଓ ତାକୁ ହିଁ ପୂଜା କରନ୍ତି । ଗୁରୁଜୀ, ଆଦିବାସୀମାନେ କେତେ ଉନ୍ନତ ଓ ଅଭିନବ ଚିନ୍ତାଧାରାର ଲୋକ । ସେମାନଙ୍କ ଭକ୍ତିରେ ଲୋକ ଦେଖାଣିଆ ପ୍ରହସନ

ନାହିଁ । ଆଦିବାସୀ ମାନେ ବନ୍ୟଜନ୍ତୁ ଏବଂ ପ୍ରକୃତି ସଂରକ୍ଷଣର ବିଶେଷଜ୍ଞ ଅଟନ୍ତି । ଆଜି ଯେତେବେଳେ ବର୍ଷା ଦିନରେ ବର୍ଷା ହେଉନାହିଁ, ସମୁଦ୍ରର ଜଳସ୍ତର ବଢି କୂଳ ଲଙ୍ଘିଲାଣି, ଚାରିଆଡେ ଜଳବାୟୁ ପରିବର୍ତ୍ତନ କଥା ଚାଲିଛି, ମୁଁ ଆଦିବାସୀ ହୋଇ ସେମାନଙ୍କ ଭଳି ଆମ ଜଙ୍ଗଲ, ପ୍ରକୃତି ଓ ପରିବେଶକୁ ରକ୍ଷା କରିବି ।

ଗୁରୁଜୀ! ବାପା କହୁଥିଲେ ସ୍ଥାୟୀ ଉନ୍ନତି ଓ ବିକାଶ ଲାଗି ୧୭ଟି ଲକ୍ଷ୍ୟ ନିର୍ଦ୍ଧାରଣ କରାଯାଇଛି, ଯାହା ୨୦୩୦ମସିହା ସୁଦ୍ଧା ସାଧନ ହେବ । ସେଇ ଲକ୍ଷ୍ୟ ଭିତରେ ଲକ୍ଷ୍ୟ ସଂଖ୍ୟା ୧୨ଟି ହେଲା "ଦାୟିତ୍ୱପୂର୍ଣ୍ଣ ଉପଭୋଗ ଓ ଉତ୍ପାଦନ" । ତାହା ହେଲା, କମ ରୁ କେମିତି ବେଶୀ ଓ ଭଲ କରାଯାଇପାରିବ । ହେଲେ ଆମର ଉତ୍ପାଦନ ବା ବ୍ୟବହାର ଶୈଳୀ, ଆମ ପୃଥିବୀ କୁ ଧ୍ୱଂସ ଆଡ଼ିକି ଟାଣି ନେଉଛି । ସେଇ ତୁଳନାରେ ଆଦିବାସୀ ମାନେ କେତେ ଭଲ । ପ୍ରକୃତି ଠାରୁ ଯାହା ଯେତିକି ଆବଶ୍ୟକ, ସେମାନେ ସେତିକି ହିଁ ନିଅନ୍ତି, ତା' ଠାରୁ ଅଧିକ ନେଇ ପ୍ରକୃତିର କ୍ଷୟକ୍ଷତି କରନ୍ତି ନାହିଁ । ପ୍ରକୃତିର ଅତି ନିଜ ଲୋକ ହୋଇ ସୁଦ୍ଧା, ସେମାନେ ଅନ୍ୟମାନଙ୍କ ଭାଗକୁ ମାରି ଖାଇ, ନିଜ ଲାଗି ପ୍ରାକୃତିକ ସମ୍ପଦକୁ ଠୁଳ କରି ରଖନ୍ତି ନାହିଁ କି ତାକୁ ନେଇ ବେପାର କରନ୍ତି ନାହିଁ । ଆଦିବାସୀମାନଙ୍କର ପ୍ରକୃତି ସହିତ ପ୍ରତୀକାତ୍ମକ ସମ୍ପର୍କ । ମୁଁ ବି ଆଦିବାସୀ ହୋଇଗଲେ, ତାଙ୍କ ଭଳି ଶାଗ ପଖାଳ ଖାଇ ଅଳ୍ପରେ ଚଳିବା ଶିଖିଯିବି ଓ ମୁଦ୍ରାସ୍ଫୀତି ବୃଦ୍ଧି କୁ ମଧ୍ୟ ରୋକି ପାରିବି । ଯେତିକି ଖାଦ୍ୟ ଆବଶ୍ୟକ ସେତିକି ଖାଇବି ଓ ଖାଦ୍ୟ ନଷ୍ଟ କରିବି ନାହିଁ କି ଆଉ କେଉଁ ଅଭାବୀର ଭାଗ ମାରିବି ନାହିଁ । ଆବଶ୍ୟକ ଠାରୁ ଅଧିକ ଧନ ହୋଇଗଲେ ସ୍ଥାୟୀ ବିକାଶ ବିନାଶରେ ପାଲଟିଯିବ, ଯାହା ଆଦିବାସୀମାନେ ଭଲରେ ବୁଝନ୍ତି । ମୁଁ ବଡ ହୋଇ ଆଦିବାସୀ ହୋଇଗଲେ

ତାଙ୍କ ଭଳି ଦାୟିତ୍ୱପୂର୍ଣ୍ଣ ବ୍ୟବହାର ଓ ଉତ୍ପାଦନ କରିବି ଏବଂ ପ୍ରାକୃତିକ ଅପଚୟ ଓ ଅପକ୍ଷୟକୁ ରୋକିବି ।

ଗୁରୁଜୀ! ଜାଣିଛନ୍ତି, ଏଇ ବର୍ଷ ମୋ ବଡ଼ ବାପାଙ୍କ ପୁଅ ଡାକ୍ତର ହୋଇଗଲା । ଭାଇ ଯେତେବେଳେ ଡାକ୍ତରୀ ପାଠ ପଢ଼ିବାକୁ ଚୟନ ହୋଇଥିଲା, ସେତେବେଳେ ଘରେ ସମସ୍ତେ ବହୁତ ଖୁସି ଥିଲେ । ହେଲେ ଆଜି ଯେତେବେଳେ ଭାଇ ଡାକ୍ତରଟେ ହୋଇ ଚାକିରୀ ପାଇଛି, ଘରେ ସମସ୍ତେ ଦୁଃଖରେ ଅଛନ୍ତି । ଭାଇ ମନ ବି ଭାରି ଦୁଃଖ, କାରଣ ତା'ର ଗୋଟେ ଆଦିବାସୀ ଗାଁରେ ଚାକିରୀ ହୋଇଛି ଓ ସେ ସେଠାକୁ ଯିବାକୁ ଚାହୁଁନି । ଗୁରୁଜୀ! ଯଦି ଆଦିବାସୀ ପିଲାଙ୍କୁ ପାଠ ପଢ଼େଇବାକୁ ଶିକ୍ଷକ ଯିବେନି, ରୋଗବ୍ୟାଧି କଥା ବୁଝିବାକୁ ଡାକ୍ତର ଯିବେନି, ସେମାନେ ସରଳ ଓ ତାଙ୍କର କିଛି ଦାବି ନାହିଁ ବୋଲି ନେତା, ମନ୍ତ୍ରୀ ଓ ସରକାର ଯିବେନି, ତେବେ ସେମାନେ କ'ଣ କରିବେ? ସେଥିଲାଗି ମୁଁ ପାଠ ପଢି ବଡ଼ ହୋଇଗଲେ ଆଦିବାସୀ ହୋଇଯିବି ଓ ଆଦିବାସୀ ମାନଙ୍କ ସାଙ୍ଗରେ ରହିବି ଓ ତାଙ୍କୁ ପାଠ ପଢ଼େଇବି । ବୋଉ କୁହେ କି ଶିକ୍ଷାର ଆଲୁଅ ସବୁ ଅନ୍ଧକାରକୁ ଦୂରୀଭୂତ କରିଦିଏ । ସାଧାରଣ ଓ ଅଣଆଦିବାସୀ ଲୋକମାନଙ୍କ ପକ୍ଷରେ ଆଦିବାସୀ ମାନଙ୍କ କଥା ବୁଝିବା ଓ ସେମାନଙ୍କ ଲାଗି କାମ କରିବା ବୋଧେ ବହୁତ କଷ୍ଟ । ସେଥିଲାଗି ମୁଁ ଆଦିବାସୀ ହୋଇଯିବି ଓ ତାଙ୍କ କଥା ବୁଝିବି । ଯିଏ ବିନା କିଛି ଆଶାରେ ଆମର ଓ ଆମ ପ୍ରକୃତି କଥା ବୁଝୁଛନ୍ତି, ତାଙ୍କ କଥା କିଏ ତ ବୁଝିବା ଦରକାର!

ବୋଉ, ବାପାଙ୍କୁ କହୁଥିବାର ମୁଁ ଶୁଣିଛି "ଝିଅ ବାହାଘର ଲାଗି ଏବେ ଠାରୁ ପଇସା ରଖିବାକୁ ହେବ । ଯୁଗ ଯେତେ ବଦଳିଗଲେ ବା ସମୟ ଯେତେ

ପରିବର୍ତ୍ତନ ହୋଇଗଲେ ମଧ୍ୟ, ଯୌତୁକ ତ ଯେମିତି ହେଲେ ଦେବାକୁ ହେବ । ଆଉ କ'ଣ ଖାଲିହାତରେ ଝିଅକୁ ଶାଶୁଘର ବିଦା କରିଦେବି କି? ସେଠି ଯାଇଁ ମୋ ଛୁଆଟା ଯେମିତି ଖୁଣ୍ଟଣା ନଖାଉ! ଝିଅ ମାନେ କେତେ ଜଲଦି ବଢ଼ିଯିବେ ଜଣାପଡିବ ନାହିଁ । ତୁମେ ଏବେ ଠାରୁ ସଂଚୟ କର ।" ହେଲେ ଗୁରୁଜୀ, ମୁଁ ତ ଏବେ ବହୁତ ଛୋଟ ଅଛି । ମୋତେ ପାଠ ପଢ଼ିବାର ଅଛି, କିଛି କରିବାର ଅଛି । ହେଲେ ସେଇ ବୋଉକୁ କିଏ ବୁଝେଇବ । ସିଏ ଯାହା ଦେଖିଛି, ଜାଣିଛି, ବା ଏବେ ଯାହା ଚାଲିଛି ସିଏ ସେଇଥିରୁ ଅନୁମାନ କରି ଭବିଷ୍ୟତ କଥା କହୁଛି । ବାପାଙ୍କର କଷ୍ଟ ଅର୍ଜିତ ଧନ ଯୌତୁକ ଆକାରରେ ମୁଁ ନେବିନି । ସେଥିଲାଗି ମୁଁ ବଡ ହେଲେ ଆଦିବାସୀ ହେବି । ଆଦିବାସୀମାନଙ୍କର ଏଇ ଯୌତୁକ ପ୍ରଥା ନାହିଁ । ସେମାନେ ଝିଅ ଜନ୍ମକୁ ବୋଝ ଭାବନ୍ତି ନାହିଁ । ବାହାଘର ହେଲେ ଝିଅ ଘର ଯୌତୁକ ଦିଅନ୍ତି ନାହିଁ, ବରଂ ପୁଅଘର ନିଜ ଘରକୁ ଏକ ଲକ୍ଷ୍ମୀ, ସୁଖ ଓ ସମୃଦ୍ଧିର ପ୍ରତୀକ ନିଅନ୍ତି ବୋଲି ଝିଅର ପିତାଙ୍କୁ ସମ୍ମାନ ଓ କୃତଜ୍ଞତା ଜଣାଇବାକୁ ନିଜ ସାମର୍ଥ୍ୟ ଅନୁସାରରେ ତାଙ୍କୁ କିଛି ଉପହାର ଦିଅନ୍ତି । ବିନା ଝିଅରେ ଘର ଅସମ୍ପୂର୍ଣ୍ଣ ଓ ପରିବାରରେ ନାରୀ ର ସ୍ଥାନ ବା ଗୁରୁତ୍ୱ କ'ଣ ଆଦିବାସୀ ମାନେ ବେଶ୍ ଭଲରେ ବୁଝିଛନ୍ତି ।

ମୁଁ ଆଦିବାସୀ ହୋଇଗଲେ ଲିଙ୍ଗଗତ ଅସମାନତା ଆଉ ଦେଖିବି ନାହିଁ । ପୁଅ ମାନେ ଝିଅଙ୍କ ତୁଳନାରେ ବିନା କାରଣରେ ଅଧିକ ଶ୍ରେୟ ପାଇବେ ନାହିଁ । ଏକତା ଏବଂ ଅଂଶୀଦାର ମୂଲ୍ୟବୋଧରେ ଅନୁପ୍ରାଣିତ ହୋଇପାରିବ । ଆଜି ଯେତେ ବେଳେ ଆମ ଘରକୁ କୁଣିଆ ଆସୁଛନ୍ତି, ଆମେ ପ୍ରଥମ କଥା ଭାବୁଛନ୍ତି ଯେ, ସେମାନେ କେତେବେଳେ ଯିବେ । ଆମକୁ ବୋଝ ଭଳି ଲାଗୁଛି । ଆଦିବାସୀ ହୋଇଗଲେ ସାମାଜିକତା ଏବଂ

ଆତିଥ୍ୟତାର ଭାବରେ ପ୍ରେରିତ ହୋଇପାରିବି । ଆଦିବାସୀ ହୋଇଗଲେ ଗୋଷ୍ଠୀଗତ ସମ୍ପର୍କର ଅନୁଭବ ଓ ଆନୁଗତ୍ୟ ର ଆଭାସ ମୋ ଭିତରେ ଅଧିକ ରହିବ । ଆଦିବାସୀ ହୋଇଗଲେ, ସଚ୍ଚୋଟତା, ପରିଶ୍ରମ, ସୃଜନଶୀଳତା ଓ ସରଳ ଜିନିଷଗୁଡ଼ିକରେ ଆନନ୍ଦ ଏବଂ ପରିପୂର୍ଣ୍ଣତାର ଭାବ, ମୁଁ ଅଧିକ ହୃଦୟଙ୍ଗମ କରିପାରିବି । ସେଥିଲାଗି ଗୁରୁଜୀ, ମୁଁ ବଡ ହେଲେ ଆଦିବାସୀ ହେବି ।

କୁନି ଝିଅଟିର କଥା ଶୁଣି ଗୁରୁଜୀ ଆଶ୍ଚର୍ଯ୍ୟ ହୋଇଗଲେ । ଏତେ ଛୋଟ ପିଲା ଓ ଏତେ ବଡ଼ ଚିନ୍ତାଧାରା! ସତରେ, ଆମେ ଆଦିବାସୀ ମାନଙ୍କୁ ପଛୁଆ ବର୍ଗ ବୋଲି କହୁଛେ, ହେଲେ ସେମାନେ ଆମ ଠାରୁ ଖୁବ୍ ଉର୍ଦ୍ଧ୍ୱରେ । ଶିଳ୍ପାୟନ, ଜଗତୀକରଣ ଏବଂ ଆଧୁନିକୀକରଣ ପରି, ସ୍ଥାୟୀ ଅଭିବୃଦ୍ଧି ଏବଂ ବିକାଶ ପାଇଁ 'ଆଦିବାସୀକରଣ'ର ଆବଶ୍ୟକତା ରହିଛି । ସାମାଜିକ ଦୃଷ୍ଟିକୋଣରୁ ଆଦିବାସୀକରଣର ଆବଶ୍ୟକତା ମଧ୍ୟ ରହିଛି । କାରଣ, ଯଦିଓ ମଣିଷ ଏକ ସାମାଜିକ ପ୍ରାଣୀ, କିନ୍ତୁ 'ମୁଁ', 'ମୋର', 'ମୋତେ' ପ୍ରତି ଆକର୍ଷିତ ହୋଇ ମଣିଷ ଏକ ଅସାମାଜିକ ପ୍ରଣାଳୀ ଆଡକୁ ମାଡି ଚାଲିଛି । ଆଦିବାସୀକରଣ ଦ୍ୱାରା ଆଦିବାସୀ ସମ୍ପ୍ରଦାୟର ଭାଷାସମୂହ ଯେପରି 'ଆମ', 'ଆମେ', 'ଆମର', 'ଅଂଶୀଦାର', 'ଆନୁଗତ୍ୟ', 'ଗ୍ରହଣକାରୀ ମନୋଭାବ', 'ଧୈର୍ଯ୍ୟ', 'ସହନଶୀଳତା', ଭଳି ଉତ୍ତମ ପ୍ରକ୍ରିୟା ବା ପ୍ରଣାଳୀ ଆମ ଜୀବନରେ ମଧ୍ୟ ପ୍ରତିଫଳିତ ହୋଇପାରିବ, ଯାହାଦ୍ୱାରା ପରସ୍ପର ସହିତ ମାନବିକତାର ସଂଯୋଗ ରହିପାରିବ । କାହିଁକି ଆମେ ଆଦିବାସୀମାନଙ୍କୁ ପଛୁଆ, ଅଶିକ୍ଷିତ, ମୂର୍ଖ, ଅସ୍ପୃଶ୍ୟ ଭାବୁଛନ୍ତି? କୁନି ଝିଅଟିର କଥା ଶୁଣି ଗୁରୁଜୀଙ୍କର ଆଖି ଖୋଲିଗଲା । ସେ କାହିଁକି ଏପରି ଲକ୍ଷ୍ୟ ରଖିଛି, ତା'ର ପ୍ରକୃତ ମର୍ମ ବୁଝିପାରିଲେ । ଆଉ ଆପଣ ମାନେ??

ମତ ଓ ମନ୍ତବ୍ୟ

ନିରନ୍ତର ବିକାଶ ଲକ୍ଷ୍ୟ ସାଧନ କରିବାପାଇଁ ଏକ ସାମଗ୍ରିକ ପ୍ରସ୍ତୁତି ଓ ପ୍ରଣାଳୀର ଆବଶ୍ୟକ, ଯାହା ଆଦିବାସୀ ମାନଙ୍କର ଜୀବନଶୈଳୀରେ ପ୍ରତିଫଳିତ । ବିଶ୍ୱସ୍ତରରେ ଯେଉଁ ନୀତି ନିର୍ମାଣ କରାଯାଉଛି, ତାହା ପ୍ରକୃତରେ ବୈଶ୍ୱିକ ହେବା ନିହାତି ଆବଶ୍ୟକ । ଏକ ପକ୍ଷରେ ଆମେ ବିକାଶର ପରିଭାଷାକୁ କେବଳ ଆର୍ଥିକ ଅଭିବୃଦ୍ଧିରେ ମାପିବା ବେଳେ, ଅନ୍ୟ ଦିଗଗୁଡିକ ସମ୍ପୂର୍ଣ୍ଣ ଅଣଦେଖା ହୋଇଯାଉଛି, ଯାହାଫଳରେ ପ୍ରାକୃତିକ ସମ୍ପଦର କ୍ଷୟ ହୋଇ ଅଧିକ କୃତ୍ରିମ ପଦାର୍ଥ ସୃଷ୍ଟି କରାଯାଉଛି । ଏହାଦ୍ୱାରା ଜୀବନ ଧାରଣର ମାନ ନକାରାତ୍ମକ ଭାବେ ପ୍ରଭାବିତ ହେଉଛି । ଆଦିବାସୀ ସଂସ୍କୃତି ଓ ପରମ୍ପରା ଏ ଦିଗରେ ଅନେକ ସଚେତନ । ପ୍ରକୃତି ସହିତ କିପରି ସାମଞ୍ଜସ୍ୟ ରଖି ଏକ ଉନ୍ନତ ମାନର ଜୀବନ ଯାପନ କରିହେବ, ତାହା ସେମାନଙ୍କ ଠାରୁ ଶିଖିବାର ସମୟ ଆସିଯାଇଛି । ବିକାଶକୁ ନେଇ ତଥାକଥିତ ସମାଜର ଆଭିମୁଖ୍ୟ ଆମକୁ ବିନାଶ ଆଡକୁ ନେଇଯାଉଛି । ଏବେଠାରୁ ସାବଧାନ ରହିବା ଏବଂ ଚିନ୍ତା କରିବା ଯେ ସାମଗ୍ରିକ ତଥା ନିରନ୍ତର ବିକାଶ କିପରି ହୋଇପାରିବ । କୌଣସି ବ୍ୟକ୍ତି ବା କିଛି ଦେଶର ବିକାଶ ପ୍ରକୃତ ବିକାଶ ନୁହେଁ । ସମଗ୍ର ପ୍ରାଣୀଜଗତ ଓ ପ୍ରକୃତିର ବିକାଶରେ ହିଁ ପ୍ରକୃତ ବିକାଶ ନିହିତ ।

ଆମେ ଆଦିବାସୀ...

ସାଧାରଣତଃ, "ଆଦିବାସୀ" ଶବ୍ଦ ଶୁଣିଲେ ପ୍ରଥମ କଥା ମନକୁ କ'ଣ ଆସେ? ବଣ ଜଙ୍ଗଲର ବିଭିନ୍ନ ପତ୍ର ପରିହିତ, ଦେହ ମୁହଁରେ ବିଚିତ୍ର ଚିତ୍ର ଆଙ୍କିଥିବା, ଅର୍ଦ୍ଧନଗ୍ନ ହୋଇ ନୃତ୍ୟ କରୁଥିବା, ଓ ଉଚ୍ଚ ସ୍ୱରରେ 'ଜିଙ୍ଗାଲାଲା ହୋ! ଜିଙ୍ଗାଲାଲା ହୋ !' ପାଟିକରି ଡେଉଁଥିବା ମନୁଷ୍ୟର ଛବି କି? ନା ଆସେ ଏକ ଅସୁନ୍ଦରିଆ ଚିକ୍କଣ କଳା ବର୍ଣ୍ଣ ମୁହଁର ଚିତ୍ର, ନା ଏକ ବିଚିତ୍ର ବାସ୍ନା ହେଉଥିବା ଅପାଠୁଆ ଗରିବ ମଣିଷର ଚେହେରା? ଯଦି ଏହା ସବୁ ସତ, ତେବେ ଭାରତରେ ଉପନିବେଶବାଦର ଇତିହାସ ପଢ଼ିଲେ ଅନୁଭବ କରିପାରିବେ ଯେ ଲୋକପ୍ରିୟ ସିନେମା ଏବଂ ଗଣମାଧ୍ୟମରେ ଦେଖାଉଥିବା ଆଦିବାସୀଙ୍କର ପ୍ରତିଛବି ବା ଆଦିବାସୀଙ୍କୁ ନେଇ ଆମେ କଳ୍ପନା କରୁଥିବା ପ୍ରତିମା ଏକ ଗତାନୁଗତିକ ଚିନ୍ତନର ପ୍ରତିଫଳନ ମାତ୍ର । ଆଦିବାସୀଙ୍କ ଉପରେ ଅନୁସନ୍ଧାନ କରିଲେ, ବା ଆଦିବାସୀଙ୍କୁ ସେମାନଙ୍କର ପ୍ରକୃତ ବାସସ୍ଥାନରେ ପାଖରୁ ଦେଖିଲେ, ପ୍ରକୃତ ଆଦିବାସୀଙ୍କୁ ନେଇ ଆମ ଚିନ୍ତନରେ ପରିବର୍ତ୍ତନ ଆସିବ । ଆଦିବାସୀ କିଏ, ସେମାନଙ୍କ ଗୁରୁତ୍ୱ କ'ଣ, ସେମାନଙ୍କ ଅନନ୍ୟତା ଓ ଭିନ୍ନତା ବିଷୟରେ ଖୁବ୍ ଭଲରେ ଜାଣି ହେବ । ଆଦିବାସୀଙ୍କ ଉପରେ ଗବେଷଣା କରିବା ସମୟରେ, ସବୁଜ ବିକାଶରେ ଆଦିବାସୀଙ୍କ ଭୂମିକା, ଦେଶର ଅଭିବୃଦ୍ଧି ଓ ବିକାଶରେ ଆଦିବାସୀଙ୍କ ସମୃଦ୍ଧ ସଂସ୍କୃତି ଏବଂ ଐତିହ୍ୟର ଗୁରୁତ୍ୱ, ସ୍ୱଦେଶୀ ଜ୍ଞାନ ଏବଂ ଆଦିବାସୀ ସଂସ୍କୃତି ମାଧ୍ୟମରେ ଜଳବାୟୁ ପରିବର୍ତ୍ତନ ସହିତ ମୁକାବିଲା କରିବାର ଆଦିବାସୀଙ୍କ

ଶୈଳୀ, ବିଜ୍ଞାନ ଏବଂ ପ୍ରଯୁକ୍ତି କ୍ଷେତ୍ରରେ ଅଗ୍ରଗତିରେ ଆଦିବାସୀଙ୍କ ଆଦିମ ଜ୍ଞାନ କୌଶଳର ଭୂମିକା, ଆଦିବାସୀ ମହିଳା ଓ ପିଲାଙ୍କ ଶିକ୍ଷା ଓ ସ୍ୱାସ୍ଥ୍ୟ ଜନିତ ସମସ୍ୟା ଓ ଆଦିବାସୀଙ୍କ ସହିତ ଜଡିତ ଅନେକ ସତ୍ୟ, ତଥ୍ୟ, ପ୍ରକ୍ରିୟା ଓ ପ୍ରଣାଳୀ ବିଷୟରେ ଜାଣିବାର ସୁଯୋଗ ମିଳେ । କିନ୍ତୁ ସବୁ ଅନୁସନ୍ଧାନ ଗୋଟିଏ ପାଖରେ ରହିଲା ବେଳେ, ଆଦିବାସୀଟିଏ ଆଦିବାସୀ ବୋଲି ନିଜେ କ'ଣ ଭାବେ, ବା ସେ ଆଦିବାସୀ ବୋଲି ତା'ର ନିଜସ୍ୱ ଚିନ୍ତନ କ'ଣ, ତାହା ରୁହେ ଆର ପାଖରେ । ଆଦିବାସୀ ହୋଇ ସିଏ ନିଜକୁ କେମିତି ଦେଖେ, ଅନ୍ୟମାନେ ତାକୁ କେମିତି ଦେଖନ୍ତି, ଆଦିବାସୀ ହୋଇ ତା'ର ନିଜ ଭାବନା କ'ଣ, ଆଦିବାସୀ ବୋଲି ତା'ର ଦୁଃଖ କ'ଣ, ତା'ର ସୁଖ କ'ଣ, ସିଏ ବିକାଶକୁ ନେଇ କ'ଣ ଭାବୁଛି, ତାକୁ ବିକାଶ ଲୋଡ଼ା ଅଛି କି ନାହିଁ, ବିକାଶର ଧାରାରେ ସାମିଲ୍ ହେବାକୁ ତା'ର ଇଚ୍ଛା କେତେ, ଆଦିବାସୀଙ୍କର ପ୍ରକୃତ ବିକାଶ ଲାଗି ଆଦିବାସୀମାନେ ନିଜେ କ'ଣ ଚାହାନ୍ତି, ଇତ୍ୟାଦି ଇତ୍ୟାଦି ଜାଣିବା ଅତ୍ୟନ୍ତ ଆବଶ୍ୟକ । ଆଦିବାସୀଙ୍କ ସମ୍ପର୍କରେ ଏକ ପ୍ରକଳ୍ପ କାମ ସମୟରେ, ମୟୁରଭଞ୍ଜର ଏକ ନିପଟ ଆଦିବାସୀ ଅଧ୍ୟୁଷିତ ଗାଁର ଜଣେ ୮୨ବର୍ଷ ବୟସ୍କ ଆଦିବାସୀ ମଉସାଙ୍କ ସାଙ୍ଗରେ ଭେଟ ହୋଇଥିଲା । ମଉସାଙ୍କ ବୟସର ପରିପକ୍ୱତା ହେତୁ, ଆଦିବାସୀଙ୍କ ଅତୀତ, ବର୍ତ୍ତମାନ ଓ ଦେଖୁଥିବା ଭବିଷ୍ୟତ ବିଷୟରେ ମଉସାଙ୍କ ଠାରୁ କିଛି ଜାଣିବା ଉଦ୍ଦେଶ୍ୟରେ ତାଙ୍କ ସାଙ୍ଗରେ କିଛି ସମୟ ଅତିବାହିତ କରିଥିଲି । ମଉସାଙ୍କ ସାଙ୍ଗେ କଥାବାର୍ତ୍ତା ବେଳେ ମୋତେ ଆଦିବାସୀଙ୍କ ବିଷୟରେ ଟିକିଏ ଅଧିକ ଭାବିବାକୁ ବ୍ୟାକୁଳ କରି ଦେଇଥିଲା ଓ ସେଇ ବ୍ୟାକୁଳତାକୁ ମୁଁ ଆପଣମାନଙ୍କ ସାଙ୍ଗରେ ମଧ୍ୟ ବାଣ୍ଟିବାକୁ ଚାହିଁବି । ମଉସାଙ୍କ କଥା ଶୁଣିବାକୁ ଅତି ସାମାନ୍ୟ ଲାଗି ପାରେ, କିନ୍ତୁ ତାହା ଆଦିବାସୀଙ୍କ ଅଦେଖା ବା

ଅଣଦେଖା ବାସ୍ତବ ଛବିର ଅଂଶବିଶେଷ । ଆଦିବାସୀ ବୁଢ଼ା ମଉସାଙ୍କ କଥା କାହାକୁ କେତେ ଜଣା, ଅଜଣା, ସତ, ମିଛ, ପ୍ରକୃତ ବା କେତେ କୃତ୍ରିମ ଲାଗିବ, ତାହାର ହିସାବ ସମସ୍ତେ ନିଜେ ନିଜେ କରିବା । ଆଦିବାସୀ ମଉସା ଜଣଙ୍କ କହିଥିଲେ:-

"ଆମେ ଆଦିବାସୀ । ଆମ ରଙ୍ଗ କଳା, ଆମ ଢଙ୍ଗ ଅଲଗା । ଆମ ଭାଷା ଭିନ୍ନ, ଆମ ଚଳଣି ସାଧାରଣ । ଆମେ ବାସ୍ନା ତେଲ ଲଗାଉ, ଆମେ ହାଣ୍ଡିଆ, ମହୁଲ, ତାଡ଼ି ପିଉ, ଅଣ୍ଟାରେ ହାତ ଛନ୍ଦି ନାଚ କରୁ । ମୁଣ୍ଡରେ ଡ଼ାଳପତ୍ର ଲଗାଇ, ମାଳି-ନଳୀ ପିନ୍ଧି ସଜେଇ ହେଉ । ଆମେ ଦେଶିଆ, ସମାଜର ଓ ସଂସାରର ଜଟିଳତାକୁ ସହଜରେ ବୁଝି ପାରୁନା । ସେଥିଲାଗି ଆମକୁ ଲୋକେ ହୁଣ୍ଡା-ମୁଣ୍ଡା ବୋଲି କୁହନ୍ତି । 'ହେ! ଆଦିବାସୀଟା' କହି ନାକ ଟେକି ଦିଅନ୍ତି । ଆମକୁ ନିଜ ଠାରୁ ଅଲଗା କରିଦିଅନ୍ତି । 'ଆଦିବାସୀଟା କ'ଣ ଜାଣିଛି', କହି ଅଣଦେଖା କରିଦିଅନ୍ତି । ଆମ କଳା ଦେହକୁ ନାଲି, ଗୋଲାପୀ, ହଳଦିଆ ଭଳି ସୁନ୍ଦର ରଙ୍ଗ ଝଟକେ ଓ ମାନେ ନାହିଁ ବୋଲି, ଶାଢ଼ୀ ଦୋକାନରେ ସ୍ୱାମୀ ତାଙ୍କର ଶ୍ୟାମଳୀ ସ୍ତ୍ରୀକୁ କୁହନ୍ତି, "ସେଇ ରଙ୍ଗର ଶାଢ଼ୀ ପିନ୍ଧିଲେ ଆଦିବାସୀ ଭଳି ଦେଖା ହେବୁ ।" ସେଇ ସୁନ୍ଦର ରଙ୍ଗକୁ ଆଦିବାସୀ ରଙ୍ଗ କହି ନିନ୍ଦି ଦିଅନ୍ତି । ରଙ୍ଗର ଯୁଦ୍ଧରେ ଆମେ ଆଦିବାସୀ ବାରି ହୋଇ ହାରିଯାଉ; ସେ ଦେହର ରଙ୍ଗ ହୋଇଥାଉ ବା ଶାଢ଼ୀର ରଙ୍ଗ ହୋଇଥାଉ । ଆମ ନିଜ ଆଦିବାସୀ ରଙ୍ଗ ଆମକୁ ରଙ୍ଗୀନ କରିବା ପରିବର୍ତ୍ତେ, ହୀନମନ୍ୟତା, ଅସ୍ପୃଶ୍ୟତା, ଅନାବଶ୍ୟକତା, ଘୃଣା, ଅପନିନ୍ଦା ଭଳି ନାନାଦି ରଙ୍ଗରେ ଆମକୁ ବେରଙ୍ଗ କରିଦେଉଛି । ବେଳେବେଳେ ସମାଜର କୃତ୍ରିମ ରଙ୍ଗ ଦେଖି ମନେ ହୁଏ ଯେମିତି ଏଇ ଆଦିବାସୀ ରଙ୍ଗକୁ

ଲିଭେଇ ଦିଅନ୍ତୁ କି! କିନ୍ତୁ ଆମେ ନିର୍ବୁଦ୍ଧିଆ ଆଦିବାସୀ, ନୀଳ ବର୍ଣ୍ଣ ଶୃଗାଳ ହୋଇ ନପାରି, ଅନ୍ୟ ଶିଆଳ ଓ ପଶୁଙ୍କର ଶିକାର ହେଉଛୁ ।

ଖାଲି ହିଂସ୍ର ପଶୁଙ୍କ ଶିକାର ନୁହେଁ,ବରଂ ଆମେ ଆଦିବାସୀମାନେ, ଡାହାଣୀ, ପିଶାଚୁଣୀ, ଚିରିଗୁଣୀ, ପ୍ରେତାତ୍ମାଙ୍କର ମଧ୍ଯ ଶିକାର ହେଉଛୁ । କେତେବେଳେ ଗୁଣିଆ, ତ କେତେବେଳେ କ୍ୱାକ୍ (ଅଣତାଲିମପ୍ରାପ୍ତ ବା ଯୋଗ୍ୟତାବିହୀନ ଚିକିତ୍ସକ ବା ବୈଦ୍ୟ) କଥାରେ ଜୀବନକୁ ପାଣି ଛଡେଇ ଦେଉଛୁ । ଆମ ସ୍ତ୍ରୀ, ମା', ବୋହୂକୁ ଡାହାଣୀ କହି ସେମାନଙ୍କୁ ନିର୍ଯାତନା ଦେଉଛୁ । ସେମାନେ ଅନ୍ୟମାନଙ୍କୁ କ୍ଷତି ପହଞ୍ଚାଇବା ପାଇଁ ଅଲୌକିକ ଶକ୍ତି ଧାରଣ କରିଥିବା ଅଭିଯୋଗ କରି,ସେମାନଙ୍କୁ ଟଣା-ଓଟରା କରି, ମାଡ଼ ମାରି, ପୋଡାଜଳା କରି, ଉଲଗ୍ନ କରାଇ ଗାଁରେ ଦୌଡ଼ାଇବା ଭଳି ଅନେକ ପ୍ରକାରର ନିର୍ଯାତନା ସେମାନଙ୍କୁ ସହିବାକୁ ବାଧ୍ୟ କରିଦେଉଛୁ । କେତେ କ୍ଷେତ୍ରରେ ଆମେ ଆମ ଆଦିବାସୀ ମହିଳାଙ୍କୁ ଡାହାଣୀ ବୋଲି କହି ସେମାନଙ୍କର କେଶ କାଟି, ତାଙ୍କୁ ଏବଂ ତାଙ୍କର ପିଲାମାନଙ୍କୁ ସାମାଜିକ ଭାବରେ ବାସନ୍ଦ କରିଦେଉଛୁ । ଶିକ୍ଷା ଏବଂ ସ୍ୱାସ୍ଥ୍ୟ ସେବା ଅଭାବରୁ ଗୁଣି ଗାରେଡ଼ିର ଏହି ପୁରାତନ ଅଭ୍ୟାସ ଜାରି ରହିଛି । ଏହି ନୃଶଂସ ଅଭ୍ୟାସ ନା ଆମକୁ ଛାଡୁଛି, ନା ଆମେ ଆଦିବାସୀ ତାକୁ ଛାଡ଼ି ପାରୁଛୁ । ସାମାଜିକ କଳହ ଠାରୁ ଆରମ୍ଭ କରି ସାପ କାମୁଡ଼ା ପର୍ଯ୍ୟନ୍ତ, ଝାଡାବାନ୍ତି, ଡେଙ୍ଗୁ, ମେଲେରିଆ ଠାରୁ ଆରମ୍ଭ କରି କରୋନା ପର୍ଯ୍ୟନ୍ତ, ବର୍ଷା ନ ହେବା, ଫସଲ ନ ହେବା, ଆର୍ଥିକ ଅନଟନ ଠାରୁ ଆରମ୍ଭ କରି ପ୍ରାକୃତିକ ବିପର୍ଯ୍ୟୟ ପର୍ଯ୍ୟନ୍ତ, ସବୁର ପ୍ରଥମ ସମାଧାନ ହେଲା ଗୁଣିଆ, ଗୁଣି ଗାରେଡ଼ି ବା ଡାହାଣୀଙ୍କ ବନ୍ଧ । ଆମେ ଆଦିବାସୀ ଏହାକୁ ଆଦିବାସୀଙ୍କ ଲାଗି ଏକ ଅଭିଶାପ କହିବୁ, ନା ଏହାକୁ ଆଦିବାସୀ ପ୍ରଥା କହିବୁ, କିଛି ବୁଝି ପାରୁନାହୁଁ!

ଗୁଣି ଗାରେଡ଼ି ଓ ଗୁଣିଆଙ୍କ ଶାସନରେ ଆମେ ଆଦିବାସୀ ପରାଧୀନ । ହେଲେ, ଆମେ ଏକ ସ୍ୱାଧୀନ ରାଷ୍ଟ୍ରର ନାଗରିକ । ଆମକୁ ନେଇ ଧର୍ମ ରାଜନୀତି କରିଲେ ଭଲ ଲାଗେ ନାହିଁ । ଆମେ ଜଙ୍ଗଲ, ପବନ, ନଦୀ, ପାହାଡ଼, ପର୍ବତ,ଗଛ ଓ ମାଟିକୁ ଈଶ୍ୱର ମାନିବା ଲୋକ । ଭଗବାନଙ୍କୁ ଦେଖିବା ବା ପାଇବାର ଇଚ୍ଛା ଆମର ନାହିଁ । ଆମେ ଭଗବାନଙ୍କ ନିକଟରେ ସମର୍ପଣର ଭାବ ରଖୁ । ଆମେ ଭଗବାନଙ୍କର କେତେ ନିକଟ, ବା ଭଗବାନ ଆମର କେତେ ନିକଟ, ବା ଆମେ ଭଗବାନଙ୍କ ଲାଗି କ'ଣ କରିପାରୁଛୁ, ସେଇ ସବୁ ଦେଖେଇବା ବା ଦେଖିବାର ଭାବ ଆମ ପାଖରେ ନାହିଁ । ଭଗବାନ ସମସ୍ତଙ୍କ ଲାଗି ସମାନ ଓ ସମସ୍ତଙ୍କ ପାଖରେ ଅଛନ୍ତି । ଆମକୁ ଈଶ୍ୱରଙ୍କ ଲୋଭ ଦେଖେଇ, ଧର୍ମର ସେଇ ଚାରି କାନ୍ଥ ଭିତରେ ଫାଶୀ ଦିଆଯାଉଛି ଓ ଧର୍ମ ସଂକଟର ଦୋ ଛକିରେ ପକାଇ ଦିଆ ଯାଉଛି, ଯେଉଁଠାରୁ ଠିକ୍ ବାଟ କାଢ଼ି ବାହାରିବା, ଆମ ଅଳ୍ପ ବୁଦ୍ଧିଆ ନିରୀହ ଆଦିବାସୀଙ୍କ ପକ୍ଷରେ ସମ୍ଭବପର ହେଉ ନାହିଁ । ଏହା ସତ ଯେ ଆମର ଅନ୍ଧବିଶ୍ୱାସ ଅଛି, ହେଲେ ଏହା ଆମର ବିଶ୍ୱାସ ଯେ ଭଗବାନଙ୍କ କୌଣସି ଧର୍ମ ନାହିଁ, ବରଂ ମଣିଷର ବିଶ୍ୱାସ ଓ କର୍ମରେ ଭଗବାନ ବାସ କରନ୍ତି । ଭଗବାନଙ୍କୁ ପାଇବାର ଆମ ଆଦିବାସୀଙ୍କ ବାଟ ଅତି ସହଜ ଓ ସରସ । ତାକୁ ଜଟିଳତା ଆଡ଼କୁ ଟଣା ହେଉଛି ବୋଲି ଆମର ଦୁଃଖ । ଆମକୁ ଧର୍ମ କାର୍ଯ୍ୟ କରିବାକୁ କମ୍, ବରଂ ସେଇ ଧର୍ମର ଲୋକ ହେବାକୁ ଅଧିକ ବାଧ କରାଯାଉଛି । ଆମେ ଯାହା ଅଛୁ, ଯେମିତି ଅଛୁ, ଠିକ୍ ଅଛୁ । ଆମକୁ ପରିବର୍ତ୍ତନ କର ନାହିଁ!

ଧର୍ମ ରାଜନୀତିରେ ଆମକୁ ଯେତିକି କଷ୍ଟ ଲାଗେ, ସେତିକି କଷ୍ଟ ଲାଗେ ଯେତେବେଳେ ଆମର ହିଁ ଆଦିବାସୀମାନେ, ଆମ ଆଦିବାସୀଙ୍କୁ ନେଇ

ରାଜନୀତି କରନ୍ତି । ଆମ ଲୋକ ଯେତେବେଳେ ବଡ ଲୋକ ହୋଇଯାଉଛି, ବା ବଡ଼ ବଡ଼ିଆ ଲୋକଙ୍କ ଅତି ନିଜ ଲୋକ ହୋଇଯାଉଛି, ସେତେବେଳେ ଆଦିବାସୀ ହୋଇ ମଧ୍ୟ ଆମ ଆଦିବାସୀଙ୍କୁ ଭୁଲି ଯାଉଛି । ବଡ଼ଲୁକିଆ ଠାଣି ଦେଖାଉଛି । ଆମକୁ ସେତେବେଳେ ଆଉ ପଚାରୁ ନାହିଁ, କି ଆମ ଅସୁବିଧା ବି ବୁଝୁ ନାହିଁ । ଆପଣା ସୁନା ଭେଣ୍ଟି ହେଲେ ଆଉ କ'ଣ କରିବା! ଘର ଢ଼ିଙ୍କି କୁମ୍ଭୀର ହେଲେ ଦୁଃଖ ତ ଲାଗି ରହିବ ନା? ସେଇ ଦୁଃଖ ଆମକୁ ଖାଉଛି ଯେ, ଆମେ ଆଜିକାଲି ଆମ ଲୋକଙ୍କୁ ଆମର ବୋଲି କହି ପାରୁନୁ, କି ସେଇ ବଡ଼ ଲୋକିଆ ଆଦିବାସୀ ମାନେ ଆଦିବାସୀଙ୍କୁ ଆପଣାର କରିପାରୁନାହାନ୍ତି । ଆଦିବାସୀ ହୋଇ ଯଦି ଆଦିବାସୀଙ୍କ ହୀତରେ କାମ ନକରି, କେବଳ ନିଜ କ୍ଷମତାର ଲାଭ ଉଠାଇ ନିଜ ସ୍ୱାର୍ଥ ଲାଗି କାମ କରିବ, ନିଜେ ଆଦିବାସୀ ହୋଇ ଭୋଗିଥିବା କଷ୍ଟକୁ କ୍ଷମତା ପାଇଲା ପରେ ଭୁଲିଯାଇ ଅଣଦେଖା କରିବ, କ୍ଷମତାର ଆଢୁଆଳରେ ନିଜ ଆଦିବାସୀ ଭାଇ ଓ ଭଉଣୀମାନଙ୍କୁ ହୀନ ବା ହେୟ ମଣିବ, ତେବେ, କହିଲେ କୂଳ କୁଟୁମ୍ବକୁ ଲାଜ! ଅଜାଗା ଘାଆ, ନା ଦେଖେଇ ହେଉଛି ନା ସହି ହେଉଛି । ଯେତେବେଳେ ନିଜର କେହି ପର କରିଦେଉଛି ବା ପର ହୋଇଯାଉଛି, ସେତେବେଳେ କଷ୍ଟ ଓ ଯନ୍ତ୍ରଣା ହେଉଛି ।

ବିକାଶ ଓ ଅଭିବୃଦ୍ଧି ନାଁରେ ଆମର ଐତିହ୍ୟ, ସଂସ୍କୃତି, ପରମ୍ପରା ଆମ ଠାରୁ ଛଡ଼ାଇ ନିଅ ନାହିଁ । ଆମକୁ ସଂରକ୍ଷଣ ଲୋଡା ନାହିଁ, କି ଆରକ୍ଷଣ ଆମକୁ ଦରକାର ନାହିଁ । ଆରକ୍ଷଣ ଦେଇ ଆମକୁ ଚାକିରୀ ତ ଦେଇ ପାରୁଛ, ହେଲେ ଗୁଣାତ୍ମକ ଶିକ୍ଷା ଅଭାବରୁ ଆମେ ଚାକିରୀ କରିବାକୁ ଯୋଗ୍ୟ ହୋଇ ପାରୁ ନାହୁଁ । *"ହେ! ସିଏ ଆଦିବାସୀ ଶିକ୍ଷକଟା କ'ଣ ଆମ ଛୁଆଙ୍କୁ ପଢ଼େଇବ?*

ହେ! ସିଏ ଆଦିବାସୀ ଡାକ୍ତରଟା ଆରକ୍ଷଣ ଯୋଗୁଁ ଡାକ୍ତର ହୋଇ ଯାଇଛି, ତା ପାଖକୁ କିଏ ଯିବ?

ହେ! ସିଏ ଆଦିବାସୀଟା କିଛି ଜାଣିନି, କେବଳ ସରକାରୀ ସୁବିଧା ପାଇକି ଏତେ ବାଟ ଆସି ଯାଇଛି..."

ଏହିଭଳି କେତେ ଲାଞ୍ଛନା-ବାଞ୍ଛନା ଆମ ଆଦିବାସୀଙ୍କୁ ସହିବାକୁ ପଡୁଛି । ଆମକୁ ଆ-ଆ,ନେ-ନେ କହି ଖାଇବାକୁ ଡାକୁଛ, ଓ ତା'ପରେ ଆମ ମୁହଁକୁ ପାହାରେ ଦେଉଛ । ଆମ ଭାଗ, ଆମ ଅଧିକାର ଆମ ଠାରୁ ନେଇ, ସେଇଆକୁ ଉପହାର କରି ପୁନଃ ଆମକୁ ଦେବାଟା, ଆମକୁ ଭଲ ଲାଗୁ ନାହିଁ । ଆମ ଆଦିବାସୀଙ୍କୁ ସମସ୍ତେ ଅଶିକ୍ଷିତ ମଣି ପାରନ୍ତି, ପଛୁଆ ବୋଲି କହିପାରନ୍ତି, ନିରୀହ ବୋଲି ଭାବି ପାରନ୍ତି, କିନ୍ତୁ ଆମେ ଆଦିବାସୀ ଦାୟିତ୍ୱବାନ୍, କର୍ତ୍ତବ୍ୟପରାୟଣ, ପରୋପକାରୀ ଓ ସ୍ଥାୟୀ ବିକାଶର ମେରୁଦଣ୍ଡ । ଏହା କାହାକୁ କେମିତି ବୁଝାଇବୁ । ସମସ୍ତେ ଏହି କଥାକୁ ବୁଝିବା ପର୍ଯ୍ୟନ୍ତ ଆମ ଆଦିବାସୀଙ୍କ ଦୁଃଖ ଏମିତି ବୋଧେ ଲାଗି ରହିଥିବ ।

ଗରିବ ଆଦିବାସୀ ବାପା-ମା'ଙ୍କ ଝିଅକୁ କିଏ କାମ ଲୋଭ ଦେଖାଇ ଚାଲାଣ କରିଦେଲାଣି, ତ କିଏ ଦିନ ସାରା ଆଦିବାସୀ ମୂଲିଆଟିକୁ ଖଟାଇ ମାତ୍ର ୧୦୦ଟି ଟଙ୍କା ହାତରେ ଧରାଇ କହିଲାଣି,*"୨୦ଟଙ୍କା ହେଲେ ତୋର ହାଣ୍ଡିଆ ଖର୍ଚ୍ଚ ଉଠିଯିବ । ତୁ ଆଦିବାସୀଟା ଏତେ ପଇସା ନେଇ କ'ଣ କରିବୁ?"* କିଏ ହାଟରେ ନିରୀହ ଆଦିବାସୀ ଚାଷୀଙ୍କ ସାଙ୍ଗରେ ଦର ମୁଲେଇଲାଣି, ତ ଆଉ କିଏ ଆଦିବାସୀ ଠାରୁ ପରିବା ଛଡ଼େଇ ବ୍ୟାଗରେ ପୁରେଇ ଦେଲାଣି । କେଉଁଠି ନେତା ମନ୍ତ୍ରୀ ଆସିଲେ ଆଦିବାସୀଙ୍କୁ ବକ୍ଟେ ଖାଇବାକୁ ଦେଇ ଟ୍ରକ୍ ରେ ଭରି ଭାଷଣ ଶୁଣିବାକୁ ନିଆ ହେଲାଣି, ତ କେଉଁଠି ରାଲିରେ ନାରାବାଜି କରିବାକୁ ଖରାରେ, ବର୍ଷାରେ ଆଦିବାସୀଙ୍କୁ

ବ୍ୟବହାର କରାଗଲାଣି । ଅସ୍ମିତା, ଅସ୍ତିତ୍ୱ ଓ ବିକାଶ କଥା କୁହା ହେଲା ବେଳେ, ନା ତ ଆମେ, ନା ଆମ ଭାଷା, ସଂସ୍କୃତି ଓ ବିବିଧତାକୁ ସେଥିରେ ସ୍ଥାନ ମିଳୁଛି । ଆମର ଅସ୍ତିତ୍ୱ ସ୍ୱତନ୍ତ୍ର । ଆମକୁ ଅନ୍ୟମାନଙ୍କ ଭଳିଆ ହେବାକୁ ବାଧ କରାଯାଉଛି ଓ ବିକାଶର ଚାଦର ତଳେ ମାଡ଼ିବସି ଅଣନିଶ୍ୱାସୀ କରାଯାଉଛି । ଏହି ସବୁ ବ୍ୟତୀତ, ଆମ ଆଦିବାସୀଙ୍କର ଆହୁରି ଅନେକ ଛୋଟ-ବଡ଼ ବ୍ୟଥା ଅଛି ଯାହାକୁ ବଖାଣିବା କଷ୍ଟ କାରଣ ଆମେ ଆଦିବାସୀ ।”

ଏହିସବୁ କଥା କହିପକାଇ ଆଦିବାସୀ ବୁଢ଼ା ମାଉସା ଜଣଙ୍କ, ଆଖିର ଲୁହ ଓଠ ମୁହାଣରେ ପହଁଚିବା ଆଗରୁ ପୋଛି ଦେଉଥା'ନ୍ତି । ଆଦିବାସୀ ଗୁମୁରି ଗୁମୁରି କାନ୍ଦୁଥିବା ଲୁହ ନା ତ କାହାରିକୁ ଦେଖା ଯାଉଛି ନା ପ୍ରକୃତରେ କେହି ତାହାକୁ ଦେଖିବାକୁ ଚେଷ୍ଟା କରୁଛି । ଆଦିବାସୀଙ୍କ ବେଦନା ଦେଖି ଡର ଲାଗୁଛି, କାଳେ ଆଦିବାସୀଙ୍କ ଲୁହ ସରିଯିବ ଓ ବେଦନା ରହିଯିବ କି? କିନ୍ତୁ ଆମେ ସମସ୍ତେ ମିଳିତ ଭାବରେ ଆଦିବାସୀଙ୍କ ବ୍ୟଥା ହୃଦୟଙ୍ଗମ କରିପାରିଲେ, ସମସ୍ୟାରୁ ସମାଧାନର ଆଲୋକକୁ ଭଲରେ ଦେଖି ପାରିବା ଓ ଆଗାମୀଦିନରେ ବିକଶିତ ଭାରତର ସ୍ୱର୍ଣ୍ଣିମ ପୃଷ୍ଠାରେ ଆଦିବାସୀଙ୍କ ଗୌରବମୟ ଇତିହାସ ଓ ପ୍ରଜ୍ୱଳିତ ଭବିଷ୍ୟତର ଗାଥା ଲିପିବଦ୍ଧ ହୋଇ ରହିପାରିବ ।

ମତ ଓ ମନ୍ତବ୍ୟ

ଆଦିବାସୀ ମାନଙ୍କର ବେଶଭୂଷା, ଚାଲିଚଳଣି, ପ୍ରଥା ପରମ୍ପରା ର ଅନନ୍ୟତାକୁ ନ୍ୟୁନ କରି ଏକ ଅନାବଶ୍ୟକ ପ୍ରତିଯୋଗିତାମୂଳକ ବାତାବରଣ ତିଆରି କରାଯାଉଛି, ଯାହା ସେମାନଙ୍କର ଶିକ୍ଷା, ସ୍ୱାସ୍ଥ୍ୟ, ଜୀବନ ଜୀବିକା ଓ ଜୀବନ ଧାରଣାର ମାନ ଉପରେ ନକାରାତ୍ମକ ପ୍ରଭାବ ପକାଉଛି । ସର୍ବସାଧାରଣ ତଥ୍ୟ ଓ ସୂଚନା ଦେବାବେଳେ ଆଦିବାସୀଙ୍କର ଅନନ୍ୟତା ଓ ଭିନ୍ନତାକୁ ପ୍ରଶଂସା କରିବା ସହିତ, ତାହା କିପରି ଅନ୍ୟମାନଙ୍କ ଲାଗି ପ୍ରେରଣା ଦେଇପାରିବ, ତାହା ଉଲ୍ଲେଖ କରିବା ନିହାତି ଆବଶ୍ୟକ । ସେପରି, ଶିକ୍ଷାର ପ୍ରସାରଣ କେବଳ ବିଦ୍ୟାଳୟ ଖୋଲିଦେବା ପର୍ଯ୍ୟନ୍ତ ସୀମିତ ନୁହେଁ । ଶିକ୍ଷାର ପ୍ରମୁଖ କେନ୍ଦ୍ରବିନ୍ଦୁ ହେଉଛନ୍ତି ଶିକ୍ଷକ । ଅନେକ ଆଦିବାସୀ ଅଞ୍ଚଳରେ ବିଦ୍ୟାଳୟ ତ ଅଛି, ମାତ୍ର ଶିକ୍ଷକ ନାହାନ୍ତି । ଯଦି କେହି ଶିକ୍ଷକ ଅଛନ୍ତି, ତେବେ ସେମାନେ ନିଜ ଆଗ୍ରହରେ ଶିକ୍ଷାଦାନ କରୁନାହାନ୍ତି, ବରଂ ଚାକିରୀ କରି ଦରମା ରୋଜଗାର ନିମନ୍ତେ ଶିକ୍ଷା, ଶିକ୍ଷାଦାନ, ଜ୍ଞାନ ଓ ଛାତ୍ରଛାତ୍ରୀଙ୍କୁ ଏକ ପରବିହୀନ ପକ୍ଷୀ ସଦୃଶ୍ୟ କରି, ଶ୍ରେଣୀଗୃହ ସ୍ୱରୂପ ପଞ୍ଜୁରୀରେ ଆବଦ୍ଧ କରି ରଖୁଛନ୍ତି । ଶିକ୍ଷକ ମାନେ ନିଜକୁ ସବୁବେଳେ ବିଦ୍ୟାର୍ଥୀ କରି ରଖିଲେ ହିଁ, ପ୍ରକୃତ ଶିକ୍ଷା ଦେଇପାରିବେ । ପ୍ରାଥମିକ ଶିକ୍ଷାରେ ଗପ ଛଳରେ ଭୁତ, ଡାହାଣୀ, ପିଶାଚୁଣୀ ସତରେ ଅଛନ୍ତି କି ନାହାନ୍ତି ପିଲାଙ୍କୁ ବୁଝାଇ କୁହାଯାଇପାରିବ । ଶିକ୍ଷା ହିଁ ଅନ୍ଧକାର ରୁ ଆଲୋକକୁ ନେଇ ଆସେ । ପ୍ରକୃତ ଶିକ୍ଷା ମାନବୀୟ ମୂଲ୍ୟବୋଧ, ସହଭାଗିତା ଏବଂ ଜୀବନ ଜିଇଁବାର କଳା ଶିଖାଇଥାଏ । ଏହି ମୂଳଦୁଆକୁ ସୁଦୃଢ କରାଗଲେ ଦେଶର ବିକାଶ ନିମନ୍ତେ ଅଧିକ ବଳ

ପ୍ରୟୋଗ କରିବାକୁ ପଡିବ ନାହିଁ । ଗୁରୁତ୍ୱପୂର୍ଣ୍ଣ ଚିନ୍ତାଧାରା ଏବଂ ସାଂସ୍କୃତିକ ସଚେତନତାକୁ ପ୍ରୋତ୍ସାହିତ କରୁଥିବା ଅର୍ଥପୂର୍ଣ୍ଣ ଶିକ୍ଷା ଉପରେ ଧ୍ୟାନ ଦେଇ ଆମେ ପିଲା ଏବଂ ଯୁବକମାନଙ୍କୁ ଅନାବଶ୍ୟକ ବିକ୍ଷେପରୁ ନିବୃତ୍ତ ରଖିପାରିବା ।

ଆଦିବାସୀ କାହିଁକି ଆଦିବାସୀ?

ଏଇ କିଛି ବର୍ଷ ହେବ ଆଦିବାସୀଙ୍କର ଅସ୍ମିତା, ଅସ୍ତିତ୍ୱ ଓ ବିକାଶକୁ ନେଇ ଚର୍ଚ୍ଚା ଖୁବ୍ ଜୋର ଧରିଛି, ଯାହା ବହୁତ ଆଗରୁ ହେବା କଥା, ତାହା ବିଳମ୍ବରେ ଆରମ୍ଭ ହୋଇଥିଲେ ମଧ୍ୟ, ଦେଶ ଓ ଜାତି ଲାଗି ଏକ ଶୁଭ ସଙ୍କେତ । ଆଦିବାସୀ ହେଲେ ମୂଳ ନିବାସୀ । ଏକ ବୃକ୍ଷର ମୂଳ ଯେପରି ଉପରକୁ ବିଦ୍ୟମାନ ନହୋଇ ମାଟି ତଳେ ରହି ବୃକ୍ଷଟିକୁ ଖାଦ୍ୟ, ସ୍ଥିରତା, ଦୃଢ଼ତା, ବ୍ୟାପକତା, ଓ ମାଟି ସହିତ ନିଜର ଏକ ନିବିଡ଼ତା ପ୍ରଦାନ କରେ, ସେହିପରି ଆଦିବାସୀମାନେ ସମାଜ, ସଂସାର ଓ ସୃଷ୍ଟିର ଐତିହ୍ୟ, ସଂସ୍କୃତି, ଇତିହାସ, ପରମ୍ପରା, ନୈତିକତା ଓ ସ୍ଥାୟୀ ବିକାଶର ମୂଳଦୁଆ । ହେଲେ ଏଇଠି ପ୍ରଶ୍ନ ଉଠେ, କାହିଁକି ଏତେ ବର୍ଷ ଧରି ଆମେ ସେଇ ମୂଳକୁ ଅଣଦେଖା କରି ଆସୁଥିଲେ, ଯାହାଫଳରେ ଆଜି ସେଇ ମୂଳର ଅସ୍ତିତ୍ୱ ଓ ବିକାଶର ଆଲୋଚନାର ଆବଶ୍ୟକତା ପଡ଼ିଯାଇଛି? ଯେଉଁ ଆଦିବାସୀମାନେ ନମନୀୟ, ଈଶ୍ୱରଙ୍କର ଅତି ପ୍ରିୟ, ପ୍ରକୃତିର ଖୁବ ନିଜର, ଆମେ କାହିଁକି ଆଜି ସେଇମାନଙ୍କ ବିକାଶ କଥା କହୁଛନ୍ତି? ଯେଉଁ ଆଦିବାସୀମାନେ ପୂର୍ବରୁ ହିଁ ବିକଶିତ ଓ ବିକାଶର କର୍ଣ୍ଣଧାର, ଆମେ କାହିଁକି ସବୁବେଳେ ସେଇ ଆଦିବାସୀଙ୍କୁ ମୁଖ୍ୟ ସ୍ରୋତକୁ ଆଣିବା କଥା କହୁଛନ୍ତି? ଏହି ମୁଖ୍ୟ ସ୍ରୋତର ସଠିକ ବ୍ୟାଖ୍ୟା କ'ଣ? ଆଦିବାସୀମାନେ କେବଳ ଗୋଟିଏ ରାଷ୍ଟ୍ରର ନୁହେଁ, ବରଂ ସମଗ୍ର ଗ୍ରହର 'ସବୁଜ ରାଷ୍ଟ୍ରଦୂତ', 'ସବୁଜ ଅଭିବୃଦ୍ଧିର' ଚାଳକ, 'ସବୁଜ ପୁଞ୍ଜି' ବ୍ୟବହାର କରି 'ସବୁଜ ସମ୍ପଦ'

ବଢ଼ାଇବାରେ ନିପୁଣ । ତାହା ସତ୍ତ୍ୱେ ବି ଆମେ ସେଇ ଆଦିବାସୀଙ୍କ ବିକାଶକୁ କେବଳ ଅର୍ଥନୈତିକ ସୂଚକାଙ୍କ ମଧ୍ୟରେ ସୀମିତ କରିବାକୁ ଚେଷ୍ଟା କରୁଛନ୍ତି । ନିଜ ମାଟି, ସଂସ୍କୃତି, ଐତିହ୍ୟ, ପରମ୍ପରା, ଜ୍ଞାନ ଓ କୌଶଳକୁ ପଛରେ ପକାଇ, ଆଦିବାସୀଙ୍କର ମୌଳିକତାର ବିନାଶ କରି, ସ୍ୱବର୍ଣ୍ଣିତ ବିକାଶ ଆଡ଼କୁ ଆଦିବାସୀଙ୍କୁ ଟାଣି ଆଣିବାକୁ ଆମେ ଆଦିବାସୀଙ୍କ ବିକାଶ ବୋଲି ଭାବୁଛନ୍ତି କି? ଯଦି ସତରେ ଆମେ ଆମ ମୂଳ ନିବାସୀଙ୍କ ଲାଗି ଚିନ୍ତିତ, ସେମାନଙ୍କ ପ୍ରକୃତ ବିକାଶ ଲାଗି ତତ୍ପର, ବା ଆଦିବାସୀଙ୍କ ପ୍ରତି ଆମେ କରି ଆସୁଥିବା ଆମ ଭୁଲ୍ କୁ ସୁଧାରିବାକୁ ଆମେ ସଂକଳ୍ପ ବଦ୍ଧ, ତେବେ ତାହା ପୂର୍ବରୁ ଆମକୁ ବୁଝିବାକୁ ହେବ ଯେ 'ଆଦିବାସୀ କାହିଁକି ଆଦିବାସୀ?' । ବିକଶିତ ସେଇ ଆଦିବାସୀଙ୍କୁ ଆଜି କାହିଁକି ବିକାଶ ଲୋଡ଼ା ହେଉଛି? ପ୍ରଗତିଶୀଳ ସେଇ ଆଦିବାସୀ ଆଜି କାହିଁକି ପଛୁଆ?

ଆଦିବାସୀଙ୍କ ବିକାଶ ଓ ଆଦିବାସୀ କଲ୍ୟାଣ ନିମନ୍ତେ ନୀତି ନିର୍ମାଣ ଲାଗି ଅନେକ ସେମିନାର୍ ବା ଆଲୋଚନାଚକ୍ର ମାନ ବିଭିନ୍ନ ବିଶ୍ୱବିଦ୍ୟାଳୟ, ଜାତୀୟ ଅନ୍ତର୍ଜାତୀୟ ପ୍ରତିଷ୍ଠାନ ମାନଙ୍କରେ ଆୟୋଜିତ ହେଉଛି, ଯେଉଁଥିରେ ଗବେଷକ, ତୃଣମୂଳ ସ୍ତରରେ କାମ କରୁଥିବା ବ୍ୟକ୍ତି ବା ସଂସ୍ଥା, ନେତା, ମନ୍ତ୍ରୀ, ନୀତି ନିର୍ମାତା, ଅନୁସନ୍ଧାନକାରୀ ଭାଗ ନେଉଛନ୍ତି, ନିଜ ମତ ଓ ମନ୍ତବ୍ୟ ଉପସ୍ଥାପନ କରୁଛନ୍ତି । ଆଦିବାସୀ ବାଦ୍ୟ, ନୃତ୍ୟ ଓ ସଂଗୀତ ଆଜିକାଲି ସେମିନାର୍ ବା ଆଦିବାସୀ କନକ୍ଲେଭ୍ ର ଏକ ଅଭିନ୍ନ ଅଙ୍ଗ ହୋଇଗଲାଣି, ଯାହା ଅତି ପ୍ରଶଂସନୀୟ । ଆଦିବାସୀ ଡାପୁ, ଟୁଡୁମ୍ବୁ, ମୋରି, କିରିଡି, ମାଦଳ, ପିତଲ୍ ମହିରା ତାଳେ ତାଳେ ଆଦିବାସୀ ନୃତ୍ୟରେ ସଭାସ୍ଥଳୀ ନ ଦୁଲୁକିଲେ କେମିତି ହେବ! ସେଥିପାଇଁ ଆୟୋଜକମାନେ ଢେମ୍ସା ନାଚ ନାଚିବାକୁ, ଖାସକରି କୋରାପୁଟରୁ ନୃତ୍ୟଶିଳ୍ପୀଙ୍କୁ ଓ

ବାଦକମାନଙ୍କୁ ଆଣୁଛନ୍ତି । ଏକ ଆଦିବାସୀ ସେମିନାର୍ ରେ ଢେମ୍ସା ନାଚ ଦେଖିବାର ଏକ ନିଆରା ଅନୁଭୂତି ମିଳିଥିଲା । ସେମିନାର୍ ଉଦ୍ଘାଟନୀ ଉତ୍ସବରେ ମଧ୍ୟ ଏକ ଚମତ୍କାର ପ୍ରଦର୍ଶନୀ ଦେଇଥିଲେ ସେଇ ଆଦିବାସୀ ଝିଅମାନେ । ଉଦ୍ଘାଟନ ପରେ ପରେ ଆଲୋଚନା ଚକ୍ର ଆରମ୍ଭ ହୋଇଯାଇଥିଲା ସତ, ହେଲେ ମୋର ମନ ସେଇ ଢେମ୍ସା ନାଚରେ ରହିଯାଇଥିଲା । ରହିଯାଇଥିଲା ମନ ସେଇ ଝିଅମାନଙ୍କୁ ଭେଟି ତାଙ୍କୁ ପ୍ରଶଂସା ଜଣେଇବାକୁ । ହେଲେ ଯେତେ ସେମାନଙ୍କୁ ଖୋଜୁଥିଲେ ମଧ୍ୟ, ଆଖପାଖରେ ସେମାନଙ୍କୁ ପାଉନଥିଲି । ମାତ୍ର ଖୋଜି ଖୋଜି ଯାଇଁ ପହଞ୍ଚି ଯାଇଥିଲି ସେଇ ଝିଅମାନଙ୍କ ପାଖରେ । ସେମାନେ ମୋତେ ଦେଖି ପ୍ରଥମେ ଟିକିଏ ସଂକୁଚିତ ହୋଇଯାଇଥିଲେ । ମୁଁ କିନ୍ତୁ ସେମାନଙ୍କୁ ଦେଖି ଖୁବ୍ ହତାଶ ହୋଇଯାଇଥିଲି । ଯେତେବେଳେ ଗୋଟିଏ ପାଖରେ ଆଦିବାସୀଙ୍କ ବିକାଶ ନିମନ୍ତେ ଏ.ସି କକ୍ଷରେ ଜ୍ଞାନୀ, ଗୁଣି, ନାମୀ, ଦାମୀ ଲୋକେ ଆଲୋଚନା କରୁଥିଲେ, ଯାହାଙ୍କର ରହିବାର ବ୍ୟବସ୍ଥା ପଞ୍ଚ ତାରକା ହୋଟେଲରେ କରାଯାଇଥିଲା, ସେତେବେଳେ ଆରପାଖରେ କୋରାପୁଟରୁ ଆସିଥିବା ସେଇ ଆଦିବାସୀମାନେ ଝରକାବୀହିନ ଏକ ଛୋଟ କକ୍ଷରେ ରହୁଥିଲେ । ପ୍ରାୟ ୨୧ ଜଣ ପୁଅ ଝିଅ ଗୋଟିଏ ଜାଗାରେ ତଳେ ମସିଣା ପକେଇ ଗଡୁଥାନ୍ତି । ସେଇ ପାଖରେ ଥାଏ ସେମାନଙ୍କର ବାଦ୍ୟ ଯନ୍ତ୍ର, ନାଚ ସାମଗ୍ରୀ, ଓ ଦୁଇଦିନ ଧରି ସେଠାରେ ରହିବା ପାଇଁ ସେମାଙ୍କର ନିଜର ଲୁଗାପଟା । ଆରପାଖରେ ଯେତେବେଳେ ନାନା ପ୍ରକାରର ଆମିଷ ଓ ନିରାମିଷ ବ୍ୟଞ୍ଜନ ସହିତ ଚାହା ଓ କଫିର ସ୍ୱତନ୍ତ୍ର ବ୍ୟବସ୍ଥା ହୋଇଥାଏ, ସେତେବେଳେ ସେଇ ଆଦିବାସୀଙ୍କ ଲାଗି କେବଳ ଭାତ, ଡାଲି, ସାଦା ତରକାରୀର ବ୍ୟବସ୍ଥା ହୋଇଥାଏ । ତଥାପି

ସେମାନଙ୍କର ମୁହଁରେ ନଥାଏ ଦୁଃଖ, କି ଅଭିଯୋଗର କିଛି ସଂକେତ, ନଥାଏ କ୍ଷୋଭ, ଅବହେଳିତ ବା ଅସମାନତାର ଶରବ୍ୟ ହେଉଥିବାର । ଏତେ ସୁନ୍ଦର ଗୁଣରେ ମୁଗ୍ଧ ହୋଇ, ଚାଲି ଯାଇଥିଲି ସେମାନଙ୍କ ପାଖକୁ । ଟିକିଏ ସମୟ ପରେ ସେମାନେ ମୋତେ ଏତେ ଆପଣାର କରି ଦେଇଥିଲେ ଯେ, ଆଜି ପର୍ଯ୍ୟନ୍ତ ମୁଁ ସେମାନଙ୍କୁ ଭୁଲି ପାରୁ ନାହିଁ । ସେଇ ଝିଅ ମାନଙ୍କ ସାଙ୍ଗରେ କିଛି ସମୟ କାଟିବା ପରେ, ମୁଁ କିଛି ପ୍ରଶ୍ନର ଉତ୍ତର ପାଇପାରିଥିଲି ଯେଉଁଥିରେ ନିହିତ ଥିଲା ଏକ ଗୁମର କଥା, ଯେ ଆଦିବାସୀଙ୍କୁ ବିକାଶ କାହିଁକି ଲୋଡ଼ା । ସେମିନାର୍ ରେ ତ ଅନେକ ଶିକ୍ଷଣୀୟ କଥା ଥିଲା, ହେଲେ ସେଇ ଆଦିବାସୀ ଝିଅ ମାନଙ୍କ ଠାରୁ ଯାହା ମୁଁ ସାଉଁଟି ଥିଲି ତାହା ଅତ୍ୟଧିକ ମୂଲ୍ୟବାନ ଥିଲା ।

'ଆଦିବାସୀଟିଏ ଆଦିବାସୀ ବୋଲି ତାକୁ ବିକାଶ ଦରକାର', ଏହା ଆମର ଭାବନା ଓ ଧାରଣା । ହେଲେ, ଆଦିବାସୀ କାହିଁକି ଆଦିବାସୀ? ଏହାର ଉତ୍ତର ହେଲା, ଆଦିବାସୀ ଅଭିଯୋଗ କରନ୍ତି ନାହିଁ, ସେମାନେ ବଳିଦାନ ଦେଇପାରନ୍ତି, ଆପୋଷ ବୁଝାମଣା ଓ କ୍ଷମା କରିପାରନ୍ତି । ସେମାନେ ଅଳ୍ପରେ ଖୁସି ହେବା ଶିଖିଛନ୍ତି, ବଂଚିବା ଶିଖିଛନ୍ତି, ଅଭାବ ଓ ଅସୁବିଧା ସମୟରେ ନିଜେ ହସି ଅନ୍ୟମାନଙ୍କୁ ହସାଇବା ଶିଖିଛନ୍ତି । ପ୍ରତିକୂଳ ପରିସ୍ଥିତି ସହିତ ଲଢ଼ିବା ଶିଖି, ପରିସ୍ଥିତିକୁ ଅନୁକୂଳ କରିବା ମଧ୍ୟ ଶିଖିଛନ୍ତି । ଆଦିବାସୀ କାହିଁକି ଆଦିବାସୀ, କାରଣ ଆମେ ଆଲୋଚନା କରିବାକୁ,ବିକାଶର ଏଜେଣ୍ଡା ଏବଂ ଆମର ଛଦ୍ମ ଜ୍ଞାନ ପ୍ରଦର୍ଶନ କରିବାକୁ ଆଦିବାସୀଙ୍କୁ ଲୋଡୁ । ଶୋଷଣ, ନିଷ୍ପେଷଣ ଓ ରାଜନୀତି କରିବାକୁ ଆମକୁ ଆଦିବାସୀ ଓ ଆଦିବାସୀ ପ୍ରସଙ୍ଗ ଦରକାର । ଆମ ନିଜର ସ୍ୱାର୍ଥ ସାଧନ ଲାଗି ଆମକୁ ଆଦିବାସୀ ଦରକାର । ଆମ ନିର୍ଯାତନା ସହି ଆମ ପ୍ରଗତିର

ରାସ୍ତା ଖୋଲିବା ପାଇଁ ଆମକୁ ଆଦିବାସୀ ଦରକାର । ଆଦିବାସୀମାନେ ନିଜ ଜଳ, ଜମି, ଜଙ୍ଗଲକୁ ଭଲପାନ୍ତି, ନିଜ ଦେହର କଳା ରଙ୍ଗ, ବାସ୍ନା ସହିତ ନିଜ କଳା, ସଂସ୍କୃତି, ସଂସ୍କାର, ଭାଷା, ଭାବ ଓ ଭାବନାକୁ ଭଲପା'ନ୍ତି, ପ୍ରକୃତି ଓ ପ୍ରାକୃତିକ ସମ୍ପଦର ସୁରକ୍ଷା କରନ୍ତି, ନିଜ ମା' ମାଟିକୁ ଛାଡ଼ି ପାରନ୍ତି ନାହିଁ, ସେମାନେ ଆମ ଭଳି ତଥାକଥିତ ବିକାଶ ପଛରେ ବାୟା ନୁହନ୍ତି । ଏଇଥିପାଇଁ ହିଁ ଆଦିବାସୀ ଆଦିବାସୀ!

ଟିକିଏ ଭାବି ଦେଖିଲେ, ଆମେ ଯେଉଁ ଆଦିବାସୀଙ୍କ ବିକାଶ କଥା କହୁଛନ୍ତି, ଯେଉଁମାନଙ୍କୁ ମୁଖ୍ୟ ସ୍ରୋତକୁ ଆଣିବାକୁ ପ୍ରୟାସ କରୁଛନ୍ତି, ଆମ ଭଳି ହେବାକୁ ଉତ୍ସାହ କରୁଛନ୍ତି, ବିକାଶ ଓ ବିକଶିତ କରାଇବାକୁ ଚେଷ୍ଟା କରୁଛନ୍ତି, ହେଲେ ଆମେ କ'ଣ ସମ୍ପୂର୍ଣ୍ଣ ବିକଶିତ? ଆମେ ତ ରାତି ପାହିଲେ ପଇସା, ଅଧିକ ପଇସା ବିଷୟରେ ଭାବୁଛନ୍ତି । ସବୁବେଳେ ଆମେରିକା ଭଳି ହେବାକୁ ଆଶା କରୁଛନ୍ତି! ଆମ ଛୁଆଙ୍କୁ ବିଦେଶରେ ପାଠ ପଢ଼ାଇ, ବିଦେଶରେ ଚାକିରୀ କରି ଡଲାର ରୋଜଗାର କରିବାକୁ ପରାମର୍ଶ ଦେଉଛନ୍ତି! ଆମେ ତ ସବୁବେଳେ ଅନ୍ୟମାନଙ୍କୁ ଅନୁକରଣ କରୁଛନ୍ତି ଓ ବେଳେବେଳେ ସେଇ ଅନୁକରଣ ହନୁକରଣ ମଧ୍ୟ ହୋଇଯାଉଛି! ଆମେ ତ ନିଜ ପର୍ବ-ପର୍ବାଣି, ପୋଷାକ-ପରିଧାନ, ଖାଦ୍ୟ-ପେୟ, ସଂସ୍କାର-ସଂସ୍କୃତିକୁ ଭୁଲି ବିଦେଶୀ ଯାକଜକମ ଆଡ଼ିକି ଢଳି ଯାଉଛନ୍ତି, ଯାହାକୁ ଆମେ ବିକାଶର ଅନ୍ୟ ନାମ ବୋଲି ମଧ୍ୟ କହୁଛନ୍ତି! ବିକାଶ ନାଁରେ ନିଜ ଦେଶ, ନିଜ ମାଟି ମା' ଓ ଏମିତିକି ଜନ୍ମ ଦେଇଥିବା ମାତା-ପିତାଙ୍କ ପ୍ରତି ନିଜର କର୍ତ୍ତବ୍ୟ ମଧ୍ୟ ଭୁଲି ଯାଉଛନ୍ତି! ସେଥିରେ ଆମେ ଆଦିବାସୀଙ୍କ ବିକାଶ କଥା କେମିତି କହୁଛନ୍ତି? ଆମ ପାଇଁ ବିକାଶ କ'ଣ? ଯଦି ଆମେ ଆଜି ଯାଏଁ ବିକାଶର ଅର୍ଥ ଠିକ୍ ଭାବରେ ବୁଝି ନାହାନ୍ତି, ବା ବିକାଶକୁ ନେଇ ଯଦି

ଆମର ଧାରଣା, ଦିଗ, କାର୍ଯ୍ୟରେ ସ୍ପଷ୍ଟତା କି ସ୍ୱଚ୍ଛତା ନାହିଁ, ତେବେ ଆମେ ସେଇ ନିରୀହ ଆଦିବାସୀଙ୍କ ବିକାଶ କଥା କିପରି କହୁଛନ୍ତି? ପ୍ରଥମେ ବିକାଶ ବିଷୟରେ ନିଜକୁ ଶିକ୍ଷିତ ଓ ମାର୍ଜିତ କରିବାର ଅଛି, ଓ ପରେ ଅନ୍ୟକୁ ପ୍ରଶିକ୍ଷଣ ଦେବା ।

କିଛି ଗୁଣି, ଜ୍ଞାନୀ ଲୋକ ଏମିତି ବି ଅଛନ୍ତି ଯେଉଁମାନେ ନିଜକୁ ଓଡ଼ିଆ ଭାଷାର ପ୍ରତିନିଧି ଭାବନ୍ତି, ଆଦିବାସୀଙ୍କ ସ୍ୱର ଭାବନ୍ତି ଓ ଭାବନ୍ତି ଯେ ସେମାନଙ୍କର ବାକ୍ ଚାତୁର୍ଯ୍ୟ ଭରା ଭାଷଣ, ଅସାଧାରଣ ବ୍ୟକ୍ତିତ୍ୱ ଓ ଉଚ୍ଚ ଶିକ୍ଷିତ ଚେଲା ଚାମୁଣ୍ଡାଙ୍କ ସାହାଯ୍ୟରେ ସେମାନେ ଆଦିବାସୀ ଓ ଆଦିବାସୀ ଭାଷା-ସଂସ୍କୃତି ଲାଗି ବହୁତ କାମ କରୁଛନ୍ତି । କିନ୍ତୁ ସତ୍ୟତା ଏହା ଯେ ସେମାନେ କେବେହେଲେ କୌଣସି ଆଦିବାସୀଙ୍କୁ ନିଜ ପାଖ ପସେଇ ଦିଅନ୍ତି ନାହିଁ, ଆଦିବାସୀଙ୍କ ପାଖକୁ ଯିବାକୁ କୁଣ୍ଠାବୋଧ କରନ୍ତି, ସେମାନଙ୍କ ସାଙ୍ଗରେ ସମୟ କାଟିବାକୁ ସମୟର ନଷ୍ଟ ବୋଲି ଭାବନ୍ତି । ସେମାନେ ଏଇ ଭାବନାରେ ରୁହନ୍ତି ଯେ, ଏ.ସି କକ୍ଷରୁ ଥାଇ ସେମାନେ ଆଦିବାସୀ ଭାଷା, ସଂସ୍କୃତି ବା ଆଦିବାସୀଙ୍କ ଲାଗି ବହୁତ କାମ କରୁଛନ୍ତି । କିନ୍ତୁ ସେମାନଙ୍କୁ ଯଦି ଏକ ସାମାନ୍ୟ ପ୍ରଶ୍ନ କରାଯାଏ ଯେ,"ସାର୍! ଆପଣ କ'ଣ ପିନ୍ଧିଛନ୍ତି?" ଉତ୍ତର ଆସିବ,"**Jeans**" (ଜିନ୍ସ) ଓ ଟି-ସାର୍ଟ (**T-Shirt**) । ଜିନ୍ସ କ'ଣ ଭାରତୀୟ ପରିଧାନ, ନା ଆଦିବାସୀ ପରିଧାନ? ଯଦି ତାଙ୍କୁ କୁହାଯାଏ ଯେ, "ସାର୍, ଚାଲୁନାହାନ୍ତି ଛୁଟିରେ କୋରାପୁଟ ଯିବା? ଉତ୍ତର ମିଳିବ,"ସେଇ ଆଦିବାସୀ ଜାଗାରେ କ'ଣ ଅଛି? ସେଠାକୁ ଗଲେ ଛୁଟି ବର୍ବାଦ୍ ହୋଇଯିବ ଓ ପିଲାମାନେ ହଇରାଣ ମଧ୍ୟ ହେବେ!" ଯଦି ଆମେ ଏତେ ଶିକ୍ଷିତ ହୋଇ ଏହା ହୃଦୟଙ୍ଗମ କରିପାରୁନାହାନ୍ତି ଯେ, ଆମ ଜନ୍ମଭୂମି, ଆମ ଭାଷା, ପୋଷାକ, ରଙ୍ଗ, ଢଙ୍ଗ, ଶିକ୍ଷା ଓ ସଭ୍ୟତା ଆମର ପରିଚୟ ବୋଲି,ତେବେ

ଆମେ ଆଦିବାସୀଙ୍କ ବିକାଶ କଥା କିପରି କହିପାରିବା । ସେଇ ସାର୍ ମାନଙ୍କୁ ଯଦି ଆଦିବାସୀଙ୍କ ସହିତ ଜଡିତ କିଛି ପ୍ରକୃତ ପ୍ରଶ୍ନ ପଚରାଯାଏ, ବା କୌଣସି ଆଦିବାସୀ ନିଜ ମୌଳିକ ଅଧିକାର ଦୃଷ୍ଟିରୁ କିଛି ପ୍ରଶ୍ନ କରେ,ତେବେ ସେମାନେ ଉତ୍ତର ଦେବେ, **"The question is redundant"** (ପ୍ରଶ୍ନଟି ଅନାବଶ୍ୟକ) । ସେଇ ଗୁଣି, ଜ୍ଞାନୀ, ରଥି ମହାରଥୀ, ଆଦିବାସୀ ପ୍ରେମୀ ବ୍ୟକ୍ତି ବା ବଡ଼ବାବୁ ବା ବଡ଼ ମ୍ୟାଡ଼ାମ ମାନେ ଭାବନ୍ତି ଯେ ସମଧାନମୂଳକ ଆଲୋଚନା **(negotiation)** ଦ୍ୱାରା ଆଦିବାସୀଙ୍କ ବିକାଶ କରିହେବ । ହେଲେ ବୋଧହୁଏ ସେମାନେ ଭୁଲି ଯାଉଛନ୍ତି ଯେ ସମାଧାନମୂଳକ ଆଲୋଚନା ସେତେବେଳେ ସଫଳ ହୋଇ ପାରିବ ଯେତେବେଳେ ଦୁଇ ପକ୍ଷ ସମାନ ଆଲୋଚନା ଟେବୁଲ୍ ଉପରକୁ ଆସିବେ,ଓ ଦୁଇପକ୍ଷ ନିଜ ନିଜ ଲକ୍ଷ୍ୟ ଏବଂ ଉଦ୍ଦେଶ୍ୟ ବିଷୟରେ ସ୍ପଷ୍ଟ ଓ ଅବଗତ ଥିବେ । ହେଲେ ଆଦିବାସୀଙ୍କ କ୍ଷେତ୍ରରେ ତାହା ସ୍ପଷ୍ଟ ନଥାଏ । ବିକାଶ ନାଁରେ ଆମେ ଆଦିବାସୀଙ୍କୁ ଯାହା ପାଠ ପଢ଼ାଇ ଚାଲିଛନ୍ତି, ଯାହା ଘୋଷାଇ ଚାଲିଛନ୍ତି, ଆଦିବାସୀମାନେ ଆମକୁ ସୁହାଇଲା ଭଳି ଉତ୍ତର ମଧ ଦେଉଛନ୍ତି । ଆଦିବାସୀଙ୍କୁ ଶିଖା ହେଉଛି ଯେ ବିକାଶ କହିଲେ ସ୍କୁଲ, ରାସ୍ତା, ପାନୀୟ ଜଳ, ବିଦ୍ୟୁତ, ସ୍ୱାସ୍ଥ୍ୟ ସେବା ଓ ରୋଜଗାର । ତାହାଛଡ଼ା, ଆଦିବାସୀଙ୍କର ମୂଳ ଇଚ୍ଛା, ବିକାଶକୁ ନେଇ ସେମାନଙ୍କର ଚିନ୍ତାଧାରା, ସ୍ଥାୟୀ ବିକାଶକୁ ନେଇ ସେମାନଙ୍କ ଦୃଷ୍ଟିକୋଣ, ଅବଦାନ ଓ ଅନୁଦାନକୁ ଆମେ କୋଣଠେସା କରି ଦେଉଛନ୍ତି । ଆମେ ଯାହା ଚାହିଁବୁ ତାହା ଆଦିବାସୀଙ୍କୁ ଶିଖେଇବୁ, ଆମେ ଯାହା ଶୁଣିବାକୁ ଚାହିଁବୁ ତାହା ଆଦିବାସୀଙ୍କ ଦ୍ୱାରା କୁହାଇବୁ, ଆମେ ଯାହା କରିବାକୁ ଚାହିଁବୁ ତାହା ଆଦିବାସୀଙ୍କ ଦ୍ୱାରା କରାଇବୁ, ଆମକୁ ଯାହା ଦରକାର ଆମେ ତାହା

ଆଦିବାସୀଙ୍କ ଠାରୁ ଛଡେଇ ଆଣିବୁ, ଓ ସବୁ ପରେ କହିବୁ ନା କ'ଣ ଆମେ ଆଦିବାସୀଙ୍କ ସହ ସମାଧାନମୂଳକ ଆଲୋଚନା କରି ବିକାଶର ବାଟ ବାହାର କରିବୁ । ଏହା ଅତି ହାସ୍ୟାସ୍ପଦ, ଯାହାର ଜ୍ୱଳନ୍ତ ଉଦାହରଣ ହେଲା ସେଇ ଆଦିବାସୀ ଢେମ୍ସା ନୃତ୍ୟଶିଳ୍ପୀଙ୍କ ପାଇଁ ଆମର ଦୋହରା ମାନଦଣ୍ଡ । ସେଇ ଆଦିବାସୀଙ୍କ ବିକାଶ ଆମେ କେମିତି କରିପାରିବା, ଯେଉଁମାନେ ପ୍ରଥମରୁ ହିଁ ବିକଶିତ! କେବଳ ଆଦିବାସୀଟିଏ ଆଦିବାସୀ ବୋଲି, ବା ଆମେ ଆଦିବାସୀଙ୍କ ଠାରୁ ଅଧିକ ପାଠ ପଢ଼ିଛନ୍ତି ବୋଲି, ଆମେ ସେମାନଙ୍କର ବିକାଶ କରିବା ବୋଲି ଭାବିବାଟା ସମ୍ପୂର୍ଣ୍ଣ ଭୁଲ୍ ।

ବିକାଶ ନାଁରେ ଆଦିବାସୀଙ୍କ ଲାଗି କରୁଥିବା ବିନାଶର ସୁଡ଼ଙ୍ଗ ଦେଖି ଭୟ ଲାଗୁଛି । ଭୟ ଲାଗୁଛି ଯଦି ସତରେ ଆଦିବାସୀମାନେ ଆମ ଭଳିଆ ହୋଇଯିବେ, ତେବେ ଆମ ପିଲାମାନେ ବୋଧହୁଏ ସେଇ ପ୍ରକୃତିର ମହାନ ସନ୍ତାନଙ୍କୁ ଆଉ ଦେଖି ପାରିବେ ନାହିଁ! ଭୟ ଲାଗୁଛି ଯେମିତି ବିକାଶର ଚାଦର ତଳେ ଆଦିବାସୀମାନେ ସୁନ୍ଦର ଇତିହାସ ନ ପାଲଟିଯା'ନ୍ତୁ । ଭୟ ଲାଗୁଛି ଯେମିତି ବିକାଶ ନାଁରେ ପ୍ରକୃତି ମା' ନିଜର ଅତି ପ୍ରିୟ ସନ୍ତାନଙ୍କୁ ହରେଇ ନ ବସୁ । ଯେଉଁଦିନ ଆମେ 'ଆଦିବାସୀ କାହିଁକି ଆଦିବାସୀ?' ବୋଲି ବୁଝିପାରିବା, ସେଇଦିନ ଆମେ ବିକାଶର ସଠିକ ସଂଜ୍ଞା, ଦିଗ ଓ କ୍ଷେତ୍ର ତିଆରି କରିପାରିବା ଓ ଉଚିତ ଭାବରେ ଆଦିବାସୀଙ୍କର ବିକାଶ ମଧ କରିପାରିବା । କେବଳ ନିଜ ସ୍ୱାର୍ଥ ଲାଗି ଆଦିବାସୀଙ୍କ ବିକାଶ କରିବା ବା କରୁଛନ୍ତି କହିଲେ, ତାହା ମାନବ ସମାଜର ବିନାଶର ବାଟ ଫିଟାଇ ଦେଇପାରେ ।

ମତ ଓ ମନ୍ତବ୍ୟ

ଆମର ତଥାକଥିତ ବିକାଶର ପରିଭାଷା, ଢାଞ୍ଚା ଏବଂ ପରିପ୍ରକାଶ ଆଦିବାସୀ ମାନଙ୍କର ପରିଭାଷା, ଢାଞ୍ଚା ଏବଂ ପରିପ୍ରକାଶ ଠାରୁ ଅନେକ ଭିନ୍ନ । ସେମାନଙ୍କ ବିଷୟରେ ଆମର ରହିଥିବା ଅଜ୍ଞାନତାକୁ ଘୋଡ଼ାଇବାକୁ ଯାଇ ସେମାନଙ୍କର ଯେ ଆମ ଭଳି ତଥାକଥିତ ବିକାଶ ଆବଶ୍ୟକ ବୋଲି କହିବା, ହାସ୍ୟାସ୍ପଦ । ତଥ୍ୟ ଏବଂ ସତ୍ୟ ତଥା ସତ୍ୟ ଏବଂ ତଥ୍ୟ ମଧ୍ୟରେ ତାଳମେଳ ନ ରଖିବା ଏବଂ ଏ ପ୍ରକାରର ଭ୍ରମାତ୍ମକ ବିବରଣୀ ଓ ସାରଗର୍ଭକ ଭାଷଣ ଦେଇ ତାଳି ସଂଗ୍ରହ କରାଯାଇପାରେ, ମାତ୍ର ହୃଦୟ ଜିତା ଯାଇ ପାରେ ନାହିଁ । ଆଦିବାସୀ ମାନଙ୍କର ସ୍ୱାଧୀନତାକୁ ସମ୍ମାନ ଜଣାଇବା ହେଉଛି ସେମାନଙ୍କର ବିକାଶର ପ୍ରଥମ ସୋପାନ । ସେମାନେ ବସବାସ କରୁଥିବା ସ୍ଥାନରୁ ସେମାନଙ୍କୁ ନ ହଟାଇବା ଏବଂ ଜୀବନଧାରଣ ପାଇଁ ଅତ୍ୟାବଶ୍ୟକ ସେମାନଙ୍କର ଜଳ, ଜମି ଓ ଜଙ୍ଗଲକୁ ନଷ୍ଟ ନ କରିବା ହିଁ ବିକାଶର ପରବର୍ତ୍ତୀ ସୋପାନ । ସେମାନଙ୍କର ଖାଦ୍ୟପେୟ, ସଂସ୍କୃତି, କଳା ଏବଂ ଜୀବନଶୈଳୀକୁ ଆମ ଭଳି ନ କରି ତାର ସୁରକ୍ଷା କରିବା ହେଉଛି ପ୍ରକୃତ ଆଦିବାସୀ ବିକାଶ । ସଭା ସମିତି, ଆଲୋଚନା ଚକ୍ରରେ ସେମାନେ ନିଜ ଇଚ୍ଛାରେ ବକ୍ତବ୍ୟ ଉପସ୍ଥାପନ କରିପାରିବା ଏବଂ ସେମାନଙ୍କର ସଂସ୍କୃତିରୁ ଆମେ କିଛି ଶିଖିବା ହେଉଛି ସମସ୍ତଙ୍କର କର୍ତ୍ତବ୍ୟ । ଶେଷରେ କେହି କାହା ଭଳିଆ ଯେ ହୁଅନ୍ତୁ, ଏ ପ୍ରକାରର ଭାବ ପୋଷଣ ନ କରି, ସମସ୍ତେ ଯେପରି ନିଜ ଭଳି ରହିବା ଏବଂ ପ୍ରତ୍ୟେକଙ୍କର ସେହି ନିଜସ୍ୱ ସ୍ୱତନ୍ତ୍ରତାକୁ ସମ୍ମାନ ଦେବା ହିଁ ପ୍ରକୃତ ବିକାଶ । "ସବକା ସାଥ, ସବକା

ବିକାଶ" (सबका साथ, सबका विकास)ର ପ୍ରକୃତ ଅର୍ଥ ସେଥିରେ ହିଁ ନିହିତ ।

ଯୁଗେ ଯୁଗେ ଆଦିବାସୀ

ସନାତନ ଧର୍ମର ସିଦ୍ଧାନ୍ତରେ, ଗଭୀର ଭାବରେ ନିହିତ 'ହିନ୍ଦୁ ପୁରାଣ', ବର୍ଣ୍ଣନା, ଦର୍ଶନ ଏବଂ ଅଭ୍ୟାସର ଏକ ବିଶାଳ ଭଣ୍ଡାର, ଯାହା ସହସ୍ର ବର୍ଷ ଧରି ଭାରତୀୟ ସଭ୍ୟତାକୁ ମାର୍ଗଦର୍ଶନ ଦେଇ ଆସୁଛି । ହିନ୍ଦୁ ପୁରାଣର କେନ୍ଦ୍ରବିନ୍ଦୁ ହେଉଛି ଚାରୋଟି ଯୁଗ, ଯାହା ପ୍ରତ୍ୟେକଟି ସୃଷ୍ଟି, ସଂରକ୍ଷଣ ଏବଂ ବିନାଶର ମହାଜାଗତିକ ଚକ୍ରର ଏକ ସ୍ୱତନ୍ତ୍ର ପ୍ରତିନିଧିତ୍ୱ କରେ । ଏହି ଯୁଗଗୁଡ଼ିକ-ସତ୍ୟ, ତ୍ରେତା, ଦ୍ୱାପର ଏବଂ କଳି ଯୁଗ, ଯାହା ମାନବତାର ନୈତିକ ଏବଂ ଆଧ୍ୟାତ୍ମିକ ବିବର୍ତ୍ତନକୁ ରେଖାଙ୍କିତ କରନ୍ତି ଓ ଯାହା ଧର୍ମ ଏବଂ ଅଧର୍ମ ମଧ୍ୟରେ ଗତିଶୀଳ ପାରସ୍ପରିକ କ୍ରିୟାକୁ ପ୍ରଦର୍ଶିତ କରେ । ଜଙ୍ଗଲବାସୀ, ଯୋଦ୍ଧା ଏବଂ ପ୍ରକୃତିର ରକ୍ଷକ ଭାବରେ ଚିତ୍ରିତ ହୋଇଥିବା ଆଦିବାସୀମାନେ ଏହି ସବୁ ଯୁଗରେ ଏକ ଗୁରୁତ୍ୱପୂର୍ଣ୍ଣ ସ୍ଥାନ ଅଧିକାର କରିଛନ୍ତି । ପ୍ରାଚୀନ ଭାରତର ସାଂସ୍କୃତିକ ଏବଂ ଆଧ୍ୟାତ୍ମିକ ଚିତ୍ରକଳାରେ ଆଦିବାସୀଙ୍କର ଭୂମିକା ଅପରିହାର୍ଯ୍ୟ । ବିବିଧତା ଭରା ସମାବେଶୀ ସଂସ୍କୃତି ପାଇଁ ପ୍ରସିଦ୍ଧ ଭାରତ, ଓ ଆଦିବାସୀ ସମ୍ପ୍ରଦାୟ ସମେତ ବିଭିନ୍ନ ପରମ୍ପରାର ସୌହାର୍ଦ୍ଦ୍ୟପୂର୍ଣ୍ଣ ଏକୀକରଣ ପାଇଁ ଏକ ସ୍ୱତନ୍ତ୍ର ସ୍ଥାନ ଅଧିକାର କରିଛି । ଭାରତୀୟ ପୌରାଣିକ କଥା ଏବଂ ଆଦିବାସୀ ପ୍ରଥା ମଧ୍ୟରେ ଗଭୀର ସମ୍ପର୍କକୁ ସନାତନ ଧର୍ମର ସମାବେଶୀ ନୀତି ଆଲୋକପାତ କରେ, ଯେଉଁଠାରେ ପ୍ରତ୍ୟେକ ଜୀବ, ସେମାନଙ୍କର ସାମାଜିକ କିମ୍ବା ସାଂସ୍କୃତିକ ପରିଚୟ ନିର୍ବିଶେଷରେ, ମହାଜାଗତିକ କ୍ରମରେ ଏକ ସ୍ଥାନ ପାଆନ୍ତି । ପ୍ରକୃତି ଏବଂ ସ୍ଥାନୀୟ ଦେବତାଙ୍କ ପୂଜା ଠାରୁ ଆରମ୍ଭ କରି ପ୍ରାଚୀନ

ରୀତିନୀତିର ସଂରକ୍ଷଣ ପର୍ଯ୍ୟନ୍ତ, ଆଦିବାସୀମାନେ ହିନ୍ଦୁ ଚିନ୍ତାଧାରା ଏବଂ ଆଧ୍ୟାତ୍ମିକତାର ବିବର୍ତ୍ତନରେ ଗୁରୁତ୍ୱପୂର୍ଣ୍ଣ ଯୋଗଦାନ କରି ଆସିଛନ୍ତି । ଇତିହାସ ଓ ପୁରାଣରେ ବର୍ଣ୍ଣିତ ଅନେକ କାହାଣୀ ମାନଙ୍କରେ ଉଲ୍ଲିଖିତ ବା ଭଗବାନଙ୍କ ଅତି ପ୍ରିୟ ବା ଅତି ନିଜ ଲୋକ, ଓ ବିପଦର ବନ୍ଧୁ ଭାବେ ଆଦିବାସୀମାନେ ସର୍ବଦା ବିଦ୍ୟମାନ । ଗବେଷକ/ଲେଖକଙ୍କ ଅନୁଯାୟୀ, ଭାରତର ସର୍ବାଗ୍ରେ ଥିବା ଗ୍ରନ୍ଥ ଋଗ୍ ବେଦରେ ଆଦିବାସୀମାନଙ୍କ ଉପସ୍ଥିତି ସ୍ପଷ୍ଟ । ଭାରତର ଅଲୌକିକ, ପୌରାଣିକ, ଆଧ୍ୟାତ୍ମିକ, ବୈଦିକ ଚିତ୍ରକଳା, ଆଦିବାସୀଙ୍କର ଲୋକ କଥା, କାହାଣୀ, ଧର୍ମର ସାର୍ବଜନୀନତା ଏବଂ ସେମାନଙ୍କ ଜୀବନଶୈଳୀର ସ୍ଥାୟୀ ପ୍ରାସଙ୍ଗିକତା ଉପରେ ଆଲୋକପାତ କରେ । ପ୍ରକୃତି ଏବଂ ପରମ୍ପରା ସହିତ ଏକ ଅନ୍ତର୍ନିହିତ ସଂଯୋଗ ସହିତ ଆଦିବାସୀମାନେ ବିଭିନ୍ନ ଯୁଗର ଆଦର୍ଶକୁ ପ୍ରତିଫଳିତ କରନ୍ତି । ସେମାନଙ୍କର ଅସ୍ତିତ୍ୱ, ଆଧୁନିକ ସମାଜକୁ ସୌହାର୍ଦ୍ଦ୍ୟ, ସ୍ଥିରତା ଏବଂ ସମାବେଶୀତା ପରି ମୂଲ୍ୟବୋଧ ଉପରେ ଆତ୍ମବିଶ୍ୱାସ କରିବାକୁ ଆହ୍ୱାନ ଦିଏ । ଭାରତ ହେଉଛି ଏକ ଦେଶ ଯାହାର ସଭ୍ୟତା ୫୦୦୦ ବର୍ଷରୁ ଅଧିକ ବ୍ୟାପ୍ତ । ପୁରାଣ, ବେଦ, ଉପନିଷଦ, ରାମାୟଣ, ଗୀତା ବା ମହାଭାରତରେ ହେଉ, ବା ୧୮୧୭ ମସିହାର ପାଇକ ବିଦ୍ରୋହ ଏବଂ ୧୮୫୭ ର ସ୍ୱାଧୀନତା ସ୍ୱାଧୀନତା ସଂଗ୍ରାମରେ ନିଜର ଅଧିକାର ଜାହିର କରିବା ହେଉ, କିମ୍ବା ଭାରତର ସଂସ୍କୃତି, କଳା, ହସ୍ତଶିଳ୍ପ, ଶିକ୍ଷା, ସଶସ୍ତ୍ର ବାହିନୀ, ପରିବେଶ ଏବଂ ଭାଷାରେ ଯୋଗଦାନ କରିବାରେ ହେଉ, ଯେକୌଣସି କ୍ଷେତ୍ରରେ ଆଦିବାସୀଙ୍କ ଯୁଗାନ୍ତକାରୀ ଅବଦାନ ଓ ଯୋଗଦାନ ବାସ୍ତବରେ ପ୍ରଶଂସନୀୟ ।

ଇତିହାସ ଏକ ବିଶେଷ ଶକ୍ତି, ଯାହା ଉଦାହରଣ ସହିତ ପଢି ପରେ ପିଢ଼ିକୁ ସକ୍ଷମ କରେ । ଏହା ଆମକୁ ସେହି କିଛି ଗୋଷ୍ଠୀ ବା ବ୍ୟକ୍ତି ବିଶେଷଙ୍କୁ ଜାଣିବାରେ ଓ ବୁଝିବାରେ ସାହାଯ୍ୟ କରେ, ଯେଉଁମାନେ କିଛି ଅକଳ୍ପନୀୟ ପରିସ୍ଥିତିରେ ସାହସ ଓ ଦକ୍ଷତାର ପ୍ରଦର୍ଶନୀ କରି, ସେମାନଙ୍କ ଉପରେ ଫିଙ୍ଗାଯାଇଥିବା ପଥରକୁ ମାଇଲଖୁଣ୍ଟରେ ପରିଣତ କରିଛନ୍ତି । ଏହି ପରିପ୍ରେକ୍ଷୀରେ, ବିବିଧତା, ସମାନତା ଏବଂ ସମାବେଶୀତା କ୍ଷେତ୍ରରେ ଆଦିବାସୀଙ୍କ ଜୀବନ ଏବଂ ନୈତିକତାକୁ ବୁଝିବା ବିନା ଭାରତର ଇତିହାସ ଓ ଐତିହ୍ୟକୁ ବୁଝିହେବ ନାହିଁ । ଭାରତର ଐତିହାସିକ ମୂଲ୍ୟବୋଧକୁ ପରିଭାଷିତ କରିଥିବା ଦୁଇଟି ପ୍ରମୁଖ ମହାକାବ୍ୟ ହେଉଛି 'ମହାଭାରତ' ଏବଂ 'ରାମାୟଣ' । ଆଦିବାସୀ ସମ୍ପ୍ରଦାୟର ଅନେକ ଐତିହାସିକ ଚରିତ୍ର ଏହି ପ୍ରାଚୀନ ଗ୍ରନ୍ଥଗୁଡ଼ିକରେ ସେମାନଙ୍କର ଭୂମିକା, ପ୍ରଭାବ ଏବଂ ବ୍ୟକ୍ତିତ୍ୱ ପାଇଁ ଉଭା ହୋଇଛନ୍ତି । ରାମାୟଣରେ ଋଷି ବାଲ୍ମିକୀ ଆଦିବାସୀ କିମ୍ବା ଆଦିବାସୀ ନାଗରିକଙ୍କ ଉପସ୍ଥିତି ବିଷୟରେ ଉଲ୍ଲେଖ କରିଛନ୍ତି । ଆଦିବାସୀ ମାନେ କେମିତି ଓ କିପରି ଭଗବାନଙ୍କ ଦରଦୀ ବନ୍ଧୁ, ସଖା ଓ ସହାୟକ, ସେହି ତଥ୍ୟ ଯେତେ ସାମନାକୁ ଆସିବ, ତାହା ସେତେ ସ୍ପଷ୍ଟ କରିଦେବ ଯେ ଆଦିବାସୀମାନେ କେତେ ଈଶ୍ୱରଙ୍କ ନିକଟତର । ବିଶ୍ୱାସ ଏବଂ ସାହସ ନିହିତ ଆଦିବାସୀଙ୍କର କାହାଣୀ, ପବିତ୍ର ଗ୍ରନ୍ଥ ଏବଂ ଲୋକକଥାରେ ଅମର, ଯାହା ମାନବତାକୁ ନିରନ୍ତର ପ୍ରେରଣା ଯୋଗାଇଥା'ନ୍ତି । ଭାରତୀୟ ପୁରାଣ ଏବଂ ବିଶ୍ୱାସ ବ୍ୟବସ୍ଥାରେ ଏହା ଏକ ଗୁରୁତ୍ୱପୂର୍ଣ୍ଣ ଅଧ୍ୟାୟ ବହନ କରେ । କେତେକ କିମ୍ବଦନ୍ତୀ, ଯାହା ହିନ୍ଦୁଧର୍ମର ଆଧ୍ୟାତ୍ମିକ ନୈତିକତାକୁ ରୂପ ଦେବାରେ ଆଦିବାସୀମାନଙ୍କର ଗଭୀର ଭୂମିକାକୁ ପ୍ରକାଶ କରନ୍ତି ଏବଂ ପ୍ରଭୁଙ୍କ ସହିତ ଆଦିବାସୀଙ୍କ ସମ୍ପର୍କକୁ ଚମତ୍କାର ଭାବରେ ବର୍ଣ୍ଣନା କରନ୍ତି,

ସେମାନଙ୍କ ମଧ୍ୟରେ, ଗୁହା ବା ଗୁହାନ ନାମରେ ମଧ୍ୟ ଜଣାଶୁଣା- ନିଷାଦ ରାଜା ଯିଏ ରାମ, ଲକ୍ଷ୍ମଣ ଏବଂ ସୀତାଙ୍କୁ ଗଙ୍ଗା ପାର କରିବା ପାଇଁ ଡଙ୍ଗା ଏବଂ ନାବିକମାନଙ୍କର ବ୍ୟବସ୍ଥା କରିଥିଲେ । ନିଶାଦ ରାଜା, ଗୁହା, ଗଙ୍ଗା କୂଳରେ ବାସ କରୁଥିବା ଜନଜାତିମାନଙ୍କର ମୁଖିଆ ଥିଲେ । ସେ ଜଣେ ମହାନ ଏବଂ ପ୍ରଫୁଲ୍ଲ ବ୍ୟକ୍ତି ଥିଲେ, ଯିଏ ବନବାସରେ ବାହାରିଥିବା ରାମଙ୍କୁ ସ୍ୱାଗତ କରିବା ପାଇଁ ଆସିଥିବା ପ୍ରଥମ ବ୍ୟକ୍ତି ଥିଲେ । ପ୍ରଭୁ ଶ୍ରୀ ରାମଙ୍କୁ ଭବ୍ୟ ସ୍ୱାଗତ ଜଣାଇ, ଉତ୍କୃଷ୍ଟ ଗୁଣବତ୍ତା ବିଶିଷ୍ଟ ରନ୍ଧା ଚାଉଳ ସହିତ ଅନେକ ମିଠା ପ୍ରଦାନ କରିଥିଲେ ନିଶାଦ ରାଜା, ଗୁହା । ଗୁହା ପରବର୍ତ୍ତୀ ସମୟରେ ରାମଙ୍କ ସମ୍ମୁଖରେ ପ୍ରଣିପାତ କରିଥିଲେ, ଓ ପ୍ରଭୁ ରାମ ତାଙ୍କୁ ଆଲିଙ୍ଗନ କରିଥିଲେ । ଏହି ଆଲିଙ୍ଗନ ସାମାଜିକ ପ୍ରତିବନ୍ଧକକୁ ଭାଙ୍ଗିବା ଏବଂ ଧର୍ମର ଛତା ତଳେ ବିବିଧ ସମ୍ପ୍ରଦାୟର ଏକୀକରଣର ପ୍ରତୀକ । ଜଣେ ଆଦିବାସୀ ମୁଖିଆଙ୍କ ଦ୍ୱାରା କରାଯାଇଥିବା ଏହି ସେବା, ସେମାନଙ୍କର ନମ୍ରତା, ନିଃସ୍ୱାର୍ଥପରତା ଏବଂ ଅତୁଟ ବିଶ୍ୱାସ ମାଧ୍ୟମରେ ଧର୍ମର ସୁରକ୍ଷା ଏବଂ ସମର୍ଥନ କରିବାରେ ଆଦିବାସୀମାନେ ଗ୍ରହଣ କରିଥିବା ଗୁରୁତ୍ୱପୂର୍ଣ୍ଣ ଭୂମିକାକୁ ଦର୍ଶାଏ । ଗୁହା ଏବଂ ଭଗବାନ ରାମଙ୍କ ମଧ୍ୟରେ ଥିବା ସମ୍ପର୍କ ଏକ ଗଭୀର ଆଧ୍ୟାତ୍ମିକ ସମ୍ପର୍କକୁ ପ୍ରତିଫଳିତ କରେ । ଏହା ଧର୍ମ ସହିତ ଆଦିବାସୀମାନଙ୍କର ଅନ୍ତର୍ନିହିତ ବୁଝାମଣା ଏବଂ ଦିବ୍ୟ ନୀତି ସହିତ ସେମାନଙ୍କର ସଂଳାପକୁ ରେଖାଙ୍କିତ କରେ । ଗୁହାଙ୍କ ସେହି କାର୍ଯ୍ୟ, ହିନ୍ଦୁ ଦର୍ଶନର ସେବା ଏବଂ ଭକ୍ତିର ମୂଳ ସିଦ୍ଧାନ୍ତର ଉଦାହରଣ ।

ରାମାୟଣର ଅନ୍ୟ ଜଣେ ଆଦିବାସୀ ବ୍ୟକ୍ତିତ୍ୱ ହେଉଛନ୍ତି ମା’ ଶବରୀ, ଯିଏକି ଋଷି ମାତଙ୍ଗଙ୍କର ଜଣେ ପରିଚାରକା । ସେ ଜଣେ ଆଦିବାସୀ ମହିଳା, ଯାହାଙ୍କ ବିଷୟରେ ବାଲ୍ମୀକିଙ୍କ ମହାକାବ୍ୟର ତୃତୀୟ ପୁସ୍ତକ,

ଅରଣ୍ୟ କାଣ୍ଡରେ ଉଲ୍ଲେଖ ରହିଛି । ସେ ଜଣେ ନମ୍ର ଆଦିବାସୀ ମହିଳା ଯିଏ ଭଗବାନ ରାମଙ୍କୁ ତାଙ୍କ ଆଶ୍ରମରେ ଅପେକ୍ଷା କରିଥିଲେ । ଭଗବାନ ରାମ ଯେମିତି ମିଠା ଓ ସୁଆଦିଆ କୋଳି ଖାଇବେ, ସେଥିପାଇଁ ସେ ପ୍ରତ୍ୟେକଟି କୋଳିକୁ ଚାଖି ରାମଙ୍କୁ ଦେଇଥିଲେ । ଭକ୍ତିର ଏହି ଭାବନା, ଯଦିଓ ଖୁବ୍ ଛୋଟ, ହେଲେ ପ୍ରେମ ଏବଂ ନମ୍ରତାର ଏକ ଅତୁଳନୀୟ ଭଙ୍ଗୀ ଏବଂ ପ୍ରଭୁ ଓ ଆଦିବାସୀଙ୍କ ମଧ୍ୟରେ ଏକ ଦୃଢ ସଂଯୋଗ, ଯେଉଁଠି ପ୍ରଭୁ ଶ୍ରୀ ରାମ ଶବରୀ କୁ ନିଜ ମା' ଭଳିଆ ଦେଖିଛନ୍ତି, ଓ ଶ୍ରଦ୍ଧାରେ ସେ ମା'ର ଅଇଁଠା ଖାଇବାକୁ ମଧ୍ୟ କୁଣ୍ଠାବୋଧ କରି ନାହାନ୍ତି । ଏହି ଦୃଶ୍ୟ ଜଣେ ଆଦିବାସୀ ମା'ର ସ୍ନେହ, ଶ୍ରଦ୍ଧା, ଭକ୍ତିର ପରିଭାଷା, ଯାହା ଦିବ୍ୟ ଓ ଐଶ୍ୱର୍ଯ୍ୟ ।

ଜଣେ ଯୁବ ଆଦିବାସୀ ରାଜକୁମାର, ଏକଲବ୍ୟଙ୍କ କାହାଣୀ, ଅସାଧାରଣ ଗୁରୁଭକ୍ତି ଏବଂ ବଳିଦାନର ଏକ ଅନନ୍ୟ ଶିକ୍ଷା ଭାବରେ ଇତିହାସର ପୃଷ୍ଠାରେ ବିଦ୍ୟମାନ । ପାଣ୍ଡବମାନଙ୍କ ଶ୍ରଦ୍ଧେୟ, ଗୁରୁ ଦ୍ରୋଣାଚାର୍ଯ୍ୟଙ୍କ ଦ୍ୱାରା ଆନୁଷ୍ଠାନିକ ତାଲିମକୁ ପ୍ରତ୍ୟାଖ୍ୟାନ କରାଯିବା ସତ୍ତ୍ୱେ, ଏକଲବ୍ୟ ଗୁରୁ ଦ୍ରୋଣାଚାର୍ଯ୍ୟଙ୍କର ଏକ ପ୍ରତିମୂର୍ତ୍ତି ନିର୍ମାଣ କରି, ତାହା ସମ୍ମୁଖରେ ଧନୁର୍ବିଦ୍ୟାର ଅକ୍ଳାନ୍ତ ଅଭ୍ୟାସ କରୁଥିଲେ । ତାଙ୍କର ଅତୁଳନୀୟ ଦକ୍ଷତା, ସର୍ବଶ୍ରେଷ୍ଠ ତୀରନ୍ଦାଜ ଅର୍ଜୁନଙ୍କ ଦକ୍ଷତାକୁ ମଧ୍ୟ ଅତିକ୍ରମ କରିଥିଲା । ହେଲେ, ଗୁରୁ ଦକ୍ଷିଣା ଭାବେ ଗୁରୁ ଦ୍ରୋଣାଚାର୍ଯ୍ୟ ତାଙ୍କ ଡାହାଣ ହାତର ବୁଢା ଅଙ୍ଗୁଳି ମାଗିବାରୁ, ଏକଲବ୍ୟ ବିନା ଦ୍ୱିଧାରେ, ଶ୍ରଦ୍ଧା ଏବଂ ସମ୍ମାନର ମୂଲ୍ୟବୋଧ ପ୍ରଦର୍ଶନ କରି ଅଙ୍ଗୁଳି ଗୁରୁ ଦ୍ରୋଣାଚାର୍ଯ୍ୟଙ୍କୁ ପ୍ରଦାନ କରିଥିଲେ । ଆଦିବାସୀ ଯୁବକ ଏକଲବ୍ୟଙ୍କ କାହାଣୀ ଆଦିବାସୀମାନଙ୍କ ସ୍ଥିର ନୀତି ଏବଂ ଧର୍ମର ନୈତିକତା ଗଠନରେ ସେମାନଙ୍କର ଭୂମିକା ଉପରେ ଆଲୋକପାତ କରେ । ଗୁରୁ ଦକ୍ଷିଣା ଦେଇ ସେ ସର୍ବଦା ଧନୀ ହୋଇଗଲେ, କିନ୍ତୁ ଗୁରୁ

ଦକ୍ଷିଣା ଗ୍ରହଣ କରି ଗୁରୁ ଦ୍ରୋଣାଚାର୍ଯ୍ୟ ସେଇ ଆଦିବାସୀ ଯୁବକ ଏକଲବ୍ୟଙ୍କ ନିକଟରେ ଋଣୀ ହୋଇଯାଇଥିଲେ । ଏହା ହିଁ ଆଦିବାସୀଙ୍କ ମାହାତ୍ମ୍ୟ । ଏହା ହିଁ ଆଦିବାସୀଙ୍କର ନିଜ ଗୁରୁ, ନିଜ ଶିକ୍ଷା, ଦୀକ୍ଷା ପ୍ରତି ଅତୁଳନୀୟ ସମର୍ପଣ ଓ ସମ୍ମାନର ଅଦମ୍ୟ ଭାବ ।

ଅନ୍ୟ ଏକ ଅତି କମ୍ ଜଣାଶୁଣା କାହାଣୀ ହେଉଛି ସବଳ ରାଜାଙ୍କର, ଯିଏ ମହାଭାରତରେ ଏକ ଗୁରୁତ୍ୱପୂର୍ଣ୍ଣ ଭୂମିକା ଗ୍ରହଣ କରିଥିଲେ । ଏକ ଜଙ୍ଗଲ ରାଜ୍ୟର ଆଦିବାସୀ ଶାସକ ଭାବେ ସବଳ ରାଜା, ପାଣ୍ଡବମାନଙ୍କୁ ସେମାନଙ୍କ ନିର୍ବାସନ ସମୟରେ ଆତିଥ୍ୟ ପ୍ରଦାନ କରିଥିଲେ ଏବଂ ସେମାନଙ୍କୁ ସମ୍ବଳ ଓ ସହାୟତା ପ୍ରଦାନ କରିଥିଲେ । ପାଣ୍ଡବମାନଙ୍କ ସହିତ ତାଙ୍କର ଘନିଷ୍ଠତା, ବନବାସୀ ଏବଂ ବୃହତ୍ତର ଧାର୍ମିକ ବର୍ଣ୍ଣନା ମଧ୍ୟରେ ଏକତାର ଏକ ଉଦାହରଣ । ପାଣ୍ଡବ ମାନଙ୍କ ପ୍ରତି ସବଳଙ୍କ ସେଇ ଆଭିମୁଖ୍ୟ, ଧର୍ମର ରକ୍ଷକ ଭାବରେ ଆଦିବାସୀଙ୍କ ଗୁରୁତ୍ୱକୁ ରେଖାଙ୍କିତ କରେ । ଜଙ୍ଗଲ, ଯାହାକୁ ନିର୍ବାସିତ ପାଣ୍ଡବମାନଙ୍କ ପାଇଁ ଏକ ପରୀକ୍ଷାର ସ୍ଥଳ ଭାବେ ବିବେଚିତ କରାଇଥିଲା, ଆଦିବାସୀମାନଙ୍କ ଉଦାରତା ହେତୁ ଏକ କର୍ମଶାଳାରେ ରୂପାନ୍ତରିତ ହୋଇ ଯାଇଥିଲା । ଆଦିବାସୀମାନେ କିପରି ସେହି ସମୟରେ ନୈତିକ ଏବଂ ଆଧ୍ୟାତ୍ମିକ ବ୍ୟବସ୍ଥାର ଅବିଚ୍ଛେଦ୍ୟ ଅଙ୍ଗ ଥିଲେ, ସବଳଙ୍କ ଭୂମିକା ତାହାର ଜ୍ୱଳନ୍ତ ଉଦାହରଣ । ପାଣ୍ଡବମାନଙ୍କୁ ସମର୍ଥନ କରିବା ପାଇଁ ସବଳଙ୍କ ଆତିଥ୍ୟତା ଏବଂ ନିଃସ୍ୱାର୍ଥପରତା ଆଦିବାସୀଙ୍କ ଉଚ୍ଚ ମୂଲ୍ୟବୋଧକୁ ପ୍ରତିଫଳିତ କରେ । ନିଜର ସମ୍ବଳ ଏବଂ ସୁରକ୍ଷା ପ୍ରଦାନ କରି, ସେ 'ଅତିଥି ଦେବୋ ଭବୋ' (ଅତିଥି ଭଗବାନଙ୍କ ସମକକ୍ଷ) ର ସିଦ୍ଧାନ୍ତକୁ ବଜାୟ ରଖିଥିଲେ, ଯାହା ହିନ୍ଦୁ ସନାତନ ସଂସ୍କୃତିର ଏକ ପ୍ରମୁଖ ଆଧାରଶିଳା । ଜୀବନଶୈଳୀ ଏବଂ ସାମାଜିକ ଢାଞ୍ଚାରେ

ପାର୍ଥକ୍ୟ ସତ୍ତ୍ୱେ, ଜଙ୍ଗଲରେ ରହୁଥିବା ଆଦିବାସୀ ଏବଂ ରାଜକୀୟ ପାଣ୍ଡବମାନେ ପ୍ରାଚୀନ ଭାରତୀୟ ସମାଜର ସମାବେଶୀ ପ୍ରକୃତିକୁ ଦର୍ଶାଇ ଏକାଠି କାର୍ଯ୍ୟ କରିଥିଲେ । ସବଳଙ୍କ କାହାଣୀ, ହିନ୍ଦୁ ପୁରାଣରେ ପ୍ରକୃତିର ରକ୍ଷକ, ଧର୍ମର ସହଯୋଗୀ ଏବଂ ଆଧ୍ୟାତ୍ମିକ ମୂଲ୍ୟବୋଧର ରକ୍ଷକ ଭାବରେ ଆଦିବାସୀଙ୍କ ସ୍ଥାୟୀ ଭୂମିକାକୁ ରଖାଙ୍କିତ କରେ ।

କିରାଟ-ଅର୍ଜୁନଙ୍କ କାହାଣୀ ହେଉଛି ମହାଭାରତର ଏକ ଚିତ୍ତାକର୍ଷକ ଅଧ୍ୟାୟ, ଯେଉଁଥିରେ ଧର୍ମ ସହିତ ଆଦିବାସୀମାନଙ୍କର ଦିବ୍ୟ ସମ୍ପର୍କ ଏବଂ ମହାଜାଗତିକ କ୍ରମରେ ସେମାନଙ୍କର ଗୁରୁତ୍ୱପୂର୍ଣ୍ଣ ସ୍ଥାନକୁ ପରିଦର୍ଶିତ କରେ । ଏହି କାହାଣୀ, ଜଙ୍ଗଲ ପର୍ବର ଏକ ଅଂଶ, ଯାହା ଅର୍ଜୁନଙ୍କ ଦିବ୍ୟ ଅସ୍ତ୍ରଶସ୍ତ୍ରର ଅନ୍ବେଷଣ ସମୟରେ ଏକ ଗୁରୁତ୍ୱପୂର୍ଣ୍ଣ ମୁହୂର୍ତ୍ତକୁ ବର୍ଣ୍ଣନା କରେ । ଏହା ହିନ୍ଦୁ ପୁରାଣରେ ଆଦିବାସୀ ସମ୍ପ୍ରଦାୟ ସହିତ ଜଡିତ ବୀରତ୍ୱ, ନମ୍ରତା ଏବଂ ଆଧ୍ୟାତ୍ମିକ ସାର ବିଷୟରେ ଗଭୀର ଅନ୍ତର୍ଦୃଷ୍ଟି ପ୍ରଦାନ କରେ । କାହାଣୀ ଅନୁସାରେ, ପାଣ୍ଡବମାନଙ୍କ ନିର୍ବାସନ ସମୟରେ, ଅର୍ଜୁନ ଭଗବାନ ଶିବଙ୍କୁ ସନ୍ତୁଷ୍ଟ କରି, ସ୍ୱର୍ଗୀୟ ଅସ୍ତ୍ର- 'ପଶୁପତିଶାସ୍ତ୍ର' ପ୍ରାପ୍ତ କରିବା ଉଦ୍ଦେଶ୍ୟରେ କଠୋର ତପସ୍ୟା କରିଥିଲେ । ଅର୍ଜୁନଙ୍କ ସଂକଳ୍ପ ଦ୍ୱାରା ପ୍ରଭାବିତ ହୋଇ ଭଗବାନ ଶିବ ତାଙ୍କୁ ପରୀକ୍ଷା କରିବାକୁ ନିଷ୍ପତ୍ତି ନେଇଥିଲେ । କିରାଟ ବା ଆଦିବାସୀ ଶିକାରୀ ଛଦ୍ମବେଶ ଧାରଣ କରି ଭଗବାନ ଶିବ, ମାତା ପାର୍ବତୀ ଏବଂ ତାଙ୍କ ପରିଚାରକ ମାନଙ୍କ ସହିତ ଜଙ୍ଗଲରେ ଆବିର୍ଭାବ ହୋଇଥିଲେ । ଏହି ପରୀକ୍ଷା ଆରମ୍ଭ ହୁଏ, ଯେତେବେଳେ ଏକ ଜଙ୍ଗଲୀ ଘୁଷୁରି ଅର୍ଜୁନଙ୍କ ଆଡକୁ ଆକ୍ରମଣ କରେ, ଯାହା ତାଙ୍କ ଆଧ୍ୟାତ୍ମିକ ଅନ୍ବେଷଣରେ ଏକ ପ୍ରତିବନ୍ଧକକୁ ଦର୍ଶାଏ । ଅର୍ଜୁନ ଏବଂ କିରାଟ ଏକା ସାଙ୍ଗରେ ଘୁଷୁରି କୁ ମାରିବା ପାଇଁ ତୀର ଛାଡ଼ନ୍ତି ।

ଉଭୟ ଘୁଷୁରି ର ବଦ୍ଧ ଦାବି କରନ୍ତି, ଯାହା କ୍ରମଶଃ ଏକ ଉତ୍ତପ୍ତ ଯୁକ୍ତି ଏବଂ ଏକ ତୀବ୍ର ଦ୍ୱନ୍ଦ୍ୱରେ ପରିଣତ ହୁଏ । ଅର୍ଜୁନଙ୍କ ଅସାଧାରଣ ଦକ୍ଷତା ସତ୍ତ୍ୱେ, ସେ କିରାଟଙ୍କୁ ପରାସ୍ତ କରି ପାରୁ ନଥିଲେ । କିରାଟଙ୍କର ଅସାଧାରଣ ଶକ୍ତି ଏବଂ ଚପଳତା, ଅଭ୍ୟସ୍ତ ଓ ଅଭିଜ୍ଞ ଆଦିବାସୀ ଯୋଦ୍ଧାଙ୍କ ଗୁଣକୁ ପ୍ରତିଫଳିତ କରୁଥିଲା । ଏହି ଦ୍ୱନ୍ଦ୍ୱଯୁଦ୍ଧ ଅର୍ଜୁନଙ୍କୁ କ୍ଲାନ୍ତ କରି ଦେଇଥାଏ । କିରାଟ ସହିତ ଯୁଦ୍ଧରେ ଜିତିବା ଲାଗି, ଅର୍ଜୁନ ଭଗବାନ ଶିବଙ୍କ ଆରାଧନା ନିମନ୍ତେ ମାଟିର ଏକ ଶିବ ଲିଙ୍ଗ ନିର୍ମାଣ କରିଲେ ଏବଂ ଶ୍ରଦ୍ଧାର ସହ ଫୁଲ ଅର୍ପଣ କରିଲେ । ହେଲେ ଏ କ'ଣ? ତାଙ୍କୁ ଆଶ୍ଚର୍ଯ୍ୟ କଲାଭଳି ଘଟଣା ଘଟି ଚାଲେ । ଶିବ ଲିଙ୍ଗ ଉପରେ ସେ ଚଢ଼ାଉ ଥିବା ଫୁଲମାଳ ଓ ଫୁଲ, କିରାଟଙ୍କୁ ଶୋଭିତ କରୁଥାଏ । ସେ କିରାଟଙ୍କୁ ଶୋଭିତ କରୁଥିବା ଫୁଲଗୁଡ଼ିକୁ ଲକ୍ଷ୍ୟ କରି ଜାଣି ପାରିଲେ ଯେ, ସେଇ ଆଦିବାସୀ ଶିକାରୀ, କିରାଟ ଆଉ କେହି ନୁହନ୍ତି, ବରଂ ସ୍ୱୟଂ ଭଗବାନ ଶିବ । ଅର୍ଜୁନ ଭଗବାନଙ୍କୁ ଚିହ୍ନି ପାରି ପ୍ରଣିପାତ କରିଥିଲେ ଓ ଭଗବାନ ଅର୍ଜୁନଙ୍କ ବୀରତ୍ୱ ଏବଂ ଭକ୍ତିରେ ସନ୍ତୁଷ୍ଟ ହୋଇ ଭଗବାନ ଶିବ ତାଙ୍କୁ 'ପଶୁପତିଶାସ୍ତ୍ରରେ' ଆଶୀର୍ବାଦ କରିଥିଲେ । ଭଗବାନ ଶିବଙ୍କର କିରାଟ ଭାବରେ ଉପସ୍ଥିତ ହେବା, ବନବାସୀମାନଙ୍କ ସହିତ ତାଙ୍କର ସମ୍ବନ୍ଧକୁ ପ୍ରତିଫଳିତ କରେ । ଜଣେ ଆଦିବାସୀ ଶିକାରୀ ଭାବରେ ତାଙ୍କର ଅଭିବ୍ୟକ୍ତି, ଦେବତ୍ୱ ଏବଂ ଜଙ୍ଗଲ ସହିତ ସୌହାର୍ଦ୍ଦ୍ୟପୂର୍ଣ୍ଣ ଭାବରେ ରହୁଥିବା ଆଦିବାସୀଙ୍କ ମଧରେ ଗଭୀର ସମ୍ପର୍କ କଥା କୁହେ । ଭଗବାନ ଶିବ ଓ ଅର୍ଜୁନଙ୍କ ମଧରେ ହୋଇଥିବା ପରୀକ୍ଷାତ୍ମକ ଯୁଦ୍ଧ, ଧର୍ମର ରକ୍ଷକ ଭାବେ ଆଦିବାସୀମାନଙ୍କ ଭୂମିକାର ପ୍ରତୀକ । ହିନ୍ଦୁ ଦର୍ଶନରେ, ଆଦିବାସୀମାନଙ୍କୁ ପ୍ରାୟତଃ ପ୍ରାକୃତିକ ନିୟମ ଏବଂ ଆଧାତ୍ମିକ ବ୍ୟବସ୍ଥାର ରକ୍ଷକ ଭାବରେ ଦେଖାଯାଏ । ସେମାନଙ୍କର କଠିନ ଜୀବନଶୈଳୀ, ପ୍ରକୃତି

ବିଷୟରେ ଅନ୍ତରଙ୍ଗ ଜ୍ଞାନ ଏବଂ ନିର୍ଭୀକ ସାହସ, ଭଗବାନ ଶିବଙ୍କ ପରି ଦିବ୍ୟ ଗୁଣ ସହିତ ମେଳ ଖାଏ । ଆଦିବାସୀ ଉପାସନାରେ କିରାଟ-ଅର୍ଜୁନ ଅଧ୍ୟାୟ, ଐତିହାସିକ ପ୍ରଥା ସହିତ ପ୍ରତିଧ୍ୱନିତ ହୁଏ, ଯେଉଁଠାରେ ଆଦିବାସୀମାନେ ଭଗବାନ ଶିବଙ୍କୁ ତାଙ୍କ ତପସ୍ୱୀ ରୂପରେ ପୂଜା କରନ୍ତି । ଗୋଣ୍ଡ, ସାନ୍ତାଳ ଏବଂ ଭିଲ୍ ଭଳି ଜନଜାତି ଦୀର୍ଘ ଦିନ ଧରି ଶିବଙ୍କୁ ଆଦି ଦେବତା ଭାବେ ପୂଜା କରି ଆସୁଛନ୍ତି । ଆଜି ମଧ୍ୟ, ଆଦିବାସୀ ପର୍ବଗୁଡ଼ିକ ପ୍ରାୟତଃ ଶିବ ପୂଜାର ଉପାଦାନକୁ ଅନ୍ତର୍ଭୁକ୍ତ କରନ୍ତି ଓ ଭଗବାନଙ୍କର ଦ୍ୱୈତ ପ୍ରକୃତିକୁ- ବିନାଶକାରୀ ଏବଂ ରକ୍ଷକ ଭାବରେ ପାଳନ କରନ୍ତି । ହିନ୍ଦୁ ପୁରାଣରେ ଘଟିଥିବା ଅନେକ କାହାଣୀ ବା ଅନେକ ଅଧ୍ୟାୟ ଏହା ପ୍ରମାଣ ଦିଏ ଯେ ଆଦିବାସୀମାନେ ସର୍ବଦା ହିନ୍ଦୁ ଧର୍ମରେ ଏକୀଭୂତ । ଏହି ଦିଗରେ, ପ୍ରାଚୀନ ଭାରତର ଆଧ୍ୟାତ୍ମିକ ଢାଞ୍ଚାରେ ଆଦିବାସୀଙ୍କ ଯୋଗଦାନକୁ ସମର୍ଥନ କରୁଥିବା, ଭଗବାନ ଶିବଙ୍କ କିରାଟ ବେଶ ଏକ ଜ୍ୱଳନ୍ତ ପ୍ରମାଣ । ଏହା ସାମାଜିକ ଏବଂ ଭୌଗୋଳିକ ସୀମାକୁ ଅତିକ୍ରମ କରି, ଦେବତ୍ୱର ସାର୍ବଜନୀନତା ଉପରେ ଗୁରୁତ୍ୱ ଦିଏ । ଅର୍ଜୁନଙ୍କ ଉପରେ ଆଦିବାସୀ ଶିକାରୀ କିରାଟଙ୍କ ବିଜୟ, ନମ୍ରତା, ବିଶ୍ୱାସ ଏବଂ ଆଧ୍ୟାତ୍ମିକ ନମନୀୟତାର ବିଜୟର ପ୍ରତୀକ, ଯାହା ଆଦିବାସୀମାନଙ୍କ ପାଇଁ ଏକ ଶ୍ରେୟ । ଏହି କାହାଣୀ ମାଧ୍ୟମରେ, ମହାଭାରତ କେବଳ ଅର୍ଜୁନଙ୍କ ଦିବ୍ୟ ଅସ୍ତ୍ରଶସ୍ତ୍ର ଅନ୍ୱେଷଣକୁ ଗୌରବାନ୍ୱିତ କରେ ନାହିଁ, ବରଂ ଆଦିବାସୀଙ୍କ ଆଧ୍ୟାତ୍ମିକ ସାର ଏବଂ ମହାଜାଗତିକ କ୍ରମରେ ସେମାନଙ୍କର ସ୍ଥାନକୁ ମଧ୍ୟ ଅମର କରେ ।

କଳିଯୁଗରେ ମଧ୍ୟ ଆଦିବାସୀମାନେ ପ୍ରାଚୀନ ରୀତିନୀତିର ପବିତ୍ରତା ବଜାୟ ରଖି, ଅଜ୍ଞାତ ନାୟକ ଭାବରେ ଉଭା ହୋଇଛନ୍ତି । ଭଗବାନ କୃଷ୍ଣଙ୍କ ମୃତ୍ୟୁ

ଠାରୁ ଆରମ୍ଭ କରି ନୀଳମାଧବଙ୍କ ଉପାସନା ଏବଂ ଜଗତର ନାଥ ଜଗନ୍ନାଥଙ୍କ ପୂଜା ଅର୍ଚ୍ଚନା ପର୍ଯ୍ୟନ୍ତ, ପ୍ରତ୍ୟେକଟି ବିବର୍ତ୍ତନ ପୌରାଣିକ, ଐତିହାସିକ ଏବଂ ସାଂସ୍କୃତିକ ସନ୍ଦର୍ଭରେ ନିହିତ ଜଗନ୍ନାଥ ସଂସ୍କୃତି ସହିତ ଆଦିବାସୀଙ୍କର ସମ୍ପର୍କକୁ ବର୍ଣ୍ଣନା କରେ । ଦ୍ୱାପର ଯୁଗର ସମାପ୍ତି ଏବଂ କଳିଯୁଗର ଆରମ୍ଭକୁ ଚିହ୍ନିତ କରି, ଭଗବାନ କୃଷ୍ଣଙ୍କ ଶରୀର ତ୍ୟାଗ ସହିତ ଆଦିବାସୀଙ୍କର ଭଗବାନଙ୍କ ସହିତ ସମ୍ପର୍କର କାହାଣୀ ଆରମ୍ଭ ହୁଏ । ମହାଭାରତ ଏବଂ ଭାଗବତ ପୁରାଣ ଅନୁଯାୟୀ, କୃଷ୍ଣଙ୍କ ବିଦାୟ ପରେ, ତାଙ୍କ ନାଭି ସମୁଦ୍ରରେ ଭାସୁଥିବା ଏକ ଦିବ୍ୟ କାଠ (ଦାରୁ ବ୍ରହ୍ମ) ରେ ରୂପାନ୍ତରିତ ହୋଇଥିଲା । ବିଶ୍ୱାସ କରାଯାଏ ଯେ, ଏହି କାଠ ଓଡ଼ିଶାର କୂଳରେ ଲାଗିଥିଲା, ଯେଉଁଠାରେ ଆଦିବାସୀ ସମ୍ପ୍ରଦାୟ ଏହାକୁ ଭଗବାନ ଜଗନ୍ନାଥ ଭାବରେ ପ୍ରତିଷ୍ଠିତ ହେବା ପର୍ଯ୍ୟନ୍ତ ସଂରକ୍ଷଣ କରିବାର ଗୁରୁତ୍ୱପୂର୍ଣ୍ଣ ଭୂମିକା ଗ୍ରହଣ କରିଥିଲେ । ପଞ୍ଚମ ଶତାବ୍ଦୀରେ ଲିଖିତ ସ୍କନ୍ଦ ପୁରାଣର ବିଷ୍ଣୁ ଖଣ୍ଡରେ ପୁରୁଷୋତ୍ତମକ୍ଷେତ୍ରମହାତ୍ମ୍ୟ ଅନୁଯାୟୀ, ଜଗନ୍ନାଥ ପ୍ରଥମେ ନୀଳମାଧବ ରୂପରେ, ଶବର ସମ୍ପ୍ରଦାୟ ମାନଙ୍କ ଦ୍ୱାରା ପୂଜିତ ହୋଇଥିଲେ । ସେହି ଦୃଷ୍ଟିରୁ ସେ ପ୍ରଥମେ ଜଣେ ଆଦିବାସୀ ଦେବତା ।

ଲୋକକଥା ଅନୁଯାୟୀ, ନୀଳମାଧବଙ୍କୁ ଶବର ରାଜା, ବିଶ୍ୱାବସୁ ପୂଜା କରୁଥିଲେ । ରାଜା ଇନ୍ଦ୍ରଦ୍ୟୁମ୍ନ ନିଜ ନବନିର୍ମିତ ମନ୍ଦିରରେ ଭଗବାନଙ୍କ ପ୍ରତିଷ୍ଠା ଲାଗି ବହୁତ ବ୍ୟସ୍ତ ଥିଲେ । ହେଲେ ଜାଣି ପାରୁ ନଥିଲେ ଯେ ସେ ବିଷ୍ଣୁଙ୍କର କେଉଁ ଅବତାରକୁ ମନ୍ଦିରରେ ସ୍ଥାପନ କରିବେ । ଥରେ ରାଜା ଇନ୍ଦ୍ରଦ୍ୟୁମ୍ନଙ୍କୁ ନୀଳମାଧବଙ୍କ ଦିବ୍ୟ ରୂପ ସ୍ୱପ୍ନ ହେଲା । ସେ ତାଙ୍କର ଜଣେ ବ୍ରାହ୍ମଣ ଦୂତ, ବିଦ୍ୟାପତିଙ୍କୁ ନୀଳମାଧବଙ୍କ ମୂର୍ତ୍ତିକୁ ଠାବ କରିବାକୁ ଆଦେଶ ଦେଲେ । ରାଜାଙ୍କ ଆଦେଶରେ ବିଦ୍ୟାପତି ତତ୍ପର ହୋଇ ଯାଇଥିଲେ ।

ମହାନଦୀ କୂଳରେ ଥିବା ଗଭୀର ଏବଂ ଘନ ଜଙ୍ଗଲରେ ବୁଲୁବୁଲୁ ବିଦ୍ୟାପତି ଶେଷରେ ଆଦିବାସୀମାନଙ୍କ ଏକ ଜନବସତିରେ ପହଞ୍ଚିଲେ । ଯେତେବେଳେ ବିଦ୍ୟାପତି ନୀଳମାଧବଙ୍କୁ ଖୋଜି ଖୋଜି ଏକ ଆଦିବାସୀ ଅଂଚଳରେ ପ୍ରବେଶ କରିଥିଲେ, ସେ ଶବରଙ୍କ ଦ୍ୱାରା ନୀଳମାଧବଙ୍କ ପୂଜା ବିଷୟରେ ଜାଣିବାକୁ ପାଇଥିଲେ । ନୀଳମାଧବଙ୍କ ନିକଟରେ ପହଞ୍ଚିବା ପାଇଁ ସେ ବିଶ୍ୱାବସୁଙ୍କ ସହାୟତା ଲୋଡିଥିଲେ । ହେଲେ, ନିଜର ଦେବତାଙ୍କୁ ସୁରକ୍ଷା ଦେଉଥିବା ଶବର ମୁଖିଆ ଜଣେ ବାହାର ବ୍ୟକ୍ତିଙ୍କୁ ନୀଳମାଧବଙ୍କୁ ଦେଖିବାକୁ ଅନୁମତି ଦେବାରେ ଦ୍ୱିଧା ପ୍ରକାଶ କରିଥିଲେ । ଏହି ସମୟରେ ବିଦ୍ୟାପତି, ବିଶ୍ୱାବସୁଙ୍କ ଝିଅ ଲଳିତାଙ୍କୁ ଭେଟିଥିଲେ । ସେମାନଙ୍କର ସାକ୍ଷାତ ପ୍ରେମରେ ପରିଣତ ହୋଇଥିଲା ଓ ପରେ ସେମାନେ ବିବାହ ବନ୍ଧନରେ ବାନ୍ଧି ହୋଇଥିଲେ । ଏହି ଘଟଣା ମଧ୍ୟ ଅତି ଗୁରୁତ୍ୱପୂର୍ଣ୍ଣ, ଯାହା ଆଦିବାସୀ ଏବଂ ବୈଦିକ ପରମ୍ପରାର ମିଳନର ପ୍ରତୀକ । ବିବାହ ପରେ, ବିଦ୍ୟାପତିଙ୍କୁ ନୀଳମାଧବଙ୍କର ଦର୍ଶନ କରାଇବା ନିମନ୍ତେ ଲଳିତା ତାଙ୍କ ପିତା, ରାଜା ବିଶ୍ୱାବସୁଙ୍କୁ ପ୍ରବର୍ତ୍ତାଇଥିଲେ । ବିଶ୍ୱାବସୁ ରାଜି ହୋଇଥିଲେ, କିନ୍ତୁ ଏକ ସର୍ତ୍ତ ଲାଗୁ କଲେ ଯେ ଘନ ଜଙ୍ଗଲରେ ଥିବା ଦେବତାଙ୍କ ଗୁପ୍ତ ମନ୍ଦିରକୁ ଯାତ୍ରା ସମୟରେ ବିଦ୍ୟାପତିଙ୍କ ଆଖିରେ ପୁଟୁଳି ବନ୍ଧାଯିବ । ତେବେ ବିଦ୍ୟାପତି ଜଙ୍ଗଲ ରାସ୍ତାରେ ଯିବାବେଳେ ଚତୁରତାର ସହ ବିଶ୍ୱାବସୁଙ୍କ ଅଗୋଚରରେ ସୋରିଷ ମଞ୍ଜି ପକାଇ ପକାଇ ଚାଲିଥିଲେ । ସମୟକ୍ରମେ, ଏହି ମଞ୍ଜିଗୁଡ଼ିକ ଅଙ୍କୁରିତ ହୋଇ ପବିତ୍ର ସ୍ଥାନକୁ ଯିବାର ମାର୍ଗକୁ ଚିହ୍ନିତ କରିଥିଲା । ଏହି କାର୍ଯ୍ୟ ନିଶ୍ଚିତ କରିଥିଲା ଯେ ରାଜା ଇନ୍ଦ୍ରଦ୍ୟୁମ୍ନ ପରବର୍ତ୍ତୀ ସମୟରେ ନୀଳମାଧବଙ୍କ ମନ୍ଦିରକୁ ଯିବା ପାଇଁ ରାସ୍ତା ଖୋଜି ବାହାର କରିପାରିବେ । ଯେତେବେଳେ ରାଜା ଇନ୍ଦ୍ରଦ୍ୟୁମ୍ନ

ନୀଳମାଧବଙ୍କୁ ତାଙ୍କ ନବନିର୍ମିତ ମନ୍ଦିରକୁ ଆଣିବାକୁ ଚେଷ୍ଟା କଲେ, ସେତେବେଳେ ଭଗବାନ ରହସ୍ୟମୟ ଭାବରେ ଅଦୃଶ୍ୟ ହୋଇଗଲେ । ନୀଳମାଧବଙ୍କ ଉଭା ହେବା ମଧ୍ୟ ଏହା ଦର୍ଶାଏ ଯେ, ଯେହେତୁ ବିଦ୍ୟାପତି, ବିଶ୍ୱବସୁଙ୍କ ବିଶ୍ୱାସରେ ବିଷ ଦେଇ, ରହସ୍ୟମୟ ଭାବରେ ନୀଳମାଧବଙ୍କୁ ହାସଲ କରିବାକୁ ଉଦ୍ୟମ କରିଥିଲେ, ସ୍ୱୟଂ ନୀଳମାଧବ ରାଜା ଇନ୍ଦ୍ରଦ୍ୟୁମ୍ନଙ୍କ ନବନିର୍ମିତ ମନ୍ଦିରକୁ ଯାଇ ନ ଥିଲେ । ଏହା ଭଗବାନ ଓ ଆଦିବାସୀଙ୍କ ମଧ୍ୟରେ ଥିବା ବିଶ୍ୱାସ ଓ ଆସ୍ଥାକୁ ବର୍ଣ୍ଣନା କରେ, ଯେଉଁଥିରେ ଭଗବାନ ଆଦିବାସୀଙ୍କ ବିଶ୍ୱାସ ଓ ସମର୍ପଣ ରେ ବାସ କରନ୍ତି । ପରେ, ଭଗବାନଙ୍କ ଇଚ୍ଛା କ୍ରମେ, ବାଙ୍କି ମୁହାଣକୁ ଭାସି ଆସିଥିବା ଏକ ଦାରୁକୁ ଆଣି, ଜଗନ୍ନାଥ, ବଳଭଦ୍ର ଏବଂ ସୁଭଦ୍ରାଙ୍କ ମୂର୍ତ୍ତି ନିର୍ମାଣ କରିବାକୁ ରାଜା ଇନ୍ଦ୍ରଦ୍ୟୁମ୍ନଙ୍କୁ ଆଦେଶ ହୋଇଥିଲା । ନୀଳମାଧବ, ଯିଏ ଆଦିବାସୀଙ୍କର ଠାକୁର ଥିଲେ ସେ 'ନୀଳ' ମାନେ 'ଜଗନ୍ନାଥ', 'ମା' ମାନେ 'ଦେବୀ ସୁଭଦ୍ରା' ଓ 'ଧବ' ମାନେ 'ବଳଭଦ୍ରଙ୍କ' ରୂପରେ ରାଜା ଇନ୍ଦ୍ରଦ୍ୟୁମ୍ନଙ୍କ ମନ୍ଦିରରେ ପୂଜା ପାଇଲେ । ଏହା ଆଦିବାସୀ ବିଶ୍ୱାସ ଏବଂ ବୈଦିକ ରୀତିନୀତିର ନିରବଚ୍ଛିନ୍ନ ଏକୀକରଣ ଉପରେ ଆଲୋକପାତ କରେ, ଯାହା ପୂଜାରେ ଏକତା ଏବଂ ସମାବେଶୀତାର ପ୍ରତୀକ । ଭଗବାନ ଜଗନ୍ନାଥଙ୍କ ଆବିର୍ଭାବର କିମ୍ବଦନ୍ତୀରେ ଆଦିବାସୀ ଏବଂ ବୈଦିକ ପରମ୍ପରାର ସୁସଂଗତ ସଙ୍ଗମ ଉପରେ ଅଧିକ ଗୁରୁତ୍ୱ ଦିଆଯାଇଛି । ବିଶ୍ୱାସ କରାଯାଏ ଯେ, ତିନି ଠାକୁର ଦିବ୍ୟ କାରିଗର, ବିଶ୍ୱକର୍ମାଙ୍କ ଦ୍ୱାରା ଖୋଦିତ ହୋଇଥିଲେ, ଯିଏ ସମ୍ପୂର୍ଣ୍ଣ ଗୋପନୀୟତାର ସର୍ତ୍ତରେ କାର୍ଯ୍ୟ କରିଥିଲେ । ଯେତେବେଳେ କୌତୁହଳୀ ରାଜା ଇନ୍ଦ୍ରଦ୍ୟୁମ୍ନ ଏହି ପ୍ରକ୍ରିୟାରେ ବାଧା ଦେଇଥିଲେ, ପ୍ରତିମାଗୁଡ଼ିକ ଅସମ୍ପୂର୍ଣ୍ଣ ରହିଯାଇଥିଲା, ଫଳସ୍ୱରୂପ ଭଗବାନ ଜଗନ୍ନାଥ ଏବଂ ତାଙ୍କ

ଭାଇଭଉଣୀଙ୍କ ଅନନ୍ୟ ରୂପମାନ ସୃଷ୍ଟି ହୋଇଥିଲା, ଯେଉଁଥିରେ ସମ୍ପୂର୍ଣ୍ଣ ହାତ କି ପାଦ ନାହିଁ । ଏହି ରୂପ ପଛରେ ମଧ୍ୟ ଭଗବାନଙ୍କର ଉଦ୍ଦେଶ୍ୟ ରହିଛି, ଯାହା ଜଟିଳ ବୈଶିଷ୍ଟ୍ୟବିହୀନ, ଆଦିବାସୀ ସୌନ୍ଦର୍ଯ୍ୟ, ସରଳତା ଏବଂ ସାର୍ବଜନୀନତା ଉପରେ ଆଧାରିତ ସେମାନଙ୍କର ଆଧ୍ୟାତ୍ମିକତାର ଦର୍ଶନ । ଆଦିବାସୀ ଓ ଭଗବାନଙ୍କ ମଧ୍ୟରେ ଥିବା ସମ୍ପର୍କକୁ ଆହୁରି ନିବିଡ଼ ଭାବରେ ବୁଝିବାକୁ ହେଲେ, ମୂର୍ତ୍ତି ନିର୍ମାଣ ପାଇଁ ନିମ୍ବ କାଠର ଚୟନ ଅନ୍ୟ ଏକ ଗୁରୁତ୍ୱପୂର୍ଣ୍ଣ ଦିଗ । ଯେପରି ବୈଷ୍ଣବମାନେ ତୁଳସୀକୁ ଗୁରୁତ୍ୱ ଦିଅନ୍ତି, ଶୈବମାନେ ବେଲକୁ ପବିତ୍ର ବୋଲି ବିବେଚନା କରନ୍ତି, ଆଦିବାସୀମାନଙ୍କ ପାଇଁ ନିମ୍ବର ମହାତ୍ମ୍ୟ ଅନ୍ୟତମ । ବିଭିନ୍ନ ଜନଜାତିଙ୍କ ମଧ୍ୟରେ ନିମ୍ବ ଗଛର ଦେବାଦେବୀକରଣ ସାଧାରଣ କଥା । ନବକଳେବର ସମୟରେ 'ପାତାଳି' କିମ୍ବା ପୁରୁଣା ପ୍ରତିମାଗୁଡ଼ିକୁ ପୋତିଦେବା ଏବଂ ହିନ୍ଦୁ ରୀତିନୀତି ଅନୁଯାୟୀ ସେଗୁଡ଼ିକର ଅନ୍ତିମ ସଂସ୍କାର ନକରିବା ହେଉଛି ଅନ୍ୟ ଏକ ସ୍ପଷ୍ଟ ଆଦିବାସୀ ସମ୍ପର୍କ । ଶ୍ରୀ ମନ୍ଦିରରେ ଥିବା ଦଇତାପତି ମାନେ ଜଗନ୍ନାଥଙ୍କ ମୂଳ ଶବର ଭକ୍ତ ବିଶ୍ୱବସୁଙ୍କ ବଂଶଧର ବୋଲି ଦାବି କରନ୍ତି । ପୂଜାପଣ୍ଡା ନିଯୋଗରେ ବ୍ରାହ୍ମଣ ପୁରୋହିତମାନେ ମନ୍ଦିରରେ ଦୈନିକ ପୂଜା କରୁଥିବାବେଳେ, ଦଇତାପତି ନିଯୋଗରେ ଅଣ-ବ୍ରାହ୍ମଣ ପୁରୋହିତମାନଙ୍କୁ ଭଗବାନଙ୍କ ପରିବାରର ସଦସ୍ୟ ଭାବରେ ବିବେଚନା କରାଯାଏ । ଅଣସର ସମୟରେ ଯେତେବେଳେ ଦେବତାମାନେ 'ଅସୁସ୍ଥ' ଥାଆନ୍ତି, ସେତେବେଳେ ଜଗନ୍ନାଥ, ବଳଭଦ୍ର ଏବଂ ସୁଭଦ୍ରାଙ୍କ ଯତ୍ନ ନେବାର ସ୍ୱତନ୍ତ୍ର ଅଧିକାର ଦଇତାପତିଙ୍କର ରହିଥାଏ । ଦୈନିକ ପୂଜା ଏବଂ ଭୋଗ ପ୍ରସ୍ତୁତି ବ୍ୟତୀତ, ସେମାନେ ସ୍ନାନ ପୂର୍ଣ୍ଣିମା ଠାରୁ ରଥ ଯାତ୍ରା ପର୍ଯ୍ୟନ୍ତ ଏକ ମାସ ପାଇଁ ମନ୍ଦିରରେ ସମସ୍ତ ରୀତିନୀତି ପାଳନ କରିଥା'ନ୍ତି । ତାହାଛଡ଼ା, କୋରାପୁଟ ଜିଲ୍ଲାରେ ଥିବା

ଶବର ଶ୍ରୀକ୍ଷେତ୍ର ମଧ୍ୟ ଆଦିବାସୀ ଏବଂ ଭଗବାନଙ୍କ ମଧ୍ୟରେ ଥିବା ଏକ ଦୃଢ଼ ସମ୍ପର୍କର ସାକ୍ଷୀ ।

କଳିଯୁଗର ବ୍ୟାପକ ସନ୍ଦର୍ଭରେ, ଆଦିବାସୀ ସମ୍ପ୍ରଦାୟ ପରିବେଶଗତ ସନ୍ତୁଳନ, ଗୋଷ୍ଠୀଗତ ଜୀବନଯାପନ ଏବଂ ଆଧ୍ୟାତ୍ମିକ ଅଭ୍ୟାସକୁ ଅବିଶ୍ରାନ୍ତ ପାଳନ ମାଧ୍ୟମରେ ଧର୍ମକୁ ବଜାୟ ରଖିଛନ୍ତି । ପ୍ରକୃତି ଏବଂ ଏହାର ଉପାଦାନଗୁଡ଼ିକ ପ୍ରତି ସେମାନଙ୍କର ଶ୍ରଦ୍ଧା, ବୈଦିକ ଧାରଣା ସହିତ ମେଳ ଖାଏ । ପବିତ୍ର ଉପବନଗୁଡ଼ିକୁ ସୁରକ୍ଷିତ ରଖିବା, ଋତୁକାଳୀନ ପର୍ବପର୍ବାଣୀ ପାଳନ କରିବା ଏବଂ ସ୍ଥାୟୀ ଜୀବନଯାପନ ଅଭ୍ୟାସ କରିବା ଦ୍ୱାରା, ତାହା ସେହି ନୀତିଗୁଡ଼ିକୁ ପ୍ରତିଫଳିତ କରିଥାଏ, ଯାହାକୁ ଆଧୁନିକ ସମାଜ ପ୍ରାୟତଃ ଅଣଦେଖା କରିଥାଏ । ଶ୍ରୀ ଜଗନ୍ନାଥଙ୍କ ପୂଜାରେ ଆଦିବାସୀ ପରମ୍ପରାର ଏକୀକରଣ, ସାଂସ୍କୃତିକ ସହାବସ୍ଥାନର ଏକ ଢାଞ୍ଚାକୁ ଦର୍ଶାଉଛି । ପ୍ରାଚୀନ ଜ୍ଞାନର ରକ୍ଷକ ଭାବରେ, ଆଦିବାସୀ ସମ୍ପ୍ରଦାୟ ଭୌତିକବାଦ ଏବଂ ପରିବେଶ ଅବକ୍ଷୟ ଦ୍ୱାରା ପରିଚାଳିତ ଯୁଗରେ ମୌଳିକ ମୂଲ୍ୟବୋଧକୁ ଫେରିବା ପାଇଁ ପ୍ରେରଣା ଦିଅନ୍ତି । ଭଗବାନ ଏବଂ ଆଦିବାସୀଙ୍କ ବନ୍ଧନ ଆମକୁ ମନେ ପକାଇ ଦିଏ ଯେ ଦେବତ୍ୱ ପ୍ରାୟତଃ ନମ୍ରଙ୍କ ମଧ୍ୟରେ ବାସ କରେ ଏବଂ ସେମାନଙ୍କର ଯୋଗଦାନ ହେଉଛି ଏକ ଗଛର ମୂଳ ସ୍ୱରୂପ, ଯାହାର ଶାଖାଗୁଡ଼ିକ ସ୍ୱର୍ଗକୁ ପ୍ରସାରିତ ଯାହା ମାନବଜାତିକୁ ଦୈବ ସହିତ ସଂଯୋଗ କରେ । ଐତିହାସିକ ଏବଂ ସାଂସ୍କୃତିକ ଦୃଷ୍ଟିରୁ, ହିନ୍ଦୁ ପୁରାଣରେ ଭଗବାନ ଏବଂ ଆଦିବାସୀମାନଙ୍କ ମଧ୍ୟରେ ଥିବା ଦିବ୍ୟ ସମ୍ପର୍କ ଏବଂ ସ୍ୱତନ୍ତ୍ର ବନ୍ଧନକୁ ବର୍ଣ୍ଣନା କରାଯାଇଛି, ଯାହା ସମାଜ ଗଠନରେ ଆଦିବାସୀଙ୍କର ଭୂମିକାକୁ ପ୍ରାଞ୍ଜଳ ଭାବରେ ବୁଝାଇ ଦେଉଛି । ଉତ୍ପତ୍ତି କିମ୍ବା ପୃଷ୍ଠଭୂମି ନିର୍ବିଶେଷରେ, ଆଧ୍ୟାତ୍ମିକତା

କିପରି ମାନବଜାତିକୁ ଭଗବାନଙ୍କ ସହିତ ଏକତ୍ର କରିପାରିବ ତାହାର ଏହା ଏକ ଉଜ୍ଜ୍ୱଳ ଉଦାହରଣ । ଆଦିବାସୀମାନଙ୍କୁ ସଶକ୍ତ କରିବା ଦ୍ୱାରା ଉଭୟ ଆଧ୍ୟାତ୍ମିକ ଏବଂ ପରିବେଶଗତ ସ୍ଥାୟୀତ୍ୱକୁ ପୋଷଣ କରି, ପ୍ରକୃତ ଅର୍ଥରେ ଧର୍ମର ନିରନ୍ତରତା ସୁନିଶ୍ଚିତ ହୋଇଥାଏ । ଆଦିବାସୀ ପରମ୍ପରାକୁ ସମ୍ମାନ ଦେବା ଏବଂ ସେଥିରୁ ଶିକ୍ଷା ଗ୍ରହଣ କରିବା ଦ୍ୱାରା, ବାଟବଣା ହେଉଥିବା ସମାଜ, ଧାର୍ମିକତାର ମାର୍ଗକୁ ପୁନର୍ବାର ଆବିଷ୍କାର କରିପାରିବ, ଯାହା ଦ୍ୱାରା ଆଧୁନିକ ଯୁଗର ଉତ୍ଥାନ ପତନ ମଧ୍ୟରେ ଧର୍ମ ତିଷ୍ଠି ରହିବ ।

ମତ ଓ ମନ୍ତବ୍ୟ

ହିନ୍ଦୁ ପୁରାଣରେ ଆଦିବାସୀଙ୍କର ଭୂମିକା ଭାରତ ଭଳି ବିବିଧ ଏବଂ ସାଂସ୍କୃତିକ ସମୃଦ୍ଧ ରାଷ୍ଟ୍ର ପାଇଁ ଗଭୀର ଗୁରୁତ୍ୱ ବହନ କରେ । ଏହା କେବଳ ବ୍ୟାପକ ଭାରତୀୟ ସାଂସ୍କୃତିକ ଏବଂ ଆଧ୍ୟାତ୍ମିକ ନୈତିକତା ସହିତ ଆଦିବାସୀ ଜୀବନର ଗଭୀର ଏକୀକରଣକୁ ପ୍ରତିଫଳିତ କରେ ନାହିଁ, ବରଂ ରାଷ୍ଟ୍ର ନିର୍ମାଣ ପାଇଁ ଆବଶ୍ୟକ ସମାବେଶୀତା, ସୌହାର୍ଦ୍ଦ୍ୟ ଏବଂ ଆନ୍ତଃସଂଯୋଗର ମୂଲ୍ୟବୋଧ ଉପରେ ମଧ୍ୟ ଗୁରୁତ୍ୱ ଦିଏ । ହିନ୍ଦୁ ପୁରାଣରେ ଆଦିବାସୀଙ୍କ ଗୁରୁତ୍ୱ ଏକ ଏକୀକରଣ ଶକ୍ତି ଭାବରେ କାର୍ଯ୍ୟ କରେ, ଯାହା ଆଧୁନିକ ଭାରତକୁ ଏହାର ସହଭାଗୀ ସାଂସ୍କୃତିକ ମୂଳକୁ ମନେ ପକାଇଦିଏ । ଆଦିବାସୀ ଓ ପୁରାଣ ମଧ୍ୟରେ ସମ୍ପର୍କ, ଆଦିବାସୀ ଐତିହ୍ୟ ପ୍ରତି ସମ୍ମାନ, ଯାହା ଆଦିବାସୀ ସମ୍ପ୍ରଦାୟକୁ ସେମାନଙ୍କ ଅନନ୍ୟ

ପରିଚୟକୁ ଜାତୀୟ ଢାଞ୍ଚାରେ ଏକୀକୃତ କରିବା ପାଇଁ ଗୁରୁତ୍ୱପୂର୍ଣ୍ଣ । ଭାରତ ଭଳି ଏକ ରାଷ୍ଟ୍ର ପାଇଁ, ଯେଉଁଠାରେ ବିବିଧତା ଉଭୟ ଏକ ଶକ୍ତି ଏବଂ ଏକ ଆହ୍ୱାନ ମଧ୍ୟ, ସେଇଠି ପୌରାଣିକ କଥାରେ ଆଦିବାସୀଙ୍କ ଭୂମିକାକୁ ସ୍ୱୀକାର କରିବା ଦେଶର ସମାବେଶୀ ଐତିହ୍ୟର ଏକ ଶକ୍ତିଶାଳୀ ସ୍ମାରକୀ ଭାବରେ କାର୍ଯ୍ୟ କରିପାରିବ । ଏହା ଏହି ବିଚାରକୁ ସୁଦୃଢ଼ କରେ ଯେ, ସମାଜରେ ନିରନ୍ତର ପ୍ରଗତି, ସମସ୍ତ ବର୍ଗଙ୍କୁ ଗ୍ରହଣ କରିବା, ସେମାନଙ୍କ ପରମ୍ପରାକୁ ସଂରକ୍ଷିତ ରଖିବା ଏବଂ ସେମାନଙ୍କ ମୂଲ୍ୟବୋଧରୁ ଶିଖିବା ଉପରେ ନିର୍ଭର । ପ୍ରକୃତିର ଉପାସକ ତଥା ପ୍ରକୃତିର ସଂରକ୍ଷକ ଆଦିବାସୀ କାହିଁ କେଉଁ କାଳରୁ ଧର୍ମ ରକ୍ଷା, ସଂସ୍କୃତି ରକ୍ଷା କରି ନିଜ ପାଇଁ ଏକ ସ୍ୱତନ୍ତ୍ର ପରିଚୟ ସ୍ଥାପନ କରିଛନ୍ତି । ବିଭିନ୍ନ ଯୁଗରେ ସେମାନଙ୍କର ଅବଦାନ ଏବଂ ବଳିଦାନ, କର୍ତ୍ତବ୍ୟପରାୟଣାତା, ନିଷ୍ଠା ଓ ତ୍ୟାଗ ଆମ ସମସ୍ତଙ୍କ ପାଇଁ ପ୍ରେରଣାର ଏକ ମହାନ ସ୍ରୋତ । ମାତ୍ର ଦୁଃଖର ବିଷୟ ଏହା ଯେ, ଆଜି ନିଜକୁ ଅତି ଶିକ୍ଷିତ, ପାଠୁଆ ଏବଂ ଆଧୁନିକ ଭାବୁଥିବା ମଣିଷ, ସେମାନଙ୍କର ବୃହତ୍ତର ଉଦ୍ଦେଶ୍ୟକୁ ନ ବୁଝି, ଆଦିବାସୀଙ୍କୁ ନିଜ ଭଳି ସ୍ୱାର୍ଥପର କରିବାକୁ ଚାହୁଁଛି । ଭଗବାନଙ୍କର ସାନିଧ୍ୟରେ ରହି ଆସିଥିବା ଆଦିବାସୀ ମାନଙ୍କର ମହାନ ଜୀବନଦର୍ଶନ ଯେ ଏକ ବିଶ୍ୱବ୍ୟାପୀ ଜୀବନାଦର୍ଶନ ଏବଂ ଏଥିରେ ସ୍ୱାର୍ଥପରତାର କିଞ୍ଚିତ୍ ମାତ୍ର ସ୍ଥାନ ନାହିଁ, ଏହା ଆଧୁନିକ ମଣିଷ ଜାଣି ପାରୁ ନାହିଁ । ବର୍ତ୍ତମାନ ସମୟ ଆସିଛି, ଆଦିବାସୀ ମାନଙ୍କର ବିଶ୍ୱଭାତୃତ୍ୱ ଭାବରୁ ଶିଖିବା ପାଇଁ, ଯାହା ଦେଶ ଦେଶ ମଧ୍ୟରେ ଚାଲିଥିବା ଯୁଦ୍ଧକୁ ବିରାମ ଦେବ, ମାନବତାର ମନ୍ତ୍ର ଶିଖାଇବ, ଆଧ୍ୟାତ୍ମିକତା ଓ ଶାନ୍ତିର ବାର୍ତ୍ତା ଦେବ ଏବଂ "ବୈସୁଧୈବ କୁଟୁମ୍ବକମ୍" ର ନୀତିକୁ ଆପଣାଇ ସମଗ୍ର ପ୍ରକୃତି ସହିତ ଏକ ସୌହାର୍ଦ୍ଦ୍ୟପୂର୍ଣ୍ଣ ବାତାବରଣରେ

ଜୀବନ ଅତିବାହିତ କରିବ । ପ୍ରକୃତ ଗୁରୁ ସିଏ, ଯିଏ ଯାହା କୁହେ, ସେଇ ମାର୍ଗରେ ନିଜେ ପରିଚାଳିତ ମଧ୍ୟ ହୋଇଥାଏ । ଉନ୍ନତ ଆଦିବାସୀ ସଂସ୍କୃତିରୁ ଅନେକ କିଛି ଶିଖିବାର ରହିଛି ଏବଂ ସେଇମାନଙ୍କୁ ଆଜି ଗୁରୁର ସମ୍ମାନ ଦେବାର ଅବସର ଆସିଛି । ଜଳବାୟୁ କୁପ୍ରଭାବରୁ, ଧର୍ମ ଓ ଧାର୍ମିକ ବିଶ୍ୱାସର ବିନାଶ ଏବଂ ସାଂସ୍କୃତିକ ଅବକ୍ଷୟରୁ ସମାଜ ତଥା ବିଶ୍ୱକୁ ମାର୍ଗଦର୍ଶନ କରିବାକୁ ହେଲେ ଆଦିବାସୀଙ୍କ ମହାନ ପରମ୍ପରାକୁ ଅନୁସରଣ କରିବା ଆମ ସମସ୍ତଙ୍କର କର୍ତ୍ତବ୍ୟ ହେବା ଉଚିତ ।

ଆଦିବାସୀ ଗାଁ ର ଦୁଃଖ

ବହୁ ବର୍ଷ ତଳର କଥା । ଜଣେ କାଠୁରିଆ ଜଙ୍ଗଲରେ କାଠ କାଟୁଥିବା ବେଳେ ଏକ କ୍ଷୀଣ ସ୍ୱରରେ କିଏ କିଛି କହୁଥିବାର ଶୁଣିଲା । ସେହି ସ୍ୱରକୁ ଅନୁସରଣ କରି ପହଞ୍ଚି ଦେଖିଲା ବେଳକୁ ରାଜ୍ୟର ରାଜା ଗଛ ମୂଳେ ବସି ପାଣି-ପାଣି କହୁଛନ୍ତି । ରାଜା ଶିକାର କରିବାକୁ ଆସିଥିଲେ ଓ ତାଙ୍କ ସୈନ୍ୟ ସାମନ୍ତ ପଛରେ ରହି ଯାଇଥିଲେ । ପାଖରେ ପିଇବାକୁ ପାଣି ନଥିବାରୁ ତାଙ୍କ ଜୀବନ ସଙ୍କଟାପନ୍ନ ହୋଇଯାଇଥିଲା । ଠିକ୍ ସେତିକି ବେଳେ, କାଠୁରିଆ ନିଜ ପାଖରେ ଥିବା ଶୀତଳ ଜଳ ରାଜାଙ୍କୁ ପିଆଇ ତାଙ୍କ ଜୀବନ ରକ୍ଷା କରିଥିଲା । କାଠୁରିଆ ଉପରେ ରାଜା ଖୁସି ହୋଇ ତାକୁ ଏକ ଜଙ୍ଗଲ ଉପହାର ଦେଲେ । ରାଜା କାଠୁରିଆକୁ କହିଲେ, "ଜଙ୍ଗଲରେ ଥିବା ଗଛ ତୋର ଜୀବନ ସାରା ଚଳିବାଲାଗି ଯଥେଷ୍ଟ" । ଏହା କହି ରାଜା ଉଆସକୁ ଫେରିଯାଇଥିଲେ । ୟା ଭିତରେ ବହୁତ ବର୍ଷ ବିତିଯାଇଥାଏ । ଦିନେ ରାଜା ସେଇ ଜଙ୍ଗଲ ପାଖାପାଖି ଭ୍ରମଣ କରୁଥାନ୍ତି । ଅଚାନକ ତାଙ୍କର ଦୃଷ୍ଟି ଜଙ୍ଗଲ ଭିତରୁ ଉଠୁଥିବା ଧୂଆଁ ଉପରକୁ ଗଲା । ଯାଞ୍ଚ କରିବାକୁ ରାଜା ଜଙ୍ଗଲରେ ପହଞ୍ଚିଗଲେ । ଜଙ୍ଗଲରେ ମାତ୍ର ଅଳ୍ପ କିଛିଟା ଗଛ ଦେଖି ରାଜା ଅବାକ୍ ହୋଇଗଲେ । ବୁଝି-ବୁଝି ଜାଣିଲେ ଯେ, କାଠୁରିଆ ଗଛ ମାନଙ୍କୁ କାଟି, ଜାଳି, କୋଇଲା ତିଆରି କରି ତାକୁ ଜାଳ ହିସାବରେ ବିକି ଜଙ୍ଗଲ ଖାଲି କରିସାରିଲାଣି ଓ ଆଉ ଗୋଟେ ଜଙ୍ଗଲ ପାଇବାର ଇଚ୍ଛା କରୁଛି । ସବୁ ଜାଣିସାରିଲାପରେ ରାଜା କହିଲେ, "ଆରେ କାଠୁରିଆ! ମୁଁ ତୋତେ ଆଉ ଜଙ୍ଗଲ ଦେଇପାରିବି ନାହିଁ, ହେଲେ ଏବେ ବି ଯେତିକି ଗଛ ବଞ୍ଚିଛି, ତୁ ସାରା

ଜୀବନ ଚଳିପାରିବୁ ।" ଏହା କହି ରାଜା ଖଣ୍ଡେ ଦରପୋଡା କାଠ କାଠୁରିଆକୁ ଦେଇ କହିଲେ, "ତୁ ଏଇଆକୁ ନେଇ ବଜାରରେ ବିକି ଆସ । ତା'ପରେ ମୋତେ କହିବୁ" । ରାଜାଙ୍କ କଥାରେ କାଠୁରିଆ ବଜାରକୁ ଗଲା ଓ ମନେ ମନେ ଭାବୁଥିଲା, "ଏଇ ଖଣ୍ଡେ କାଠକୁ କିଏ କିଣିବ, ତା ପୁଣି ଦରପୋଡ଼ା ।" ସେତିକି ଭିତରେ ଜଣେ ଗ୍ରାହକ ଆସି ପହଞ୍ଚିଲେ ଓ କାଠୁରିଆକୁ କାଠର ମୂଲ୍ୟ ଠାରୁ ଅଧିକ ପଇସା ଦେଇ ଖଣ୍ଡେ କାଠ କିଣି ନେଲେ । କାଠୁରିଆ ଆଶ୍ଚର୍ଯ୍ୟ ହୋଇଗଲା! ଦୌଡ଼ି ଦୌଡ଼ି ରାଜାଙ୍କ ନିକଟକୁ ଗଲା ଓ ଜାଣିବାକୁ ପାଇଲା ଯେ ରାଜା ତାକୁ କୌଣସି ସାମାନ୍ୟ ଜଙ୍ଗଲ ଦାନ କରିନଥିଲେ, ବରଂ ଏକ ଚନ୍ଦନ କାଠ ଜଙ୍ଗଲ ଦାନ କରିଥିଲେ, ଯାହାକୁ ମୂର୍ଖ କାଠୁରିଆ ନ ଜାଣିପାରି ପୋଡି ଜାଳି ପାଉଁଶ କରିଦେଇଥିଲା । ତାହା ଭାବି ଭାବି କାଠୁରିଆ ଶେଷରେ ଜୀବନ ହାରି ଦେଲା ।

ପ୍ରକୃତି ମା' ଆମ ଓଡ଼ିଆଙ୍କୁ ଓଡ଼ିଶା ଭଳି ଏକ ରତ୍ନ ଭଣ୍ଡାର ଦେଇଛି । ଆମ ରାଜ୍ୟ, ରାଜାଙ୍କର ସେଇ ଚନ୍ଦନ ଜଙ୍ଗଲ ଭଳି, ଯାହାର ମହତ୍ତ୍ୱ ଆମେ ବୁଝି ନପାରି ତାକୁ ଅଣଦେଖା କରିଦେଉଛନ୍ତି ଓ ସେଇ କାଠୁରିଆ ଭଳି କାର୍ଯ୍ୟକଳାପରେ ମାତିଛନ୍ତି । ଏଥରକ ଦଶହରା ଛୁଟିରେ ଆମେ କୋରାପୁଟ ବୁଲିଯିବାକୁ ମନସ୍ଥ କରିଥାଉ । କୋରାପୁଟ ନାଁ ଶୁଣି ସାଙ୍ଗସାଥି, ପରିବାର ବର୍ଗ ଓ ବନ୍ଧୁବାନ୍ଧବ ପ୍ରାୟ ସମସ୍ତେ କହିଲେ, "କୋରାପୁଟ? ସେଠି କ'ଣ ଅଛି! ଏକ ଗରିବ ଆଦିବାସୀ ଅଂଚଳରେ ବୁଲିବାର କିଛି ନାହିଁ । ବେକାରରେ ଯାଉଛ ।" ଆଜ୍ଞା ହଁ! କୋରାପୁଟ, ବଲାଙ୍ଗୀର ଏବଂ କଳାହାଣ୍ଡି (କେ.ବି.କେ ଜିଲ୍ଲା ଭାବରେ ଜଣାଶୁଣା) ବିଶ୍ୱ ଦାରିଦ୍ର୍ୟ ମାନଚିତ୍ରରେ ଅତି ଜଣାଶୁଣା ନାମ । ୧୯୯୨ ପରଠାରୁ ପୁରାତନ କେ.ବି.କେ ଜିଲ୍ଲାକୁ ଆଠଟି

ଜିଲ୍ଲାରେ ବିଭକ୍ତ କରାଯାଇ କୋରାପୁଟ, ମାଲକାନଗିରି, ନବରଙ୍ଗପୁର, ରାୟଗଡା, ବଲାଙ୍ଗୀର, ସୁବର୍ଣ୍ଣପୁର, କଳାହାଣ୍ଡି ଏବଂ ନୂଆପଡା ଜିଲ୍ଲା ହୋଇଛି । ଆଜିବି କୋରାପୁଟ କହିଦେଲେ କେବଳ ଦାରିଦ୍ର୍ୟତା, କୁପୋଷଣ, ମରୁଡି, ଦୁର୍ଭିକ୍ଷ, ଅବିକଶିତ ଆଦିବାସୀ ଅଧ୍ୟୁଷିତ ଅଂଚଳକୁ ବୁଝାଉଛି । ସେଥିଲାଗି ଛୁଟି କାଟିବାକୁ କୋରାପୁଟକୁ ଏକ ଉତ୍କୃଷ୍ଟ ସ୍ଥାନ ଭାବେ କେହି ସ୍ୱୀକାର କରିପାରୁନଥାନ୍ତି । କିନ୍ତୁ ସମସ୍ତଙ୍କ ନକାରାତ୍ମକ ମତାମତ ସତ୍ତ୍ୱେ,ଆମେ କୋରାପୁଟରେ ପହଞ୍ଚିଗଲୁ । ସେଠି ପହଞ୍ଚିଲା ପରେ ତା'ର ପ୍ରାକୃତିକ ସୌନ୍ଦର୍ଯ୍ୟକୁ ଦେଖି ମନକୁ ଲାଗିଲା ଏ ତ "ଓଡ଼ିଶାର ସ୍ୱର୍ଗ" କିନ୍ତୁ ତା ସହିତ ଗୋଟେ ପ୍ରଶ୍ନ ମଧ୍ୟ ଆସିଲା "କ'ଣ ସତରେ କୋରାପୁଟ ଭଳି ଏତେ ଧନୀ ଜିଲ୍ଲା ଏକ ଦରିଦ୍ର ଜିଲ୍ଲା ଭାବେ ଗଣା ହୋଇପାରେ? କୋରାପୁଟ ଭଳି ସ୍ୱଚ୍ଛଳ ଜିଲ୍ଲାରେ କି ପ୍ରକାର ବିକାଶ ଆବଶ୍ୟକ? କୋରାପୁଟକୁ ପ୍ରକୃତରେ କ'ଣ ଲୋଡ଼ା, ତାହା ଆମେ ଆଗକୁ ଜାଣିପାରିବା ।

କୋରାପୁଟ ଏମିତି ଏକ ଜାଗା ଯେଉଁଠି ଯାତ୍ରା ନିଜେ ହିଁ ଗନ୍ତବ୍ୟ ସ୍ଥଳ **(The journey itself is the destination)** । ତାହାର ପ୍ରାକୃତିକ ସୌନ୍ଦର୍ଯ୍ୟକୁ ଯେତେ ଦେଖୁଥିବ ସେତେ ବେଶୀ ଦେଖିବାକୁ ଇଚ୍ଛା ହେଉଥିବ । କୋରାପୁଟର 'କୋଟିଆ' ନାଁ ତ ଆପଣମାନେ ଶୁଣିଥିବେ? କୋଟିଆ ଗ୍ରାମ ପଞ୍ଚାୟତକୁ ନେଇ ଏକ ଆଞ୍ଚଳିକ ବିବାଦରେ ଓଡ଼ିଶା ଏବଂ ଆନ୍ଧ୍ରପ୍ରଦେଶ ମାତିଥିବାର କଥା ଅତି ଚର୍ଚ୍ଚାରେ ଥିଲା । ଆନ୍ଧ୍ର କାଳେ କୋଟିଆକୁ ମାଡ଼ିଆସୁଛି ଓ କୋଟିଆକୁ ଓଡ଼ିଶା ଠାରୁ ଅଲଗା କରିଦେବ ବୋଲି ଶୁଣିବାକୁ ମିଳୁଥିଲା । ହେଲେ କାହିଁକି? କୋଟିଆ ଭଳି ଏକ ଗରିବ, ଅବିକଶିତ ଆଦିବାସୀ ଅଂଚଳ ଉପରେ ଆନ୍ଧ୍ରାର କାହିଁକି ଏତେ ଆଖି? ଏହି

ପ୍ରଶ୍ନର ଉତ୍ତର ଅନୁସନ୍ଧାନ କରିବାକୁ, ଦେଓମାଳୀ ଦେଖି ଫେରିଲା ବାଟରେ ଆମ ଗାଡି ଚାଳକଙ୍କୁ କୋଟିଆ ଆଡ଼େ ଯିବାକୁ କହିଲୁ । ଆମ କଥା ଶୁଣି ଅତି କୁଣ୍ଠିତ ହୋଇ ଗାଡ଼ି ଚାଳକ କହିଲେ, "କୋଟିଆରେ କିଛି ନାହିଁ । ସେଠି ଖାଲି ଅଶିକ୍ଷିତ ଆଦିବାସୀ ଲୋକଙ୍କ ଘର । ସେଠାକୁ କୌଣସି ପର୍ଯ୍ୟଟକ ବୁଲିବାକୁ ଯା'ନ୍ତି ନାହିଁ । ସେଠାକୁ ଗଲେ କେବଳ ଆପଣଙ୍କର ସମୟ ନଷ୍ଟ ଯାହା ପାଇଁ ଆପଣ ପଇସା ମଧ ଗଣିବେ ।" କୋଟିଆ ଲାଗି ଯାତ୍ରା ଆରମ୍ଭ ଆଗରୁ ହିଁ ଆମେ ଆମ ପ୍ରଶ୍ନର ଉତ୍ତର ଅନୁମାନ କରିପାରୁଥାଉ । କୋଟିଆକୁ ଯଦି ଆମେ ଯିବାନି, ଆମେ ଦେଖିବାନି, ଆମେ ବୁଝିବାନି, ତେବେ ଆମ ସମ୍ପତ୍ତିକୁ ପାଖ ଲୋକ ମାଡ଼ିବସିବା ସ୍ୱାଭାବିକ । ଆମେ କିନ୍ତୁ କୋଟିଆ ଗଲୁ । କୋଟିଆ ଭିତରକୁ ଆମେ ଯେମିତି ଯେମିତି ପଶୁଥାଉ, ସେମିତି ସେମିତି ଜାଣି ପାରିଥାଉ ଯେ, ଆନ୍ଧ୍ରା ସତରେ ଏକ ବଣିଆ, ଯିଏ ପ୍ରକୃତ ସୁନାକୁ ଚିହ୍ନି ପାରିଛି । କୋଟିଆ ଉପରେ ପଡ଼ିଥିବା ପ୍ରକୃତିର ସୁନ୍ଦର ଚାଦର, ଯେକୌଣସି ଦାର୍ଶନିକଙ୍କୁ ସ୍ୱର୍ଗୀୟ ସୁଖ ଦେଇପାରେ ଯାହାକୁ ପଇସା ଦେଇ କେବେ କିଣି ହେବ ନାହିଁ । ସେଇ ସୌନ୍ଦର୍ଯ୍ୟକୁ କେବଳ ଉପଭୋଗ କରିହେବ ଓ ଆତ୍ମତୃପ୍ତି ଲାଭ କରି ହେବ । ଅଚିହ୍ନା, ଅବ୍ୟବହୃତ ପ୍ରାକୃତିକ ସମ୍ପଦ, ମାନବ ସମ୍ବଳ ଓ ଆଦିମ ଜ୍ଞାନ କୌଶଳ, ଯାହା କୋଟିଆର ପରିଚୟ, ତାହା ଉପରେ ପାଖ ରାଜ୍ୟର ଆଖି । କୋଟିଆରେ ଥିବା ସମ୍ପଦ ଅବର୍ଣ୍ଣନୀୟ, ଯାହା ଗପରେ ଥିବା କାଠୁରିଆ ଭଳି, ସାଧାରଣ ଲୋକଙ୍କ ବୁଝିବା ବାହାରେ ।

ଯେହେତୁ କୋରାପୁଟ ଏକ ଜନଜାତି ବହୁଳ ଜାଗା, ସେଠାକାର ଆଦିବାସୀ ସଂଗ୍ରହାଳୟକୁ ଯିବାଟା ଆମେ ସମୀଚୀନ ଭାବିଲୁ । କିନ୍ତୁ ଦେଖିଲା ବେଳକୁ ଦୀପତଳ ଅନ୍ଧାର । ସଂଗ୍ରହାଳୟଟି ଭଗ୍ନ ଅବସ୍ଥାରେ ନିଜ ଶେଷ ଦିନ ଗଣିଲା

ଭଳି ଲାଗୁଥାଏ । ନା ତ ଅଛି ଆଲୁଅ ନା ତ ପରିଷ୍କାର ପରିଚ୍ଛନ୍ନତା । ଆଦିବାସୀଙ୍କ ପୁରାତନ ଜିନିଷ ଓ ସଭ୍ୟତାର ପରିଚୟର ଯତ୍ନ ନାହିଁ, କି ସମ୍ମାନ ମଧ୍ୟ ନାହିଁ । ବର୍ଷା ହୋଇ କାନ୍ଥ ଓ ଛାତରୁ ପାଣି   ଗଳୁଛି । ବର୍ଷା ପାଣି ଠିଆ ହୋଇ ଆଇଁଷିଣିଆ ଗନ୍ଧ ସହିତ ପ୍ରବଳ ମଶା । ଆଖି ବୁଲାଇ ଦୁଃଖଦ ଛବି ଦେଖୁ ଦେଖୁ,ଆଖି ଲାଖିଗଲା ଗୋଟେ ବାକ୍ସ ଭିତରେ ଥିବା ବହୁ କାଳ ପୂର୍ବେ ଆଦିବାସୀଙ୍କ ଦ୍ୱାରା ବ୍ୟବହୃତ ହେଉଥିବା ପଇସା ଉପରେ । ଆପଣ ଆଶ୍ଚର୍ଯ୍ୟ ହେବେ, ସେଇ ବାକ୍ସ ଭତରେ ଏବେକାର ୨୫ ପଇସା, ୫୦ ପଇସା ଓ ଟଙ୍କିକିଆ କଏନ୍ ମଧ୍ୟ ରଖା ହୋଇଥିଲା । ସଂଗ୍ରହାଳୟଟିରେ ଆଦିବାସୀଙ୍କର ସମୃଦ୍ଧ ସଂସ୍କୃତି ଏବଂ ଐତିହ୍ୟର ପ୍ରତୀକ ବଦଳରେ, ଭୁଲ୍ ତଥ୍ୟ ପ୍ରଦର୍ଶନ କରାଯାଇଛି, ଯାହା ସର୍ବସାଧାରଣଙ୍କୁ ଠିକ୍ ବାର୍ତ୍ତା ଦେଉନାହିଁ । ଏହିସବୁ ଆଦିବାସୀ ସମ୍ପ୍ରଦାୟକୁ ହତାଦର ଓ ଅପମାନ ବୋଲି କହିଲେ ଅତ୍ୟୁକ୍ତି ହେବ ନାହିଁ ।

କୋରାପୁଟର ସ୍ଥାନୀୟ ଲୋକଙ୍କୁ ବା ଯେ କୌଣସି ଗାଡ଼ି ଚାଳକଙ୍କୁ ବା ପର୍ଯ୍ୟଟକ ଗାଇଡ୍ କୁ କୋରାପୁଟର ଦର୍ଶନୀୟ ଜାଗା ପଚାରିଲେ, ଦେଓମାଳୀ, ରାଣୀ ଡୁଡୁମା, ମାଛକୁଣ୍ଡ, କୋଲାବ ଡ୍ୟାମ୍, ଗୁପ୍ତେଶ୍ୱର ମନ୍ଦିର ସହିତ ତିରଥଗଡ଼, ଚିତ୍ରକୂଟ ଓ ବୋରା କେଭ୍ ଭଳି ଜାଗା କଥା ମଧ୍ୟ କହିବେ । ହେଲେ ତିରଥଗଡ଼ ଓ ଚିତ୍ରକୂଟ ତ ଛତିଶଗଡ଼ରେ ଓ ବୋରା କେଭ୍ ଭାଇଜାଗ୍ ରେ । ହେଲେ ଆମକୁ ତ ଓଡ଼ିଶାର କୋରାପୁଟ ବୁଲିବାର ଅଛି! ଏହାକୁ ଆମର ଉଦାରତା କହିବା ନା ଅଜ୍ଞାନତା କହିବା ନା ମୂର୍ଖାମୀ କହିବା! ସେଥିରେ ଆମେ ଦୁଃଖ କରୁଛନ୍ତି ଯେ ଆମ ରାଜ୍ୟରେ ପର୍ଯ୍ୟଟକ ସଂଖ୍ୟା ଅନ୍ୟ ରାଜ୍ୟ ତୁଳନାରେ କମ । ଲୋକେ ଛୁଟି କାଟିବାକୁ କୁଲ୍ଲୁ-ମନାଲି, କାଶ୍ମୀର, ଉଟି, କୋଡାଇକେନାଲ, ଗୋଆ ଯାଉଛନ୍ତି, ହେଲେ

ଓଡ଼ିଶା ବୁଲିବାକୁ ପସନ୍ଦ କରୁନାହାନ୍ତି । ଏଥିରେ ଭୁଲ୍ କାହାର? ଆପଣ କେବେ ମନୁଷ୍ୟ ତିଆରି ସମୁଦ୍ର କଥା ଶୁଣିଛନ୍ତି? ଜୟପୁରର ରାଜା ଶ୍ରୀ ରାମଚନ୍ଦ୍ର ଦେଓ କୋରାପୁଟର ମରୁଡ଼ି ସମସ୍ୟାକୁ ଦୂର କରିବା ଲାଗି ୧୦୦ହେକ୍ଟର ଜମି ଉପରେ 'ଜଗନ୍ନାଥ ସାଗର' ନାମକ ଏକ ବିଶାଳ ପୋଖରୀ ତିଆରି କରିଥିଲେ, ଯାହା ସମୁଦ୍ର ଭଳି ଦେଖାଯାଏ । ହେଲେ ଜଗନ୍ନାଥ ସାଗରକୁ ଚିହ୍ନେ କିଏ? ତାହା ଛଡା ପୁଞ୍ଜିଶୀଳ ଓ ଦମୟନ୍ତୀ ସାଗର ଭଳି ଅନେକ ଜାଗା କୋରାପୁଟରେ ଅଛି ଯାହା ବିଷୟରେ ଖୁବ୍ କମ୍ କୁହାଯାଏ । କୋରାପୁଟ ଏକ ଆଦିବାସୀ ଅଂଚଳ ବୋଲି ସମସ୍ତେ ଜାଣନ୍ତି । ହେଲେ ବଣ୍ଡା ଘାଟି ଓ ଅନକାଡ଼ିଲ୍ ହାଟ ଖୁବ୍ କମ ଚର୍ଚ୍ଚିତ । ବଣ୍ଡା ଘାଟିରେ ବଣ୍ଡା ସମୁଦାୟ ରୁହନ୍ତି ଓ ସେମାନଙ୍କ ଦ୍ୱାରା ଉତ୍ପାଦିତ ସାମଗ୍ରୀ ଓ ହାତ ତିଆରି ଜିନିଷର କିଣା ବିକା ଲାଗି ସପ୍ତାହକୁ ଗୋଟିଏ ଦିନ (ଗୁରୁବାର) ଅନକାଡ଼ିଲ୍ ରେ ହାଟ ବସେ । କହିବାକୁ ଗଲେ ତାହା ହିଁ କୋରାପୁଟ ଅର୍ଥନୀତିର ପ୍ରମୁଖ ଅଂଶ, ଯାହାକୁ ଜାଣିବା ଓ ଜଣାଇବା ଆବଶ୍ୟକ ଓ ମୁଖ୍ୟ ସ୍ରୋତକୁ ଆଣିବା ଜରୁରୀ । ହେଲେ ଦୁଃଖର ବିଷୟ ଯେ ଏହା ସମ୍ପୂର୍ଣ୍ଣ ଅଣଦେଖା ।

ଭ୍ରମଣ କରୁଥିବା ଅଞ୍ଚଳର ବାସିନ୍ଦାଙ୍କ ଦ୍ୱାରା ଉତ୍ପାଦିତ ସ୍ଥାନୀୟ ସାମଗ୍ରୀର କ୍ରୟ ପାଇଁ ଯାତ୍ରା ଖର୍ଚ୍ଚର ପାଞ୍ଚ ପ୍ରତିଶତ ଖର୍ଚ୍ଚ କରିବାକୁ ଆମର ମାନ୍ୟବର ପ୍ରଧାନମନ୍ତ୍ରୀ ଶ୍ରୀ ନରେନ୍ଦ୍ର ମୋଦୀଜୀ ଦେଶ ବାସୀଙ୍କୁ ଅନୁରୋଧ କରିଛନ୍ତି । ହେଲେ କେମିତି କରିବା? ମୁଁ କୋରାପୁଟରୁ କୋଟପାଡ଼ ଟସର ଶିଲ୍କ ଶାଢ଼ୀ ଓ ମିରିଗାନି ଶାଢ଼ୀ ଆଣିବାକୁ ବହୁତ ଭାବିଥିଲି । ହେଲେ ମୋ ଇଚ୍ଛା ଇଚ୍ଛାରେ ରହିଗଲା । ସେଇ ଶାଢ଼ୀର ବିଶେଷ ଦୋକାନ ମିଳିଲା ନାହିଁ । ଉତ୍କଳିକା, ବୟନିକା ବା ସମ୍ବଲପୁରୀ ବସ୍ତ୍ରଭଣ୍ଡାର, ଫ୍ୟାନ୍ସୀ ଶାଢ଼ୀ ଦୋକାନ

ମିଳିଲା, କିନ୍ତୁ କୋଟପାଡ଼ ସିଲ୍କ ବା ମିରିଗାନି ଶାଢ଼ୀ ବା ସେଇ ଶାଢ଼ୀର ଦୋକାନ ମିଳିଲା ନାହିଁ । ଗୁଗଲ୍ (Google) ମଧ୍ୟ ହାର୍ ମାନିଗଲା । କୋରାପୁଟ ନିଜର ମାଣ୍ଡିଆ ଉତ୍ପାଦନ ଲାଗି ପରିଚିତ । ହେଲେ ଆମେ ଯେତେବେଳେ 'ମିଲେଟ ମିଶନ' କଥା କହୁଛନ୍ତି ଓ ମାଣ୍ଡିଆ ଖାଦ୍ୟ ପଦାର୍ଥକୁ ପ୍ରୋତ୍ସାହନ ଦେଉଛନ୍ତି, ସେତେବେଳେ କୋରାପୁଟରେ ଖାଇବାକୁ ଇଡ଼ଲି, ଦୋସା, ସମ୍ବର, ଚଟନୀ, ବିରିୟାନୀ, ସିଙ୍ଗଡ଼ା, ବରା ଭଳି ଛଣା ଛଣି ସହଜରେ ମିଳିଯିବ, କିନ୍ତୁ କେଉଁଠି ବି ମାଣ୍ଡିଆ ଖାଦ୍ୟ ପଦାର୍ଥର ଦୋକାନ ଦେଖିବାକୁ ମିଳିବ ନାହିଁ । ଜନଜାତି କଲ୍ୟାଣକାରୀ ଯୋଜନା କରୁଛନ୍ତି, ହେଲେ ଜନଜାତିଙ୍କୁ ସେଥିରୁ ବାଦ ଦେଇଦେଉଛନ୍ତି । ଏଥିରେ ପ୍ରଧାନମନ୍ତ୍ରୀଙ୍କ ଅନୁରୋଧ କିପରି ରଖାଯାଇପାରିବ, ଭୋକାଲ୍ ଫର ଲୋକାଲ୍ କିପରି ହେବ ବା ସ୍ଥାନୀୟ ଅଭାବୀ, ଆଦିବାସୀ ବା ପଛୁଆ ବର୍ଗଙ୍କ ଉନ୍ନତି କିପରି ହେବ,ତାହା ପ୍ରଶ୍ନବାଚୀ ।

କୋରାପୁଟର ଜୟପୁରକୁ ଏବେ ବିମାନ ସେବା ମଧ୍ୟ ଯୋଗାଇ ଦିଆଗଲାଣି । ଏବେ ଏଠାକୁ ପର୍ଯ୍ୟଟକ ଆସିବେ । କିନ୍ତୁ ପର୍ଯ୍ୟଟକଙ୍କୁ ଦେଖେଇଲା ଭଳି,ବୁଲେଇଲା ଭଳି, ବିକିଲାଭଳି କିଛି ଜିନିଷ/ସ୍ଥାନର ଯଦି ପ୍ରଚାର ପ୍ରସାର କରିବା ନାହିଁ, ପର୍ଯ୍ୟଟକଙ୍କୁ ଐତିହ୍ୟ, ପରମ୍ପରା ଓ ସ୍ଥାନର ବିଶେଷତା ବିଷୟରେ ଜଣାଇବା ନାହିଁ, ତେବେ ଏହି ବିମାନ ସେବା ଅଳ୍ପ ଦିନରେ ଯାତ୍ରୀ ଅଭାବରୁ ବନ୍ଦ ହୋଇଯିବ । ଆମ ମାନଙ୍କ ଅବହେଳା ଓ ଅବୋଧତା ଯୋଗୁଁ, କାହାଣୀର ଚନ୍ଦନ ଜଙ୍ଗଲ ପରି ଆମେ ଆମ ଜନ୍ମଭୂମିକୁ କ୍ଷୟ କରିଚାଲିଛନ୍ତି । ଓଡ଼ିଶା ଭଳି ଅନୁକୂଳ ଓ ଆବାସିକ ରାଜ୍ୟ ମିଳିବା କଷ୍ଟ । ଉତ୍ତରକୁ ଗଲେ ପଶ୍ଚିମ ବଙ୍ଗର ପ୍ରଭାବ ଦେଖିବାକୁ ମିଳିବ । ପଶ୍ଚିମକୁ ଗଲେ ଝାଡ଼ଖଣ୍ଡ ଓ ଦକ୍ଷିଣକୁ ଗଲେ ଆନ୍ଧ୍ରପ୍ରଦେଶ ଓ ତେଲେଙ୍ଗାନାର

ପ୍ରଭାବ ଦେଖିବାକୁ ମିଳିବ । ସେଇ ପ୍ରଭାବ ଚାଲିଚଳଣିରେ ହେଉ ବା ଭାଷା, ପରିପାଟି, ଖାଦ୍ୟପେୟରେ ହେଉ, ଓଡ଼ିଶା ସବୁକୁ ଅତି ସହଜରେ ନିଜ ଭିତରେ ଗ୍ରହଣକରି ନେଉଛି । କିନ୍ତୁ, ତାହା ମାନେ ନୁହେଁ ଯେ ଆମେ ଉପରୋକ୍ତ କାହାଣୀର ରାଜା ହୋଇଯିବା ଓ ଆମ ଚନ୍ଦନ ଜଙ୍ଗଲକୁ ଅନ୍ୟକୁ ଭେଟି ଦେଇ ତା'ର ଧ୍ୱଂସକୁ ଅପେକ୍ଷା କରିବା । ଉପରୋକ୍ତ କାହାଣୀଟି ଏହି ଆଲେଖ୍ୟ ଲାଗି ବିଭିନ୍ନ ଦିଗରେ ସାମଞ୍ଜସ୍ୟ ରଖୁଛି । ଆମକୁ କେବଳ କାହାଣୀର ମୂଲ୍ୟବୋଧ ଓ ନୈତିକତାକୁ ବୁଝି କାର୍ଯ୍ୟ କରିବାର ଅଛି । ଶେଷରେ ଏତିକି ମତ ରଖିବି ଯେ, ଏଠି ଲୋଡ଼ା ନାହିଁ କୃତ୍ରିମ ବିକାଶର । ଏଠି ଲୋଡ଼ା ସଂରକ୍ଷଣର-ପରମ୍ପରା, ଐତିହ୍ୟ, ଭାଷା, ସଂସ୍କୃତି, ପ୍ରାକୃତିକ ଓ ମାନବିକ ଚିନ୍ତାଧାରାର ସଂରକ୍ଷଣ । ତେବେ ଯାଇ କୋରାପୁଟ ଆଉ ଦୁଃଖ କରିବ ନାହିଁ ।

ମତ ଓ ମନ୍ତବ୍ୟ

ଧନ ଦୌଲତ ହାସଲ କରିବା, ଅଧିକ ଧନ ଉପାର୍ଜନ କରିବା ବା ଅଧିକ ଧନ ଥିବା ଲୋକଙ୍କ ପରି ହେବାଟା ବିକାଶର ଏକ ସଂକୁଚିତ ସଂଜ୍ଞା । ଅନ୍ୟ କାହା ଭଳି ହେବା ଉପରେ ଅଧିକ ଗୁରୁତ୍ୱ ନ ଦେଇ ନିଜର ସ୍ୱାଧୀନତା, ସ୍ୱତନ୍ତ୍ରତା ଓ ଅନନ୍ୟତାକୁ ବଜାୟ ରଖିବାରେ ମଧ୍ୟ ବିକାଶ ହୋଇପାରିବ, ଯାହାକୁ ହୃଦୟଙ୍ଗମ କରିବା ଅତି ଆବଶ୍ୟକ । ପର୍ଯ୍ୟଟନ କ୍ଷେତ୍ରରେ ସ୍ଥାନୀୟ ଲୋକଙ୍କୁ ସୁଯୋଗ ଦେବା ସହିତ, ସେହି ସ୍ଥାନରେ ଅତି ମାତ୍ରାରେ ପର୍ଯ୍ୟଟନ

ମଧ୍ୟ ନିଷେଧ କରିବା ଆବଶ୍ୟକ । ପ୍ରତ୍ୟେକ ପ୍ରକାର ବିକାଶ ଯେ ନିଶ୍ଚିତ ଭାବେ ଏକ ଆୟକାରୀ ତଥା ଲାଭଦାୟକ ବିଷୟ, ଏପରି ନ କରି ପ୍ରକୃତି କୋଳରେ କିପରି ଅପୂର୍ବ ଶାନ୍ତିର ଅନୁଭବ କରାଯାଇପାରିବ, ସେ ପ୍ରକାରର ବ୍ୟବସ୍ଥା ହେବା ଜରୁରୀ । ସ୍ଥାନୀୟ ଅଞ୍ଚଳର ଖାଦ୍ୟପେୟ, ବେଶଭୂଷାର ଆଦର ଓ ଚାହିଦା ବଢ଼ାଇବା ପାଇଁ, କେବଳ ସ୍ଥାନୀୟ ଲୋକଙ୍କୁ ଏହି ସୁଯୋଗ ଦେବା ଆବଶ୍ୟକ । ବଡ଼ ବ୍ୟବସାୟୀଙ୍କୁ ସୁହାଇଲା ଭଳି ବ୍ୟବସାୟ ସମ୍ପ୍ରସାରଣ କରାଗଲେ, ଅତି ଶୀଘ୍ର ଆମେ ପ୍ରକୃତି ମା' ସହିତ, ଆମର ପ୍ରାକୃତିକ ସମ୍ପଦ ଓ ଅନନ୍ୟ ଆଦିବାସୀ ସଂସ୍କୃତିର ପତନ ଦିଗରେ ପାଦ ବଢ଼ାଇ ଚାଲିବା । ସେଥିପାଇଁ "ନ୍ୟୁନତମ ଆବଶ୍ୟକତା" ଭିତ୍ତିରେ ଯେକୌଣସି ବସ୍ତୁ, ପଦାର୍ଥ ବା ପ୍ରକୃତିର ଉପଭୋଗ ହିଁ ସର୍ବୋତ୍ତମ ତଥା ନିରନ୍ତର ବିକାଶ କରିପାରିବ ।

ଆଦିବାସୀଙ୍କ ବିକାଶ ଓ ବିକାଶରେ ଆଦିବାସୀ

ବହୁତ ଦିନ ତଳେ ଜଣେ ପ୍ରକୃତି ପ୍ରେମୀ ରାଣୀ ଥିଲେ । ତାଙ୍କର ଏକ ବଡ଼ ଉଦ୍ୟାନ ଥିଲା, ଯେଉଁଥିରେ ସେ ଅନେକ ପ୍ରକାରର କଥା କୁହା ଚଢ଼େଇ ରଖିଥିଲେ । ଉଦ୍ୟାନ ମଝିରେ ଏକ ବିଶାଳ ପୋଖରୀଟିଏ ଥିଲା, ଯାହାର ପାଣି କାଚ ଭଳି ସଫା ଓ ସେଥିରେ ଅନେକ ପ୍ରଜାତିର ଭଳିକି ଭଳି ରଙ୍ଗର ମାଛ ଥା'ନ୍ତି । ପୋଖରୀ ପାଖରେ ବସି ମାଛ ମାନଙ୍କର ଚଞ୍ଚଳତା ଓ ଚଢ଼େଇ ମାନଙ୍କର କଥା ଶୁଣି ରାଣୀ ଆନନ୍ଦିତ ହୁଅନ୍ତି । ଥରେ ଭୀଷଣ ବର୍ଷା ଓ ବାତ୍ୟା ଆସିଲା । ବର୍ଷା ପରେ ପୋଖରୀର ପାଣି ପୁରା ଗୋଳିଆ ହୋଇଗଲା ଓ ପବନର ତୀବ୍ର ବେଗରେ ଗଛ ଗୁଡ଼ାକ ଲଣ୍ଡା ହୋଇଗଲେ । ରାଣୀଙ୍କୁ ଭାରି ଚିନ୍ତା ଲାଗିଲା । ସେ ତାଙ୍କ ସୈନ୍ୟ-ସାମନ୍ତଙ୍କୁ କହି ଏକ ବିଶାଳ କୃତ୍ରିମ ମାଛ କୁଣ୍ଡ (aquarium) ତିଆରି କରାଇଲେ, ଯାହା ଭିତରେ ସେ ନିଜର ପ୍ରିୟ ମାଛ ମାନଙ୍କୁ ଆଣି ରଖିଲେ,ଯେମିତି ସେମାନଙ୍କୁ ସେଇ ଗୋଳିଆ ପାଣିରେ ରହିବାକୁ ପଡିବ ନାହିଁ । ସେହିପରି ଏକ ସୁନ୍ଦର ସୁନାର ପଞ୍ଜୁରୀ ତିଆରି କରାଇ, ନିଜର ପ୍ରିୟ କଥା କୁହା ଚଢ଼େଇ ମାନଙ୍କୁ ଆଣି ରଖିଲେ । ସେଇ ଚଢ଼େଇ ଓ ମାଛ ମାନଙ୍କ ଲାଗି ରାଣୀଙ୍କ ଭଲ ପାଇବା ଓ ଯତ୍ନ ଦେଖି ସମସ୍ତେ ଅବାକ୍ ରହିଗଲେ । ଏହା ଭିତରେ କିଛି ସମୟ ବିତି ଯାଇଥାଏ । ରାଣୀ ଲକ୍ଷ୍ୟ କରିଲେ ଯେ ତାଙ୍କର କଥା କୁହା ଚଢ଼େଇମାନେ ଆଉ କଥା କହୁ ନାହାନ୍ତି କି ତାଙ୍କର ଚଞ୍ଚଳା ମାଛମାନେ ଆଉ

ଜଳକ୍ରୀଡା କରୁ ନାହାନ୍ତି । ରାଣୀ ମନେ ମନେ ହୋଇ ଭାବିଲେ ଭାବିଲେ,"ମୁଁ ଏମାନଙ୍କ ଭଲ ପାଇଁ ଓ ବିକାଶ ନିମନ୍ତେ ଉଆସ ଭିତରେ ସ୍ୱତନ୍ତ୍ର ଭାବରେ ଏତେ ସୁନ୍ଦର ସୁବିଧା କରିଦେଲି, ତାହା ସତ୍ତ୍ୱେ ବି ଏମାନେ ସକ୍ରିୟ ରହିବା ପରିବର୍ତ୍ତେ ଦିନକୁ ଦିନ ଅବନତି ଆଡକୁ ମୁହାଉଁଛନ୍ତି? ରାଣୀ ରାଗରେ ସେଇ ମାଛ ଓ ଚଢେଇମାନଙ୍କୁ ପୁନଃ ଉଦ୍ୟାନ ଭିତରେ ଛାଡିଦେବାକୁ ଆଦେଶ ଦେଲେ । ରାଣୀଙ୍କ ଆଦେଶରେ, ସେନା ତତ୍ପର ହୋଇଗଲେ । କିଛି ଦିନ ପରେ ରାଣୀ ଉଦ୍ୟାନକୁ ଗଲା ବେଳକୁ ଦେଖିଲେ, ସେଇ ମାଛମାନେ ଆଗ ଭଳି ପାଣିରେ ଖେଳୁଛନ୍ତି ଓ କଥା କହିବା ବନ୍ଦ କରିଦେଇଥିବା ଚଢ଼େଇମାନେ ପୁନଃ କଥା କହୁଛନ୍ତି । ରାଣୀ ନିଜ ଭୁଲ୍ ବୁଝିପାରିଲେ । ସେ ଅନୁଭବ କରିପାରିଲେ ଯେ ପୃଥିବୀରେ ଜନ୍ମ ହୋଇଥିବା ସମସ୍ତ ପ୍ରାଣୀ ପ୍ରକୃତି ମା'ର ସନ୍ତାନ । ସମସ୍ତଙ୍କର ବିକାଶ, ସେମାନଙ୍କର ପ୍ରାକୃତିକ ପରିବେଶରେ ହିଁ ସମ୍ଭବ । ପ୍ରାକୃତିକ ବାସସ୍ଥାନରୁ ଦୁରେଇ ନେଇ କାହାରି ବିକାଶ କରିବାକୁ ଚାହିଁଲେ, ତାହା ବିନାଶ ଆଡକୁ ଅଗ୍ରସର ହୁଏ ।

ପ୍ରାକୃତିକ ଜଳ ଉତ୍ସରେ ସନ୍ତରଣ କରୁଥିବା ମାଛମାନଙ୍କୁ ନିଜ ସୁବିଧା ଓ ସଉକ ଲାଗି ଦାମିକିଆ ଆକ୍ୱାରିୟମ୍ ଭିତରେ ସଜେଇ ରଖିବାଟା କ'ଣ ମାଛ ମାନଙ୍କର ବିକାଶ ବୋଲି କହିବା କି? ମୁକ୍ତ ଆକାଶରେ ଉଡୁଥିବା, ଗଛରୁ ଗଛ ଡେଉଁଥିବା ଚଢେଇମାନଙ୍କୁ ସୁନା ପଞ୍ଜୁରୀ ଭିତରେ ରଖି ଦେଲେ, ଚଢ଼େଇଙ୍କର ବିକାଶ ହୋଇଗଲା ବୋଲି କହିବା କି? ନିରାମିଷ ଲୋକକୁ, ୧୦୦ ରକମର ଆମିଷ ଖାଦ୍ୟ ପରଷି ଦେଇ ଲୋକଟିକୁ ଆମେ ଖାଇବାକୁ ଦେଇ ତା'ର ବିକାଶ କରୁଛୁ ବୋଲି କହି ହେବ କି? ନଦୀ ବା ସମୁଦ୍ର ପାଖରେ ରହୁଥିବା ଲୋକଙ୍କୁ ଜୀବନ ଜୀବିକା ରୂପେ ମାଛ ଧରିବା ନ

ଶିଖାଇ, ଦାନରେ ମାଛ-ଭାତ ଖାଇବାକୁ ଦେବାଟା କ'ଣ ବିକାଶର ପରିଚୟ କି? ବର୍ତ୍ତମାନ ସମୟରେ ବୋଧେ ବିକାଶର ମାନେ ଆମେ ଏୟା ହିଁ ବୁଝୁଛନ୍ତି । ଖାଲି ବିକାଶ ଯୋଗାଇ ଦେଉଛୁ କହିଲେ ହେବ ନାହିଁ । ବିକାଶର ଦିଗ କ'ଣ, ବିକାଶର ଯୋଜନା ଯାହା ଲାଗି କରାଯାଉଛି ତାକୁ ବିକାଶ ଲୋଡ଼ା କି ନାହିଁ, ଏହିପରି ଅନେକ ପ୍ରଶ୍ନକୁ ଠିକଣା କରିବା ଦରକାର, ଯେମିତି; ପ୍ରକୃତ ବିକାଶର ଅର୍ଥ କ'ଣ? ବିକାଶର ଅର୍ଥ କିଏ ବ୍ୟାଖ୍ୟା କରେ? ବିକାଶର ପରିଭାଷା କ'ଣ କେବଳ ଅର୍ଥନୈତିକ ସୂଚକାଙ୍କ ମଧ୍ୟରେ ସୀମିତ କି? ବିକାଶର ନୀତି ଗୁଡିକ କ'ଣ ସବୁବେଳେ ଉପରୁ-ତଳକୁ ପଦ୍ଧତି **(Trickle Down Theory)** ଅନୁସରଣ କରିବା ଉଚିତ କି? ଆମେ କାହାକୁ ସବୁବେଳେ ବିକାଶର ମୁଖ୍ୟ ସ୍ରୋତକୁ ଆଣିବାକୁ ଚାହୁଁଛନ୍ତି? ମୁଖ୍ୟସ୍ରୋତ ରେ କିଏ ଅଛନ୍ତି ବା ମୁଖ୍ୟ ସ୍ରୋତ ର ପରିଭାଷା କ'ଣ, ତାହା ମଧ୍ୟ ଜାଣିବା ନିହାତି ଆବଶ୍ୟକ । ବିକାଶର ଅର୍ଥ କ'ଣ ମୌଳିକତାର ବିନାଶ? କ୍ଷଣିକ ଉନ୍ନତିକୁ କ'ଣ ବିକାଶ ବୋଲି କହିପାରିବା କି? ବିକାଶ ସହିତ ଜଡିତ ଏହିପରି ଅନେକ ପ୍ରଶ୍ନ ଅଛି ଯାହାକୁ ଏକ ବ୍ୟାପକ ବର୍ଣ୍ଣାଳୀରୁ ମୂଲ୍ୟାଙ୍କନ କରାଯିବା ଆବଶ୍ୟକ । କିନ୍ତୁ, ମନେ ହେଉଛି ଯେମିତି ଆମେ ବିକାଶର ଅର୍ଥକୁ ଟିକେ ସଂକୁଚିତ କରି ଦେଖୁଛନ୍ତି । ଗାଁରେ ରହୁଥିବା ଲୋକ ସହରକୁ ଚାଲିଆସିବା, ମାତୃଭାଷାରେ କଥା ହେବା ବଦଳରେ ଇଂରାଜୀରେ କଥା ହେବା, ଧୋତି-ଲୁଗା ଛାଡ଼ି ଜିନ୍ସ-ପ୍ୟାଣ୍ଟ ପିନ୍ଧିବା, ଚାଷ-ବାସ ଛାଡ଼ି ଚାକିରୀ ବାକିରୀ କରିବା, ପିଠା-ପଣା ନଖାଇ ପିଜା-ବର୍ଗର ଖାଇବା, ସାଇକେଲ୍ ଚଢ଼ିବା ଛାଡ଼ି ଗାଡି ଚଢ଼ିବା, ଏହି ଭଳି ବ୍ୟତିକ୍ରମକୁ ଆମେ ସାଧାରଣତଃ ବିକାଶର ଆଖ୍ୟା ଦେଉଛନ୍ତି । ବିକାଶର ରଙ୍ଗ, ଢଙ୍ଗ, ଦିଗ ଓ ଆକାର କାହା ପାଇଁ କେମିତି ହେବା ଦରକାର, ତାକୁ ଆମେ ପ୍ରାଧାନ୍ୟ

ଦେଉ ନାହାନ୍ତି, ଯେଉଁଥିରୁ ଆଦିବାସୀ/ଜନଜାତି ସମ୍ପ୍ରଦାୟ ମଧ୍ୟ ବାଦ୍ ପଡ଼ିନାହାନ୍ତି । ଆଦିବାସୀ/ଜନଜାତିଙ୍କୁ ନିଜ ମାଟି, ସଂସ୍କୃତି, ଐତିହ୍ୟ, ପରମ୍ପରା, ନିଜ ଜ୍ଞାନ ଓ କୌଶଳକୁ ପଛରେ ପକାଇ,ସ୍ୱବର୍ଣ୍ଣିତ ବିକାଶ ଆଡ଼କୁ ଆମେ ସେମାନଙ୍କୁ ଟାଣି ଆଣୁଛନ୍ତି । ସମସ୍ତଙ୍କର ବିକାଶ ବା ସମସ୍ତଙ୍କୁ ବିକଶିତ କରିବା ଜରୁରୀ, କିନ୍ତୁ ତା ମାନେ ନୁହେଁ ଯେ ଆଦିବାସୀ/ଜନଜାତିଙ୍କ ଭାଷା, ଚାଲି ଚଳଣି, ପ୍ରାକୃତିକ ବସ-ବାସ, ସ୍ଥାୟୀ ଅଭ୍ୟାସକୁ ଏଡ଼ାଇ, ପାଶ୍ଚାତ୍ୟ ସଭ୍ୟତାରେ ସେମାନଙ୍କୁ ରଙ୍ଗୀନ କରିବାକୁ ଆମେ ପ୍ରକୃତ ବିକାଶ ବୋଲି କହିବା । ଆଦିବାସୀ ହେଉଛନ୍ତି ପାରମ୍ପାରିକ ଜ୍ଞାନ ଏବଂ ସଂସ୍କୃତିର ବିଶାଳ ଭଣ୍ଡାର, ଯାହାକୁ ମୁଖ୍ୟତଃ ଆମେ ଅଣଦେଖା କରିଥାଉ ବା ଯାହା ଏବେ ବି ଆମ ଅନୁସନ୍ଧାନ ବାହାରେ ରହିଛି । ଆମେ ସେମାନଙ୍କୁ ବା ସେମାନଙ୍କ ଚିନ୍ତାଧାରା ଓ ପ୍ରକ୍ରିୟାକୁ ପୁରୁଣା କାଳିଆ ବା ଦେଶିଆ ବୋଲି ବିବେଚନା କରୁଛେ । ଆଧୁନିକୀକରଣର ଅତ୍ୟାଧୁନିକ ମଣିଷ ଭାବେ ଆମର ବିଶ୍ୱାସ ଯେ ବିଜ୍ଞାନ ଏବଂ ପ୍ରଯୁକ୍ତିବିଦ୍ୟା ଦୁନିଆର ସମସ୍ତ ସମସ୍ୟାର ସମାଧାନ କରିପାରିବ ଏବଂ ବିକାଶର ଉପାୟ ମଧ୍ୟ ବାହାର କରିପାରିବ । ହେଲେ ଏଇ ବିକାଶ ଆଢୁଆଳରେ ଆଦିବାସୀ/ଜନଜାତିଙ୍କ ବିକାଶ, ଆମେ ଉପରୋକ୍ତ ମାଛ ଓ ଚଢ଼େଇମାନଙ୍କ ଭଳି କରୁନାହାନ୍ତି ତ? ଆଦିବାସୀ/ଜନଜାତିଙ୍କ ନିମନ୍ତେ ଆମେ ଭାବୁଥିବା ବା କରୁଥିବା ବିକାଶକୁ ଚାଲନ୍ତୁ ଟିକେ ବିଶ୍ଳେଷଣ କରି ଦେଖିବା ।

ଦିନ ଥିଲା, ଗାଁ ମାନଙ୍କରେ ବା ଆଦିବାସୀ ଅଧ୍ୟୁଷିତ ଅଞ୍ଚଳରେ, ଦୋକାନ ମାନଙ୍କରେ ଖାଇବା ଲାଗି ନଡ଼ିଆ ଲଡ୍ଡୁ, ବାଦାମ ଲଡ୍ଡୁ, ରାଶି ବା ପେଷ୍ଟୁ ଲଡ୍ଡୁ, ମୁଢ଼ି ବା ଚୁଡ଼ା ମୁଆଁ, ନାଲି ଚଣା ସିଝା, ବୁଟ ସିଝା, ଆରିସା ପିଠା,

ଶୁଖିଲା/ପୋଡା ନଡ଼ିଆ, ଏହିଭଳି ଅନେକ ଖାଦ୍ୟ ସହିତ, କାଚ ଡବାରେ କିଛିଟା ନଡ଼ିଆ ବିସ୍କୁଟ୍ ବା ଆମେରିକାନ୍ ବିସ୍କୁଟ୍ ବିକ୍ରି ହେଉଥିଲା । ସେ ସବୁରେ ଆମେ ବହୁତ ଆନନ୍ଦ ମଧ୍ୟ ଉପଭୋଗ କରୁଥିଲୁ । ଆଜିକା ସମୟରେ ଆଉ ସେ ସବୁ ମିଳୁ ନାହିଁ । ସେଇ ସବୁ ସାମାନ୍ୟ ଜିନିଷ ଖାଇବାକୁ ଆମେ ବୋଧେ ବହୁତ ବିକଶିତ ହୋଇଗଲେଣି! ଆଦିବାସୀ ଅଧ୍ୟୁଷିତ ଗ୍ରାମାଞ୍ଚଳରେ ଛୋଟ ଛୋଟ ଦୋକାନ ମାନଙ୍କରେ ଏବେ ଖାଲି ରଙ୍ଗୀନ ପ୍ଲାଷ୍ଟିକ ପ୍ୟାକେଟ୍ ଖାଦ୍ୟ ମାଳ ମାଳ । ସେଇ ନିରୀହମାନେ ଏହାକୁ ହିଁ ବିକାଶର ଏକ ଅଂଶ ଭାବି ତାକୁ ଅନୁସରଣ କରୁଛନ୍ତି, ଯାହା ଆଗାମୀ ଦିନରେ ସେଇମାନଙ୍କ ସ୍ୱାସ୍ଥ୍ୟ ସମସ୍ୟାର ଏକ ସଂଗୀନ କାରଣ ହେବ । ଆଦିବାସୀ/ଜନଜାତିଙ୍କ ଠାରୁ ତାଙ୍କର ନାଲି ଚାଉଳ, ମାଣ୍ଡିଆ, ପେଷ୍ଠୁ, ରାଶି, ଇତ୍ୟାଦି ଛଡେଇ ଆଣି ସେମାନଙ୍କୁ ପ୍ୟାକେଟ୍ ଖାଦ୍ୟ ଖାଇବା ଶିଖାଇ ସାରିଲେଣି, ଯାହାଫଳରେ ସେମାନେ କୁପୋଷଣ ବା ଅପପୁଷ୍ଟିର ଶିକାର ହେଉଛନ୍ତି । ଆଦିବାସୀ/ଜନଜାତିଙ୍କ ରଙ୍ଗ-ଢଙ୍ଗ ବା ସ୍ୱାଦକୁ ଆମେ ଅନ୍ତର୍ଜାତୀୟ ସ୍ତରରେ ପ୍ରଦର୍ଶନ କରି ପ୍ରଶଂସା ଅର୍ଜନ କରୁଛନ୍ତି, କିନ୍ତୁ ସେମାନେ ଆଜିଯାଏଁ ବିକାଶର ପ୍ରକୃତ ରଙ୍ଗରୁ ବଞ୍ଚିତ । ଆପଣମାନେ ଲକ୍ଷ୍ୟ କରିଥିବେ କି ନାହିଁ, ଯେ ଆଜିକାଲି ପାନ ଭାଙ୍ଗିବା ଆଉ ଦିଶୁ ନାହିଁ । ଲୋକେ କେବଳ ଗୁଟୁଖା, ପାନମସଲା, ସିଗାରେଟ ଖାଇବାକୁ ପାନ ଦୋକାନକୁ ଯାଉଛନ୍ତି, ଯେଉଁଠି ପାନ ଛଡା ଆଉ ସବୁ ମିଳୁଥାଏ । ପାନପତ୍ର ଏକ ପ୍ରାକୃତିକ ଦ୍ରବ୍ୟ ଯେଉଁଥିରେ ଜୀବାଣୁନାଶକ ଉପାଦାନ ଅଛି, ତା ଉପରେ ଚୂନ ଲଗାଯାଏ ଯାହା କାଲସିଅମ୍ ରେ ଭରପୁର, ଗୁଆ ଦିଆ ଯାଏ ଯାହା କର୍କଟ ପ୍ରତିରୋଧକ, ଧଣିଆ-ପାନମହୁରୀ ଦିଆ ଯାଏ, ଯାହା ହଜମ ପ୍ରକ୍ରିୟା ପାଇଁ ଭଲ । ପାନ ଭଙ୍ଗା ହୋଇଗଲେ ତା ଉପରେ ଗୋଟିଏ ଲବଙ୍ଗ

ଖୁଣ୍ଟି ଦିଆଯାଏ ଯାହା ହୃଦରୋଗ, ମଧୁମେହ ଏବଂ କେତେକ କର୍କଟ ରୋଗ ହେବାର ଆଶଙ୍କା ମଧ୍ୟ ହ୍ରାସ କରିଥାଏ । କିନ୍ତୁ ବର୍ତ୍ତମାନ ଆମେ ଏତେ ବିକଶିତ ହୋଇଯାଇଛୁ ଯେ ପାନ ବଦଳରେ ଷ୍ଟାଇଲ୍ ରେ ସୁଗନ୍ଧିତ ଗୁଟ୍‌ଖା ଖାଉଛନ୍ତି ଯାହା କର୍କଟ ଭଳି ରୋଗ ଡାକିଥାଏ । ନିରୀହ ଆଦିବାସୀମାନେ ମଧ୍ୟ ଏଥିରୁ ବାଦ ପଡ଼ିନାହାନ୍ତି । ବିକାଶର ଧାରାରେ ଗାଁ ଗହଳିରେ ପାନ ଚାଷ କରିବା ଓ ପାନ ଖାଇବା ବୋଧେ ଛାଡ଼ି ଦେଲେଣି । ଆଦିବାସୀମାନେ ଛାଡିଦେଉଥିବା ତାଙ୍କ ପରମ୍ପରା, ଚାଲି-ଚଳଣି ବା ଖାଦ୍ୟ-ପେୟକୁ କ'ଣ ଆମେ ଆଦିବାସୀ/ଜନଜାତିଙ୍କ ବିକାଶର ମାନଦଣ୍ଡ ବୋଲି କହିବା କି?

ଆଜିକାଲି ଆଦିବାସୀ ବା କେବଳ ଆଦିବାସୀ ଶବ୍ଦ ଏକ ବ୍ରାଣ୍ଡରେ ପରିଣତ ହୋଇଗଲାଣି । ଆଦିବାସୀ ମାନଙ୍କ ଦ୍ୱାରା ଉତ୍ପାଦିତ ଜିନିଷ ପୁରା ଜୈବିକ (organic) ଜାଣି ଆଦିବାସୀ ଉତ୍ପାଦର ଚାହିଦା ବଜାରରେ ଖୁବ୍ ବେଶୀ । ଲୋକେ ଜାଣିଛନ୍ତି ଆଦିବାସୀମାନଙ୍କ ଜିନିଷରେ ଭେଜାଲ୍ କିଛି ନଥିବ । ଏହା ଖୁବ୍ ଭଲ! କିନ୍ତୁ ଡ଼ଙ୍ଗରିଆ କନ୍ଧଙ୍କ ଠାରୁ ସପୁରି ଗୋଟା ୧୦ ଟଙ୍କାରେ କିଣି ତାକୁ ବଡ଼ ବଡ଼ ମଲ୍ ରେ ଗୋଟା ୧୦୦ ଟଙ୍କାରେ ବିକିବାକୁ କ'ଣ ଆମେ ଆଦିବାସୀଙ୍କ ବିକାଶ ବୋଲି କହିବା କି? ଏବେ ଶୁଣିବାକୁ ଆସିଛି କୋରାପୁଟର କୋଟିଆରେ କାଳେ ଭଲ ଷ୍ଟ୍ରବେରି (strawberry) ଅମଳ ହୋଇଛି? ଆପଣମାନେ ପଚାରି ବୁଝନ୍ତୁ ସେଇ ଆଦିବାସୀଙ୍କ ଠାରୁ ଷ୍ଟ୍ରବେରି କିଏ କିଣିଲା ଓ କେତେ ଦରରେ କିଣିଲା? ତା ପରେ ତୁଳନା କରିବେ ଆପଣ ଷ୍ଟ୍ରବେରି କେତେ ଦେଇ ଖାଉଛନ୍ତି! କୋଟିଆ ଷ୍ଟ୍ରବେରି କହି, ତାକୁ ବିକି ଯାହାର ବିକାଶ ହେବା କଥା ହେଉଛି । କିନ୍ତୁ ପ୍ରକୃତ ବିକାଶ ଯାହାର ହେବା କଥା, ସିଏ ପଛରେ । ଖାଲି ସେତିକି କାହିଁକି, ମାଣ୍ଡିଆ (ମଡୁଆ), ଡିଷି, ଗଙ୍ଗେଇ, ମାଗା, କରଞ୍ଜ, ଡୋରି, କୁସୁମ ଯାହା ଆଦିବାସୀଙ୍କ

ଜାତୀୟ ଉତ୍ପାଦ, ତାହା ତାଙ୍କୁ ଠକି ତାଙ୍କ ଠାରୁ ନେଇ, ତାକୁ ଇଂରାଜୀ ନାଁରେ 'ଟ୍ରାଇବାଲ୍ ପ୍ରଡ଼କ୍ଟ '(Tribal Products)' କହି ଆକର୍ଷଣୀୟ ଡବା ବା ପ୍ୟାକେଟରେ ବିକିବା, ଓ ତାପରେ ଆଦିବାସୀଙ୍କର ବିକାଶ କରୁଛନ୍ତି ବୋଲି ଡିଣ୍ଡିମ ପିଟିବା କ'ଣ ଆଦିବାସୀ/ଜନଜାତିଙ୍କ ବିକାଶର ମୂଳ ଅର୍ଥ କି? ଅଳ୍ପରେ ସନ୍ତୁଷ୍ଟ ହେଉଥିବା ନିରୀହ ଆଦିବାସୀ ତାହା ବୁଝିପାରୁନାହାନ୍ତି ଯେ, ତାଙ୍କ ନାଁ, ତାଙ୍କ ପାରମ୍ପାରିକ ଜ୍ଞାନ-କୌଶଳକୁ ବିକି କିଏ ବିକାଶର ପଥରେ ଆଗେଇ ଚାଲିଛି । ବର୍ଷ ୨୦୨୩-୨୪ ବଜେଟରେ ଅର୍ଥମନ୍ତ୍ରୀ ଶ୍ରୀମତୀ ନିର୍ମଳା ସୀତାରମଣ ପୃଥିବୀ ମା'ର ପୁନରୁଦ୍ଧାର, ସଚେତନତା, ପୋଷଣ ଏବଂ ଉନ୍ନତି ପାଇଁ 'ପିଏମ-ପ୍ରଣାମ' କାର୍ଯ୍ୟକ୍ରମର ଉନ୍ମୋଚନ କରିଥିଲେ । ଏହି କାର୍ଯ୍ୟକ୍ରମ କୃଷିରେ ରାସାୟନିକ ସାରର ବ୍ୟବହାର ହ୍ରାସ କରିବାକୁ ଲକ୍ଷ୍ୟ ରଖିଛି । କହିବାକୁ ଗଲେ ବା ଦେଖିବାକୁ ଗଲେ, ଆଦିବାସୀ/ଜନଜାତି ହେଲେ ତାହାର କର୍ଣ୍ଣଧାର । 'ପ୍ରଧାନମନ୍ତ୍ରୀ ଭିରାସତ କା ସମ୍ବର୍ଧନ', ଯାହାକି ଦେଶର ସଂଖ୍ୟାଲଘୁ ତଥା କାରିଗର ସମ୍ପ୍ରଦାୟର ଦକ୍ଷତା, ଉଦ୍ୟୋଗୀତା ଏବଂ ନେତୃତ୍ୱ ପ୍ରଶିକ୍ଷଣ ଆବଶ୍ୟକତା ଉପରେ କେନ୍ଦ୍ରିତ, ଏକ ସମାବେଶୀ ପଦକ୍ଷେପ । କିନ୍ତୁ, ଏହା ଆଦିବାସୀ ସଂସ୍କୃତି ଓ ପରମ୍ପରା ଆଧାରିତ ଏକ କାର୍ଯ୍ୟକ୍ରମ ହେବା ଉଚିତ୍ । ଆମେ ଯେଉଁ ଦକ୍ଷତା ବିକାଶ କଥା କହୁଛନ୍ତି, ସେଥିରେ ଆଦିବାସୀଙ୍କର ସାମର୍ଥ୍ୟ, କ୍ଷମତା ଏବଂ ଆଗ୍ରହ ଦିଗରେ ଦକ୍ଷତା ବିକାଶ ତାଲିମ୍ ଦେବା ଦରକାର, ନା କି ଆମକୁ ବା ଅନ୍ୟମାନଙ୍କୁ ସୁହାଇଲା ଭଳି କ୍ଷେତ୍ରରେ ତାଲିମ୍ ଦେବା ଉଚିତ । ଦକ୍ଷତା ତାଲିମ୍ ଦେବା ଆଗରୁ ଦେଶର ବିଭିନ୍ନ ଜନସଂଖ୍ୟାର, ମୁଖ୍ୟତଃ ଗ୍ରାମାଞ୍ଚଳ ଏବଂ ଆଦିବାସୀ ଅଞ୍ଚଳ ମାନଙ୍କରେ ସର୍ବୋତ୍ତମ ଦକ୍ଷତାକୁ ଚିହ୍ନିବା ଆବଶ୍ୟକ । ଏହା ଉତ୍ପାଦନ ଏବଂ ଉତ୍ପାଦକତା ବୃଦ୍ଧି କରିବାରେ ସହାୟକ

ହୋଇପାରିବ । ଆମର ସ୍ୱଦେଶୀ ଜ୍ଞାନ, ଯାହା ବିଭିନ୍ନ ରୂପରେ ବିଦ୍ୟମାନ, ତାହା ଉପରେ ଆଲୋକପାତ କରିବା ଜରୁରୀ, ଯାହାଫଳରେ ଆମର ଆଦିବାସୀମାନେ ସକ୍ଷମ ଓ ଆତ୍ମନିର୍ଭରଶୀଳ ହୋଇପାରିବେ ।

ବିକାଶ ନୀତି ସମ୍ବନ୍ଧରେ, ବିକାଶର ପ୍ରକୃତ ଅର୍ଥ ଆଦିବାସୀମାନଙ୍କ ଠାରୁ ଅନୁସନ୍ଧାନ କରିବାଟା ବହୁତ ଗୁରୁତ୍ୱପୂର୍ଣ୍ଣ । ସବୁବେଳେ 'ଉପରୁ-ତଳକୁ ପଦ୍ଧତି' ଅନୁସରଣ କରି ନୀତି ପ୍ରସ୍ତୁତ କରିବା ଅପେକ୍ଷା ଦେଶର ଜନଜାତିଙ୍କୁ ଅଧ୍ୟୟନ କରିବା ଓ ସେମାନଙ୍କର ବିକାଶର ଦୃଷ୍ଟିକୋଣକୁ ବୁଝିବା ନିହାତି ଆବଶ୍ୟକ । ଆମେ ଆଦିବାସୀଙ୍କୁ ଅଶିକ୍ଷିତ ମଣି ପାରନ୍ତି, ସେମାନେ ପଛୁଆ ବୋଲି ଆମେ କହିପାରନ୍ତି, ସେମାନେ ନିରୀହ ବୋଲି ସମସ୍ତେ ଅନୁଭବ କରିପାରନ୍ତି, କିନ୍ତୁ ସେମାନେ ଦାୟିତ୍ୱବାନ୍, କର୍ତ୍ତବ୍ୟପରାୟଣ ଓ ପରୋପକାରୀ । ପୃଥିବୀ ଆମର ମା' ଓ ମା'ର କିପରି ଯତ୍ନ ନେବା କଥା, ତାହା ଆଦିବାସୀମାନେ ଜାଣିଛନ୍ତି । ଆଦିବାସୀ/ଜନଜାତି ହେଲେ ସ୍ଥାୟୀ ବିକାଶର ମେରୁଦଣ୍ଡ । ଆଜିର ଅତ୍ୟାଧୁନିକ ସମୟରେ ବିକାଶର ଲକ୍ଷ୍ୟ ହାସଲ କରିବାକୁ ଆମେ ଯାହାଙ୍କୁ ପଛୁଆ ବା ଦେହାତି ବୋଲି ମଣୁଛନ୍ତି, ଆମେ ସେଇମାନଙ୍କର ହିଁ ପଦାଙ୍କ ଅନୁସରଣ କରୁଛନ୍ତି । କିନ୍ତୁ ତାହା ସତ୍ତ୍ୱେ ବି ସେମାନଙ୍କର ପ୍ରକୃତ ବିକାଶ ଆମେ କେମିତି କରିପାରିବା, ତାହା ପ୍ରତି ତତ୍ପର ହେବା ବାକି ଅଛି ।

ମତ ଓ ମନ୍ତବ୍ୟ

"One size doesn't fit all" ବା "ଗୋଟିଏ ଆକାର ସମସ୍ତଙ୍କ ପାଇଁ ଉପଯୁକ୍ତ ନୁହେଁ । " ଯଥାର୍ଥ ଭାବରେ ବିକାଶର ପରିଭାଷାକୁ ବୁଝାଏ । ନିରନ୍ତର ବିକାଶ ଲକ୍ଷ୍ୟ ରେ ମଧ୍ୟ ଏହାକୁ ଗୁରୁତ୍ଵ ଦିଆଯାଇଛି, ଯେଉଁଠି ***"Localisation of global goals"*** ବା 'ବୈଶ୍ୱିକ ଲକ୍ଷ୍ୟ ଗୁଡିକର ସ୍ଥାନୀୟକରଣ' ଏକ ପ୍ରମୁଖ ସ୍ତମ୍ଭ । ବିଳମ୍ବରେ ହେଲେମଧ୍ୟ ବ୍ୟକ୍ତି, ସମୁଦାୟ, ଓ ସଂସ୍କୃତିର ଅନନ୍ୟତାକୁ ମାନ୍ୟତା ଦେଇ କିପରି ବିକାଶ କରାଯାଇ ପାରିବ, ସେ ବିଷୟରେ ଆଲୋଚନା ଆରମ୍ଭ ହୋଇଛି । ଅନେକ ସମୟରେ ତଥ୍ୟ ଏବଂ ସତ୍ୟ ମଧ୍ୟରେ ଥିବା ତାରତମ୍ୟକୁ ଅଣଦେଖା କରି କେବଳ ଲୋକପ୍ରିୟ ନୀତି ଆପଣାଇବା ଦ୍ୱାରା ଆମେ ଲୋକ କଲ୍ୟାଣ ନକରି ଅନେକ ଵିସଙ୍ଗତି ତଥା ନୀତିର କାର୍ଯ୍ୟକାରିତାରେ ବାଧକମାନ ସୃଷ୍ଟି କରିଚାଲୁ । ନୀତିନିର୍ମାଣ ଦୂରଦୃଷ୍ଟିସମ୍ପନ୍ନ ହେବା ସହିତ ବାସ୍ତବବାଦୀ ମଧ୍ୟ ହେବା ନିହାତି ଆବଶ୍ୟକ । ଆଦିବାସୀଙ୍କ ବିକାଶ ଓ ବିକାଶରେ ଆଦିବାସୀ, ତଥ୍ୟ ଓ ସତ୍ୟକୁ ବିଶ୍ଳେଷଣ କରି ନୀତି ନିୟମକୁ କାର୍ଯ୍ୟକାରୀ କରିବା ଆଜିର ଆହ୍ୱାନ । ପ୍ରକୃତିର କୋଳରେ ବଢି ଆସୁଥିବା ଓ ପ୍ରକୃତିକୁ ନିବିଡ଼ ଭାବରେ ଭଲ ପାଉଥିବା ଆଦିବାସୀଙ୍କୁ ଲୋଡ଼ା ପ୍ରାକୃତିକ ବିକାଶ, ଯାହା ସେମାନଙ୍କ ସହିତ ସାରା ବିଶ୍ୱର ପ୍ରାକୃତିକ ବିକାଶ କରିବାରେ ସହାୟକ ହୋଇପାରିବ । ମନୁଷ୍ୟର ମୌଳିକ ଆବଶ୍ୟକତା ପୂରଣ କରିବା ପାଇଁ ପ୍ରକୃତି ମା' ଆମକୁ ସବୁକିଛି ଯୋଗାଇ ଦେଇଛି । କିନ୍ତୁ, ଆମେ ମଣିଷ ମାନେ ସର୍ବଦା ଅସନ୍ତୁଷ୍ଟ । ଆମର ଆବଶ୍ୟକତା ଠାରୁ ଅଧିକ ଆଶା କରିବା ଏବଂ ପ୍ରାକୃତିକ ସମ୍ପଦର ଅଯଥା ଅପଚୟ କରି ନିଜର ବଡପଣିଆ ଜାହିର

କରିବା ଦ୍ୱାରା ସମାଜର କ୍ଷତି କରି ଚାଲିଛେ । ଆଦିବାସୀ ସମ୍ପ୍ରଦାୟର ବିକାଶର ପରିଭାଷା, ଏ ଭୋଗବାଦୀ ପରିଭାଷା ଠାରୁ ଭିନ୍ନ । ପ୍ରକୃତିର ସଂରକ୍ଷଣ ସହିତ ଆବଶ୍ୟକତା ଅନୁସାରେ ଯାହା ଦରକାର ତାହା ଶ୍ରଦ୍ଧା ଓ ସମ୍ମାନର ସହିତ ଗ୍ରହଣ କରିବା ସେମାନଙ୍କର ସହଜାତ ପ୍ରବୃତି । ଆଦିବାସୀଙ୍କର ଏ ପ୍ରକାର ଅଭ୍ୟାସରୁ ଆମ ସମସ୍ତଙ୍କୁ ଅନେକ କିଛି ଶିଖିବାର ଅଛି । ଆର୍ଥିକ ସ୍ୱଚ୍ଛଳତା ଏବଂ କ୍ରୟ କରିବାର କ୍ଷମତା ରଖିଥିବା ଯୋଗୁଁ, ସମସ୍ତ ସମ୍ପଦ ଉପରେ ବଳପୂର୍ବକ ଅଧିକାର ଜାହିର କରିବା ବିକାଶର ନୁହେଁ, ବରଂ ବିନାଶର ପରିଭାଷା, ଯାହାର ନମୁନା ଆମେ ପ୍ରାକୃତିକ ବିପର୍ଯ୍ୟୟ ଏବଂ ଦେଶ ଦେଶ ମଧ୍ୟରେ ଚାଲିଥିବା ଯୁଦ୍ଧର ବିଭିଷୀକାରେ ଦେଖି ଅସୁଛେ । ଯଦି ଏହା ହିଁ ବିକାଶର ପରିଭାଷା, ଏ ପ୍ରକାର ବିକାଶ ସର୍ବଦା ବର୍ଜନୀୟ ।

ଆଦିବାସୀ: ଜଳବାୟୁ ପରିବର୍ତ୍ତନ ଲଢ଼େଇରେ ଅଜ୍ଞାତ ନାୟକ

ଭାରତୀୟ ଜନଜାତି ହେଉଛନ୍ତି ଭାରତର ସ୍ୱଦେଶୀ ଐତିହ୍ୟର ଏକ ଅନନ୍ୟ ପ୍ରମାଣ । ପ୍ରକୃତିର ସବୁଜିମା ମଧ୍ୟରେ ଅବସ୍ଥିତ, ଆଦିବାସୀ ମାନେ ଶହ ଶହ ବର୍ଷ ଧରି ସେମାନଙ୍କର ପରମ୍ପରାକୁ ସଂରକ୍ଷିତ କରି ରଖିଛନ୍ତି । ଆଦିବାସୀଙ୍କ ଜୀବନଶୈଳୀ ହେଉଛି ଗତିଶୀଳ ଏବଂ ସାମାଜିକ ପରିବର୍ତ୍ତନ ପାଇଁ ଏକ ଜରୁରୀ ଉପାଦାନ । ଆଦିବାସୀ ମାନେ ସ୍ୱଦେଶୀ ଏବଂ ପ୍ରାକୃତିକ ତଥା ପାରମ୍ପାରିକ ଜ୍ଞାନର ରକ୍ଷକ ଯାହା ସ୍ଥାୟୀ ଜୀବନଯାପନ ଏବଂ ପରିବେଶ ସଂରକ୍ଷଣର ଏକ ପ୍ରମୁଖ ଆବାହକ । ମନୁଷ୍ୟ ଏବଂ ପ୍ରକୃତି ମଧ୍ୟରେ ଥିବା ପବିତ୍ର ସମ୍ପର୍କକୁ ଆଦିବାସୀଙ୍କର ଜୀବନଶୈଳୀ ପ୍ରତିଫଳିତ କରିଥାଏ, ଯାହା ସମାଜକୁ ପୃଥିବୀ ସହିତ ଅଧିକ ସୌହାର୍ଦ୍ଦ୍ୟପୂର୍ଣ୍ଣ ଅସ୍ତିତ୍ୱକୁ ଫେରିବା ପାଇଁ ଆହ୍ୱାନ ଦେଇ, ପରିବେଶ ଅବକ୍ଷୟ ସହିତ ସଂଘର୍ଷ କରୁଥିବା ବିଶ୍ୱ ଲାଗି ପରିବେଶ ଚେତନାକୁ ଗଭୀର ଭାବରେ ପ୍ରତିଧ୍ୱନିତ କରିବା ସହିତ, ସ୍ଥାୟୀତ୍ୱ ଏବଂ ସଂରକ୍ଷଣ ଭିତ୍ତିକ ଶିକ୍ଷା ମଧ୍ୟ ପ୍ରଦାନ କରିଥାଏ । ଜଙ୍ଗଲ ସଂରକ୍ଷଣ, ପ୍ରାକୃତିକ କୃଷି, ପାରମ୍ପାରିକ ବିଶ୍ୱାସ ଏବଂ ଉତ୍ସବ ପାଳନର ପଦ୍ଧତି ବା ପ୍ରକ୍ରିୟା, ବନ-ଉପବନ ଗୁଡ଼ିକର ସଂରକ୍ଷଣର ଏକ ନିଆରା ଶୈଳୀ, ଯେଉଁଥିରେ ଜଳବାୟୁ ପରିବର୍ତ୍ତନର ନକାରାତ୍ମକ ପ୍ରଭାବକୁ ରୋକିବାରେ ଆଦିବାସୀ ଏକ ନିରବ ଯୋଗଦାନକାରୀ ।

ଆଦିବାସୀ ଗାଁ, ସାଧାରଣତଃ ଚାଷ ଜମି, ଚରା ଭୂଇଁ, ପୋଖରୀ ଓ ଜଙ୍ଗଲ ଘେରା । ପ୍ରତ୍ୟେକ ଆଦିବାସୀ ଗାଁରେ ବିଶେଷକରି ସାନ୍ତାଳ, ମୁଣ୍ଡା, ଓରାଓଁ, ହୋ, ଭୂମିଜ, ଆଦିବାସୀ ସମ୍ପ୍ରଦାୟରେ ଏକ ସାର୍ବଜନୀନ ପୂଜାସ୍ଥଳ ଥାଏ, ଯାହା 'ଜାହେର ସ୍ଥଳ ' ବା 'ସାର୍ନା ସ୍ଥଳ' ନାମରେ ଜଣାଶୁଣା । ଶାଳଗଛ ବଣକୁ ନେଇ ଗଠିତ ସେଇ ପବିତ୍ର ସ୍ଥଳରେ ଥିବା ଶାଳ ଗଛରେ ସେମାନଙ୍କର ଦେବତା ବାସ କରନ୍ତି ବୋଲି ବିଶ୍ୱାସ । ମାଘ ପରବ, ବାହା ପରବ, ସୋହରାଇ ପରବ, ମାଗେ ପରବ, ସର୍ହୁଲ୍ ପରବ, ଭଳି ପ୍ରମୁଖ ଆଦିବାସୀ ପର୍ବଗୁଡ଼ିକ ଶାଳଗଛ ବା ଶାଳ ଜଙ୍ଗଲ ସହିତ ଜଡିତ । ଶାଳଗଛ ଅନେକ ଆଦିବାସୀ ଧାର୍ମିକ ପ୍ରଥା ଏବଂ ପର୍ବପର୍ବାଣୀର କେନ୍ଦ୍ରବିନ୍ଦୁ । ଆଦିବାସୀଙ୍କର ଏହା ବିଶ୍ୱାସ ଯେ ଶାଳ ଗଛରେ ସେମାନଙ୍କର ଇଷ୍ଟ ଦେବତାଙ୍କ ବାସ । ଆଦିବାସୀମାନଙ୍କ ପାଇଁ, ଶାଳଗଛ ହେଉଛି ମଣିଷ ଏବଂ ପ୍ରକୃତି ମଧ୍ୟରେ ଥିବା ସନ୍ତୁଳନର ପ୍ରତୀକ । ଆଦିବାସୀ ସମ୍ପ୍ରଦାୟ, ସେମାନଙ୍କର ପାରମ୍ପାରିକ ଜ୍ଞାନ ମାଧ୍ୟମରେ, ଦୀର୍ଘ ଦିନ ଧରି ଶାଳଗଛର ସ୍ଥାୟୀ ବ୍ୟବହାର, ଗଛର କ୍ଷୟ କ୍ଷତି ବିନା ତାହାର ପତ୍ର ଏବଂ ମଞ୍ଜି ଅମଳ କରିଆସୁଛନ୍ତି । ଆଦିବାସୀ ଏବଂ ଶାଳଗଛ ମଧ୍ୟରେ ଏହି ସମ୍ପର୍କ ପରିବେଶ ପରିଚାଳନାର ଏକ ଢ଼ାଞ୍ଚାକୁ ପ୍ରତିଫଳିତ କରେ । ଶାଳଗଛ ପ୍ରତି ଆଦିବାସୀଙ୍କ ଶ୍ରଦ୍ଧା, ଶାଳ ଜଙ୍ଗଲର ସଂରକ୍ଷଣକୁ ନିଶ୍ଚିତ କରେ, ଯାହା ପରବର୍ତ୍ତୀ ସମୟରେ ପରିବେଶ ଏବଂ ଜୈବ ବିବିଧତାରେ ବ୍ୟାପକ ସଂସ୍କାର ଆଣିବାରେ ସହାୟକ ହୁଏ । ପରିବେଶ ଦୃଷ୍ଟିକୋଣରୁ, ଜାହେର ସ୍ଥଳ ପରିବେଶ ସନ୍ତୁଳନ ଏବଂ ପ୍ରାକୃତିକ କାର୍ବନ ପୃଥକୀକରଣର ଏକ ଅନନ୍ୟ ମାଧ୍ୟମ । 'ଜାହେର ସ୍ଥଳ' ବା 'ସାର୍ନା ସ୍ଥଳ' ହେଉଛି ସାଙ୍କେତିକ ଅଙ୍ଗାରକାମ୍ଳ ପୃଥକୀକରଣ କେନ୍ଦ୍ର । ଦ୍ରୁତ ଶିଳ୍ପାୟନ ଏବଂ ଜନସଂଖ୍ୟା ବୃଦ୍ଧି

ସହିତ ଭାରତ ଯେତେବେଳେ ବିଶ୍ୱର ସବୁଠାରୁ ବଡ ଗ୍ରୀନ୍ ହାଉସ୍ ଗ୍ୟାସ୍ ନିର୍ଗମନକାରୀ ଦେଶ, ଯାହା ବିଶ୍ୱର ପ୍ରାୟ ୭% ଅଙ୍ଗାରକାମ୍ଳ ନିର୍ଗମନ କରିଥାଏ, ସେତେବେଳେ ବାୟୁମଣ୍ଡଳୀୟ ଅଙ୍ଗାରକାମ୍ଳ ନିର୍ଗମନ ସ୍ତରକୁ ହ୍ରାସ କରି, ଆନ୍ତର୍ଜାତୀୟ ଜଳବାୟୁ ଲକ୍ଷ୍ୟ ପ୍ରତି ନିଜର ପ୍ରତିବଦ୍ଧତା ସାବ୍ୟସ୍ତ ନିମନ୍ତେ, ଅଙ୍ଗାରକାମ୍ଳ ପୃଥକୀକରଣ ଅତ୍ୟନ୍ତ ଆବଶ୍ୟକ ହୋଇଯାଏ । ଜଳବାୟୁ ପରିବର୍ତ୍ତନର ପ୍ରଭାବକୁ ହ୍ରାସ କରିବା ପାଇଁ ବାୟୁମଣ୍ଡଳୀୟ କାର୍ବନଡାଇଅକ୍ସାଇଡ୍ ର **(CO2)** ବନ୍ଦୀକରଣ ଏବଂ ସଂରକ୍ଷଣ କରିବାର ପ୍ରକ୍ରିୟାକୁ ଅଙ୍ଗାରକାମ୍ଳ ପୃଥକୀକରଣ କୁହାଯାଏ । ଭାରତ ଭଳି ଦେଶରେ, ଯେଉଁଠାରେ ୭୨.୫ ନିୟୁତ ହେକ୍ଟରରୁ ଅଧିକ (ଭୌଗୋଳିକ କ୍ଷେତ୍ରର ୨୧.୬୭%) ଜଙ୍ଗଲ ଆଚ୍ଛାଦିତ (ଫରେଷ୍ଟ ସର୍ଭେ ଅଫ୍ ଇଣ୍ଡିଆ,୨୦୧୩) ସେଠାରେ ପ୍ରାକୃତିକ ଅଙ୍ଗାରକାମ୍ଳ ପୃଥକୀକରଣର ଅପାର ସମ୍ଭାବନା ରହିଛି । ଏଥିରେ ଯେଉଁଠି ଆଦିବାସୀ ଓ ଶାଳଗଛ ଆଚ୍ଛାଦିତ ସେମାନଙ୍କର 'ଜାହେର ସ୍ଥଳ' ବା 'ସାର୍ନା ସ୍ଥଳ' ଏକ ପ୍ରମୁଖ ଭୂମିକା ନିର୍ବାହ କରନ୍ତି ।

ମୁଖ୍ୟତଃ ଝାଡ଼ଖଣ୍ଡ, ଛତିଶଗଡ଼, ଓଡ଼ିଶା, ପଶ୍ଚିମବଙ୍ଗ, ବିହାର ଏବଂ ଆସାମରେ ଦେଖାଯାଉଥିବା ଆଦିବାସୀ ପାରମ୍ପାରିକ ଭାବେ ଜଙ୍ଗଲ ଅଧିବାସୀ । ଝାଡ଼ଖଣ୍ଡ, ଯେଉଁଠାରେ ଆଦିବାସୀ ମାନଙ୍କର ଏକ ବୃହତ ଜନସଂଖ୍ୟା ବାସ କରନ୍ତି, ରାଜ୍ୟର ଜଙ୍ଗଲ ଆଚ୍ଛାଦନ ୨୯.୭୬% ରହିଛି । ଏହି ଜଙ୍ଗଲଗୁଡ଼ିକର ସର୍ବାଧିକ କ୍ଷେତ୍ର ଆଦିବାସୀଙ୍କର ପାରମ୍ପାରିକ ଅଭ୍ୟାସ ମାଧ୍ୟମରେ କିମ୍ବା ପରୋକ୍ଷ ଭାବରେ ପ୍ରକୃତି ପ୍ରତି ସେମାନଙ୍କର ସାଂସ୍କୃତିକ ଶ୍ରଦ୍ଧା ମାଧ୍ୟମରେ ପରିଚାଳିତ । ଜାତୀୟ କୃଷି ଅନୁସନ୍ଧାନ ପରିଷଦର ୨୦୨୨ ମସିହା ଆକଳନ ଅନୁଯାୟୀ, ଏଭଳି ବିଶାଳ ଜଙ୍ଗଲ କ୍ଷେତ୍ରରୁ ପ୍ରତିବର୍ଷ, ହେକ୍ଟର ପିଛା ପ୍ରାୟ ୨.୩ ଟନ୍ ଅଙ୍ଗାରକାମ୍ଳ ପୃଥକୀକରଣ

କରାଯାଇଥାଏ । ଏହାର ଅର୍ଥ ହେଉଛି ଯେ କେବଳ ଝାଡ଼ଖଣ୍ଡର ଜଙ୍ଗଲ ପ୍ରତିବର୍ଷ ପ୍ରାୟ ୫୪ ନିୟୁତ ଟନ୍ ଅଙ୍ଗାରକାମ୍ଳ ପୃଥକୀକରଣ କରିଥାଏ, ଯାହାର ଏକ ଗୁରୁତ୍ୱପୂର୍ଣ୍ଣ ଅଂଶ ଆଦିବାସୀଙ୍କ ଦ୍ୱାରା ପରିଚାଳିତ ।

ଇଣ୍ଡିଆ ଷ୍ଟେଟ୍ ଅଫ୍ ଫରେଷ୍ଟ ରିପୋର୍ଟ (ଆଇ.ଏସ.ଏଫ.ଆର.), ୨୦୨୧ ଅନୁଯାୟୀ, ପଶ୍ଚିମବଙ୍ଗରେ ମୋଟ ଜଙ୍ଗଲ ଆଚ୍ଛାଦନ ୧୬,୯୦୧ ବର୍ଗ କିଲୋମିଟର, ଯାହା ରାଜ୍ୟର ଭୌଗୋଳିକ କ୍ଷେତ୍ରର ୧୯.୧% । ସେଠାରେ ସାନ୍ତାଳ-ନିର୍ଦ୍ଦିଷ୍ଟ ଅଞ୍ଚଳ ଯେପରି ପୁରୁଲିଆର ଜଙ୍ଗଲ ଆଚ୍ଛାଦନ ୧,୬୫୫ ବର୍ଗ କିଲୋମିଟର (ଜିଲ୍ଲାର କ୍ଷେତ୍ରଫଳର ପ୍ରାୟ ୨୯.୫%) ବାଙ୍କୁରା ର ହେଉଛି ୧,୫୦୬ ବର୍ଗ କିଲୋମିଟର (ଜିଲ୍ଲାର କ୍ଷେତ୍ରଫଳର ପ୍ରାୟ ୨୨.୫%) ପଶ୍ଚିମ ମେଦିନୀପୁର ର ହେଉଛି ୧,୬୨୬ ବର୍ଗ କିଲୋମିଟର (ଜିଲ୍ଲାର କ୍ଷେତ୍ରଫଳର ୧୯.୩%) ଏବଂ ବୀରଭୂମର ୪୧୮ ବର୍ଗ କିଲୋମିଟର (ଜିଲ୍ଲାର ୫.୭%) । ଏହି ଅଞ୍ଚଳର ଜଙ୍ଗଲ, ମୁଖ୍ୟତଃ ପ୍ରତି ବର୍ଷ ପତ୍ର ଝଡ଼ା ଦେଇଥିବା ବୃକ୍ଷ ଏବଂ ଶାଳ ଜଙ୍ଗଲକୁ ନେଇ ଗଠିତ । ପୁରୁଲିଆ, ବାଙ୍କୁରା ଏବଂ ପଶ୍ଚିମ ମେଦିନୀପୁରର ସାନ୍ତାଳ ଅଞ୍ଚଳରେ ଥିବା ଶାଳ ଜଙ୍ଗଲ ଯେଉଁଥିରେ ସାନ୍ତାଳ ମାନଙ୍କର ଜାହେର ସ୍ଥଳ ମଧ୍ୟ ଅନ୍ତର୍ଭୁକ୍ତ, ସେମାନଙ୍କର ଉଚ୍ଚ ଅଙ୍ଗାରକାମ୍ଳ ପୃଥକୀକରଣ କ୍ଷମତା ପାଇଁ ଜଣାଶୁଣା । ବିଭିନ୍ନ ପରିବେଶ ଅଧ୍ୟୟନ ଅନୁଯାୟୀ, ଶାଳ ଜଙ୍ଗଲ ପ୍ରତିବର୍ଷ ହେକ୍ଟର ପିଛା ପ୍ରାୟ ୪-୫ ଟନ୍ ଅଙ୍ଗାରକାମ୍ଳ ପୃଥକୀକରଣ କରିପାରେ । ଏହି ଅଙ୍ଗାରକାମ୍ଳ ପୃଥକୀକରଣ ହାର ଆଧାରରେ, ପୁରୁଲିଆ, ବାଙ୍କୁରା ଏବଂ ପଶ୍ଚିମ ମେଦିନୀପୁରର ସାନ୍ତାଳ ଅଂଚଳ ଅନ୍ତର୍ଭୁକ୍ତ ମିଳିତ ଜଙ୍ଗଲ ଆଚ୍ଛାଦିତ କ୍ଷେତ୍ର ବାର୍ଷିକ ପ୍ରାୟ ୧୯ ରୁ ୨୪ ନିୟୁତ ଟନ୍ ଅଙ୍ଗାରକାମ୍ଳ ପୃଥକୀକରଣର କ୍ଷମତା ରଖେ । ଓଡ଼ିଶାରେ ବିଶେଷକରି ମୟୂରଭଞ୍ଜ, କେନ୍ଦୁଝର ଏବଂ

ସୁନ୍ଦରଗଡ ଭଳି ଉତ୍ତର ଜିଲ୍ଲାଗୁଡ଼ିକରେ, ଯେଉଁଠାରେ ଘନ ଜଙ୍ଗଲର କାୟା ବିସ୍ତାର କରିଛି, ସେଠାରେ ସାନ୍ତାଳ ଓ ଅନ୍ୟ ଜନଜାତିଙ୍କ ଜନସଂଖ୍ୟା ଉଲ୍ଲେଖନୀୟ । ରାଜ୍ୟରେ ପାଖାପାଖି ୫୨,୧୫୬ ବର୍ଗ କିଲୋମିଟର ଜଙ୍ଗଲ ରହିଛି, ଯାହା ରାଜ୍ୟର ଭୌଗୋଳିକ କ୍ଷେତ୍ରର ୩୩.୫୦% (ଭାରତୀୟ ଜଙ୍ଗଲ ସର୍ବେକ୍ଷଣ, ୨୦୨୩) । ଏହି ଜଙ୍ଗଲ ଅଞ୍ଚଳର ଅଧିକାଂଶ ଅଂଶ ସାନ୍ତାଳଙ୍କ ସମେତ, ସ୍ୱଦେଶୀ ସମ୍ପ୍ରଦାୟ ଓ ଅନ୍ୟ ଜନଜାତିଙ୍କ ଦ୍ୱାରା ପରିଚାଳିତ । ଯଦିଓ ଜାହେର ସ୍ଥଳ ବା ସାର୍ନା ସ୍ଥଳର ଆକାର ଭିନ୍ନ ଭିନ୍ନ ହୋଇଥାଏ, ସେଗୁଡ଼ିକ ସାଧାରଣତଃ ୦.୫ ରୁ ୨ ହେକ୍ଟର ମଧ୍ୟରେ ରହିଥାଏ । ଆକଳନରୁ ଜଣାପଡିଛି ଯେ ଜାହେର ସ୍ଥଳ ବା ସାର୍ନା ସ୍ଥଳ ମାନଙ୍କରେ ସଂରକ୍ଷିତ ପବିତ୍ର ଶାଳ ବୃକ୍ଷ ପ୍ରତିବର୍ଷ ହେକ୍ଟର ପିଛା ୧.୫ ରୁ ୩ ଟନ୍ ଅଙ୍ଗାରକାମ୍ଳ ପୃଥକୀକରଣ କରିବାର କ୍ଷମତା ରଖନ୍ତି । ସାରା ଓଡ଼ିଶାରେ ବିକ୍ଷିପ୍ତ ଭାବେ ରହିଥିବା ଆଦିବାସୀ ଗ୍ରାମଗୁଡ଼ିକର ସଂଖ୍ୟାକୁ ବିଚାରକୁ ନେଲେ, ଏହି ଅଞ୍ଚଳରେ ଜାହେର ସ୍ଥଳ ବା ସାର୍ନା ସ୍ଥଳ ଗୁଡ଼ିକର ଅଙ୍ଗାରକାମ୍ଳ ପୃଥକୀକରଣ ଗୁରୁତ୍ୱପୂର୍ଣ୍ଣ । ଉଦାହରଣ ସ୍ୱରୂପ, ଅଧିକ ସାନ୍ତାଳ ଜନସଂଖ୍ୟା ବିଶିଷ୍ଟ ମୟୁରଭଞ୍ଜ ଜିଲ୍ଲାରେ ପାଖାପାଖି ୩୯୬୬ ଟି ଗ୍ରାମ ରହିଛି । ଯଦି ପ୍ରତ୍ୟେକ ଗାଁ ହାରାହାରି ୧ ହେକ୍ଟର ଆକାରର ଏକ ଜାହେର ସ୍ଥଳ ବଜାୟ ରଖନ୍ତି, ତେବେ ଏହି ପବିତ୍ର ଉପବନଗୁଡ଼ିକର ସାମୂହିକ କ୍ଷେତ୍ର ପ୍ରାୟ ୩୯୬୬ ହେକ୍ଟର ହେବ । ବର୍ଷକୁ ହେକ୍ଟର ପିଛା ଆନୁମାନିକ ୧.୫ ରୁ ୩ ଟନ୍ ଅଙ୍ଗାରକାମ୍ଳ ପୃଥକୀକରଣ ହାରରେ, କେବଳ ଏହି ଜିଲ୍ଲାର ଜାହେର ସ୍ଥଳ ବାର୍ଷିକ ୫୯୪୯ ରୁ ୧୧,୮୯୮ ଟନ୍ ଅଙ୍ଗାରକାମ୍ଳ ପୃଥକୀକରଣ କରିପାରିବ ।

ଜାହେର ସ୍ଥଳ ବା ସାର୍ନା ସ୍ଥଳ ଗୁଡ଼ିକ ପ୍ରାୟତଃ ଆଧ୍ୟାତ୍ମିକ ଗୁରୁତ୍ୱ ହେତୁ ନିରବଚ୍ଛିନ୍ନ ଭାବରେ ଛାଡି ଦିଆଯାଏ, ଯାହା ମାନବ ବିକାଶ କିମ୍ବା ଶୋଷଣ ଦ୍ୱାରା ଅସ୍ପୃଶ୍ୟ ରହିବା ପାଇଁ ସମ୍ପ୍ରଦାୟ ଦ୍ୱାରା ରକ୍ଷଣାବେକ୍ଷଣ ମଧ୍ୟ କରାଯାଏ । ଅଙ୍ଗାରକାମ୍ଳ ପୃଥକୀକରଣରେ 'ଜାହେର ସ୍ଥଳ' ବା 'ସାର୍ନା ସ୍ଥଳ'ର ଗୁରୁତ୍ୱ, ଏହାର ଜୈବ ବିବିଧତା, ବୃକ୍ଷଲତା, ବିଶେଷକରି ବ୍ୟାପକ ମୂଳ ପ୍ରଣାଳୀ ଥିବା ବୃହତ ବୃକ୍ଷ, ଏକ ପ୍ରମୁଖ କାର୍ବନ ସିଙ୍କ ଭାବରେ କାର୍ଯ୍ୟ କରନ୍ତି । ଅଧ୍ୟୟନରୁ ଜଣାପଡିଛି ଯେ ଜନଜାତି ବିଶିଷ୍ଟ ଜଙ୍ଗଲ ବା ପବିତ୍ର ବୃକ୍ଷ ସମେତ ଆଦିବାସୀ ଗ୍ରାମ ଦ୍ୱାରା ପରିଚାଳିତ ଜାହେର ସ୍ଥଳ ବା ସାର୍ନା ସ୍ଥଳ ଅନ୍ୟ ଜଙ୍ଗଲ ଆଚ୍ଛାଦନ ତୁଳନାରେ ହେକ୍ଟର ପିଛା ୩୩% ଅଧିକ ଅଙ୍ଗାରକାମ୍ଳ ସଂଚୟ କରନ୍ତି **(IUCN, 2022)** । ପ୍ରାକୃତିକ ଜଙ୍ଗଲ ଏବଂ ପବିତ୍ର ଉପବନଗୁଡ଼ିକର ସଂରକ୍ଷଣ ବ୍ୟତୀତ, ଆଦିବାସୀ ମାନେ ଐତିହାସିକ ଭାବରେ କୃଷି-ବନାୟନ ମଧ୍ୟ ଅଭ୍ୟାସ କରନ୍ତି ଯେଉଁଥିରେ ବୃକ୍ଷ ଏବଂ ଗୁଳ୍ମଗୁଡ଼ିକର ଏକୀକରଣ ମଧ୍ୟ ସାମିଲ୍ । ଏହି ଅଭ୍ୟାସ କେବଳ ଉତ୍ତମ ଫସଲ ଉତ୍ପାଦନ ଏବଂ ମୃତ୍ତିକା ଉର୍ବରତା ସୁନିଶ୍ଚିତ କରେ ନାହିଁ, ବରଂ କୃଷି କ୍ଷେତ୍ରରେ ଅଙ୍ଗାରକାମ୍ଳ ପୃଥକୀକରଣକୁ ମଧ୍ୟ ବୃଦ୍ଧି କରେ । ମୋନୋକଲ୍ଚର୍ ଠାରୁ ଭିନ୍ନ, କୃଷି-ବନାୟନ ଜୈବ ବିବିଧତାକୁ ବୃଦ୍ଧି କରିଥାଏ ଏବଂ ଉଭୟ ଉଦ୍ଭିଦ ଓ ମୃତ୍ତିକାରେ ଅଙ୍ଗାରକାମ୍ଳ ସଂଚୟ କରିଥାଏ । ଖାଦ୍ୟ ଏବଂ କୃଷି ସଂଗଠନ ର ଅନୁସନ୍ଧାନରୁ ଜଣାପଡିଛି ଯେ କୃଷି ଜଙ୍ଗଲ ପ୍ରଣାଳୀ ବାର୍ଷିକ ହେକ୍ଟର ପିଛା ୧.୧ ରୁ ୨.୨ ଟନ୍ ଅଙ୍ଗାରକାମ୍ଳ ପୃଥକୀକରଣ କରିପାରେ, ଯାହା ଜଳବାୟୁ ପ୍ରଶମନ ପାଇଁ ଏକ ଶକ୍ତିଶାଳୀ ଉପକରଣ । ଆଦିବାସୀ ଗ୍ରାମ, ଯେଉଁଠାରେ କୃଷି ଜଙ୍ଗଲ, କୃଷି ଅଭ୍ୟାସର କେନ୍ଦ୍ରବିନ୍ଦୁ, ଅଙ୍ଗାରକାମ୍ଳ ପୃଥକୀକରଣରେ ଏକ ଗୁରୁତ୍ୱପୂର୍ଣ୍ଣ ଭୂମିକା ଗ୍ରହଣ

କରିଥାଏ । ଜଙ୍ଗଲ ପରିଚାଳନା ଏବଂ ପୁନରୁଦ୍ଧାରରେ ସରକାରଙ୍କ ସହିତ ମିଳିତ ଭାବରେ ସହଯୋଗ କରି ଯୁଗ୍ମ ଜଙ୍ଗଲ ପରିଚାଳନା ଭଳି କାର୍ଯ୍ୟକ୍ରମ ମାଧ୍ୟମରେ, ଆଦିବାସୀ ଦୀର୍ଘ ଦିନ ଧରି ପୁନଃବନାୟନ ପ୍ରୟାସରେ ସମ୍ପୃକ୍ତ । ଏହି କାର୍ଯ୍ୟକ୍ରମ ଅଧୀନରେ, ଆଦିବାସୀ ସମ୍ପ୍ରଦାୟ କାର୍ବନକୁ ପୃଥକ କରୁଥିବା ଜଙ୍ଗଲର ପୁନରୁଦ୍ଧାର କରିବାରେ ସାହାଯ୍ୟ କରିବା ସହିତ, ଅର୍ଥନୈତିକ ଏବଂ ପରିବେଶଗତ ଲାଭ ମଧ୍ୟ ପ୍ରଦାନ କରନ୍ତି । ଆଦିବାସୀଙ୍କର ପ୍ରତ୍ୟକ୍ଷ କାର୍ବନ ପୃଥକୀକରଣ ପ୍ରୟାସ ବ୍ୟତୀତ, ଆଦିବାସୀଙ୍କର ଜଙ୍ଗଲ ଜୈବ ବିବିଧତାର ସଂରକ୍ଷଣ, ଜଳବାୟୁ ପରିବର୍ତ୍ତନର ମୁକାବିଲା କରିବାରେ ସେମାନଙ୍କର ଅବଦାନ ଅତୁଳନୀୟ । ସୁସ୍ଥ, ଜୈବ ବିବିଧତା ଅଙ୍ଗାରକାମ୍ଳକୁ ପୃଥକ କରିବାରେ ସହାୟକ ହୁଅନ୍ତି । ଉଦାହରଣ ସ୍ୱରୂପ, ଓଡ଼ିଶାର ଶିମିଳିପାଳ ଜାତୀୟ ଉଦ୍ୟାନ ଯାହା ସାନ୍ତାଳ ପରିଚାଳିତ ଜଙ୍ଗଲ ଅନ୍ତର୍ଭୁକ୍ତ, ଜୈବ ବିବିଧତାର ଏକ ପ୍ରମୁଖ କ୍ଷେତ୍ର, ଯେଉଁଠି ଉଭୟ ଉଦ୍ଭିଦ ଏବଂ ପ୍ରାଣୀଙ୍କ ବିଭିନ୍ନ ପ୍ରଜାତି ଅଙ୍ଗାରକାମ୍ଳ ପୃଥକୀକରଣରେ ଯୋଗଦାନ କରିଥାନ୍ତି । ଝାଡ଼ଖଣ୍ଡ ଏବଂ ଓଡ଼ିଶାର ସାନ୍ତାଳ-ପରିଚାଳିତ ଅଞ୍ଚଳର ବାଉଁଶ ଜଙ୍ଗଲ, କିପରି ଅଙ୍ଗାରକାମ୍ଳ ପୃଥକୀକରଣରେ ଯୋଗଦାନ କରେ, ତାହା ଆଉ ଏକ ଉଦାହରଣ । ବାଉଁଶ ପ୍ରତିବର୍ଷ ହେକ୍ଟର ପିଛା ୧୨ ଟନ୍ ପର୍ଯ୍ୟନ୍ତ ଅଙ୍ଗାରକାମ୍ଳ ପୃଥକୀକରଣ କରିପାରେ,ଯାହା ସବୁଠାରୁ ଦକ୍ଷ କାର୍ବନ ସିଙ୍କ ମଧ୍ୟରୁ ଗୋଟିଏ ।

ଜଳବାୟୁ ପରିବର୍ତ୍ତନ ବିରୁଦ୍ଧରେ ଲଢୁଥିବା ଲଢେଇରେ, ଆଦିବାସୀଙ୍କର ଗାଁ, ଜୀବନଶୈଳୀ, ସେମାନଙ୍କ ବିଶ୍ୱାସ, ରୀତିନୀତି, ପୂଜା ପର୍ବ, ବା ସେମାନଙ୍କର ପବିତ୍ର ଜାହେର ସ୍ଥଳ ବା ସାର୍ନା ସ୍ଥଳ, ହେଉଛନ୍ତି ଅଜ୍ଞାତ

ନାୟକ । ସେମାନଙ୍କର ଜଙ୍ଗଲ ଏବଂ ଜାହେର ସ୍ଥଳ ବା ସାର୍ନା ସ୍ଥଳ ଗୁରୁତ୍ୱପୂର୍ଣ୍ଣ କାର୍ବନ ସିଙ୍କ ଗଠନ କରନ୍ତି, ବାର୍ଷିକ ଲକ୍ଷ ଲକ୍ଷ ଟନ୍ ଅଙ୍ଗାରକାମ୍ଳ ପୃଥକ କରି ଜୈବ ବିବିଧତାର ସଂରକ୍ଷଣ କରନ୍ତି । ଭାରତର ପରିବେଶ ସ୍ଥିରତା ଦିଗରେ, ଆଦିବାସୀଙ୍କ ଭଳି ସ୍ୱଦେଶୀ ସମ୍ପ୍ରଦାୟର ଏହି ପରିବେଶଗତ ଆଚରଣକୁ ସ୍ୱୀକୃତି ଦେବା ଏବଂ ସମର୍ଥନ କରିବା ଜରୁରୀ । ଆଦିବାସୀଙ୍କର ଅବଦାନ କେବଳ ଜଳବାୟୁ ପରିବର୍ତ୍ତନର ମୁକାବିଲା କରିବା ଦିଗରେ ସୀମିତ ନୁହେଁ ବରଂ ଏକ ସମୃଦ୍ଧ ସାଂସ୍କୃତିକ ଐତିହ୍ୟର ସଂରକ୍ଷଣ ମଧ୍ୟ ସୁନିଶ୍ଚିତ କରି, ବୈଶ୍ୱିକ ସୌହାର୍ଦ୍ଦ୍ୟ ବୃଦ୍ଧି କରିବା ପାଇଁ ଶିକ୍ଷା ପ୍ରଦାନ କରେ ଯାହାକୁ ଆଧୁନିକ ବିଶ୍ୱ ଅଣଦେଖା କରିପାରିବ ନାହିଁ ।

ମତ ଓ ମନ୍ତବ୍ୟ

ସ୍ଥାୟୀ ବିକାଶ ଲକ୍ଷ୍ୟ ୧୩- "ଜଳବାୟୁ କାର୍ଯ୍ୟାନୁଷ୍ଠାନ", ଜଳବାୟୁ ପରିବର୍ତ୍ତନ ଏବଂ ଏହାର କୁପ୍ରଭାବରୁ ମୁକାବିଲା କରିବା ଲକ୍ଷ୍ୟ ରଖେ । ଯେହେତୁ ବିଶ୍ୱ ଜଳବାୟୁ ପରିବର୍ତ୍ତନର କ୍ରମବର୍ଦ୍ଧିଷ୍ଣୁ କ୍ଷତିକାରକ ପ୍ରଭାବକୁ ସାମ୍ନା କରୁଛି,ସ୍ୱଦେଶୀ ଜନଜାତି, ବିଶେଷକରି ଭାରତ, ଏହି ବିଶ୍ୱସ୍ତରୀୟ ଲଢ଼େଇରେ ନୀରବ କିନ୍ତୁ ଅପରିହାର୍ଯ୍ୟ ପରିଚାଳକ ଭାବରେ ଉଭା ହୋଇଛି । ଶହ ଶହ ବର୍ଷ ଧରି, ଆଦିବାସୀ ସମ୍ପ୍ରଦାୟମାନେ ଏପରି ଜୀବନଶୈଳୀ ବିକଶିତ କରିଛନ୍ତି ଯାହା କେବଳ ପ୍ରକୃତି ସହିତ ସୌହାର୍ଦ୍ଦ୍ୟପୂର୍ଣ୍ଣ ସହାବସ୍ଥାନ କରିନଥାଏ ବରଂ ଏହାର ସଂରକ୍ଷଣ ଏବଂ

ପୁନରୁଦ୍ଧାରରେ ମଧ୍ୟ ସକ୍ରିୟ ଭାବରେ ଯୋଗଦାନ କରିଥାଏ । ସେମାନଙ୍କର ଜ୍ଞାନ ଏବଂ ଅଭ୍ୟାସ କେବଳ ସାଂସ୍କୃତିକ ଦୃଷ୍ଟିରୁ ଗୁରୁତ୍ୱପୂର୍ଣ୍ଣ ନୁହେଁ, ବରଂ ଆଧୁନିକ ଜଳବାୟୁ କାର୍ଯ୍ୟସୂଚୀ ପାଇଁ ଗୁରୁତ୍ୱପୂର୍ଣ୍ଣ ପ୍ରାସଙ୍ଗିକତା ମଧ୍ୟ ରଖେ । ଆଦିବାସୀମାନେ ନିଜକୁ ପରିସଂସ୍ଥାର ଏକ ଅଂଶ ଭାବରେ ଦେଖନ୍ତି, ଯେଉଁଠାରେ ସେମାନଙ୍କର ସାଂସ୍କୃତିକ, ପାରମ୍ପାରିକ, ମୌଳିକ ଓ କୌଳିକ ଅଭ୍ୟାସ ପରିବେଶ ସନ୍ତୁଳନ ବିଷୟରେ ଗଭୀର ବୁଝାମଣାକୁ ପ୍ରତିଫଳିତ କରେ । ଜଙ୍ଗଲର ସୁରକ୍ଷା ମାଧ୍ୟମରେ, ଆଦିବାସୀମାନେ ଜଙ୍ଗଲ କ୍ଷୟକୁ ରୋକିବା ଏବଂ ଜୈବ ବିବିଧତାକୁ ପ୍ରୋତ୍ସାହିତ କରି ଜଳବାୟୁ ପରିବର୍ତ୍ତନକୁ ହ୍ରାସ କରିବାରେ ଯୋଗଦାନ କରନ୍ତି । ଋତୁକାଳୀନ ଢାଞ୍ଚା ଏବଂ ସମ୍ବଳ ପରିଚାଳନା ବିଷୟରେ ଆଦିବାସୀଙ୍କର ଜ୍ଞାନ ସେମାନଙ୍କୁ ପରିସଂସ୍ଥାର ଅବନତି ନକରି, ଅନେକ ସମୟରେ ପରିବେଶରେ ଉନ୍ନତି ଆଣିବାରେ ମଧ୍ୟ ସାହାଯ୍ୟ କରେ । ବର୍ତ୍ତମାନର ଜଳବାୟୁ ସଙ୍କଟ ପରିପ୍ରେକ୍ଷୀରେ, ପିଢ଼ି ପରେ ପିଢ଼ି ଆଦିବାସୀ ଅଭ୍ୟାସଗୁଡିକ ଜରୁରୀ, କାରଣ ସେମାନେ କୃଷି, ଜଳ ସଂରକ୍ଷଣ ଏବଂ ଭୂମି ପରିଚାଳନା ପାଇଁ ସ୍ଥିତିସ୍ଥାପକ ଏବଂ ସ୍ଥାୟୀ ଢାଞ୍ଚା ଓ ଦିଗ ପ୍ରଦାନ କରନ୍ତି । ଜୈବ ବିବିଧତା ସଂରକ୍ଷଣ ଜଳବାୟୁ କାର୍ଯ୍ୟାନୁଷ୍ଠାନର ଏକ ଗୁରୁତ୍ୱପୂର୍ଣ୍ଣ ଉପାଦାନ, କାରଣ ବିବିଧ ପରିସଂସ୍ଥା ଜଳବାୟୁ ପ୍ରଭାବ ପାଇଁ ଅଧିକ ଜରୁରୀ । ଆଦିବାସୀମାନଙ୍କର ପରିବେଶ ସହିତ ଗଭୀର ସମ୍ପର୍କ ହେତୁ, ଭାରତର ଜୈବିକ ସମ୍ପତ୍ତିର ସଂରକ୍ଷଣରେ ଆଦିବାସୀମାନେ ଗୁରୁତ୍ୱପୂର୍ଣ୍ଣ ଭୂମିକା ଗ୍ରହଣ କରିଛନ୍ତି । ଆଦିବାସୀଙ୍କ ଦ୍ୱାରା ଜୈବ ବିବିଧତାର ସଂରକ୍ଷଣ କେବଳ ଅଙ୍ଗାରକାମ୍ଳ ଶୋଷଣ କରୁଥିବା ଇକୋସିଷ୍ଟମକୁ ବଜାୟ ରଖି ଜଳବାୟୁ ପରିବର୍ତ୍ତନ ପ୍ରଶମନରେ ସାହାଯ୍ୟ କରେ ନାହିଁ, ବରଂ ସ୍ଥାନୀୟ

ଇକୋସିଷ୍ଟମର ସ୍ଥିରତା ଓ ସୁସ୍ଥତାକୁ ସୁନିଶ୍ଚିତ କରି ଜଳବାୟୁ ଅଭିଯୋଜନରେ ମଧ୍ୟ ସାହାଯ୍ୟ କରେ । ଫଳସ୍ୱରୂପ, ଉଭୟ ଆଦିବାସୀ ଏବଂ ଅଣ-ଆଦିବାସୀ ଜନସଂଖ୍ୟା ପାଇଁ ଖାଦ୍ୟ ସୁରକ୍ଷା ଏବଂ ଜଳ ସମ୍ବଳ ପ୍ରଦାନ କରିଥାଏ । ଇଣ୍ଡିଆ ଷ୍ଟେଟ୍ ଅଫ୍ ଫରେଷ୍ଟ ରିପୋର୍ଟ (୨୦୨୧) ପରିବେଶ ସନ୍ତୁଳନ ବଜାୟ ରଖିବା ପାଇଁ ଜଙ୍ଗଲର ଗୁରୁତ୍ୱକୁ ରେଖାଙ୍କିତ କରେ, ଯେଉଁଥିରେ ଛତିଶଗଡ଼, ଓଡ଼ିଶା ଏବଂ ଝାଡ଼ଖଣ୍ଡ ଭଳି ଆଦିବାସୀ ପ୍ରାଧାନ୍ୟ ରାଜ୍ୟ ଭାରତର ସର୍ବୋଚ୍ଚ ଜଙ୍ଗଲ ଆଚ୍ଛାଦନ କ୍ଷେତ୍ର ମଧ୍ୟରୁ ଅନ୍ୟତମ ।

ଏହା ସତ୍ତ୍ୱେ, ଆଦିବାସୀମାନେ ସେମାନଙ୍କର ଜଳବାୟୁ କାର୍ଯ୍ୟାନୁଷ୍ଠାନ ଭୂମିକା ଜାରି ରଖିବାରେ ଗୁରୁତ୍ୱପୂର୍ଣ୍ଣ ଆହ୍ୱାନର ସମ୍ମୁଖୀନ ହେଉଛନ୍ତି । ଦ୍ରୁତ ଶିଳ୍ପାୟନ, ଜଙ୍ଗଲ କ୍ଷୟ, ଖଣି ଏବଂ ଭିତ୍ତିଭୂମି ପ୍ରକଳ୍ପ କାରଣରୁ ବିସ୍ଥାପନ, ସେମାନଙ୍କ ପାରମ୍ପାରିକ ଜମି, ଜଙ୍ଗଲ, ଜଳ ଏବଂ ଜୀବନଶୈଳୀ ପ୍ରତି ବିପଦ ସୃଷ୍ଟି କରୁଛି । ଆଦିବାସୀଙ୍କର ପାରମ୍ପାରିକ ଜ୍ଞାନ, ସ୍ଥାୟୀ ଅଭ୍ୟାସ ଏବଂ ପ୍ରକୃତି ପ୍ରତି ଗଭୀର ସମ୍ମାନ ଜଳବାୟୁ ପରିବର୍ତ୍ତନକୁ ହ୍ରାସ କରିବା ଏବଂ ସ୍ଥାୟୀ ବିକାଶ ଲକ୍ଷ୍ୟ-୧୩ ହାସଲ ପାଇଁ ଏକ ବ୍ଲୁପ୍ରିଣ୍ଟ ପ୍ରଦାନ କରେ । ତଥାପି, ସେମାନଙ୍କ ଯୋଗଦାନର ପୂର୍ଣ୍ଣ ସମ୍ଭାବନାକୁ ଉପଯୋଗ କରିବା ପାଇଁ, ଜାତୀୟ ଏବଂ ବିଶ୍ୱ ଜଳବାୟୁ ରଣକୌଶଳରେ ଆଦିବାସୀ ଜ୍ଞାନର ଅଧିକ ସ୍ୱୀକୃତି ଏବଂ ଏକୀକରଣ ହେବା ଆବଶ୍ୟକ । ଆଦିବାସୀ ଜମିର ସୁରକ୍ଷା, ପରିବେଶ ଶାସନରେ ସେମାନଙ୍କର ଅଂଶଗ୍ରହଣ ସୁନିଶ୍ଚିତ କରିବା ଏବଂ ସେମାନଙ୍କ ସ୍ଥାୟୀ ଅଭ୍ୟାସରୁ ଶିକ୍ଷା ଗ୍ରହଣ କରିବା ଓ ଆଦିବାସୀଙ୍କର ସ୍ଥାୟୀ ଅଭ୍ୟାସକୁ ଶିକ୍ଷାରେ ଅନ୍ତର୍ଭୁକ୍ତ କରାଇବା ସ୍ଥାୟୀ ଭବିଷ୍ୟତ ଦିଗରେ

ଗୁରୁତ୍ୱପୂର୍ଣ୍ଣ ଅଟେ । ଯେହେତୁ ବିଶ୍ୱ ଜଳବାୟୁ ସଙ୍କଟ ସହିତ ମୁକାବିଲା କରୁଛି, ଆଦିବାସୀଙ୍କ ଜ୍ଞାନ ଏବଂ ପରିଚାଳନାକୁ ସମାଧାନର ଏକ ଗୁରୁତ୍ୱପୂର୍ଣ୍ଣ ଅଂଶ ଭାବରେ ସ୍ୱୀକୃତି ଏବଂ ସମର୍ଥନ କରାଯିବା ଆବଶ୍ୟକ ।

ଆଦିବାସୀ ପିଲାଙ୍କ ଶିକ୍ଷାରେ ଭାଷା ଏକ ପ୍ରତିବନ୍ଧକ କି?

ବସନ୍ତ ଋତୁ, ଦିନ ଏଗାରଟା । ଗାଁ ଦାଣ୍ଡ ତେନ୍ତୁଳି ଗଛ ମୂଳରେ ମାଳତୀ ଓରାମ, ରେଖା ଓରାମ, ହରିଶ ମୁର୍ମୁ ଓ ତାଙ୍କ ସାଙ୍ଗରେ ଆଉ ୫ଟା ପିଲା ଛୁଆଁ ଛୁଇଁ ଖେଳୁଥାନ୍ତି । ଏହା ଦିନେ ଅଧେର ବେପାର ନଥିଲା, ବରଂ ୩ ମାସ ହେଲା ପିଲାମାନେ ରୀତିମତ ସକାଳେ ସେଇଠି ଖେଳୁଥାନ୍ତି । ଜଣେ ବୁଢ଼ା ମଉସା ବିଲକୁ ଗଲାବେଳେ ସେଇ ପିଲାଙ୍କୁ ଲକ୍ଷ୍ୟ କରନ୍ତି । ମନେ ମନେ ଭାବନ୍ତି "ପିଲାଗୁଡ଼ାକ କ'ଣ ସ୍କୁଲ୍ ଯାଉନାହାନ୍ତି କି? କ'ଣ ଏମାନଙ୍କର ସ୍କୁଲ୍ ଛୁଟି ଅଛି କି? ହେଲେ ସ୍କୁଲ୍ ଏତେ ଦିନ କାହିଁକି ଛୁଟି ରହିବ?" ଏହିଭଳି କେତେ ପ୍ରଶ୍ନ ମନରେ ଧରି ବୁଢ଼ା ମଉସା ଜଣଙ୍କ ନିଜ କାମରେ ଚାଲି ଯା'ନ୍ତି । ହେଲେ ଦିନେ ସେ ସେଇ ପିଲାଙ୍କ ପାଖରେ ଅଟକି ପଚାରିଲେ "ଆରେ ତୁମେ ମାନେ କ'ଣ ସ୍କୁଲ୍ ଯାଉନ କି? ସ୍କୁଲ୍ ସମୟରେ କ'ଣ ଏଠି ଖେଳୁଛ?"ମଉସାଙ୍କ କଥା ଶୁଣି ପିଲା ମାନେ ଯା ତା ମୁହଁକୁ ଅନା-ଅନି ହେଲେ । ହରିଶ କହିଲା; *"ଆରେ ଜେଜେ ! ମାଷ୍ଟର କା ପଢ୍ଡଆଲା କନଅ ନି ବୁଝାଥି । ବହିମେ କା ଲିଖଲ୍ ଆହେ ହାମେ କନଅ ଯାନେକ୍ ନି ପାରଥି । ଅହେ ଲାଗି ଇସ୍କୁଲ୍ ନି ଯାଥି* (ମାଷ୍ଟର କ'ଣ ପଢ଼ାଉଛନ୍ତି କିଛି ବୁଝି ହେଉନାହିଁ । ବହିରେ କ'ଣ ଲେଖା ଯାଇଛି ଆମେ କିଛି ଜାଣିପାରୁନୁ । ସେଥିଲାଗି ସ୍କୁଲ୍ ଯାଉନାହୁଁ ।) ଏହା କହିଦେଇ ସେମାନେ ଖେଳରେ ମାତି ଗଲେ । ମଉସା ଆଉ କ'ଣ କହିବେ, କ'ଣ

କରିବେ ଜାଣି ପାରିଲେ ନାହିଁ । ସ୍କୁଲ୍ ସମୟରେ ପିଲାମାନେ ସ୍କୁଲ୍ ନଯାଇ, ପାଠ ପଢ଼ା ଛାଡ଼ି ଖେଳରେ ମାତିବା, କ'ଣ ଭଲ କଥା? କିନ୍ତୁ, ବୁଢ଼ା ମଉସାଙ୍କ ପ୍ରଶ୍ନ ନିଶ୍ଚିତ ଭାବରେ ଆଲୋଚନା ଯୋଗ୍ୟ ।

ସ୍କୁଲ୍ ରେ ଶିକ୍ଷକ କ'ଣ ପଢ଼ାଉଛନ୍ତି, ଆଦିବାସୀ ପିଲା ବୁଝିପାରୁନାହାନ୍ତି । ପଢ଼ା ହେଉଥିବା ପାଠ ବହିରେ କେଉଁଠି କ'ଣ ଲେଖା ହୋଇଛି ପିଲା ଜାଣିପାରୁନାହାନ୍ତି । ବହି ପଢ଼ିବାକୁ କହିଲେ ସ୍ପଷ୍ଟ ଭାବେ ପଢ଼ି ପାରୁନାହାନ୍ତି । ଶ୍ରେଣୀରେ ପଢ଼ା ହେଉଥିବା ପାଠ ଓ ବହିରେ ଲେଖା ହୋଇଥିବା ପାଠରେ ତାଳ ମେଳ ନପାଇ, ପିଲା ପାଠରୁ ରୁଚି ହରାଉଛନ୍ତି ଓ ଧୀରେ ଧୀରେ ସ୍କୁଲ୍ ଯିବା ଓ ପାଠ ପଢ଼ିବା ବନ୍ଦ କରିଦେଉଛନ୍ତି । ମାଷ୍ଟର ମାନେ ଯେତେ ଭଲ ପଢ଼ାଇଲେ ବି କିଛି ଫରକ୍ ଦେଖିବାକୁ ମିଳୁ ନାହିଁ ।

ଆଦିବାସୀ ଅଧ୍ୟୁଷିତ ଅଞ୍ଚଳରେ ଥିବା ସରକାରୀ ସ୍କୁଲ୍ ମାନଙ୍କରେ ପାଠ ପଢୁଥିବା ଅଧିକାଂଶ ପିଲା ହେଲେ ଆଦିବାସୀ । ଏହି ସବୁ ସ୍କୁଲ୍ ମାନଙ୍କରେ ଶିକ୍ଷା ର ମାଧ୍ୟମ ହେଲା ଓଡ଼ିଆ । ପୁସ୍ତକ ମାନଙ୍କରେ ଲେଖା ହୋଇଥିବା ପାଠ ମଧ୍ୟ ଓଡ଼ିଆ । ଶ୍ରେଣୀଗୃହରେ ପଢ଼ାଉଥିବା ଶିକ୍ଷକ ବା ଶିକ୍ଷୟିତ୍ରୀ ମଧ୍ୟ ସାଧାରଣତଃ ଓଡ଼ିଆ । ବହି ଓଡ଼ିଆ, ଶିକ୍ଷକ ଓଡ଼ିଆ, ଶିକ୍ଷାର ମାଧ୍ୟମ ଓଡ଼ିଆ, ହେଲେ ଶିକ୍ଷାର୍ଥୀ ଆଦିବାସୀ । ଆଦିବାସୀ ଭାଷା ଓ ଓଡ଼ିଆ ଭାଷା କ'ଣ ସମାନ? ଆମ ସମସ୍ତଙ୍କୁ ପ୍ରାୟ ଇଂରାଜୀ ଆସେ । ଇଂରାଜୀ ଜାଣିଥିବା ଅନେକ ଲୋକ କିନ୍ତୁ ହଲିଉଡ୍ ସିନେମା ଦେଖି ତାକୁ ବୁଝିପାରନ୍ତି ନାହିଁ । ଆଉ ଅନେକ ଲୋକ ଇଂରାଜୀ ଜାଣିଥିଲେ ମଧ୍ୟ ଇଂରାଜୀ ଚଳଚିତ୍ର ଦେଖିବାକୁ ପସନ୍ଦ କରନ୍ତି ନାହିଁ । ତେବେ ଓଡ଼ିଶାର ଆଦିବାସୀ ପିଲା, ଓଡ଼ିଆ ଜାଣୁଥିଲେ ମଧ୍ୟ ଓଡ଼ିଆ ଭାଷାରେ ଦିଆ ଯାଉଥିବା ଶିକ୍ଷାକୁ ବୁଝି ନ

ପାରିବା କ'ଣ ଅସ୍ୱାଭାବିକ? ଉଦାହରଣ ସ୍ୱରୂପ,ଶିକ୍ଷକ ଶ୍ରେଣୀରେ ପଢ଼ାଇଲା ବେଳକୁ ପଢ଼ାଇଲେ 'ଝରଣାର ଜଳ' । ପିଲା ଘରେ ଯାଇ ବହି ଖୋଲି ପଢ଼ିଲା ବେଳକୁ ବହିରେ ଲେଖା ହୋଇଥିବ 'ଜଳପ୍ରପାତ' । ଆଦିବାସୀ ଭାଷାରେ ଝରଣା ହେଲା 'ଝରିୟା', କିନ୍ତୁ ସେଇ ଶବ୍ଦର ଉଲ୍ଲେଖ ବହିରେ କେଉଁଠି ନଥିବ କି ଶିକ୍ଷକ ବି ପଢ଼ାଇଲା ବେଳେ କହିନଥିବେ ଯେ, 'ଝରିୟା' ଯାହା ଝରଣା ଓ ଜଳପ୍ରପାତ ସେଇଆ ବୋଲି । ସେଇଠି ପିଲା ଆଉ ବୁଝିପାରିବ ନାହିଁ । ଓଡ଼ିଆରେ ପଢ଼ାଉଥିବା ଅଙ୍କ ବା ବିଜ୍ଞାନର କିଛି କିଛି ଶବ୍ଦ ସେମାନେ ପୁସ୍ତକରେ ଲେଖା ହୋଇଥିବା ଶବ୍ଦ ସହିତ ମେଳାଇ ପାରୁନାହାନ୍ତି । ଯଦିଓ ଆଦିବାସୀ ସମ୍ପ୍ରଦାୟର ଗଣିତ ଏବଂ ଦୈନନ୍ଦିନ ବିଜ୍ଞାନ ବିଷୟରେ ଏକ ବ୍ୟାପକ ଏବଂ ସମୃଦ୍ଧ ଜ୍ଞାନ ଅଛି, କିନ୍ତୁ ଶ୍ରେଣୀଗୃହ ଶିକ୍ଷାଦାନ ସେମାନଙ୍କ ଅନୁଭୂତିରୁ ସମ୍ପୂର୍ଣ୍ଣ ଅଲଗା । ଆଉ ଗୋଟେ ଉଦାହରଣ ସ୍ୱରୂପ, ଶ୍ରେଣୀରେ ଶିକ୍ଷକ କହିଲେ "ପିଲା ମାନେ କାଲି ବିଶ୍ୱକର୍ମା ପୂଜା, ସେଥିଲାଗି ସ୍କୁଲ୍ ଛୁଟି ରହିବ । ଆଚ୍ଛା କହିଲ ଦେଖି, ବିଶ୍ୱକର୍ମା ପୂଜାରେ କାହାକୁ ପୂଜା କରାଯାଏ, କ'ଣ ସବୁ କରାଯାଏ? ପୌରାଣିକ କଥା ଅନୁସାରେ, ଆମେ ଏଇ ଦିନ ବିଶ୍ୱକର୍ମା ଭଗବାନଙ୍କୁ ପୂଜା କରିଥାଉ । ସେ ଆମର ଏଇ ସୁନ୍ଦର ପୃଥିବୀକୁ ନିର୍ମାଣ କରିଛନ୍ତି । ତାହାଛଡ଼ା ଆମେ ଯେଉଁ ସବୁ ଯନ୍ତ୍ର ବ୍ୟବହାର କରୁଛେ, ଯେପରି ସାଇକେଲ, ଗାଡି, କଳାକାରଖାନାରେ ଚାଲୁଥିବା ମେସିନ୍, ଏମିତିକି ତୁମର ଜ୍ୟାମିତି ବାକ୍ସକୁ ମଧ୍ୟ ପୂଜା କରି ବିଶ୍ୱକର୍ମାଙ୍କୁ ଆରାଧନା କରିଥାଉ । ତୁମେ ମାନେ ବି କାଲି ଘରେ ରହି ପୂଜା କରିବ ।" ଏଥିସହିତ ଶିକ୍ଷକ ତାଙ୍କ କାମ କରିଦେଲେ । ବିଶ୍ୱକର୍ମା ପୂଜା କ'ଣ, ପିଲାମାନଙ୍କୁ ଅତି ପ୍ରାଞ୍ଜଳ ଭାବରେ ବୁଝାଇଦେଲେ । ହେଲେ ଆଦିବାସୀ ପିଲା ବିଶ୍ୱକର୍ମା ପୂଜା କ'ଣ ବୁଝିପାରିଲେ ତ?

ଆଦିବାସୀ ସମ୍ପ୍ରଦାୟରେ ବିଶ୍ୱକର୍ମା ପୂଜାରେ କୌଣସି ଠାକୁର କି ଦିଅଁ ପୂଜା କରନ୍ତି ନାହିଁ । ସେମାନେ 'କର୍ମା' ଗଛକୁ ପୂଜା କରନ୍ତି । ସେମାନଙ୍କ ଲାଗି ଗଛ, ବନ, ପାହାଡ଼, ନଦୀ, ଜଳ, ପ୍ରକୃତି ଓ ପରିବେଶ ହିଁ ଭଗବାନ । କର୍ମା ପରବ ତାଙ୍କର ଏକ ମୁଖ୍ୟ ପର୍ବ । ବିଶ୍ୱକର୍ମା ପୂଜା ଦିନ ତାଙ୍କର 'କର୍ମା ପରବ' ପାଳନ ହୁଏ । ହେଲେ ଶିକ୍ଷକ ସେମାନଙ୍କ ପରବ କଥା କିଛି କହିଲେ ନାହିଁ । ସେମାନେ ତାହାହେଲେ 'ବିଶ୍ୱକର୍ମା ପୂଜା' ପାଳନ କରିବେ ନା 'କର୍ମା ପରବ' ପାଳନ କରିବେ? ବିଚରା ଆଦିବାସୀ ପିଲା ଏମିତି ହିଁ ପେଷି ହୋଇଯାଉଛନ୍ତି । ସେମାନଙ୍କୁ ପ୍ରଦାନ କରାଯାଉଥିବା ଶିକ୍ଷା ଓ ସେମାନଙ୍କର ଅନୁଭୂତି, ସଂସ୍କୃତି, ଭାଷା, ପର୍ଯ୍ୟବେକ୍ଷଣ, ରୀତିନୀତି ମଧ୍ୟରେ ତାଳ ମେଳ ରହୁନାହିଁ । ପିଲାମାନଙ୍କର କମ୍ ଉପସ୍ଥାନ ଏବଂ ବିଦ୍ୟାଳୟରେ ଖରାପ ପ୍ରଦର୍ଶନ ହେବାର ଗୋଟିଏ ମୁଖ୍ୟ କାରଣ ହେଉଛି ପାଠ ନ ବୁଝିପାରିବାର ସମସ୍ୟା, କାରଣ ଯେଉଁ ଭାଷାରେ ସେମାନଙ୍କୁ ଶିକ୍ଷା ଦିଆଯାଉଛି, ସେମାନଙ୍କ ପାଇଁ ତାହା ବିଦେଶୀ । ଭାଷା ଯୋଗୁଁ ହେଉଥିବା ପ୍ରତିବନ୍ଧକ, ଆଦିବାସୀ ପିଲାମାନଙ୍କ ମଧ୍ୟରେ ଏକ ଉଚ୍ଚ ଡ୍ରପଆଉଟ୍ ହାର ଲାଗି ମଧ୍ୟ ଦାୟୀ । ପଞ୍ଚମ ଶ୍ରେଣୀ ପର୍ଯ୍ୟନ୍ତ ପହଞ୍ଚୁ ପହଞ୍ଚୁ ସେମାନଙ୍କ ମଧ୍ୟରୁ ଶତକଡ଼ା ୫୦ଭାଗ ଏବଂ ଦଶମ ଶ୍ରେଣୀରେ ପହଞ୍ଚିଲା ବେଳକୁ ଶତକଡ଼ା ୮୦ଭାଗ ପିଲା ବିଦ୍ୟାଳୟ ଛାଡ଼ି ଦେଇଥାନ୍ତି । କେତେକ ପରିସଂଖ୍ୟାନ ଅନୁଯାୟୀ, ୧୦୦ଜଣ ଆଦିବାସୀ ପିଲାଙ୍କ ମଧ୍ୟରୁ କେବଳ ୨୦ଜଣ ହାଇସ୍କୁଲ୍ ପରୀକ୍ଷା ଦେବାକୁ ସକ୍ଷମ ହୁଅନ୍ତି ଏବଂ ସେମାନଙ୍କ ମଧ୍ୟରୁ କେବଳ ଆଠ ଜଣ ପରୀକ୍ଷାରେ ଉତ୍ତୀର୍ଣ୍ଣ ହୁଅନ୍ତି ।

ଜାତୀୟ ଶିକ୍ଷା ନୀତି, ୨୦୨୦ ଅନୁଯାୟୀ, "ଯେଉଁଠାରେ ସମ୍ଭବ, ଅତି କମରେ ପଞ୍ଚମ ଶ୍ରେଣୀ ପର୍ଯ୍ୟନ୍ତ ଶିକ୍ଷାର ମାଧ୍ୟମ, ଘରୋଇ ଭାଷା /

ମାତୃଭାଷା / ସ୍ଥାନୀୟ ଭାଷା / ଆଞ୍ଚଳିକ ଭାଷା ହେବା ଆବଶ୍ୟକ । ଯଦି ସୁବିଧା ହେଉଛି ତେବେ ଖାଲି ପଞ୍ଚମ ଶ୍ରେଣୀ ପର୍ଯ୍ୟନ୍ତ ଏହାକୁ ସୀମିତ ନରଖି ଅଷ୍ଟମ ରୁ ଦଶମ ପର୍ଯ୍ୟନ୍ତ ମାତୃଭାଷାରେ ଶିକ୍ଷାଦାନ କରିପାରିଲେ ଅତ୍ୟନ୍ତ ଭଲ । ଏବେ କିନ୍ତୁ ସାଧାରଣତଃ ଦେଖିବାକୁ ମିଳୁଛି ଯେ ଗୋଟିଏ ଶ୍ରେଣୀରେ ଉଭୟ ଆଦିବାସୀ ଓ ଅଣଆଦିବାସୀ ପିଲା ଶିକ୍ଷା ଗ୍ରହଣ କରୁଥିବା ସମୟରେ, ଶିକ୍ଷାର ମାଧ୍ୟମ କେବଳ ଓଡ଼ିଆ । ଏହା ସମ୍ପୂର୍ଣ୍ଣ ଗ୍ରହଣୀୟ ଯେ, ଆମେ ସମସ୍ତେ ଓଡ଼ିଶାବାସୀ ଓ ଓଡ଼ିଆ ଆମର ମାତୃଭାଷା । ହେଲେ ଆଦିବାସୀ ଭାଷା-କଳା-ସଂସ୍କୃତି ଟିକିଏ ଅଲଗା । ତାହାଛଡା ଆଦିବାସୀ ଭାଷାରେ ଅନୁବାଦିତ ବହି ବା ଓଡ଼ିଆ ରୁ ଆଦିବାସୀ ଭାଷା ର ଭାଷାକୋଷ ଯଦି ଉପଲବ୍ଧ କରାଯାଇପାରନ୍ତା ତେବେ ଭଲ ହୁଅନ୍ତା । ଏହି ପରିପ୍ରେକ୍ଷୀରେ ବିଭିନ୍ନ ଆଦିବାସୀ ଭାଷାର ଏକ ଭାଷାକୋଷ କରାହେଲେ ବୋଧହୁଏ ଶିକ୍ଷାରେ ଏଇ ଭାଷାଗତ ଅସୁବିଧା କିଛି ମାତ୍ରାରେ ଲାଘବ ହୋଇପାରନ୍ତା । ଓଡ଼ିଆରେ ପାଠ ପଢ଼ାଇଲା ବେଳେ, ସ୍ଥାନୀୟ ଆଦିବାସୀ ଭାଷାରେ ପାଠ ବୁଝାଇଦେଲେ, ପିଲା ଭଲରେ ଓ ସହଜରେ ପାଠ ବୁଝିପାରିବେ । ପାଠ୍ୟ ପୁସ୍ତକରେ ଥିବା ଧାରଣା ଗୁଡିକ ଆଦିବାସୀ ଭାଷାରେ ଭିଡିଓ ବନାଇ ପିଲାଙ୍କୁ ଦେଖାଇଲେ ଭଲ ହୁଅନ୍ତା । ଦୃଶ୍ୟ-ଶ୍ରାବ୍ୟ **(Audio-Visual)** ମାଧ୍ୟମରେ ପାଠ ପଢ଼ାଇଲେ ପିଲାଙ୍କର ପାଠ ପ୍ରତି ଆଗ୍ରହ ରହିବ, ଭିଡିଓ ସାଙ୍ଗରେ ପଢ଼ାଉଥିବା ପାଠର ସହସମ୍ପର୍କ ପିଲା ସହଜରେ ବୁଝିପାରିବେ ଓ ପାଠ ମନେ ରଖିପାରିବେ । ଏଥି ନିମନ୍ତେ, ଅନ୍ୟ ଅଞ୍ଚଳ ଅପେକ୍ଷା, ଆଦିବାସୀ ଅଧ୍ୟୁଷିତ ଅଞ୍ଚଳ ମାନଙ୍କରେ ଅଧିକ ସ୍ମାର୍ଟ ସ୍କୁଲ୍ କରାଗଲେ ଲାଭପ୍ରଦ ହୋଇପାରିବ । ଆଦିବାସୀ ଶିକ୍ଷକ ନିଯୁକ୍ତି ପ୍ରକ୍ରିୟାକୁ ବଢ଼ାଇଲେ ଅଧିକ ଆଦିବାସୀ ପିଲା ସ୍କୁଲ୍ ଆସିବେ । ଯେଉଁ

ଆଦିବାସୀ ସ୍କୁଲ୍ ରେ ଶିକ୍ଷକ ଲୋଡ଼ା, ସେଇ ଅଞ୍ଚଳର, ସେଇ ଭାଷା ଜାଣୁଥିବା ଶିକ୍ଷକ ନିଯୁକ୍ତି ହେଲେ ଆହୁରି ଭଲ ହୁଅନ୍ତା । ତାହା ସ୍ଥାୟୀ ଶିକ୍ଷାଦାନ ଓ ଶିକ୍ଷା ଗ୍ରହଣ ଲାଗି ପ୍ରୋତ୍ସାହନ ଦେଇ ପାରିବ ।

ଶିକ୍ଷାର ମାଧ୍ୟମ ଅଲଗା ହୋଇ ପାରେ, କିନ୍ତୁ ଉଦ୍ଦେଶ୍ୟ ସମାନ । ଶିକ୍ଷିତ ହେବା ବା ଭଲ ଶିକ୍ଷା ପାଇବା ସବୁ ପିଲାଙ୍କର ଅଧିକାର । ସେଇ ଅଧିକାର ଭିତରେ ଭାଷା ଓ ଜାତି ବାଧକ ସାଜିବା କଥା ନୁହେଁ । ପିଲା ମାନେ ଯଦି ଆମେ ପଢ଼ାଉଥିବା ପାଠ ବୁଝି ପାରୁନାହାନ୍ତି, ତେବେ ସେମାନେ ବୁଝିପାରୁଥିବା ଭଳି ପାଠ ପଢ଼ାଇବାକୁ ହେବ । ତେବେ ଯାଇ ଶିକ୍ଷା ଦେବା ଓ ଶିକ୍ଷିତ ହେବାର ପ୍ରକ୍ରିୟା ଆଗକୁ ବଢ଼ିବା ସହିତ ସୁଦୃଢ଼ ମଧ୍ୟ ହେବ ।

ମତ ଓ ମନ୍ତବ୍ୟ

ଶିକ୍ଷାଲାଭ ବା ଶିକ୍ଷାଦାନର ପ୍ରକୃତ ଉଦ୍ଦେଶ୍ୟ କେବଳ ପ୍ରମାଣପତ୍ର ହାସଲ କରିବା ନୁହେଁ । ଶିକ୍ଷା ବିଭିନ୍ନ କଳା ଓ କୌଶଳ ଶିଖାଇବା ସହିତ ବୈଜ୍ଞାନିକ ମନସ୍କ ହେବା ଏବଂ ଚରିତ୍ର ଗଠନରେ ସହାୟକ ହୋଇଥାଏ । ମାତ୍ର ଏହା ସେତେବେଳେ ସମ୍ଭବ ହୋଇପାରିବ, ଯେତେବେଳେ ଶିକ୍ଷାଦାନର ମାଧ୍ୟମ ସରଳ ତଥା ବୋଧଗମ୍ୟ ହେବ ଏବଂ ଶିକ୍ଷାର୍ଥୀ ବୁଝିପାରୁଥିବା ଭାଷାରେ ହେବ । କୌଣସି ଏକ ଭାଷା ଶିକ୍ଷାଦାନ ପାଇଁ ଏକ ପ୍ରତିବନ୍ଧକ ନ ହୋଇ, ପ୍ରୋତ୍ସାହକ ହେବା ଆବଶ୍ୟକ । ପ୍ରାଥମିକ ଶିକ୍ଷାର ମାଧ୍ୟମ ବିଶେଷକରି ଗ୍ରାମାଞ୍ଚଳ ଓ ଆଦିବାସୀ ଅଞ୍ଚଳରେ ରହୁଥିବା ପିଲାଙ୍କ ଉପଯୋଗୀ ହେବା ଅତ୍ୟନ୍ତ ଜରୁରୀ । ଏଥିପାଇଁ ସ୍ୱତନ୍ତ୍ର ବ୍ୟବସ୍ଥା କରାଯାଇ,

ସେହି ଭାଷାରେ ଦକ୍ଷତା ଥିବା ଶିକ୍ଷକ ଶିକ୍ଷୟତ୍ରୀଙ୍କୁ ନିଯୁକ୍ତି ଦିଆଯିବ ସହିତ, ପ୍ରୋତ୍ସାହନ ରାଶି ମଧ୍ୟ ଦେବା ଆବଶ୍ୟକ । ସାଧାରଣତଃ, ଅନେକ ଆଦିବାସୀ ଭାଷାର ଲିପି ନଥିବା କାରଣରୁ ଓଡ଼ିଶାରେ ଓଡ଼ିଆ ଲିପିର ବ୍ୟବହାର କରି ଆଦିବାସୀ ଅଧ୍ୟୁଷିତ ଅଞ୍ଚଳରେ ଶିକ୍ଷାଦାନ ପାଇଁ ପାଠ୍ୟପୁସ୍ତକ ତିଆରି କରାଯାଇଛି । କିନ୍ତୁ, ସେମାନଙ୍କର ଭାଷା ସହିତ ସଂସ୍କୃତି ଓ ପରମ୍ପରାକୁ ବୁଝି ଓ ସେଥିପ୍ରତି ସମ୍ବେଦନଶୀଳ ହୋଇ ଶିକ୍ଷାଦାନ କରିବା ନିଶ୍ଚିତ ଭାବେ ଏକ ବଡ଼ ଆହ୍ୱାନ । ଏହା କଷ୍ଟକର ହେଲେ ମଧ୍ୟ ଅସମ୍ଭବ ନୁହେଁ । ଅନେକ ଶିକ୍ଷକ ଅତି ନିଷ୍ଠାର ସହ ଆଦିବାସୀ ଅଞ୍ଚଳ ମାନଙ୍କରେ ଶିକ୍ଷାଦାନ କରୁଥିବାର ପ୍ରମାଣ ମଧ୍ୟ ରହିଛି । ତେଣୁ ଭାଷା ଏକ ପ୍ରତିବନ୍ଧକ ହୋଇ ଶିକ୍ଷାଦାନକୁ ବ୍ୟାହତ କରିବ ଓ ସେଥିପାଇଁ ପିଲାମାନେ ଅଧାରୁ ପାଠପଢ଼ା ଛାଡ଼ିବେ, ଏହା ଆଦୌ ଗ୍ରହଣୀୟ ନୁହେଁ । ପିଲାମାନେ ହେଲେ କଞ୍ଚା ମାଟି । ସେମାନଙ୍କୁ ଛାଞ୍ଚ ଦେଇ ଗଢି ତୋଳିବାର ଦାୟିତ୍ୱ ହେଉଛି ଶିକ୍ଷକ ଓ ଶିକ୍ଷୟତ୍ରୀ ମାନଙ୍କର । ପଢ଼ା ଯାଉଥିବା ପାଠ ଯଦି ପିଲାଟି ବୁଝିପାରୁନାହିଁ, ସେ ବୁଝିପାରୁଥିବା ଢଙ୍ଗରେ ପାଠ ପଢ଼ାଇଲେ ହିଁ, ଶିକ୍ଷାଦାନ ସମ୍ପନ୍ନ ହେବ । ଆଞ୍ଚଳିକ ଶିକ୍ଷା ସମସ୍ୟାର ସମାଧାନ ହେତୁ, ଅଞ୍ଚଳ ଭିତ୍ତିକ ସମାଧାନ ସୂତ୍ର ଖୋଜି ତାହାର ବ୍ୟବହାର କରିବା ଆବଶ୍ୟକ, ଯାହାଫଳରେ ପାଠପଢ଼ା ଏବଂ ଜୀବନ ମଧ୍ୟରେ ଏକ ସାମଞ୍ଜସ୍ୟ ଅଣାଯାଇପାରିବ ଏବଂ ଏହା ନିଶ୍ଚିତ ଭାବେ ଶିକ୍ଷା ଲାଭ, ଶିକ୍ଷାଦାନର ମାନ ଓ ଲକ୍ଷ୍ୟ ପୂରଣରେ ସହାୟକ ହୋଇପାରିବ ।

ଆଦିବାସୀ ଅଞ୍ଚଳରେ ପ୍ରାଥମିକ ଶିକ୍ଷା

ସ୍କୁଲ୍ ରେ ପଢୁଥିଲା ବେଳେ ଆମେ ବଡ଼ ଲୋକଙ୍କ ଜୀବନୀ ନିଶ୍ଚୟ ପଢିଥିବା । ସେମାନଙ୍କର ଜୀବନରୁ ଅନୁପ୍ରାଣିତ ହୋଇ ଆମେ ଯେମିତି ଆମ ଜୀବନରେ କିଛି ଭଲ କାମ କରିବୁ, ତାହା ହିଁ ଥିଲା ଉଦ୍ଦେଶ୍ୟ । ସଫଳ ଓ ଆଦର୍ଶ ଜୀବନୀ ମାନଙ୍କୁ ଦେଖିଲେ,ତାଙ୍କ ବିଷୟରେ ଜାଣିଲେ, ତାଙ୍କୁ ଅନୁସରଣ କରିବାକୁ ଚେଷ୍ଟା କରିଲେ ଜୀବନରେ ଲକ୍ଷ୍ୟ ସାଧନ ନିଶ୍ଚୟ ହେବ । ଉଦାହରଣ ସ୍ୱରୂପ, ଭାରତର ମହାମହିମ ରାଷ୍ଟ୍ରପତି ଶ୍ରୀମତୀ ଦ୍ରୌପଦୀ ମୁର୍ମୁ ସ୍ୱାଧୀନ ଭାରତରେ ଜନ୍ମ ନେଇଥିବା ଆଦିବାସୀ ମହିଳା ଯିଏ କି ପ୍ରଥମ ଥର ଲାଗି ଦେଶର ପ୍ରଥମ ନାଗରିକ ହୋଇପାରିଲେ ଓ ତାହା ବି ଓଡ଼ିଶା ଭଳି ଏକ ଛୋଟ ରାଜ୍ୟରୁ । ସେ ଜୀବନରେ ସମ୍ମୁଖୀନ କରିଥିବା ଝଡ-ଝଞ୍ଜା, ବାଧା-ବିଘ୍ନକୁ ନ ଡରି ଦୃଢତାର ସହିତ ତାହାକୁ ମୁକାବିଲା କରି, ଆଜି ଏଇ ପଦବୀରେ ପହଞ୍ଚି ପାରିଛନ୍ତି । ସେ ନା କେବଳ ଆଦିବାସୀ ସମ୍ପ୍ରଦାୟର ଗୌରବ, ବରଂ ସମଗ୍ର ନାରୀଜାତି, ରାଜ୍ୟ ଓ ଦେଶର ଗୌରବ । ତାଙ୍କ ବିଷୟରେ ଅନେକ ଲୋକେ ଅନେକ କଥା ବଖାଣି ସାରିଲେଣି । ହେଲେ ଆଦିବାସୀ ପିଲାମାନେ ତାଙ୍କ ବିଷୟରେ ଜାଣିଛନ୍ତି ତ? ସେମାନେ ତାଙ୍କ ଜୀବନୀରୁ ଅନୁପ୍ରାଣିତ ହେଉଛନ୍ତି ତ?

ସାମାଜିକ ବିଜ୍ଞାନରେ ଗବେଷଣା କରୁଥିବାରୁ, ଏକ ପ୍ରକଳ୍ପ କାମ ହେତୁ ମୁଁ ଗୋଟିଏ ଆଦିବାସୀ ଅଞ୍ଚଳକୁ ଯାଇଥାଏ । ବର୍ଷା ଋତୁ ଥିବାରୁ ଚାରିଆଡେ କାଦୁଅ । ରାସ୍ତାରେ ଗଲା ବେଳେ ମୁଁ କିଛିଟା ପିଲାଙ୍କୁ ସ୍କୁଲ୍ ପୋଷାକ ପିନ୍ଧି

କାଦୁଅରେ ଖେଳୁଥିବାର ଦେଖିଲି । ସେଠି ଟିକେ ଅଟକି ଯାଇ ପଚାରିଲି, "ପିଲାମାନେ ତୁମେ ସ୍କୁଲ୍ ଯାଇନ କି? କେଉଁ କ୍ଲାସ୍ ରେ ପଢୁଛ ତୁମେ?" ମୋ ପ୍ରଶ୍ନରେ ଗୋଟେ ପିଲା ଉତ୍ତର ଦେଲା "ଯାଇଥିଲୁ! ବର୍ଷା ଯୋଗୁଁ ସ୍କୁଲ୍ କୁ ମାଷ୍ଟର ଆସିଲେ ନାହିଁ। ସ୍କୁଲ୍ ଛୁଟି ହୋଇଗଲା, ଆଉ ଆମେ ଖେଳି କରି ଘରକୁ ଯିବୁ ।" "ମୁଁ ସାଥିରେ ନେଇଥିବା କିଛି ଚକଲେଟ ସେମାନଙ୍କୁ ଦେଲି ଓ ଆଉ କିଛି କଥାବାର୍ତ୍ତା ହେଲି । କଥା ହେଉ ହେଉ ମୁଁ ପଚାରିଲି, "ଆଚ୍ଛା ପିଲେ କହିଲ ଆମ ଦେଶର ଏବେ ନୂଆ ରାଷ୍ଟ୍ରପତି କିଏ?" ଗୋଟିଏ ପିଲା ଅତି ଆତ୍ମବିଶ୍ୱାସର ସହିତ କହିଲା, "ନରେନ୍ଦ୍ର ମୋଦି", "ହେଲେ ସିଏ ତ ପ୍ରଧାନମନ୍ତ୍ରୀ" ମୁଁ କହିବାରୁ, ସେ ପିଲାଟି କହିଲା, "ଆମେ ଖାଲି ନରେନ୍ଦ୍ର ମୋଦିଙ୍କୁ ଜାଣିଛୁ । ଦେଶ କହିଲେ ନରେନ୍ଦ୍ର ମୋଦି ଓ ଓଡ଼ିଶା କହିଲେ ନବୀନ ପଟନାୟକ । ଆମ ଗାଁ ସାରା ଏଇ ଦୁଇଜଣଙ୍କ ଫଟୋ । ତା' ଉତ୍ତରରେ ମୁଁ ପଚାରିଲି, "ତୁମେ ଦ୍ରୌପଦୀ ମୁର୍ମୁଙ୍କୁ ଚିହ୍ନି ନ? ସିଏ ତୁମ ଭଳି ଛୋଟ ପିଲାରୁ ଆଜି ଦେଶର ରାଷ୍ଟ୍ରପତି! ଏବେ ଠାରୁ ମନେ ରଖ ଓ ତାଙ୍କ ବିଷୟରେ କହିବାକୁ ତୁମ ଶିକ୍ଷକଙ୍କୁ କହିବ । ଦିନେ ତୁମେ ବି ତାଙ୍କ ଭଳି ହୋଇପାରିବ ।" ସେଠି ଜଣେ ଶିକ୍ଷିତ ଅଣଆଦିବାସୀ ଓ ଗାଁର ଜଣେ ଅତି ପରିଚିତ ଯୁବକ ଥା'ନ୍ତି, ଯିଏ କହିଲେ "ମାଡାମ୍, ଏଇ ଆଦିବାସୀ ପିଲାଙ୍କୁ ଏତେ କହି କିଛି ଲାଭ ନାହିଁ । ସେମାନେ ଜାଣିକି କ'ଣ କରିବେ । ଯାହା ପଢୁଛନ୍ତି ସେତିକିରେ କିଛି କରିପାରୁନାହାନ୍ତି, ଏତେ କଥା ଜାଣିକି କ'ଣ କରିବେ?" ସେଇ ଯୁବକଙ୍କ କଥାରେ ମୁଁ ଆଶ୍ଚର୍ଯ୍ୟ ହୋଇଗଲି । ଦ୍ରୌପଦୀ ମୁର୍ମୁଙ୍କ କଥା ଆଦିବାସୀ ପିଲା ଜାଣିବା କେତେ ଆବଶ୍ୟକ, ତାହା ବୋଧେ ସେଇ ଗାଁ ସ୍କୁଲ୍ ର ଶିକ୍ଷକ ବା ଶିକ୍ଷିତ ଲୋକ ବୁଝି ନାହାନ୍ତି । ସେଇ ଶିକ୍ଷିତ ଲୋକଙ୍କୁ କ'ଣ ଆଉ କହିବି ଭାବି, ମୁଁ ମୋ କାମରେ ଚାଲିଗଲି । କିନ୍ତୁ ମନ

ଭିତରେ ମୁଁ ବହୁତ ମର୍ମାହତ ଥାଏ । ଆଦିବାସୀ ପିଲା ସ୍କୁଲ୍ ଆସୁନାହାନ୍ତି, ଅଧାରୁ ପାଠ ଛାଡ଼ି ଦେଉଛନ୍ତି... । ହେଲେ କାହିଁକି? ତା'ର କାରଣ, ଏଇ ସମସ୍ୟା ଭିତରେ ଛପି ରହିଛି ।

ଆଦିବାସୀ ପିଲାଙ୍କୁ ଗୁଣାତ୍ମକ ଶିକ୍ଷା ପ୍ରଦାନ କରାଯାଉନାହିଁ । ଯାହାଫଳରେ, ପିଲା ମାନେ ପାଠ ପଢା ଓ ପାଠକୁ ଜୀବନରେ କିପରି ପ୍ରୟୋଗ କରାଯାଇପାରିବ ତାହାର କୌଣସି ସୂତ୍ର ବା ସଂଯୋଗ ପାଉନାହାନ୍ତି । ବାହାର ଦୁନିଆ ଏତେ ଆଗକୁ ପଳାଇଗଲାଣି ଯେ, ସେମାନେ ଗାଁ ରେ ପଢୁଥିବା ପାଠ ତାଙ୍କର କିଛି କାମରେ ଆସିବ ନାହିଁ ବୋଲି ସେମାନେ ଅନୁଭବ କରୁଛନ୍ତି । ଧୀରେ ଧୀରେ ସେମାନେ ଏହା ଭାବିବାକୁ ଲାଗନ୍ତି ଯେ ପାଠ ପଢ଼ିଲେ କିଛି ଲାଭ ନାହିଁ । ଏହି କାରଣ ଯୋଗୁଁ ସେମାନେ ପାଠରୁ ରୁଚି ହରାଉଛନ୍ତି ଓ ଧୀରେ ଧୀରେ ସ୍କୁଲ୍ ଯିବା ବନ୍ଦ କରି ପାଠ ପଢ଼ା ଛାଡ଼ି ଦେଉଛନ୍ତି ।

ସାଧାରଣତଃ ଶିକ୍ଷକ ବା ସାଧାରଣ ଜନତାଙ୍କର, ଏହା ଏକ ବଦ୍ଧମୂଳ ଧାରଣା ଯେ, ଗାଁ ଆଦିବାସୀ ପିଲା ପାଠ ପଢ଼ି କେତେ ଦୂର ଯାଇପାରିବେ । ପ୍ରାଇଭେଟ୍ ସ୍କୁଲ୍ ରେ ପଢୁଥିବା ପିଲାଙ୍କ ସାମ୍ନାରେ ଏଇ ଆଦିବାସୀ ପିଲା କିଛି ନୁହନ୍ତି । ସେମାନଙ୍କ ଆଗରେ ଏଇ ମଫସଲିଆ ପିଲା ତିଷ୍ଠି ପାରିବେନି । ଆଦିବାସୀ ପିଲା ପଢ଼ିଲେ କେତେ ନ ପଢ଼ିଲେ କେତେ ସେଥିରେ କାହାର କିଛି ଯାଏ ଆସେ ନାହିଁ । ତେଣୁ ତାଙ୍କୁ ଯାହି-ତାହି କି ପଢ଼ାଇ କାମ ଚଳାଇ ନେଲେ ଗଲା । ଯେଉଁଠି ଦାୟିତ୍ୱ ଓ ସମର୍ପଣ ର ଭାବ ରହିବନି, ସେଠି କୌଣସି ଲକ୍ଷ୍ୟ ସାଧନ ହେବ ନାହିଁ । ତାହା ହିଁ ହେଉଛି ଆମ ଆଦିବାସୀ ପିଲାଙ୍କର ଶିକ୍ଷା କ୍ଷେତ୍ରରେ । ସେମାନଙ୍କର ଶିକ୍ଷାର କେହି

ଜଗୁଆଳ ନାହିଁ । ଭୁଲ ପଢ଼ାଇଲେ ବା ଖରାପ ପଢ଼ାଇଲେ ବା ବିଲକୁଲ ନ ପଢ଼ାଇଲେ ବି, ନା ତ ପିଲା କିଛି କହିବେ ନା ତ ଅଭିଭାବକ ମାନେ କିଛି କହିବେ । ତା'ପରେ ସରକାର କହିଛନ୍ତି ଯେ ସ୍କୁଲ୍ କର୍ତ୍ତୃପକ୍ଷ ଏହାର ଯତ୍ନ ନେବେ, ଯେପରି କୌଣସି ପିଲା ପରୀକ୍ଷାରେ ଫେଲ୍ ନ ହେଉ ଓ ଦଶମ ଶ୍ରେଣୀ ପର୍ଯ୍ୟନ୍ତ ଯେମିତି ସମସ୍ତେ ସ୍କୁଲ୍ ଯା'ନ୍ତୁ । ଯଦି ପିଲା ଫେଲ୍ ହୋଇଯାଉଛି, ତେବେ ଅତିରିକ୍ତ କ୍ଲାସ୍ କରି ସେମାନଙ୍କୁ ପାସ୍ କରିବାର ବ୍ୟବସ୍ଥା କରାଯାଉ । ଏହିଭଳି ବ୍ୟବସ୍ଥା ହେଲେ ମାଷ୍ଟରଙ୍କର ବି ଅସୁବିଧା ଓ ପିଲାଙ୍କର ବି ଅସୁବିଧା । ସେଥିଲାଗି ଟେବୁଲ୍-ଚେୟାର ସବୁ ପାସ୍ । ଯଦି ଟେବୁଲ୍-ଚେୟାର ସବୁ ପାସ୍ ତେବେ ପାଠ ପଢ଼ାଇବା କ'ଣ ଦରକାର । ତାହାଛଡ଼ା,ଯଦି ପିଲାଙ୍କୁ ଫେଲ୍ କରିଦିଆ ଯାଏ, ତେବେ ସେମାନେ ମାଷ୍ଟର ଭୟରେ ବା ଆଉ ଥରେ ଫେଲ୍ ହେବା ଭୟରେ ସ୍କୁଲ୍ ଛାଡ଼ିଦେବେ । ସ୍କୁଲ୍ ର ଉପସ୍ଥାନ ଖାତାରେ ଯଦି ପିଲାଙ୍କର ଅନୁପସ୍ଥିତି ରେକର୍ଡ କରାଗଲା, ତେବେ ପିଲାଙ୍କ ଅନୁପସ୍ଥିତି ଯୋଗୁଁ ସ୍କୁଲ୍ କୁ ବନ୍ଦ କରିଦେବାର ଆଦେଶ ଦେବେ ସରକାର । ସ୍କୁଲ୍ ବନ୍ଦ ହୋଇଗଲେ ମାଷ୍ଟ୍ର ମାନଙ୍କର ଅନ୍ୟ ସ୍କୁଲ୍ କୁ ବଦଳି ହୋଇଯିବ, ଯେଉଁଠି ଅଧିକ ପିଲା ଥିବେ ବା ପିଲା ରୀତିମତ ସ୍କୁଲ୍ ଆସୁଥିବେ । ବିନା ପିଲାରେ ସ୍କୁଲ୍ ଚଳାଇବାର ମଜା ଯାହାକୁ ଥରେ ଲାଗିଗଲାଣି, ସେ ଆଉ କ'ଣ ବକର-ବକର ହୋଇ ପଢ଼ାଇବାକୁ ପସନ୍ଦ କରିବ, ନା ବୋଝେ ପିଲାଙ୍କର ପରୀକ୍ଷା ଖାତା ମୂଲ୍ୟାଙ୍କନ କରିବାର ବୋଝ ନେବାକୁ ଚାହିଁବ! ସେଥିପାଇଁ, ଅନେକ ଆଦିବାସୀ ଅଞ୍ଚଳ ଅଛି, ଯେଉଁଠି ସ୍କୁଲ୍ ଏମିତି ଚାଲିଛି । ଶିକ୍ଷାର ଯେଉଁଠି ଆବଶ୍ୟକ ସେଇଠି ଶିକ୍ଷା ପ୍ରହସନ ପାଲଟି ଯାଇଛି । କେବଳ ସରକାରଙ୍କୁ ଓ ଆଖପାଖ ଲୋକଙ୍କୁ ଆଖି ମିଟିକା ମାରିବା ଲାଗି ସ୍କୁଲ୍ ଚାଲିଛି, ପିଲା ଆସୁଛନ୍ତି ବୋଲି ରେଜିଷ୍ଟର୍ ରେ ଚଢୁଛି ।

ନଚେତ୍ ପିଲା ଆସିବେ, ମଧ୍ୟାହ୍ନ ଭୋଜନ ଖାଇବେ ଓ ଘରକୁ ଯିବେ । କିନ୍ତୁ ସବୁ ଆଦିବାସୀ ପିଲା ତ ସମାନ ନୁହନ୍ତି ନା? ସେଇ ଆଦିବାସୀ ପିଲାଙ୍କ ମଧ୍ୟରେ କିଛିଟା ଦ୍ରୌପଦୀ ମୁର୍ମୁଙ୍କ ଭଳି ପ୍ରତିଭା ମଧ୍ୟ ଥା'ନ୍ତି, ଯେଉଁମାନେ ଜୀବନରେ ପାଠ ପଢି କିଛି କରିବାକୁ ଚାହାନ୍ତି । ହେଲେ ଏଇ ସବୁ ଆନୁସଙ୍ଗିକ ଅସୁବିଧା ଯୋଗୁଁ ସେମାନଙ୍କର ସ୍ୱପ୍ନ ବି ମାଟିରେ ମିଶି ଯାଏ । ଏଇ ଅଳ୍ପ କିଛି ଦିନ ତଳେ ଗଣମାଧ୍ୟମରେ ପ୍ରସାରଣ ହେଉଥିଲା କିପରି ଗୋଟିଏ ଶ୍ରେଣୀ ଗୃହରେ ଦୁଇଟି ଶିକ୍ଷୟତ୍ରୀ ଦୁଇଟା ଯାକ କ୍ଲାସ୍ ଏକା ସାଙ୍ଗରେ ନେଉଥାନ୍ତି । ତାହା ଟି.ଭି ଦେଖି ଦେଖି ରେଡ଼ିଓ ଶୁଣିଲା ଭଳି ଲାଗୁଥିବ । ସବୁ କଥା କାନରେ ବାଜୁଥିବ ହେଲେ ମୁଣ୍ଡରେ କିଛି ପଶୁ ନଥିବ । ତାହାକୁ ଆମେ ଶିକ୍ଷାଦାନ ବୋଲି କହିପାରିବା କି? ତେବେ ଗୁଣାତ୍ମକ ଶିକ୍ଷା କଥା ପଚାରେ କିଏ? ଏପରି ଖବର, ଖବରକାଗଜ, ବୈଦ୍ୟୁତିକ ତଥା ସାମାଜିକ ଗଣମାଧ୍ୟମରେ ପ୍ରତିଦିନ ପଢିବାକୁ ବା ଦେଖିବାକୁ ମିଳୁଛି । ଗୁଣାତ୍ମକ ଶିକ୍ଷା ଅଭାବରୁ ଆଦିବାସୀ ପିଲା ପ୍ରତିଯୋଗିତାମୂଳକ ପରୀକ୍ଷାରେ ଭଲ ପ୍ରଦର୍ଶନ କରିପାରୁନାହାନ୍ତି । ଚାକିରୀ କ୍ଷେତ୍ରରେ ଚୟନ ହେବାର ସମ୍ଭାବନା ତାଙ୍କ ଲାଗି କମିଯାଉଛି । ସେଥିଲାଗି ସେମାନେ ପଢା ଯାଉଥିବା ପାଠ ପ୍ରତି ବିଶ୍ୱାସ ହରାଉଛନ୍ତି ଓ ପାଠପଢ଼ି କିଛି ଲାଭ ନାହିଁ ବୋଲି ଭାବି ସ୍କୁଲ୍ ଛାଡ଼ି ଦେଉଛନ୍ତି । ତାଙ୍କ ସମୁଦାୟରେ ବା ଗାଁରେ ଯଦି ଜଣେ ପାଠପଢ଼ି ଚାକିରୀ ନ ପାଇଲା ବା ରୋଜଗାରକ୍ଷମ ନ ହେଲା, ତେବେ ଅନ୍ୟ ମାନେ ମଧ୍ୟ ପାଠ ପଢ଼ିବାର ଇଚ୍ଛା ହରାନ୍ତି ।

ଖାଲି ସ୍କୁଲ୍ ର ହତା ଓ ଶ୍ରେଣୀଗୃହକୁ ଯନ୍ତ୍ରପାତି ଖଞ୍ଜି, ସ୍ମାର୍ଟ କରିଦେଲେ ହେବ ନାହିଁ, ବରଂ ଶିକ୍ଷକ ମାନଙ୍କୁ ଏହିଦିଗରେ ତାଲିମ ଦେବା ଅତ୍ୟନ୍ତ

ଜରୁରୀ । ଆଦିବାସୀ ପିଲାଙ୍କୁ ପାଠ ପଢ଼ାଇବାରେ ଟିକେ ଅଧିକ ଯତ୍ନ ଦରକାର । ଶିକ୍ଷାର ଗୁଣବତ୍ତା ଓ ଶିକ୍ଷାରେ ନିରପେକ୍ଷତା ହେଉଛି ସର୍ବୋଚ୍ଚ ପ୍ରଦର୍ଶନକାରୀ ଶିକ୍ଷା ପ୍ରଣାଳୀ । ତାହାଛଡ଼ା, ଆମେ ଯଦି ପ୍ରାଥମିକ ଶିକ୍ଷାକୁ ବେଶୀ ଗୁରୁତ୍ୱ ଦେବା ଓ ତାଲିମ ପ୍ରାପ୍ତ ଶିକ୍ଷକ ନିଯୁକ୍ତି କରାଇବା ତେବେ ଉଲ୍ଲେଖନୀୟ ପରିବର୍ତ୍ତନ ଦେଖିପାରିବା । ଇଂରାଜୀରେ ଏକ କଥା ଅଛି, ***"If you want to bring in change, catch them young! Catch them young and watch them grow !"*** କିନ୍ତୁ ଏଟା ବି ଆମର ଭୁଲ୍ ଧାରଣା ଯେ, ଯିଏ ୧-୨-୩, **A -B -C -D**, ଅ-ଆ-ଇ-ଈ, ପଢାଉଛି, ସିଏ କି ପାଠ ପଢାଉଛି! କିନ୍ତୁ ସେଇଟା ହିଁ ଏକ ପ୍ରତିଭାଶାଳୀ ଛାତ୍ର ହେବାର ନିଅଁ । ପିଲା ସିନା ଅକ୍ଷର ଓ ସଂଖ୍ୟା ମାନଙ୍କୁ ଠିକ୍ ରେ ଜାଣିଲେ ବା ଚିହ୍ନିଲେ ଆଗକୁ ପଢ଼ିବ! କିନ୍ତୁ ଆମେ ସେଇ ସୋପାନରେ ସେଇ ପାଠ, ସେଇ ପିଲା ଓ ସେଇ ଶିକ୍ଷକ ମାନଙ୍କୁ ହେୟ ଦୃଷ୍ଟିରେ ଦେଖିଥାନ୍ତି । ଏମିତିକି ପ୍ରାଥମିକ ଶିକ୍ଷକଙ୍କର ଦରମା ବି କମ, କାରଣ ଆମର ଧାରଣା ଯେ "ସେମାନେ ଏମିତି କି ପାଠ ପଢ଼ାନ୍ତି କି! ଏଇ ଛୋଟ ଛୋଟ ପିଲାଙ୍କୁ ଯାହାତ ପଢ଼େଇବେ, ସେଥିରେ ଏତେ ଦରମା କାହିଁକି ନେବେ?" ସେଇଠି ହିଁ ଆମେ ଭୁଲ୍ କରୁଛନ୍ତି । ବାଲ୍ୟକାଳର ଯତ୍ନ ଏବଂ ଗୁଣାତ୍ମକ ଶିକ୍ଷା, ଅନ୍ତର୍ନିହିତ ବିକାଶ କରେ, ଯାହା ଶିଶୁର ଶିକ୍ଷା ଏବଂ ବୁଝିବା କ୍ଷମତାକୁ ବଢ଼ାଇଥାଏ । ଶିକ୍ଷା ସହିତ ତା'ର ବ୍ୟାବହାରିକ ପରୀକ୍ଷଣ, ଶିକ୍ଷାର ଆବଶ୍ୟକତା ଏବଂ ଶିକ୍ଷାର ମୂଲ୍ୟ ପ୍ରତି ପିଲାଙ୍କର ଧାରଣାକୁ ବିକଶିତ କରେ, ଯାହା ପରବର୍ତ୍ତୀ ସମୟରେ କୃତିତ୍ୱର ଭାବନାକୁ ମଧ୍ୟ ବଢ଼ାଇଥାଏ ।

ଏହାଛଡ଼ା ଶିକ୍ଷିତ ଓ କ୍ଷମତବାନ ଲୋକଙ୍କୁ ନିଜର ଚିନ୍ତାଧାରା ରେ ପରିବର୍ତନ ଆଣିବାକୁ ହେବ । ଏଇ ଆଦିବାସୀ ପିଲା କେବଳ ଆଦିବାସୀ

ସମ୍ପ୍ରଦାୟର ଛୁଆ ନୁହନ୍ତି, ବରଂ ଆସନ୍ତା କାଲି ସମାଜର ନିଅଁ । ସେ 'ମୋ ଛୁଆ', କି 'ତା ଛୁଆ' ନୁହନ୍ତି, ବରଂ ଆମ ସମସ୍ତଙ୍କ ପିଲା । ଆମେ ଯଦି ଶିକ୍ଷିତ ହୋଇ ଭାବିବା ଯେ ସେମାନେ କିଛି କରିପାରିବେ ନାହିଁ, ତେବେ ସେମାନଙ୍କ ଠାରୁ ଆଗେ ଉଚିତ ଶିକ୍ଷା ଆମକୁ ଲୋଡ଼ା । ପିଲାମାନଙ୍କର ଶିକ୍ଷାର ଦାୟିତ୍ୱ କେବଳ ସ୍କୁଲ୍ କି ସରକାରଙ୍କର ନ ହୋଇ, ଆମ ସମସ୍ତଙ୍କର ହେଲେ ଭଲ ହୁଅନ୍ତା । କିଛି ନ ହେଲେ ଆମ ଆଖ-ପାଖ ରେ ଥିବା ଅଭାବୀ-ଅବହେଳିତ ଶିଶୁଙ୍କୁ ଶିକ୍ଷା ପ୍ରଦାନ କରିବାର ଦାୟିତ୍ୱ ନେଲେ, ବୋଧହୁଏ ଆମେ ଶିକ୍ଷା ପ୍ରତି ପିଲାଙ୍କର ରୁଚି ବଢ଼ାଇପାରିବା ଓ ସେମାନେ ଶିକ୍ଷା ଓ ସ୍କୁଲ୍ ଛାଡ଼ିବେ ନାହିଁ ।

ଅଧାରୁ ସ୍କୁଲ୍ ଛାଡ଼ିଦେବା, ବା ପାଠ ଛାଡ଼ିଦେବା, ବା ପରିସ୍ଥିତି ଯୋଗୁଁ ପିଲା ଶିକ୍ଷା ଠାରୁ ଦୂରେଇଯିବା, ପ୍ରତ୍ୟେକ ପିଲା ଲାଗି ଏକ ରକମର ଆଜୀବନ ଦଣ୍ଡ । ଉଚ୍ଚ ମାଧ୍ୟମିକ ଶିକ୍ଷା ପୂର୍ବରୁ ପିଲା ସ୍କୁଲ୍ ଓ ପାଠ ପଢା ଛାଡିଦେଲେ, ଉପଯୁକ୍ତ ଜ୍ଞାନ ଓ କୌଶଳର ଅଭାବ ଯୋଗୁଁ ଅନେକ ସୁଯୋଗ ହାତଛଡା ହୋଇଥାଏ । ଅଳ୍ପ ବେତନର ଦରମା,ଦ୍ରୁତ ଗତିରେ ବଦଳୁଥିବା ଅର୍ଥନୀତି ଓ ସମୟ, ସାମାଜିକ ଓ ରାଜନୈତିକ ପରିବର୍ତ୍ତନକୁ ସହଜରେ ପିଲାଟି ବୁଝି ପାରେନାହିଁ ଓ ଜୀବନ ସାରା ଅନେକ ଅସୁବିଧାର ସମ୍ମୁଖୀନ ହେବାକୁ ପଡିଥାଏ । ଶିକ୍ଷାଗତ ବିଫଳତା ସମାଜ ଉପରେ ମଧ୍ୟ ଏକ ପ୍ରକାର ଗମ୍ଭୀର ଚାପ ପକାଇଥାଏ । ଅଳ୍ପ ଶିକ୍ଷିତ, ଅର୍ଦ୍ଧଶିକ୍ଷିତ ଓ ଅଶିକ୍ଷିତ ଲୋକଙ୍କର ଉତ୍ପାଦନ ଓ ଉଦ୍ଭାବନ କ୍ଷମତା ମଧ୍ୟ କମ । ଏହାର ପରିଣାମ ସହିତ ମୁକାବିଲା କରିବାକୁ ଦେଶର ଅର୍ଥନୀତି ଅତିରିକ୍ତ ଖର୍ଚ୍ଚ ବହନ କରେ । ତେବେ ଆମେ ଯଦି ମୂଳରୁ ସଚେତନ ହୋଇଯିବା, ଓ ଶିକ୍ଷାକୁ ଅଧିକ ଗୁରୁତ୍ୱ ଦେବା ଓ ଗୁଣାତ୍ମକ ଶିକ୍ଷା ଯେମିତି ଦେଶର କୋଣ ଅନୁକୋଣରେ

ପହଞ୍ଚି ପାରିବ ସେଥିଲାଗି ରଣନୀତି ପ୍ରସ୍ତୁତ କରି ତାକୁ କାର୍ଯ୍ୟକାରୀ କରିବା, ତେବେ ଦେଶର ଅନ୍ୟାନ୍ୟ ସମସ୍ୟା ଯେପରି ଦାରିଦ୍ର୍ୟତା, ବେରୋଜଗାର, ସାମାଜିକ ଦୁଷ୍କର୍ମ, ନାରୀ ନିର୍ଯାତନା, ମୁଦ୍ରାସ୍ଫୀତି ଭଳି ଅନେକ ସମସ୍ୟା, ଆପେ ଆପେ ଦୂର ହୋଇଯିବ ।

ମତ ଓ ମନ୍ତବ୍ୟ

ନଭଶ୍ଚୁମ୍ବୀ ଅଟ୍ଟାଳିକାର ସ୍ଥାୟୀତ୍ୱ ତାର ନିଅଁ ବା ଭିତ୍ତି ଉପରେ ନିର୍ଭର କରିଲା ଭଳି, କୌଣସି ଏକ ଦେଶର ଭବିଷ୍ୟତ ତାର ଶିଶୁମାନଙ୍କ ପ୍ରାରମ୍ଭିକ ଲାଳନପାଳନ ଓ ଶିକ୍ଷା ଦୀକ୍ଷା ଉପରେ ନିର୍ଭର କରେ । ତା ସହିତ ସେମାନଙ୍କ ସହ ଜଡିତ ସମସ୍ତେ ଯେପରିକି ମା'-ବାପା, ବନ୍ଧୁ ବାନ୍ଧବ, ସାହି ପଡ଼ିଶା, ବିଦ୍ୟାଳୟ, ଶିକ୍ଷକ ଶିକ୍ଷୟତ୍ରୀ ଓ ସ୍ୱାସ୍ଥ୍ୟ କର୍ମୀଙ୍କର ଏକ ଗୁରୁଦାୟିତ୍ୱ ରହିଛି ଦେଶର ଭବିଷ୍ୟତ ଗଢିବାରେ । ମାତ୍ର, ଆଜି ଆମ ଦେଶରେ କୋମଳମତି ବାଳକ ବାଳିକା ମାନଙ୍କୁ ସଠିକ ମାର୍ଗଦର୍ଶନ ଦେଇ ବାଟ କାଢ଼ି ନେବା ପାଇଁ ଉପଯୁକ୍ତ ବ୍ୟକ୍ତି, ସମ୍ବଳ ଏବଂ ପରିବେଶର ଘୋର ଅଭାବ । ଆମେ ଏହା ଭୁଲିଯିବା ଅନୁଚିତ ଯେ ପିଲାଙ୍କର ପିଲାଦିନ ଅସୁରକ୍ଷିତ ଏବଂ ସଙ୍କଟାପନ୍ନ ହେଲେ ଆମର ବୃଦ୍ଧାବସ୍ଥା ମଧ୍ୟ ସେହିଭଳି ଅସୁରକ୍ଷିତ ଏବଂ ସଙ୍କଟାପନ୍ନ ହେବ । ଏହାର ଅନେକ ପ୍ରମାଣ ଆମକୁ ମିଳୁଛି ବା ମିଳିଚାଲିଛି । ପ୍ରାଥମିକ ଶିକ୍ଷା, ଶିକ୍ଷକ ଓ ଶିକ୍ଷାୟତନ ଗୁଣାତ୍ମକ ଏବଂ ଆନନ୍ଦ ଦାୟକ ନହେଲେ ପାଠ ପ୍ରତି ପିଲାଙ୍କର ରୁଚି ରହିବ ନାହିଁ, ଯାହା ବର୍ତ୍ତମାନ

ସମାଜରେ ପରିଲକ୍ଷିତ । କାଗଜର ଡିଗ୍ରୀ ତ ମିଳିଯାଉଛି, କିନ୍ତୁ ସେହି ଅନୁପାତରେ ଜ୍ଞାନର ପରିସୀମା ବଢୁ ନାହିଁ, କିମ୍ବା ଲବ୍ଧ ଜ୍ଞାନକୁ ପ୍ରୟୋଗ କରି ସଫଳ ହେବାର ରାସ୍ତା ଦେଖାଯାଉ ନାହିଁ । ଏହାର ଏକ ମୁଖ୍ୟ କାରଣ ଦୁର୍ବଳ ମୂଳଦୁଆ, ଅର୍ଥାତ ଦୁର୍ବଳ ପ୍ରାଥମିକ ଶିକ୍ଷା । ପାଠ କେବଳ ପୁସ୍ତକ ବା ପାଠ୍ୟକ୍ରମ ମଧ୍ୟରେ ସୀମିତ ନୁହେଁ । ଶିକ୍ଷକ, ଶିକ୍ଷୟତ୍ରୀ, ଶ୍ରେଣୀଗୃହ ଓ ପାଠ୍ୟପୁସ୍ତକ ବ୍ୟତୀତ ବ୍ୟାବହାରିକ ଶିକ୍ଷାକୁ ପ୍ରୋତ୍ସାହନ ଦେବା ସହିତ, ପିଲାମାନଙ୍କୁ ବିଭିନ୍ନ କୌଶଳ ଶିଖାଇ ପାରିବେ । ବିଦ୍ୟାଳୟ ମନସ୍ତତ୍ତ୍ୱ ଏକ ବିଶେଷ ଉପଯୋଗୀ ଉପାଦାନ ଏ କ୍ଷେତ୍ରରେ । ଅନେକ ସମୟରେ ପିଲାଟିର ରୁଚି ଏବଂ ଆଗ୍ରହକୁ ଆମର ତଥାକଥିତ ଶିକ୍ଷାଦାନ ପ୍ରଣାଳୀ ଅଣଦେଖା କରେ । ଆମର ଶିକ୍ଷାଦାନ ଏତେ ମାତ୍ରାରେ ଯନ୍ତ୍ର ଚାଳିତ ହୋଇଯାଇଛି ଯେ, ତାହା ପିଲାମାନଙ୍କ ପାଇଁ ଅତିମାତ୍ରାରେ ଅରୁଚିକର ବୋଧ ହେଉଛି । ପ୍ରାଥମିକ ଶିକ୍ଷକ ଚୟନ ଓ ନିଯୁକ୍ତି ତଥା ସେମାନଙ୍କର ବେତନ ଏବଂ ଆନୁସଙ୍ଗିକ ବ୍ୟବସ୍ଥାରେ ଆମୂଳଚୁଳ ପରିବର୍ତ୍ତନର ଆବଶ୍ୟକତା ରହିଛି, ନଚେତ ଏହାର ସୁଦୂରପ୍ରସାରୀ, ନକାରାତ୍ମକ ପ୍ରଭାବ ଦେଶ, ଦେଶର ଅଭିବୃଦ୍ଧି ଓ ଅର୍ଥନୀତିକୁ ଗଭୀର ଭାବେ ପ୍ରଭାବିତ କରିବାର ଆଶଙ୍କା ରହିଛି । ଏହାସହିତ, ପ୍ରାଥମିକ ଶିକ୍ଷା, ମାଧ୍ୟମିକ ଶିକ୍ଷା ଏବଂ ଉଚ୍ଚ ଶିକ୍ଷା ମଧ୍ୟରେ ତାଳମେଳ, ତଥା ଧନ୍ଦାମୂଳକ ଶିକ୍ଷା ପ୍ରଦାନ କରାଗଲେ, ଛାତ୍ରଛାତ୍ରୀ ପ୍ରକୃତ ଅର୍ଥରେ ଶିକ୍ଷିତ ହେବାର ଲକ୍ଷ୍ୟ ସାଧନ କରିବା ସହିତ ସ୍ୱାବଲମ୍ବୀ ଏବଂ ରୋଜଗାର କ୍ଷମ ମଧ୍ୟ ହୋଇପାରିବେ ।

ଅଧାରୁ ପାଠ ଛାଡୁଥିବା ଆଦିବାସୀ ପିଲା

ପିଲାଦିନୁ ଆମେ ଶୁଣିଛୁ ଯେ ଗୋଟେ ଶିଆଳ ଭୁକିଲେ, କିଛି ନ ବୁଝି, କିଛି ନ ଜାଣି ଅନ୍ୟ ଶିଆଳ ମାନେ ବି ଭୁକିବା ଆରମ୍ଭ କରିଦିଅନ୍ତି । ଚରୁଥିବା ମେଣ୍ଢା ପଲ ଭିତରୁ ଯଦି ଗୋଟିଏ ମେଣ୍ଢା ମେଳିରୁ ବାହାରି ଅନ୍ୟ ଦିଗ ଆଡକୁ ଯାଏ, ତେବେ ଅନ୍ୟ ମେଣ୍ଢା ମାନେ ବି ତାକୁ ଅନୁସରଣ କରିବାକୁ ଲାଗିଯା'ନ୍ତି । ଆମେ ମଣିଷ ମାନେ ବି କୌଣସି ମେଣ୍ଢା କି ଶିଆଳ ମାନଙ୍କ ଠାରୁ କିଛି କମ୍ ନୁହନ୍ତି । ନହେଲେ ପଡିଶା ଘର ପିଲା ଭଲ ପଢୁଛି, ପରୀକ୍ଷାରେ ପ୍ରଥମ ହେଉଛି ବୋଲି, ଆମେ ଆମ ପିଲାଙ୍କୁ ସେମିତି ପଢ଼ିବାକୁ, ସେଇ ସମାନ ଟ୍ୟୁସନ୍ ଯିବାକୁ କ'ଣ ବାଧ କରିଥା'ନ୍ତେ କି? ବୋଧେ ଆମଠାରୁ ଆମ ପିଲାମାନେ ସେଇଆ ଶିଖି ସବୁବେଳେ ସାଙ୍ଗମାନଙ୍କ ସାଙ୍ଗରେ ନିଜକୁ ତୁଳନା କରୁଛନ୍ତି, ଯେମିତି, ସାଙ୍ଗର ମୋବାଇଲ୍ ଆସିଲେ ତାଙ୍କୁ ମଧ୍ୟ ମୋବାଇଲ୍ ଦରକାର, ସାଙ୍ଗର ଗାଡ଼ି ଆସିଲେ ତାଙ୍କୁ ମଧ୍ୟ ଦରକାର, ଏହିଭଳି ନାନା ଅନୁକରଣରେ ମାତୁଛନ୍ତି । ଆମ ପିଲା କ'ଣ ଏହିଭଳି ଆମକୁ କହୁ ନାହାନ୍ତି କି? ସ୍କୁଲ୍ ଫାଟକ ବାହାରେ ବିକ୍ରି ହେଉଥିବା, ଦହିବରା ଆଳୁଦମ୍, ମନ୍ଚୁରିଆନ୍, ବମ୍ବେ କା ଲଡୁ ଯଦି ଗୋଟେ ପିଲା ଖାଇଲା, ତା ଦେଖା ଦେଖି ଆଉ ଦଶଟା ପିଲା ଖାଇବାକୁ ଲାଇନ୍ ଲଗେଇବେ । ଅଭିଭାବକ ଆକଟ କରିଲେ ପିଲା କହିବେ, "ମୋ ସାଙ୍ଗ ଯଦି ଖାଇପାରୁଛି ତେବେ ମୁଁ କାହିଁକି ଖାଇପାରିବିନି?" ପିଲାଙ୍କ ବୟସ ଟିକିଏ ବଢ଼ିଗଲେ, କିଛିଟା ପିଲା ଖରାପ ସଂଗତରେ ପଡି, ବାଟବଣା ହୋଇଯା'ନ୍ତି । ସାଙ୍ଗ ହୋଇ ମଦ ପଇବା, ନିଶା ସେବନ କରିବା,

ଅଶ୍ଳୀଳ ଭିଡିଓ ଦେଖିବା, ଆଉ ଏମିତିକି ମିଳିମିଶି ବଳାତ୍କାର ମଧ୍ୟ କରିବାକୁ ପଛାନ୍ତି ନାହିଁ । ଏଇ ସବୁ ହେଲା ଅନ୍ୟକୁ ଦେଖି ପ୍ରଭାବିତ ହୋଇ ନିଜେ ତାହା କରିବାର ଆଗ୍ରହ, ତେଣିକି ସେ କାମ ଭୁଲ୍ ଥାଉ ବା ଠିକ୍,ତାହାର ହିସାବ ପିଲାମାନେ କରିପାରନ୍ତି ନାହିଁ । ଏଠି ଶିକାରୀ ବି ଆମ ପିଲା, ଆଉ ଶିକାର ବି ଆମ ପିଲା । ହେଲେ ଶିକାର କରିବାଟା ବା ଶିକାର ହେବାଟା ସେମାନେ ଆମଠାରୁ ହିଁ ଶିଖୁଛନ୍ତି । ଆମେ ଯେତେ ଅଣଦେଖା କରିବାକୁ ଚାହିଁଲେ ମଧ୍ୟ, ଏହା ସତ ଯେ ଆମେ ଆମ ପାରିପାର୍ଶ୍ୱିକ ବ୍ୟତିକ୍ରମ ବା ପରିବର୍ତ୍ତନ ଦ୍ୱାରା ଖୁବ୍ ପ୍ରଭାବିତ ଓ ଅନୁପ୍ରାଣିତ, ଯେଉଁଥିରୁ ଆମ ପିଲାମାନେ ମଧ୍ୟ ବାଦ୍ ପଡ଼ିନାହାନ୍ତି । ଏଠାରେ ଆଲୋଚିତ ସମସ୍ୟା ବି କିଛି ଏହିପରି, ଯାହା ଆଦିବାସୀ ପିଲାଙ୍କ ପାଠପଢ଼ା ଓ ପାଠପଢ଼ିବା ଛାଡ଼ିଦେବା ବା ସ୍କୁଲ୍ ଡ୍ରପ୍ଆଉଟ୍ ଉପରେ କେନ୍ଦ୍ରିତ । ପ୍ରାୟ ଆଦିବାସୀ ଅଧ୍ୟୁଷିତ ଅଞ୍ଚଳ ମାନଙ୍କରେ, ଗୋଟେ ପିଲା ଯଦି ସ୍କୁଲ୍ ଯିବା ବନ୍ଦ କରିଦେଉଛି ବା ପାଠପଢ଼ିବା ଛାଡ଼ିଦେଉଛି, ତା ଦେଖାଦେଖି ଆଉ ଚାରି ଜଣ ବି ସ୍କୁଲ୍ ବନ୍ଦ କରିଦେଉଛନ୍ତି । ଏଥିଯୋଗୁଁ ଆଦିବାସୀ ଅଧ୍ୟୁଷିତ ଅଞ୍ଚଳ ମାନଙ୍କରେ ଥିବା ସ୍କୁଲ୍ ରେ ପର୍ଯ୍ୟାପ୍ତ ଛାତ୍ରଛାତ୍ରୀ ହେଉନାହାନ୍ତି, ଯାହାଫଳରେ ବାଧ୍ୟତାମୂଳକ ଭାବେ ସ୍କୁଲ୍ କୁ ପୂରା ବନ୍ଦ କରିବାକୁ ହେଉଛି । ଏହି କାରଣବଶତଃ ଯେଉଁ ୪-୫ଜଣ ଆଦିବାସୀ ପିଲା, ଯାହାର ପାଠପଢ଼ିବାରେ ଓ ସ୍କୁଲ୍ ଯିବାରେ ଆଗ୍ରହ ଥାଏ, ସେମାନେ ମଧ୍ୟ ସ୍କୁଲ୍ ବନ୍ଦ କରିବାକୁ ଓ ପାଠ ଛାଡ଼ିବାକୁ ବାଧ୍ୟ ହୋଇଯାଉଛନ୍ତି ।

ଆଦିବାସୀ ପିଲା ସ୍କୁଲ୍ ବା ପାଠପଢ଼ା ଛାଡ଼ିଦେବା ପଛରେ ଅନେକ କାରଣ ରହିଛି, କିନ୍ତୁ ନିଜସ୍ୱ ପର୍ଯ୍ୟବେକ୍ଷଣ, ଅନୁଭୂତି ଓ ଅଭିଜ୍ଞତାରୁ ସାଉଁଟି ଥିବା କିଛିଟା କାରଣ ଆପଣମାନଙ୍କ ସମ୍ମୁଖରେ ରଖିବି । ଆଦିବାସୀ ଅଧ୍ୟୁଷିତ

ଅଞ୍ଚଳରେ ରହୁଥିବା ନିରୀହ ଆଦିବାସୀ ପ୍ରାୟତଃ ବର୍ତ୍ତମାନରେ ବଞ୍ଚନ୍ତି । କାଲି ଲାଗି ତାଙ୍କର ଚିନ୍ତା ନଥାଏ । ପାଠ ପଢିଲେ, ଭବିଷ୍ୟତରେ ତାହା କେତେ ଲାଭଜନକ, ତାହାର ଆକଳନ ସେମାନେ କରିପାରନ୍ତି ନାହିଁ । ଆଦିବାସୀଙ୍କର ଏହା ଧାରଣା ଯେ, ପାଠ ପଢିଲେ ପଇସା ମିଳିବ । କିନ୍ତୁ କି ପାଠ ପଢ଼ିଲେ, କେତେ ପାଠ ପଢ଼ିଲେ, କେମିତି ପଢ଼ିଲେ, ବା କେଉଁଠି ପଢ଼ିଲେ, ପଇସା କେମିତି ରୋଜଗାର କରିହେବ ତାହାର ଜ୍ଞାନ ସେମାନଙ୍କ ପାଖରେ ନାହିଁ । ନିଜ ଗାଁରେ ବା ଆଖପାଖରେ କେହି ପିଲା ଯଦି ସ୍କୁଲ୍ ବନ୍ଦ କରି, କେଉଁଠି ଗୋଟେ କାମ କରି ଦୁଇ ପଇସା ରୋଜଗାର କରିଲା, ତେବେ ଅନ୍ୟମାନେ ସେଇଆକୁ ବଡ଼ ବୋଲି ଭାବନ୍ତି ଓ ନିଜ ପିଲାଙ୍କୁ ସ୍କୁଲ୍ ବନ୍ଦ କରି ସେହିଭଳି ପଇସା ରୋଜଗାର କରିବାକୁ କୁହନ୍ତି । ସେଥିଲାଗି ତ ଶିଶୁ ଶ୍ରମିକ ଓ ଶିଶୁ ଚାଲାଣ ସମସ୍ୟା ବଢ଼ି ଚାଲିଛି । ଆଦିବାସୀ ଗାଁ ମାନଙ୍କରେ, ଗାଁର କିଛିଟା ଲୋକ ଅନ୍ୟମାନଙ୍କ ଲାଗି ଆଦର୍ଶ ଥା’ନ୍ତି । ସେଇ ଆଦର୍ଶ ବ୍ୟକ୍ତି ଜଣଙ୍କ ପଛେ କିଛି କରୁନଥିବେ, କେବଳ ଗାଁର ନେତା ମାନଙ୍କ ଆଗ ପଛରେ ବୁଲୁଥିବେ, ବା କୁଜି ନେତା ଭାବେ ବାହାସ୍ଫୋଟ ମାରି ଅନ୍ୟ ନିରୀହ ଆଦିବାସୀଙ୍କ ଉପରେ ଭଲ ପ୍ରଭାବ ବଦଳରେ କୁପ୍ରଭାବ ବେଶୀ ପକାଉଥିବେ, ହେଲେ ଯଦି ସେଇ ବ୍ୟକ୍ତି ଜଣଙ୍କ କହିଦିଅନ୍ତି ଯେ, "ସ୍କୁଲ୍ ଯାଇ ପାଠ ପଢିଲେ କିଛି ଲାଭ ନାହିଁ, ବରଂ କିଛି କାମ କରି ଦୁଇ ପଇସା ରୋଜଗାର କରିଲେ ସେଥିରେ ଲାଭ ଅଛି", ତେବେ ଗାଁର ଅଧେ ପିଲାଙ୍କ ସ୍କୁଲ୍ ବନ୍ଦ ହୋଇଯାଏ । ମୁଷ୍ଟିମେୟ ସ୍ୱାର୍ଥପର ଲୋକଙ୍କ ଲାଗି ଆଦିବାସୀ ପିଲାଙ୍କ ଶିକ୍ଷାବ୍ୟବସ୍ଥା ଭୁଷୁଡ଼ିବାରେ ଲାଗିଛି । ତାହାଛଡ଼ା,ଶ୍ରେଣୀ ଗୃହରେ ପଢ଼ାଉଥିବା ପାଠ ଏତେ କୌତୁହଳପ୍ରଦ ହେଉନାହିଁ ବୋଧେ, ଯେମିତି ପିଲା ସ୍କୁଲ୍ ଓ ପାଠ ପଢ଼ା ସହିତ ବାନ୍ଧି ହୋଇ ରହି ପାରିବେ ।

ଯାହାଫଳରେ ପିଲାଙ୍କୁ ସ୍କୁଲ୍ ବନ୍ଦକରି ବାହାରେ ଖେଳିବା, ବୁଲିବା, ଗୁଲିଖଟି କରିବାକୁ ବେଶୀ ଭଲ ଓ ମଜା ଲାଗେ । ଏଇସବୁ ତ ଆଉ ଏକଲା ଏକଲା କରିବାକୁ ମଜା ଲାଗିବ ନାହିଁ, ସେଥିଲାଗି କିଛିଟା ପିଲା ଯୋଡି-ଜାଉଁଳି ହୋଇ ସ୍କୁଲ୍ ବନ୍ଦ କରିଦିଅନ୍ତି । ତା ସହିତ ଆଦିବାସୀ ପରିବାର ମାନଙ୍କରେ ସାଧାରଣତଃ ପିଲାଙ୍କୁ କହିବାକୁ ବି କେହି ନଥାନ୍ତି, ଯିଏ ପିଲାଙ୍କୁ ଶିକ୍ଷାର ମୂଲ୍ୟ ବୁଝାଇ ସେମାନଙ୍କୁ ବାଟକୁ ଆଣିପାରିବ ।

ଆଦିବାସୀ ପୁଅ ପିଲାଙ୍କର ବାଟବଣା ହେବାର ସମ୍ଭାବନା, ଆଦିବାସୀ ଝିଅ ମାନଙ୍କ ତୁଳନାରେ ଅଧିକ । ଆଜିକାଲି ସ୍ମାର୍ଟ ଫୋନ୍ ଓ ଦାମିକିଆ ବାଇକ୍ ପ୍ରତି ପୁଅ ମାନଙ୍କର ଅତି ଆଗ୍ରହ । ସହଜ ଓ ଶୀଘ୍ର କିପରି ତାହା ସେମାନେ ହାସଲ କରିପାରିବେ ତାହା ତାଙ୍କର ଲକ୍ଷ୍ୟ । ସେଥିଲାଗି ବହୁତ ଆଦିବାସୀ ପୁଅ ମାନେ ନବମ ବା ଦଶମରୁ ସ୍କୁଲ୍ ଛାଡ଼ି, କେଉଁ କମ୍ପାନୀ, ଗ୍ୟାରେଜ, ଶିଳ୍ପାନୁଷ୍ଠାନ ମାନଙ୍କରେ କାମ କରି ପଇସା ରୋଜଗାର କରୁଛନ୍ତି । ଫୋନ୍ ବା ବାଇକ୍ କିଣିବାକୁ ଯେଉଁଠି ପଇସା ହୋଇଯିବ, ସେଇଠି ସେମାନେ ଚାକିରୀ ଛାଡିଦେବେ । ସେଇ ଗଚ୍ଛିତ ପଇସାରେ ବାଇକ୍ କି ଫୋନ୍ କିଣି, କିଛିଦିନ ବୁଲାବୁଲି, ଖିଆ-ପିଆ କରିବେ । ତା'ପରେ ବାଇକ୍ ରେ ପେଟ୍ରୋଲ୍ ପକାଇବାକୁ ଆଉ ପଇସା ନଥିବ,କି ଚାକିରୀ ବି ଆଉ ନଥିବ । ପାଠପଢ଼ା ଓ ସ୍କୁଲ୍ ତ କେତେ ଆଗରୁ ପଛରେ ରହିଯାଇଥିବେ । ନା ତ ହାତରେ କିଛି ଚାକିରୀ ଥିବ, ନା ତ ଶିକ୍ଷା ଥିବ ଯେ ରୋଜଗାରକ୍ଷମ ହୋଇପାରିବ, କେବଳ ପାଖରେ ରହିଥାଏ ସମୟ ଯାହାର ସଦୁପଯୋଗ ମଧ୍ୟ କରି ଆସେ ନାହିଁ। ପୁରା ଦିନ ଯାକ ଗାଁ ମୁଣ୍ଡରେ ଗୁଲିଖଟି, ନ ହେଲେ କୌଣସି ଅସାମାଜିକ କାମରେ ଲିପ୍ତ ହୋଇଯାନ୍ତି ସ୍କୁଲ୍ ଡ୍ରପ୍‌ଆଉଟ୍ ଆଦିବାସୀ ପିଲା । ଝିଅମାନଙ୍କର କଥା ଟିକିଏ ଅଲଗା । ଋତୁସ୍ରାବ ଜନିତ

ସମସ୍ୟା ବ୍ୟତୀତ, ଆଦିବାସୀ ସମ୍ପ୍ରଦାୟର ଲୋକେ ବଢ଼ିଲା ଝିଅଙ୍କୁ ସ୍କୁଲ୍ ପଠାଇବାକୁ ନିରାପଦ ଭାବନ୍ତି ନାହିଁ। ତାହାଛଡ଼ା, ଝିଅପିଲାଟା ଏତେ ପାଠ ପଢି କ'ଣ କରିବ, ବରଂ ଘରେ ରହି ଘର କାମରେ ସାହାଯ୍ୟ କରିଲେ, ରନ୍ଧା ବଢ଼ା ଶିଖିଲେ ଲାଭ ଅଛି ବୋଲି ଭାବି ଝିଅଙ୍କର ପାଠପଢା ଓ ସ୍କୁଲ୍ ଅଧାରୁ ବନ୍ଦ ହୋଇଯାଏ । ଜଣେ ଝିଅ ସ୍କୁଲ୍ ବନ୍ଦ କରିଲେ, ଅନ୍ୟମାନେ ତାକୁ ଅନୁସରଣ କରନ୍ତି।

ଏହି ପରିସ୍ଥିତିରେ ଲୋଡ଼ା ଗୋଷ୍ଠୀଭିତ୍ତିକ ସଚେତନତା । ଏହି କାମରେ ପ୍ରଶାସନ ଓ ସରକାରଙ୍କ ସାହାଯ୍ୟ ଓ ସହଯୋଗ ନିମନ୍ତେ ସ୍ଥାନୀୟ ସ୍ୱେଚ୍ଛାସେବୀ ସଂଗଠନ ମାନଙ୍କୁ ମଧ୍ୟ ସାମିଲ୍ କରାଇବା ଦରକାର । ଆଦିବାସୀ ଗାଁ ମାନଙ୍କରେ ଚାଲୁଥିବା କୁପ୍ରଥା ପ୍ରତି ମଧ୍ୟ ଯତ୍ନବାନ ହେବା ଉଚିତ । ଯଦିଓ ଆଦିବାସୀ କୁପ୍ରଥାକୁ ଭାଙ୍ଗିବା ଏତେ ସହଜ ନୁହେଁ, କିନ୍ତୁ ତାହା ଅସମ୍ଭବ ମଧ୍ୟ ନୁହେଁ। ଋତୁସ୍ରାବ ଜନିତ ସଚେତନତାର ଆବଶ୍ୟକତା ରହିଛି । ପିଲାମାନଙ୍କ ଶିକ୍ଷା ଓ ଶିଖାଇବା ସହିତ ପୌଢ଼ ଶିକ୍ଷା ପ୍ରତି ମଧ୍ୟ ଯତ୍ନବାନ ହେବାକୁ ପଡିବ। ପ୍ରୋତ୍ସାହନ ଭିତ୍ତିକ ପୌଢ଼ ଶିକ୍ଷା, ଧନ୍ଦା ମୂଳକ ଶିକ୍ଷାର ପ୍ରଚାର ଓ ପ୍ରସାର ଆଦିବାସୀ ଅଂଚଳ ମାନଙ୍କରେ ଅଧିକରୁ ଅଧିକ କରାଇବା ଆବଶ୍ୟକ । କାରଣ ସରକାରଙ୍କର ଏମିତି ଅନେକ ଯୋଜନା ରହିଛି ଯାହା ଆଦିବାସୀ ମାନଙ୍କର ଶିକ୍ଷା, ସ୍ୱାସ୍ଥ୍ୟ, ବିକାଶ ଓ ସମୃଦ୍ଧି ନିମନ୍ତେ ଅଛି । କିନ୍ତୁ, ସେହି ସବୁ ଯୋଜନା ସମ୍ପର୍କରେ ଆଦିବାସୀ ମାନେ ଜାଣୁନାହାନ୍ତି ଯାହା ପାଇଁ ଆବଶ୍ୟକ ସଚେତନତା, କ୍ରିୟାଶୀଳ କାର୍ଯ୍ୟ, ପରସ୍ପର ସହଯୋଗ ଓ କର୍ମନିଷ୍ଠା । ତେବେ ଯାଇ ଆଦିବାସୀ ପିଲାଙ୍କ ଶିକ୍ଷା କ୍ଷେତ୍ରରେ ରହୁଥିବା ସମସ୍ୟାରେ କିଛି ସମାଧାନ ଆଣିହେବ । ଆଦିବାସୀ ପିଲା ସ୍କୁଲ୍ ନ ଯିବା, ପାଠ ନ ପଢ଼ିବା, ଅସାମାଜିକ କାର୍ଯ୍ୟରେ ନିଜକୁ ଜଡିତ

କରିବା ଭଳି ସବୁ ସମସ୍ୟା, ଆଦିବାସୀଙ୍କ ବ୍ୟକ୍ତିଗତ ସମସ୍ୟା ବା ସାମ୍ପ୍ରଦାୟିକ ସମସ୍ୟା ନୁହେଁ, ବରଂ ଏକ ସାମାଜିକ ସମସ୍ୟା ଯାହା ପ୍ରତି ମିଳିତ ଭାବେ କାମ କରିବା ସମସ୍ତଙ୍କର କର୍ତ୍ତବ୍ୟ ।

ମତ ଓ ମନ୍ତବ୍ୟ

ଅଧାରୁ ପାଠ ଛାଡୁଥିବା ଆଦିବାସୀ ଅଞ୍ଚଳର ପିଲାମାନଙ୍କର ସମସ୍ୟା ଏକ ବହୁମୁଖୀ ସମସ୍ୟା । ଏହି ସମସ୍ୟାର ସଠିକ ଅଧ୍ୟୟନ କରାଯାଇ, ଅଂଚଳ ଭିତ୍ତିକ ବିକାଶ ମୂଳକ କାର୍ଯ୍ୟକ୍ରମ ମାନ ହାତକୁ ନିଆଯିବା ଆବଶ୍ୟକ । ମନେ କରନ୍ତୁ, କୌଣସି ଏକ ଆଦିବାସୀ ଅଞ୍ଚଳରେ ବାଉଁଶ ଗଛ ପ୍ରଚୁର ପରିମାଣରେ ଅଛି । ଜଙ୍ଗଲଜାତ ଦ୍ରବ୍ୟର ବ୍ୟବହାର ଶିଖାଇବା ପାଇଁ ଏକ ବିଦ୍ୟାଳୟର ଆବଶ୍ୟକତା ନାହିଁ । ଆଦିବାସୀ ମାନେ ପିଢ଼ି ପରେ ପିଢ଼ି ସେମାନଙ୍କର ବାପା ଅଜା ମାନଙ୍କୁ ଦେଖି, ବାଉଁଶର ବିଭିନ୍ନ ବ୍ୟବହାର ସମ୍ପର୍କରେ ଜାଣିଥାନ୍ତି ବା ଶିଖିଥାନ୍ତି । ବିଦ୍ୟାଳୟ ଶିକ୍ଷାକୁ ଏପ୍ରକାରର କୌଶଳ ସହିତ ଯୋଡିଦିଆଗଲେ ତାହା ସେମାନଙ୍କ ପାଇଁ ଭବିଷ୍ୟତରେ ଏକ ରୋଜଗାର ପନ୍ଥା ହୋଇପାରିବ । ଏହା ଫଳରେ ପରିବେଶ ସୁରକ୍ଷା, କୌଳିକ ବୃତ୍ତିର ସୁରକ୍ଷା, ଦାଦନ ଶ୍ରମିକ ସମସ୍ୟା ଏବଂ ଅଧାରୁ ପାଠପଢା ଛାଡ଼ିବା ଭଳି ସମସ୍ୟା, ଆଦି ରହିବ ନାହିଁ । ନୀତିଗତ ସ୍ତରରେ ସେମାନଙ୍କର ଏହି ଉତ୍ପାଦନକୁ ବିକ୍ରି କରିବା ପାଇଁ ଏକ ସୁଦୃଢ ବଜାର ବ୍ୟବସ୍ଥାର ମଧ୍ୟ ଆବଶ୍ୟକତା ରହିଛି । ପାଠପଢ଼ାରେ, କୌଶଳ ଶିକ୍ଷା ଏବଂ କୌଶଳରେ

ରୋଜଗାର କ୍ଷମ କରାଇବା, ଶିକ୍ଷାଦାନରେ ସମ୍ମିଳିତ ହେବା ଆବଶ୍ୟକ । କାରଣ, କୌଣସି ଦିଗରେ ଆର୍ଥିକ ଏବଂ ସାମାଜିକ ଅଭିବୃଦ୍ଧି, ସେ ଦେଶର ନାଗରିକ ମାନଙ୍କ କର୍ମକୁଶଳତା ଏବଂ କାର୍ଯ୍ୟକରିବାର ସ୍ପୃହା ଉପରେ ନିର୍ଭର କରେ । ଶିକ୍ଷାଦାନ ସହିତ କୌଶଳ ଏବଂ ରୋଜଗାରକ୍ଷମ ହେବାର ତାଳମେଳ ନ ରହିଲେ, ଶିକ୍ଷା, ଜୀବିକା ଏବଂ ଜୀବନ, ଏ ସବୁ ନକାରାତ୍ମକ ଭାବରେ ପ୍ରଭାବିତ ହେବ, ଯାହା କୌଣସି ଦେଶ ପାଇଁ ଶୁଭଙ୍କର ନୁହେଁ । କେବଳ ଲକ୍ଷଣ ସର୍ବସ୍ବ ସମାଧାନ ଦ୍ୱାରା କୌଣସି ସମସ୍ୟା ସମାଧାନ କରିବା ଅସମ୍ଭବ । ସମସ୍ୟାର ମୂଳକୁ ଚିହ୍ନି ତା'ର ମୂଳୋତ୍ପାଟନ କରିପାରିଲେ ସ୍ଥାୟୀ ବିକାଶ ସମ୍ଭବ ହୋଇପାରିବ । ବିଶେଷକରି ସ୍ଥାୟୀ ବିକାଶ ଲକ୍ଷ୍ୟ-୪ (ସମସ୍ତଙ୍କ ପାଇଁ ନ୍ୟାୟସଙ୍ଗତ ଗୁଣାତ୍ମକ ଶିକ୍ଷା ସୁନିଶ୍ଚିତ କରିବା ଏବଂ ଆଜୀବନ ଶିକ୍ଷାଲାଭ ସୁଯୋଗକୁ ପ୍ରୋତ୍ସାହିତ କରିବା) ଏବଂ ସ୍ଥାୟୀ ବିକାଶ ଲକ୍ଷ୍ୟ-୫ (ଲିଙ୍ଗଗତ ସମାନତା ହାସଲ କରିବା ଏବଂ ସମସ୍ତ ମହିଳାଙ୍କୁ ସଶକ୍ତ କରିବା) ର ଅଗ୍ରଗତିକୁ ସୁନିଶ୍ଚିତ କରାଯାଇପାରିବ ।

ଆଦିବାସୀ ପିଲାଙ୍କ ଶିକ୍ଷା ଓ ପୁଷ୍ଟିହୀନତା

ଆଜିର ଏହି ଅଧ୍ୟାୟଟିକୁ ଗୋଟେ କାହାଣୀରୁ ଆରମ୍ଭ କରିବା । ପିଲାଙ୍କୁ ବୁଝିବା ଓ ପିଲାମାନଙ୍କୁ ବୁଝାଇବାର ସବୁଠୁ ସରଳ ଓ ସରସ ବାଟ ହେଲା ଗପ । *"ଦୁଇ ବନ୍ଧୁ ମାଧବ ଓ ମୋହନ, ଦିନେ ସେମାନେ ପରିବା କିଣିବାକୁ ସାଙ୍ଗ ହୋଇ ହାଟକୁ ଗଲେ । ପ୍ରାୟ ସବୁ ପରିବା କିଣା ସରିଥାଏ କି, ମାଧବର ମନେ ପଡିଗଲା, ତାଁ'ର ସ୍ତ୍ରୀ କହିଥିଲା ବୋଇତାଳୁ ଆଣିବାକୁ । ମାଛମୁଣ୍ଡ,ପୋଇ-ବୋଇତାଳୁ ଘାଣ୍ଟ କରିବ ବୋଲି । ମାଧବ ବୋଇତାଳୁ କିଣୁଥିଲା ବେଳେ ପାଚିଲା ବୋଇତାଳୁ ଦେଖି ମୋହନ ର ଭାରି ଲୋଭ ହେଲା ଓ ସେ ମଧ୍ୟ କିଲେ ବୋଇତାଳୁ କିଣିଲା । କିଣାକିଣି ସାରି ଘରକୁ ଫେରିବା ବାଟରେ ଦୁହେଁ କଥା ହେଲେ ଯେ ସବୁ ପରିବା ଭିତରୁ ପାଚିଲା ବୋଇତାଳୁଟି ଖୁବ୍ ଭଲ ହୋଇଛି । ସେହି ସମୟରେ ସେମାନେ ନିଷ୍ପତ୍ତି ନେଲେ ଯେ ସେଇ ବୋଇତାଳୁ ମଞ୍ଜି ନିଜ ନିଜ ବାଡ଼ିରେ ଲଗାଇବେ । କିଛିଦିନ ଭିତରେ ଦୁହିଁଙ୍କର କଖାରୁ ମଞ୍ଜି ଭିତରୁ ଗଛଟିଏ ବାହାରିଲା । ଦେଖୁ ଦେଖୁ ଛନ ଛନ ହୋଇ ଗଛ ହାତେ ବଢିଗଲା । ଗଛ ବଢୁଥିବାର ଦେଖି, ମାଧବ ଏକ ସୁନ୍ଦର ମଞ୍ଚା କରି ବୋଇତାଳୁ ଲତାକୁ ତାଁ ଉପରକୁ ମଡ଼ାଇଦେଲା ଓ ଗଛଟିର ମୂଳରେ କେଡ଼େସୁନ୍ଦର ମଳା କରିଦେଲା । ସବୁଦିନ ବୋଇତାଳୁ ଗଛ ମୂଳରେ ପେଜ, ଫଳମୂଳ ଓ ପରିବା ଚୋପା ଆଣି ଢ଼ାଳେ । ଗୋବର ଖତ ଓ ରୀତିମତ ପାଣି ଦେଇ ତାହାର ଯତ୍ନ ମଧ୍ୟ ନେଉଥାଏ । ସେପଟେ ମୋହନ କିନ୍ତୁ ତାଁ ଗଛର ସେଭଳି ଯତ୍ନ ନେଉନଥାଏ । ଗଛ ଟିକେ ବଢ଼ିଛି କି ନାହିଁ, ସେ ତାକୁ ଘର ଛାତ ଉପରକୁ*

ମଡ଼ାଇ ଦେଲା ଓ ବେଳେବେଳେ ମନେ ପଡିଲେ ତା ମୂଳରେ ପାଣି ବାଲ୍ଟିଏ ଢାଳିଦିଏ । ମାଧବ ତାକୁ ଥରେ-ଦୁଇଥର ଗଛଟିର ଯତ୍ନ ନେବା ଲାଗି ପରାମର୍ଶ ଦେଲା, କିନ୍ତୁ ମୋହନ ତା'ର ପ୍ରତିଉତ୍ତରରେ କହିଲା, "ଗଛ ଆପେ ଆପେ ବଢ଼ିଯିବ । ପାଣି ତ ମୁଁ ଦେଉଛି, ଓ ମାଟିରୁ ସେ ସାର ପାଇଯିବ ।" ମାଧବ ଆଉ କ'ଣ କହିଥା'ନ୍ତା ଭଲା ! ତା'ର କିନ୍ତୁ ବୋଇତାଳୁ ଡଙ୍କ, ବୋଇତାଳୁ ଫୁଲ ଖାଇ ଖାଇ ଓ ବାଣ୍ଟି ବାଣ୍ଟି ସରୁନଥାଏ । ଦେଖୁ ଦେଖୁ ବୋଇତାଳୁ ମଧ୍ୟ ଫଳିଲା । ଖାଲି ଗୋଟେ ନୁହେଁ, ଏକାଥରକେ ୭ - ୮ଟା । ତାକୁ ମଧ୍ୟ ଖାଇଲା ଓ ବାଣ୍ଟିଲା । ମୋହନର କିନ୍ତୁ ଗୋଟିଏ ଛୋଟ ବୋଇତାଳୁ ଫଳିଲା ପରେ ଗଛଟି ମରିଗଲା ।"

ଏଇ ଗପଟି କେବଳ ମାଧବ ଓ ମୋହନ ର ବୋଇତାଳୁ ଗଛର ନୁହେଁ, ବରଂ ଆମ ସମାଜର । ଏହି ଗପଟି ଆମ ଅସୁବିଧାର, ଆମ ସମସ୍ୟାର ଓ ତାହାର ସମାଧାନର ମଧ୍ୟ । ପାର୍ଥକ୍ୟ ଏତିକି ଯେ, ଆମେ ତାକୁ ସାମାନ୍ୟ ବୋଇତାଳୁ ଗଛ ଭାବି ବହୁ ସମୟରେ ଅଣଦେଖା କରି ଆସୁଛେ । ଏଠାରେ ଆମେ ସେଇ ଗୋଟିଏ ସମସ୍ୟା ଉପରେ କେନ୍ଦ୍ରୀଭୂତ କରିବା, ତାକୁ ବୁଝିବା, ତା ସହିତ ଜଡିତ କାରଣ ଗୁଡିକୁ ତର୍ଜମା କରିବା ଓ ପରେ କିଛି ବୋଧଗମ୍ୟ ସମାଧାନ ମଧ୍ୟ ବାହାର କରିବାକୁ ଚେଷ୍ଟା କରିବା ।

ବିଦ୍ୟାଳୟରେ ପଢ଼ାଉଥିବା ଶିକ୍ଷକମାନଙ୍କ ଅଭିଯୋଗ ଯେ, ଅଧିକାଂଶ ଆଦିବାସୀ ପିଲାମାନଙ୍କର ପାଠ ମନେ ରୁହେନାହିଁ । ଆଜି ପଢ଼ାଇଥିବା ପାଠ କାଲିକୁ ପଚାରିଲେ ମନେ ନଥିବ । ବାରମ୍ବାର ଗୋଟିଏ ପାଠ ପଢ଼ିଲେ ବି ମନେ ରଖିପାରୁନାହାନ୍ତି । ଗପ ଶୁଣାଇ ତା ଭିତରୁ ପ୍ରଶ୍ନ ପଚାରିଲେ, ଗପ ବୁଝି ପ୍ରଶ୍ନର ଉତ୍ତର ଦେଇ ପାରୁନାହାନ୍ତି । ଯାହାଫଳରେ ଶିକ୍ଷକଙ୍କୁ

ପଢ଼ାଇବାରେ ଅସୁବିଧା ହେଉଛି ଓ ପିଲାମାନଙ୍କୁ ପାଠ ପଢ଼ିବାରେ କଷ୍ଟ ହେଉଛି । କ୍ରମଶଃ ପିଲାମାନେ ପାଠରୁ ରୁଚି ହରାଉଛନ୍ତି ଓ କାଳକ୍ରମେ ସ୍କୁଲ୍ ଯିବା ଓ ପାଠ ପଢ଼ିବା ବନ୍ଦ କରିଦେଉଛନ୍ତି ।

ସମସ୍ୟାର କାରଣ ସମ୍ପର୍କରେ କିଛି ଲୋକେ କହିବେ ମାଷ୍ଟର ମାନେ ଠିକ୍ ରେ ପଢ଼ାଇ ପାରୁନାହାନ୍ତି ଓ କିଛି ଜଣ କହିବେ ପିଲାମାନେ ମନ ଦେଇ ପଢୁନାହାନ୍ତି । କିନ୍ତୁ, ଏଠି ଭୁଲ୍ ନା ତ ମାଷ୍ଟରଙ୍କର ନା ତ ପିଲାଙ୍କର । ଏହି ସମସ୍ୟାର କାରଣ ହେଲା ଉପରୋକ୍ତ କାହାଣୀରେ ବର୍ଣ୍ଣିତ ମୋହନ ଭଳି ଯତ୍ନର । ମୋହନ ଯେଉଁଭଳି ତା ବୋଇତାକୁ ମଞ୍ଜିର ଯତ୍ନ ନେଲା, ଠିକ୍ ସେମିତି ଫଳ ପାଇଲା । ସେହିପରି, ପାଠପଢ଼ି ବୁଝି ନପାରିବା ସମସ୍ୟାର କାରଣ ହେଲା ଗର୍ଭଧାରଣ ବେଳର ଶାରୀରିକ ଓ ମାନସିକ ଦୁର୍ବଳତା । ଆଦିବାସୀ ପରିବାର ମାନଙ୍କରେ ଗର୍ଭବତୀ ମହିଳା ମାନେ ଗର୍ଭାବସ୍ଥାକୁ କେବଳ ଏକ ପ୍ରକ୍ରିୟା ବୋଲି ଭାବନ୍ତି ଯାହା ୯ ମାସରୁ ୧୦ ମାସ ଭିତରେ ଶେଷ ହୋଇଯାଏ । ସେଥିଲାଗି ଗର୍ଭାବସ୍ଥାର ପୂର୍ବ ପ୍ରସ୍ତୁତି ଓ ପରବର୍ତ୍ତୀ ପ୍ରସ୍ତୁତି ମଧ୍ୟ ବାଧାପ୍ରାପ୍ତ ପାଇଥାଏ । ଏହି ଅବହେଳା ଯୋଗୁଁ, ଉପଯୁକ୍ତ ପୁଷ୍ଟିକର ଖାଦ୍ୟ, ଯଥେଷ୍ଟ ପାଣି ଓ ବିଶ୍ରାମ, ଆଇରନ୍ ଓ ଫଲିକ୍ ଏସିଡ୍ ଶରୀରକୁ ନମିଳିବା ହେତୁ ଜନ୍ମ ହେଉଥିବା ଶିଶୁ ମାନଙ୍କ ମଧ୍ୟରେ ବିକାଶ ଜନିତ ସମସ୍ୟା ମାନ ଦେଖାଦେଇଥାଏ । ସ୍ୱଳ୍ପ ଶିକ୍ଷା ବା ଅଶିକ୍ଷା ହେତୁ ଆଦିବାସୀ ଗର୍ଭବତୀ ମହିଳା ମାନେ ପ୍ରାୟତଃ ଭାବନ୍ତି ଯେ ଛୁଆ ଜନ୍ମ ହେଲା ଗର୍ଭାବସ୍ଥାର ଶେଷ ସୋପାନ । କିନ୍ତୁ ଶିଶୁ ଜନ୍ମର ଛଅ ବର୍ଷ ପର୍ଯ୍ୟନ୍ତ ତା'ର ଭଲ ଭାବେ ଯତ୍ନ ନେବା କଥା, କାରଣ ଛଅ ବର୍ଷ ଭିତରେ ସେମାନଙ୍କର ୯୦% ମସ୍ତିଷ୍କ ବୃଦ୍ଧି ଓ ବିକାଶ ହୋଇଯାଏ । କିନ୍ତୁ, ଆଦିବାସୀ ଓ ଗରିବ ଘରେ ଜନ୍ମ ନେଉଥିବା ଅଧିକାଂଶ ଶିଶୁଙ୍କୁ ଭଲ ରୂପେ ଖାଇବାକୁ

ମିଳୁନଥିବାରୁ, ଶିଶୁଙ୍କର ମାନସିକ ଓ ଶାରୀରିକ ବୃଦ୍ଧି ସନ୍ତୁଳିତ ଆକାରରେ ହୁଏନାହିଁ । ଏହି କାରଣରୁ ସ୍ନାୟୁ ବିକାଶରେ ଅସୁବିଧା, ନିମ୍ନ ଜ୍ଞାନଗତ କାର୍ଯ୍ୟ, ଧ୍ୟାନ ଅଭାବ, ଆଚରଣଗତ ସମସ୍ୟା ଦେଖାଦେବାରୁ ସେମାନଙ୍କର ପାଠ ପଢ଼ାରେ ଏକାଗ୍ରତା ଆସୁନାହିଁ, କି ପଢୁଥିବା ପାଠ ମନେ ରୁହେ ନାହିଁ ।

ତାହାଛଡ଼ା ମସ୍ତିଷ୍କର ବିକାଶ ଲାଗି ପ୍ରଥମ ଛଅ ମାସ ଯାହା ଲୋଡ଼ା ଥାଏ, ତାହା କେବଳ ମା' କ୍ଷୀର ରୁ ହିଁ ମିଳିଥାଏ । କିନ୍ତୁ ମା' ଯଦି ଖାଲି ବାସି ରୁଟି, ଭାତ-ଡାଲି, ପଖାଳ-ପିଆଜ ଖାଇ ଅକ୍ଲାନ୍ତ ପରିଶ୍ରମ କରିବ, ତେବେ ତା'ର କ୍ଷୀର ପ୍ରଚୁର ହେବ ନାହିଁ ଓ ଯେଉଁ କ୍ଷୀର ହେବ, ତା ଭିତରେ ପୁଷ୍ଟିକର ତତ୍ତ୍ୱ ସମ୍ପୂର୍ଣ୍ଣ ମାତ୍ରାରେ ଉପଲବ୍ଧ ହେବ ନାହିଁ । ସେଇ ପୁଷ୍ଟିହୀନ କ୍ଷୀର ପିଇଲେ ଶିଶୁର ସମ୍ପୂର୍ଣ୍ଣ ବିକାଶ ହେବ ନାହିଁ, ଯାହାର ଅସୁବିଧା ସ୍କୁଲ୍ ରେ, ପାଠ ପଢାରେ, ପାଠ ମନେ ରଖିବାରେ ଦେଖିବାକୁ ମିଳିବ । ପିଲା ଯେମିତି ଯେମିତି ବଡ ହେବ, ତା ଖାଦ୍ୟରେ ଓମେଗା-୩, ଫ୍ୟାଟିଏସିଡ, ଆୟୋଡିନ୍, ପ୍ରୋଟିନ୍, ଭିଟାମିନ୍ ଓ ମିନେରାଲ ସମ୍ପୂର୍ଣ୍ଣ ମାତ୍ରାରେ ରହୁନାହିଁ । ଏହା ଶିଶୁର ମାନସିକ, ଶାରୀରିକ ବିକାଶ ଓ ସ୍ମରଣ ଶକ୍ତି ବୃଦ୍ଧିରେ ବ୍ୟାଘାତ ସୃଷ୍ଟି କରିଥାଏ । ପଖାଳ-ଲୁଣ, ଭାତ-ବିସ୍କୁଟ୍, ପଖାଳ-ମିକ୍ସଚର ବା ସ୍କୁଲ୍ ରେ ମିଳୁଥିବା ବଗଡ଼ା ଭାତ କୁ ପାଣିଆ ଡ଼ାଲି ଖାଇଲେ ଛୁଆଙ୍କୁ ପୋଷଣ ମିଳିବା ପ୍ରଶ୍ନବାଚୀ । ଖାଦ୍ୟରେ ପୋଷଣ ଅଭାବ ହେତୁ କୁପୋଷଣ ଓ ରକ୍ତହୀନତାର ଶିକାର ହେଉଛନ୍ତି ପିଲାମାନେ, ଯାହାଫଳରେ ପାଠ ପଢିବା, ମନେ ରଖିବା, ପାଠ ବୁଝିବାରେ ଅସୁବିଧା ହୁଏ । ଶିଶୁମାନେ ଆଗେ ଭଲରେ ବଢିଲେ ତ ପାଠ ପଢିବେ! ମସ୍ତିଷ୍କ ଓ ପେଟକୁ ସନ୍ତୁଳିତ ଆହାର ନ ମିଳିଲେ ପାଠ ପଢା ଆଗକୁ କେମିତି ଯିବ? ଅପର ପକ୍ଷରେ, ପାଠ ମନେ ନ ରହୁଥିବା ହେତୁ, ମାଷ୍ଟରଙ୍କର ଗାଳି ଭୟରେ ପିଲା ପାଠ

ପଢା ଛାଡ଼ିଦେବେ, ନ ହେଲେ ସ୍କୁଲ୍ ଯିବା ବନ୍ଦ କରିଦେଇପାରନ୍ତି, ଯାହା ଆଗକୁ ଆହୁରି ବିଷମ ସମସ୍ୟା ଘଟାଇ ପାରେ, ଯେପରି ମଦ୍ୟପାନ, ଘରୋଇ ହିଂସା, ମହିଳା ଶୋଷଣ, ଦାରିଦ୍ର୍ୟତା, ଖରାପ ଜୀବନ ଶୈଳୀ ଓ ସ୍ୱାସ୍ଥ୍ୟ, ଆର୍ଥିକ ଏବଂ ସାମାଜିକ ସମସ୍ୟା ମାନ । କିନ୍ତୁ ଆମେ ଖାଲି କହିବା ନା କ'ଣ ଆଦିବାସୀ ପିଲା ସ୍କୁଲ୍ ଆସିବାକୁ ଇଚ୍ଛା କରୁନାହାନ୍ତି, ପାଠ ପଢୁନାହାନ୍ତି, ଇତ୍ୟାଦି ଇତ୍ୟାଦି ।

ଆମେ ଯଦି ମାଧବ ଭଳି ବୁଦ୍ଧିମାନର କାମ କରିବା, ତେବେ ଭଲ ଫଳ ପାଇବା । ମାଧବ ତା ବୋଇତାଳୁ ମଞ୍ଜିର ଆରମ୍ଭରୁ ଯତ୍ନ ନେଲା, ଗଛ ହେଲା ପରେ ତାକୁ ଉପଯୁକ୍ତ ସାର ଓ ଖାଦ୍ୟ ଯୋଗାଇଲା, ତା'ର ଯଥାଯଥ ଦେଖା ରେଖା କରିଲା । ସେଥିଲାଗି ଢେର ଫୁଲ ଫଳ ହାସଲ କରିଲା । ସେହିପରି ଆମେ ଯଦି ଆମ ପିଲାଙ୍କ ଭବିଷ୍ୟତ ଓ ଆମ ସମାଜ ଲାଗି ସତରେ ଯତ୍ନବାନ ତେବେ ଆମକୁ ଆରମ୍ଭରୁ ହିଁ ସଚେତନ ହୋଇଯିବାର ଅଛି । ଗୋଟିଏ ସ୍ତ୍ରୀ ଗର୍ଭଧାରଣ ଆଗରୁ ନିଜର ଶାରୀରିକ ଦକ୍ଷତାକୁ ପରୀକ୍ଷଣ କରାଇବା ଆବଶ୍ୟକ । ତା ସାଙ୍ଗକୁ ସେ ମାନସିକ, ପାରିବାରିକ ଓ ଆର୍ଥିକ ଭାବରେ ନିଜର ଓ ନିଜ ଛୁଆର ଦାୟିତ୍ୱ ନେବା ଲାଗି ସଜାଗ ହୋଇଯିବା ଉଚିତ । ଗୋଟିଏ ଶାରୀରିକ ଓ ମାନସିକ ସୁସ୍ଥ ସବଳ ଓ ଉଜ୍ଜ୍ୱଳ ଶିଶୁର ଭାଗ୍ୟ, ଗର୍ଭଧାରଣ, ଗର୍ଭାବସ୍ଥା ଓ ତା ପରର ଯତ୍ନ ହିଁ ନିର୍ଦ୍ଧାରଣ କରିଥାଏ । ଯଦିଓ ଏଥି ନିମନ୍ତେ ଅଙ୍ଗନୱାଡି କେନ୍ଦ୍ର ମାନ ରହିଛି, କିନ୍ତୁ ସେଠାରେ ଆବଶ୍ୟକ କାର୍ଯ୍ୟ ଓ କର୍ତ୍ତବ୍ୟ ସୁଚାରୁ ରୂପେ ନିର୍ବାହ କରାଯାଉ ନାହିଁ । ଆଦିବାସୀ ଅଂଚଳରେ ଗର୍ଭବତୀ ମହିଳା ନିଜର ପଞ୍ଜିକରଣ କରାଇବା ମାତ୍ରେ, ଛୁଆ ଜନ୍ମ ପର୍ଯ୍ୟନ୍ତ ଓ ଜନ୍ମ ଠାରୁ ପାଞ୍ଚ ବର୍ଷ ପର୍ଯ୍ୟନ୍ତ ସଠିକ ତତ୍ତ୍ୱାବଧାନରେ ରହିବା ଉଚିତ । ନିୟମିତ ସ୍ୱାସ୍ଥ୍ୟ ଯାଞ୍ଚ ସାଙ୍ଗକୁ

ପରିବାର ପରାମର୍ଶ କାର୍ଯ୍ୟକ୍ରମ ମଧ୍ୟ ହେବା ଦରକାର, ଯାହାଫଳରେ ଛୁଆର ଜନ୍ମ ସହିତ ଯେପରି କେବଳ ମା' ନୁହେଁ ବରଂ ସମସ୍ତ ପରିବାର ସାମିଲ ରହିବେ । ମା' ଓ ନବଜାତ ଶିଶୁର ଯତ୍ନ ନେବା କେତେ ଜରୁରୀ ତାହା ଛୁଆର ବାପା ଓ ଘରର ଅନ୍ୟ ସଦସ୍ୟ ମାନଙ୍କୁ ମଧ୍ୟ ଜଣାଇବା ନିହାତି ଜରୁରୀ । ଖାଲି ଜଣାଇଲେ ବା ପରାମର୍ଶ ଦେଲେ ହେବ ନାହିଁ ବରଂ ତାକୁ ଅନୁସରଣ କରାଇବାକୁ ହେବ । ମମତା ଯୋଜନା ବା ଅଙ୍ଗନୱାଡିର ସୁବିଧା ସୁଯୋଗ ବୋଧହୁଏ ଆଦିବାସୀ ଅଧ୍ୟୁଷିତ ଅଞ୍ଚଳ ମାନଙ୍କରେ ଠିକ୍ ଭାବରେ ପହଞ୍ଚିପାରୁନାହିଁ । ଅଙ୍ଗନବାଡ଼ି ଓ ପ୍ରାକ୍ ପ୍ରାଥମିକ ବିଦ୍ୟାଳୟ ବା ଶିକ୍ଷାଦାନ କେନ୍ଦ୍ରରେ ଶିଶୁ ମନୋବିଜ୍ଞାନୀ ଏବଂ ପରିବାର ମନୋବିଜ୍ଞାନୀ ମାନଙ୍କର ନିଯୁକ୍ତି କରାଗଲେ, ସାମଗ୍ରିକ ଶିଶୁ ବିକାଶ ଲକ୍ଷ୍ୟ ହାସଲ ହୋଇପାରିବ ।

ତାହାଛଡ଼ା ଆଜିକାଲି ସୁସ୍ଥ ରହିବା,ଭଲ ଖାଇବା ବା ସ୍ୱାସ୍ଥ୍ୟକୁ ଜଗିବା ଏକ ମହଙ୍ଗା ବ୍ୟାପାର ହୋଇଗଲାଣି । ତା ସାଙ୍ଗକୁ ଦରଦାମ ବୃଦ୍ଧି ମଧ୍ୟ ଗରିବ ଆଦିବାସୀ ମାନଙ୍କ ଲାଗି କାଳ ସାଜୁଛି । ପୁଷ୍ଟିକର ଖାଦ୍ୟ ଯେମିତି ତାଙ୍କ ଲାଗି ସୁନା ରୁପା ସାଙ୍ଗରେ ସମାନ । ତାକୁ କିଣିବା, ପର୍ଯ୍ୟାପ୍ତ ମାତ୍ରାରେ ପରିବାରର ସମସ୍ତଙ୍କୁ ଯୋଗାଇବାର ସାମର୍ଥ୍ୟ ସାଧାରଣତଃ ସେମାନଙ୍କ ପାଖରେ ନଥାଏ । ତେଣୁ ଏହି ପରିପ୍ରେକ୍ଷୀରେ ତାଙ୍କ ଚାରିପାଖରେ ସହଜ ଏବଂ ସୁଲଭ ମୂଲ୍ୟରେ ମିଳିପାରୁଥିବା ପନିପରିବା ଓ ଶାଗ ଚିହ୍ନଟ କରାଇବା ସହିତ, ସେଗୁଡ଼ିକରେ ଥିବା ପୋଷକ ତତ୍ତ୍ୱ ବିଷୟରେ ସେମାନଙ୍କୁ ସଚେତନ କରାଇବା ଓ ଯଥା ସମ୍ଭବ ସେଗୁଡିକ ନିଜ ବାଡ଼ିରେ ଲଗାଇ ଖାଇବା ଲାଗି ପ୍ରୋତ୍ସାହନ କରିବା ମଧ୍ୟ ଜରୁରୀ । ପେଜକୁ ନ ଫିଙ୍ଗି ତାକୁ ପିଲାଙ୍କୁ ଦେବା ବା ସ୍ତନ୍ୟପାନ କରାଉଥିବା ମା'କୁ ଦେବା, ମାଣ୍ଡିଆ,

ଛତୁଆ, ଚୁଡା, ଶାଗୁ, ଉପାଦେୟତା ବିଷୟରେ ଜ୍ଞାନ ଦେବା ଓ ତାହା ଛଡା ସେମାଙ୍କର ହଜିଯାଉଥିବା ଖାଦ୍ୟ ପ୍ରକ୍ରିୟାକରଣ ପ୍ରଣାଳୀ ବା ପଦ୍ଧତିକୁ ବଂଚାଇରଖିବା ସହିତ ତାକୁ ଅନୁସରଣ କରି କେମିତି ସେମାନେ ସୁସ୍ଥ ରହିପାରିବେ ଓ ଅପପୁଷ୍ଟି ରୋକିପାରିବେ ସେଥିପାଇଁ ଅଧିକ ରୁ ଅଧିକ ଅନୁସନ୍ଧାନ ମୂଳକ କାମ ଦ୍ୱାରା ସଚେତନ କରାଇଲେ ତାହା ଆଦିବାସୀ ମାନଙ୍କ ଦ୍ୱାରା ସହଜରେ ଗ୍ରହଣୀୟ ହୋଇପାରିବ । ମହଙ୍ଗା ଫଳ ଯେପରି ସେଓ, ଲିଚୁ, ସପୁରି ଭଳି ଫଳ ନ ଖାଇପାରିଲେ, ସ୍ଥାନୀୟ ଓ ଋତୁକାଳୀନ ଫଳ ଯେପରି ପିଜୁଳି, ବାତାପୀ, କୁସୁମ, କେନ୍ଦୁ, କରମଙ୍ଗା, ତୁତକୋଳି, କମଳା ଭଳି ଫଳ ଖାଇଲେ ମଧ୍ୟ ତାହା ଅତ୍ୟନ୍ତ ପୁଷ୍ଟିକର ବୋଲି ସେମାନଙ୍କୁ ଜଣାଇବା ଆବଶ୍ୟକ, କାରଣ ଆଜିକାଲି ଆଦିବାସୀ ମାନଙ୍କ ଉପରେ ଆଧୁନିକୀକରଣର ଏମିତି ଛାପ ଲାଗିଲାଣି ଯେ, ସେମାନେ ଭାବୁଛନ୍ତି ତାଙ୍କର ଜ୍ଞାନ, ସଂସ୍କୃତି, ପରମ୍ପରା, ଖାଦ୍ୟ-ପେୟ, ରହିବା ବା ଚଳଣିର କିଛି ମୂଲ୍ୟ ନାହିଁ, ଏବଂ ଏହି ପୁରୁଣା କାଳିଆ ପଦ୍ଧତି ଅନୁସରଣ କରିଲେ ସେମାନଙ୍କର ବିକାଶ ହୋଇପାରିବ ନାହିଁ ।

ଟଙ୍କିକିଆ ଚାଉଳରେ ସମସ୍ତେ ଏତେ ଭୋଳ ଯେ ନିଜର ନାଲି ଚାଉଳ ବା ଢ଼ିଙ୍କି କୁଟା ଚାଉଳ ଖାଇବା ଭୁଲିଗଲେଣି । ଖାଇବା ତ ଦୂରର କଥା ଆଜିକାଲି ଚାଷ କରିବା ବି ବନ୍ଦ କରିସାରିଲେଣି । ହେଲେ ଏହା ଜାଣିରଖିବା କଥା ଯେ ଅନ୍ୟ ଚାଉଳ ଅପେକ୍ଷା ନାଲି ଚାଉଳରେ ରହିଛି ଅଧିକ ଭିଟାମିନ୍ ଓ ମିନେରାଲ୍ ଯାହା ସ୍ୱାସ୍ଥ୍ୟ ଲାଗି ହିତକର । କୁପୋଷଣ ଜନିତ ମାତୃ ମୃତ୍ୟୁହାର ଏବଂ ଶିଶୁ ମୃତ୍ୟୁହାରକୁ ରୋକିବା ଦିଗରେ କେନ୍ଦ୍ର ସରକାରଙ୍କ ତରଫରୁ ଚାଲିଥିବା "ପୋଷଣ ଅଭିଯାନ" କାର୍ଯ୍ୟକ୍ରମ ଅଧୀନରେ ଅନେକ ଯୋଜନା ଏବଂ ରଣନୀତି ପ୍ରସ୍ତୁତ ହେଉଛି ସତ,

କେବଳ ତାହାର ଫଳାଫଳ ଦେଖିବା ବାକି ରହିଲା । କ୍ଷୀର ରେ ପାଣି ମିଶାଇବା କଥା ସମସ୍ତେ ଜାଣନ୍ତି, ହେଲେ ସ୍କୁଲ ରେ ମିଳୁଥିବା ମଧ୍ୟାହ୍ନ ଭୋଜନ ହେଲା ପାଣିରେ କ୍ଷୀର ମିଶାଇଲା ଭଳି । ଏଥିରୁ ଆକଳନ କରିହେଉଥିବ ଯେ ଏହା ପୁଷ୍ଟିହୀନତା ବିରୁଦ୍ଧରେ କେମିତିକା ଲଢେଇ ଲଢୁଥିବ! ଆମ ପିଲା ହେଲେ ଆମ ଭବିଷ୍ୟତ । ସେ ଆଦିବାସୀ ପିଲା ହୁଅନ୍ତୁ ବା ଅଣଆଦିବାସୀ ପିଲା ହୁଅନ୍ତୁ, ସବୁ ପିଲା ସମାନ । ସବୁ ପିଲା ଦେଶର ସମ୍ବଳ । ଯଦି ତାଙ୍କ ଭିତରୁ କେହି ବି ପଛରେ ପଡିଗଲା, ତେବେ ତାହାର ବୋଝ ସମସ୍ତଙ୍କ କାନ୍ଧ ଉପରକୁ ଆସିଯିବ । ସେଥିଲାଗି ଆମକୁ ବେଳ ଥାଉ ଥାଉ ସଜାଗ ହୋଇଯିବାର ଅଛି । ନେଡିଗୁଡ କହୁଣିକି ବୋହିଗଲେ ଆଉ କିଛି କରିହେବ ନାହିଁ।

ମତ ଓ ମନ୍ତବ୍ୟ

ଶାରୀରିକ, ମାନସିକ ଏବଂ ବୌଦ୍ଧିକ ବିକାଶରେ ପୁଷ୍ଟିକର ଖାଦ୍ୟ କେତେ ଅପରିହାର୍ଯ୍ୟ, ଏହା ଆମ ସମସ୍ତଙ୍କୁ ଅଜ୍ଞେ ବହୁତ ଜଣା । ମାତ୍ର ଭାରତ ଭଳି ବିକାଶଶୀଳ ଦେଶରେ, ବିଶେଷକରି ଗ୍ରାମାଞ୍ଚଳ ଓ ଆଦିବାସୀ ଅଧ୍ୟୁଷିତ ଅଞ୍ଚଳରେ ଅପପୁଷ୍ଟି କୌଣସି ମହାମାରୀ ଠାରୁ କମ ନୁହେଁ । ଅନେକ ନୀତି ନିୟମ ସହିତ, ପର୍ଯ୍ୟାପ୍ତ ପରିମାଣର ଅର୍ଥ ବ୍ୟୟ କରାଯାଉଛି, ଅପପୁଷ୍ଟି ରୋକିବା ପାଇଁ, ହେଲେ ପୁଷ୍ଟିହୀନତା ବିରୁଦ୍ଧରେ ଲଢ଼େଇ ଦିଗହରା ଏବଂ ଲକ୍ଷ୍ୟଚ୍ୟୁତ ହୋଇଯାଉଛି, ଯେତେବେଳେ ଆମେ ଅନୁସରଣ ମୂଳକ

ଗବେଷଣା ଏବଂ କାର୍ଯ୍ୟକାରିତା ଉପରେ ଜୋର ଦେଉଛୁ । UNICEF ଭଳି ଅନ୍ତର୍ଜାତୀୟ ସଂସ୍ଥା ଏଥିପାଇଁ କୋଟ କୋଟି ଟଙ୍କା ଖର୍ଚ୍ଚ କରୁଛନ୍ତି, ମାତ୍ର ଆମର ଲକ୍ଷ୍ୟ ସାଧନ ହୋଇପାରୁନାହିଁ, କେବଳ କାଗଜ କଲମରେ ବିଭିନ୍ନ ଜାତୀୟ ଏବଂ ଅନ୍ତର୍ଜାତୀୟ ସମ୍ମିଳନୀରେ ଅତି ସୁନ୍ଦରଭାବେ ଏହା ସଫଳ କରାଯାଇଥିବାର କୁହାଯାଇଥିଲେ ମଧ୍ୟ, ବାସ୍ତବତା ସମ୍ପୂର୍ଣ୍ଣ ଭିନ୍ନ । ପାଶ୍ଚାତ୍ୟ ସଭ୍ୟତା ଓ ସଂସ୍କୃତିର ପ୍ରଚାର ପ୍ରସାର, ଆମର ଭୌଗୋଳିକ ଏବଂ ପାରିପାର୍ଶ୍ୱିକ ଅବସ୍ଥା ତଥା ବ୍ୟବସ୍ଥାର ସଠିକ ଆକଳନ ନ କରି, କେବଳ ନିଜର ଲାଭଖୋର ମନୋବୃତ୍ତି ନେଇ ଆମକୁ ଠକିବାରେ ଲାଗିଛନ୍ତି, ଏବଂ ନିରୀହ, ସରଳ ଆଦିବାସୀମାନେ ଅତି ସହଜରେ ନିଜ ଅଜାଣତରେ ତା'ର ଶିକାର ହୋଇଚାଲିଛନ୍ତି । ନିଜ ବାଡ଼ିରେ ଏବଂ ଅଞ୍ଚଳରେ ସହଜରେ ମିଳୁଥିବା ପନିପରିବା, ଖାଦ୍ୟଶସ୍ୟ ଓ ଫଳମୂଳ ପୁଷ୍ଟିକର ନୁହେଁ, ଏ ପ୍ରକାର ବିଶ୍ୱାସ, ବିଜ୍ଞାପନ ମାଧ୍ୟମରେ ସେମାନଙ୍କୁ ଦିଆଯାଉଛି । ଫଳସ୍ୱରୂପ, ସେମାନେ ନିଜ ଆୟତ୍ତରେ ଥିବା ଅନେକ ସମ୍ପଦକୁ ନିଜଠାରୁ ଦୁରେଇ ଦେଉଛନ୍ତି ଏବଂ ଅଜଣା ପରାଧିନତା ଆଡକୁ ମାଡି ଚାଲିଛନ୍ତି ଏବଂ ସେମାନଙ୍କର ପିଲାମାନଙ୍କୁ ମଧ୍ୟ ସେହି ଶିକ୍ଷା ଦେଉଛନ୍ତି । ପୁଷ୍ଟିକର ଖାଦ୍ୟଶସ୍ୟ ଅମଳ ଏବଂ ବ୍ୟବହାର କରିଆସୁଥିବା ଆଦିବାସୀଟିଏ ଆଜି ବିଦ୍ୟାଳୟରେ ମିଳୁଥିବା ନିମ୍ନମାନର ଖାଦ୍ୟକୁ ପୁଷ୍ଟିକର ବୋଲି ଭାବୁଛି । ସମୟ ଆସିଛି, ଏବେଠାରୁ ସାବଧାନ ନ ହେଲେ, ଆମେ କେବଳ ଅପପୁଷ୍ଟି ଏବଂ ବୌଦ୍ଧିକ କ୍ଷମତା ବିଷୟରେ ଆଲୋଚନା କରୁଥିବା, ମାତ୍ର ଅପପୁଷ୍ଟି ଦୂରକରିପାରିବା ନାହିଁ । ସରକାରଙ୍କର ସମସ୍ତ କଲ୍ୟାଣମୂଳକ କାର୍ଯ୍ୟକ୍ରମ ଯାହାପାଇଁ ଉଦ୍ଦିଷ୍ଟ, ସେମାନଙ୍କର ଆବଶ୍ୟକତାର ପ୍ରଥମେ ଏକ ସଠିକ୍ ଅଧ୍ୟୟନ କରିବା ନିହାତି ଆବଶ୍ୟକ । ଏହାପରେ, ଅଞ୍ଚଳ ଭିତ୍ତିକ

ବିକାଶମୂଳକ କାର୍ଯ୍ୟକ୍ରମ ତିଆରି କରାଯାଇ ତା'ର କାର୍ଯ୍ୟାନ୍ୱୟନ ହେବା ଆବଶ୍ୟକ । ଏହାର ସଫଳତା ବା ବିଫଳତାର ଉତ୍ତରଦାୟିତ୍ୱ ମଧ୍ୟ ନିର୍ଦ୍ଧାରଣ କରାଯିବା ଆବଶ୍ୟକ । ଶେଷରେ, ନିଜ ଦେଶର ଜ୍ଞାନ କୌଶଳର ମୌଳିକତା ଭିତ୍ତିରେ ଆବଶ୍ୟକୀୟ ଭିତ୍ତିଭୂମି ତଥା ବିକାଶ ଢାଞ୍ଚା ପ୍ରସ୍ତୁତ କରିଲେ, ଆମେ ଅପପୁଷ୍ଟି ଯୁଦ୍ଧରେ ବିଜୟୀ ହୋଇପାରିବା ।

ଆଦିବାସୀ ପିଲାଙ୍କ ଶିକ୍ଷା-ସମସ୍ୟା ଓ ସମାଧାନ

ଶିକ୍ଷା ହିଁ କେବଳ ଏକ ମାତ୍ର ସାଧନ ଯାହା ମାନବ ସମ୍ବଳର ସୁବିନିଯୋଗ କରି ଦେଶର ବିକାଶ ଓ ଅଭିବୃଦ୍ଧିରେ ସହାୟକ ହୋଇପାରିବ । ଯେହେତୁ ଭାରତର ମୋଟ ଜନସଂଖ୍ୟାର ଶତକଡା ୮.୬ ଭାଗ ହେଲେ ଆଦିବାସୀ, ସେମାନଙ୍କର ବିକାଶର ସାମଗ୍ରିକ ପ୍ରକ୍ରିୟାରେ ଶିକ୍ଷା ଏକ ଗୁରୁତ୍ୱପୂର୍ଣ୍ଣ ଭୂମିକା ଗ୍ରହଣ କରିଥାଏ । ସେମାନଙ୍କର ବ୍ୟକ୍ତିଗତ ଅବଦାନକୁ ନବୀକରଣ ତଥା ବିଭିନ୍ନ ପ୍ରତିବନ୍ଧକକୁ ଦୂର କରି ସେମାନଙ୍କର କଲ୍ୟାଣ ଏବଂ ଉନ୍ନତି ପାଇଁ ଗୁଣାତ୍ମକ ଶିକ୍ଷା ନିରନ୍ତର ସୁଯୋଗ ସୃଷ୍ଟି କରିପାରିବ । କିନ୍ତୁ, ସାତ ଦଶନ୍ଧିରୁ ଅଧିକ ବର୍ଷର ସ୍ୱାଧୀନତା ପରେ ମଧ୍ୟ ଆଦିବାସୀ ମାନଙ୍କର ଶିକ୍ଷା ଓ ସେମାନଙ୍କର ଅଭିବୃଦ୍ଧି ଦିଗରେ ବର୍ତ୍ତମାନ ସୁଦ୍ଧା ଭାରତ ସଂଘର୍ଷ କରୁଛି । ସର୍ବ ଶିକ୍ଷା ଅଭିଯାନ, ମଧ୍ୟାହ୍ନ ଭୋଜନ ଯୋଜନା ଏବଂ ଶିକ୍ଷା ଅଧିକାର ଆଇନ (RTE) ଭଳି କାର୍ଯ୍ୟକ୍ରମ ସତ୍ତ୍ୱେ ଆଦିବାସୀଙ୍କ ଶିକ୍ଷା ଓ ଶିକ୍ଷାଦାନ ସ୍ଥିତିରେ ସନ୍ତୋଷଜନକ ବିକାଶ ପରିଲକ୍ଷିତ ହୋଇନାହିଁ । ଅନୁସୂଚିତ ଜାତି ଏବଂ ଜନଜାତି ପିଲାମାନଙ୍କର ସ୍କୁଲ୍ ଡ୍ରପଆଉଟ୍ ହାର ଯଥାକ୍ରମେ ୫୧.୨୫% ଏବଂ ୫୭.୫୮%, ଯାହା ଅଣ-ଅନୁସୂଚିତ ଜାତି ଓ ଜନଜାତି ପିଲାମାନଙ୍କ ତୁଳନାରେ ୩୭.୨୨% ଅଧିକ । ପ୍ରଥମ ଶ୍ରେଣୀରେ ନାମ ଲେଖାଇଥିବା ପ୍ରତ୍ୟେକ ଦଶଟି ପିଲାଙ୍କ ମଧ୍ୟରୁ ପ୍ରାୟ ଚାରିଜଣ ସେମାନଙ୍କ

ଅଷ୍ଟମ ଶ୍ରେଣୀ ଶେଷ କରିବା ପୂର୍ବରୁ ବିଦ୍ୟାଳୟ ଓ ପାଠପଢା ଛାଡ଼ି ଦେଉଛନ୍ତି । ହେଲେ କାହିଁକି?

ଅଧାରୁ ପାଠ ପଢା ଛାଡ଼ିବାର କାରଣ ତ ଅନେକ ଅଛି; କିଛିଟା ଜଣା, କିଛିଟା ଅଜଣା, କିଛିଟା ଅବହେଳିତ ତ କିଛିଟା ଅଣଦେଖା । ସରକାରୀ ତଥ୍ୟରେ ଦର୍ଶାଯାଉଥିବା ଆଦିବାସୀ ପିଲାଙ୍କର ଡ୍ରପଆଉଟ୍ ଜନିତ ସଂଖ୍ୟା, ପରିସଂଖ୍ୟାନ ଓ ବାସ୍ତବ ଛବି ଭିତରେ ଅନେକ ପାର୍ଥକ୍ୟ । ଆଦିବାସୀ ଅଧ୍ୟୁଷିତ ଗ୍ରାମାଞ୍ଚଳରେ ପିଲାମାନେ ସ୍କୁଲ୍ ଯାଉନାହାନ୍ତି ବା ଅଧାରୁ ପାଠ ଛାଡ଼ିଦିଅନ୍ତି । ଦିନେ ଆସିଲେ ପିଲାମାନେ ଦଶ ଦିନ ସ୍କୁଲ୍ ବନ୍ଦ କରନ୍ତି । ପୁଅଙ୍କ ତୁଳନାରେ ଝିଅମାନେ ଭଲ ପାଠପଢୁଥିଲେ ମଧ୍ୟ, ସେମାନେ ବି ରୀତିମତ ସ୍କୁଲ୍ ଆସନ୍ତି ନାହିଁ । ବୁଝେଇ-ସୁଝେଇ ସ୍କୁଲ୍ ଡାକିଲେ ମଧ୍ୟ ପିଲାମାନେ ଆସିବାକୁ ନାରାଜ । ଏହା ପଛରେ ଥିବା ବାସ୍ତବ କାରଣ ଗୁଡ଼ିକୁ ଖୋଜିଲେ, ଆମେ ଦେଖିବା ଯେ, ଆଦିବାସୀ ଅଞ୍ଚଳରେ ପିଲାମାନଙ୍କ ଘର ଠାରୁ ସ୍କୁଲ୍ ପ୍ରାୟତଃ ବହୁତ ବାଟ । ସ୍କୁଲ୍ ଯିବାକୁ ହେଲେ ଛୋଟ ଛୋଟ ପିଲାମାନଙ୍କୁ ବହୁତ ବାଟ ଚାଲିବାକୁ ପଡିଥାଏ । କାନ୍ଧରେ ବହି ବସ୍ତାନି ବୋଝେଇ, କେବେ କେବେ ନଈ-ନାଳ ମଧ୍ୟ ପାରି କରି ସ୍କୁଲ୍ ଯିବାକୁ ପଡିଥାଏ । ବର୍ଷା ଦିନରେ ଆଣ୍ଠୁ ଉପରକୁ ପାଣି ସାଙ୍ଗକୁ ଜୀବଜନ୍ତୁଙ୍କ ଭୟ ଓ ସ୍ୱାସ୍ଥ୍ୟ ଖରାପ ହେବାର ଆଶଙ୍କା ମଧ୍ୟ ଥାଏ । ପିଲାମାନେ ଏଇ ସବୁ ଅସୁବିଧାର ସମ୍ମୁଖିନ ହେଉଥିବା ଆମେ ଗଣମାଧ୍ୟମରେ ମଧ୍ୟ ଦେଖିବାକୁ ପାଉ । ତା ସାଙ୍ଗକୁ କେତେବେଳେ ଖରାର ତାପ ତ ଆଉ କେତେବେଳେ ଶୀତ ଲହର ମଧ୍ୟ ଥାଏ । ଏତେ କଷ୍ଟକରି ସ୍କୁଲ୍ ଯିବାକୁ କ'ଣ କୁନିକୁନି ପିଲାମାନଙ୍କର ଇଚ୍ଛା ହେଉଥିବ? ଅଧିକାଂଶ ସମୟରେ ଏହି ସବୁ କାରଣବଶତଃ ମାଷ୍ଟର ମାନେ ମଧ୍ୟ ନିୟମିତ ସ୍କୁଲ୍ କୁ ଆସନ୍ତି ନାହିଁ । ପାଠ

ପଢ଼ାର ମୂଲ୍ୟ କ'ଣ,ନା ତ ଏଇ ଆଦିବାସୀ ପିଲା ବୁଝନ୍ତି ନା ତାଙ୍କ ବାପା ମା' ମାନେ ତାଙ୍କୁ ବୁଝାନ୍ତି । ବାପା-ମା' ନିଜେ ବି ବୁଝିନଥିବେ ଶିକ୍ଷାର ମୂଲ୍ୟ କ'ଣ! ତାହାଛଡ଼ା ଶିକ୍ଷକ ଶିକ୍ଷୟତ୍ରୀ ମାନଙ୍କର ମଧ୍ୟ ଏହା ଧାରଣା ଥାଏ ଯେ, "ଆଦିବାସୀ ପିଲା ପାଠପଢି କ'ଣ କରିବେ ବା କେତେ ବାଟ ଯାଏଁ ପାଠ ପଢ଼ିପାରିବେ! ଏମାନଙ୍କ ପିଛା ଏତେ ପରିଶ୍ରମ କରି କିଛି ଲାଭ ନାହିଁ ।" ଆଦିବାସୀ ପିଲା ସ୍କୁଲ୍ ଆସିଲେ କେତେ, ନ ଆସିଲେ କେତେ ସେଥିରେ ତାଙ୍କର କିଛି ଯାଏ ଆସେ ନାହିଁ । ଖାଲି ସରକାରୀ ଖାତା ମାନଙ୍କରେ ପିଲା ଆସୁଛନ୍ତି ଓ ମାଷ୍ଟର ମଧ୍ୟ ଆସି ତାଙ୍କୁ ପଢ଼ାଉଛନ୍ତି ବୋଲି ରେକର୍ଡ ରହିବା ଦରକାର । କାରଣ ରେକର୍ଡରେ ଯଦି ପିଲା ସ୍କୁଲ୍ ଆସିବେନି ବା ଛାଡ଼ିଦେବେ ତେବେ ଶିକ୍ଷକ ମାନଙ୍କୁ ତା ବାବଦରେ ସ୍ୱଷ୍ଟୀକରଣ ଦେବାକୁ ପଡିବ । ସେଥିଲାଗି ଆଦିବାସୀ ପିଲାଙ୍କର ସ୍କୁଲ୍ ଡ୍ରପଆଉଟ୍ ଜନିତ କ୍ଷେତ୍ର ଭିତ୍ତିକ ପର୍ଯ୍ୟବେକ୍ଷଣ ଯେତେବେଳେ ଉପର ମୁହାଁ, ସେତେବେଳେ ସରକାରୀ ସଂଖ୍ୟା ଅତି ପ୍ରଶଂସନୀୟ, ଓ ଡ୍ରପଆଉଟ୍ ହାର ତଳମୁହାଁ ।

ଆଦିବାସୀ ଝିଅଙ୍କର ସ୍କୁଲ୍ ଯିବା ଓ ପାଠପଢା ଏକ ଅତ୍ୟନ୍ତ ସମ୍ବେଦନଶୀଳ ବିଷୟ । ଅଧେ ସମୟ ଗାଈ-ଗୁହାଳ, ସାନ ଭାଇ-ଭଉଣୀ ଓ ଘର କଥା ବୁଝିଲେ । ଆଉ ଇଚ୍ଛା ଥିଲେ ବା ଶରୀରରେ ବଳ କି ହାତରେ ସମୟ ରହିଲେ ତ ସ୍କୁଲ୍ ଯିବେ! ତାହାଛଡ଼ା ପ୍ରତି ମାସ ଋତୁସ୍ରାବ ବେଳେ ଝିଅ ମାନଙ୍କର ସ୍କୁଲ୍ ଛୁଟି । ଋତୁସ୍ରାବ ବେଳେ ଶାରୀରିକ ଅସୁସ୍ଥତା ହେତୁ ଏତେ ଦୂର ଚାଲିକି ସ୍କୁଲ୍ ଯିବା କଷ୍ଟ । ସ୍କୁଲ୍ ରେ କିଛି ଅସୁବିଧା ହେଲେ ତା'ର ସୁବିଧା କି ବ୍ୟବସ୍ଥା ମଧ୍ୟ ନାହିଁ । ଆଦିବାସୀ ଅଧ୍ୟୁଷିତ ଅଞ୍ଚଳର ସ୍କୁଲ୍ ମାନଙ୍କରେ ଶିକ୍ଷୟତ୍ରୀ ମାନଙ୍କର ସଂଖ୍ୟା ନାହିଁ କହିଲେ ଚଳେ । ଋତୁସ୍ରାବ ଜନିତ କିଛି ଅସୁବିଧା ସ୍କୁଲ୍ ରେ ହେଲେ, ଶିକ୍ଷକ ମାନଙ୍କୁ କହିବାକୁ ଝିଅ

ମାନଙ୍କୁ ଲାଜ ଲାଗେ । ତାହାଛଡ଼ା ଆଦିବାସୀ ମାନଙ୍କ ମଧ୍ୟରେ ଏହା ଗୋଟେ ପ୍ରଥା ଯେ ଝିଅର ଋତୁସ୍ରାବ ଥରେ ଆରମ୍ଭ ହୋଇଗଲେ ସେମାନେ ତାକୁ ଆଉ ସ୍କୁଲ୍ ଛାଡିବାକୁ ପସନ୍ଦ କରନ୍ତି ନାହିଁ । ଏହି ସବୁ କାରଣ ମିଶିଗଲେ, ଝିଅ ମାନଙ୍କର ପାଠପଢା ଓ ସ୍କୁଲ୍ ଯିବାରେ ଡୋରି ବନ୍ଧା ହୋଇଯାଏ । କୁପୋଷଣ ଓ ସ୍କୁଲ୍ ଡ୍ରପଆଉଟ୍ ହାରକୁ କମାଇବା ପାଇଁ ସରକାର ଯେଉଁ 'ମଧ୍ୟାହ୍ନ ଭୋଜନ ଅଭିଯାନ' ଆରମ୍ଭ କରିଛନ୍ତି, ତାହା ମଧ୍ୟ କେତେକ ଜାଗାରେ କାମ ଦେଉନାହିଁ । ପିଲା ସ୍କୁଲ୍ ଆସିଲେ କେବଳ ଗୋଟିଏ ଓଳିର ଖାଇବା ତାଙ୍କୁ ମିଳୁଛି । ହେଲେ ପିଲା ସ୍କୁଲ୍ ନ ଆସିଲେ ତିନି ଓଳିର ଖାଇବା ପୁରା ପରିବାରକୁ ମିଳୁଛି । ଏମିତି ଅନେକ ପିଲା ଅଛନ୍ତି ଯେଉଁମାନେ ସ୍କୁଲ୍ ବନ୍ଦ କରି ପାଠପଢା ଛାଡ଼ି ରୋଜଗାର କରିଲେ ତାଙ୍କ ପରିବାରକୁ ଗଣ୍ଡେ ଖାଇବାକୁ ମିଳେ । କେତେବେଳେ ବାପାଙ୍କୁ ଚାଷବାସରେ ସାହାଯ୍ୟ କରନ୍ତି, ତ କେତେବେଳେ କେଉଁଠି ଛୋଟମୋଟ କାମ କରି ଦୁଇ ପଇସା ରୋଜଗାର କରନ୍ତି । ବଢୁଥିବା ଦରଦାମ ସହିତ ନିଜକୁ ଜୀବିତ ରଖିବା ଚେଷ୍ଟାରେ, ସ୍କୁଲ୍ ଆସି ମସ୍ତିଷ୍କ ଲାଗି ଖାଦ୍ୟ ଯୋଗାଇବା ଠାରୁ ପେଟକୁ ଦୁଇ ମୁଠା ଖାଇବା ଯୋଗାଇବା ତାଙ୍କ ଲାଗି ଅତ୍ୟନ୍ତ ଜରୁରୀ ହୋଇପଡ଼େ ।

ଏହି ପରିପ୍ରେକ୍ଷୀରେ ଆଦିବାସୀ ଅଧ୍ୟୁଷିତ ଅଞ୍ଚଳରେ ଥିବା ସରକାରୀ ବିଦ୍ୟାଳୟ ମାନଙ୍କରେ ଦିଆ ଯାଉଥିବା ଶିକ୍ଷାର ମାନ ବଢାଇବା ଅତ୍ୟନ୍ତ ଜରୁରୀ । ଖାଲି ଶିକ୍ଷା ବା ସ୍କୁଲ୍ ଜରୁରୀ ନୁହେଁ, ବରଂ ଗୁଣାତ୍ମକ ଶିକ୍ଷା ଓ ଶିକ୍ଷା ଲାଗି ସମର୍ପିତ ଶିକ୍ଷକ ମଧ୍ୟ ଲୋଡ଼ା । ଆଜିକାଲିକାର ଇଣ୍ଟର୍ନେଟ ଯୁଗରେ ଜଣେ ଘରେ ବସି ସର୍ବନିମ୍ନ ଶିକ୍ଷା ଆହରଣ କରିପାରିବ, କିନ୍ତୁ ଗୁଣାତ୍ମକ ଶିକ୍ଷା ପ୍ରଦାନ କରିବା ଓ ସେଇ ଶିକ୍ଷାକୁ କିପରି ଜୀବନରେ

ବ୍ୟବହାର କରାଯାଇପାରିବ, ତାହାର ଗୁରୁଦାୟିତ୍ୱ ଶିକ୍ଷକଙ୍କ ଉପରେ । ପାଠ ପଢିଲେ କ'ଣ ଲାଭ, ପିଲାମାନଙ୍କ ପୂର୍ବରୁ ତାଙ୍କ ବାପା-ମା'ଙ୍କୁ ଜଣାଇବା ଓ ବୁଝାଇବା ଜରୁରୀ । ପାଠପଢ଼ା ଯେ କେବଳ ଅଣ୍ଡା-ଛତୁଆ ଖାଇବା ନୁହଁ, ବରଂ ଏକ ଗଛ ଲଗାଇଲା ଭଳି । ଗଛ ଲଗାଉ ଲଗାଉ ଯେମିତି ଫଳ ଦିଏ ନାହିଁ, ସେମିତି ପାଠ ପଢୁ ପଢୁ ତୁରନ୍ତ ଫଳ ମିଳେ ନାହିଁ । କିନ୍ତୁ ପାଠ ପଢିଥିଲେ,ସେ ଭବିଷ୍ୟତରେ ଗଛ ଭଳି ଛାଇ, ପତ୍ର, ଫୁଲ, ଫଳ, କାଠ ସ୍ୱରୂପ ଏକ ସୁନ୍ଦର ଜୀବନ ଓ ଉତ୍ତମ ଜୀବନଶୈଳୀ ପ୍ରଦାନ କରିପାରିବ, ତାହା ଆଦିବାସୀ ବାପା-ମା'ଙ୍କୁ ବୁଝାଇବା ଅନିବାର୍ଯ୍ୟ । ଯଦି କେଉଁଠି ସ୍କୁଲ୍ ଯିବାର ପଥ ନିରାପଦ ନାହିଁ ବା ସ୍କୁଲ୍ ଆଦିବାସୀ ଗାଁଠାରୁ ଦୂରରେ ଅଛି, ତାହାହେଲେ ସେଇଠି ସରକାରୀ ବସ୍ ବା କୌଣସି ବାହାନର ସୁବିଧା ଯୋଗାଇଦେଲେ ଭଲ ହୁଅନ୍ତା । ହୁଏତ ଏଇ ପ୍ରସ୍ତାବଟି ଟିକିଏ ମହଙ୍ଗା ଲାଗିପାରେ, ହେଲେ ଅସମ୍ଭବ ନୁହେଁ । ଯେତେବେଳେ କୋଟି କୋଟି ଟଙ୍କାର ସମ୍ପତ୍ତି ରକ୍ଷଣାବେକ୍ଷଣ ଅଭାବରୁ ଉଈର ଶିକାର ହେଉଛି ବା ମାଟିରେ ମିଶି ଯାଉଛି, ସେତେବେଳେ ଏଇ ଗରିବ ଆଦିବାସୀ ପିଲାଙ୍କ ପାଠପଢା ନିମନ୍ତେ ଦାୟିତ୍ୱବାନ ନିବେଶ କରିବାରେ ବୋଧହୁଏ କିଛି ଅସୁବିଧା ନ ହୋଇପାରେ । ତାହାଛଡ଼ା ଯେତେ ବିକାଶମୂଳକ ପ୍ରକଳ୍ପ ଗୁଡିକ ଜାରି କରାହେଉଛି ତାହା ସ୍ଥାୟୀ ହେବା ଦରକାର ଓ ଯାହା ପାଇଁ ହେଉଛି ସେମାନଙ୍କୁ ଏହା ବିଷୟରେ ଅବଗତ କରାଇବା ଅତ୍ୟନ୍ତ ଜରୁରୀ । କାରଣ ଅଧିକାଂଶ ସମୟରେ ଠିକ୍ ହିତାଧିକାରୀଙ୍କ ନିକଟରେ ସୁବିଧା ପହଞ୍ଚି ପାରୁନାହିଁ । ଆଦିବାସୀ ଅଧ୍ୟୁଷିତ ଅଞ୍ଚଳ ମାନଙ୍କରେ ମହିଳା ଶିକ୍ଷକଙ୍କର ଅଧିକ ନିଯୁକ୍ତି ହେବା ଆବଶ୍ୟକ, ଯାହାଫଳରେ ଝିଅମାନେ ସ୍କୁଲ୍ ରେ ସମ୍ମୁଖୀନ କରୁଥିବା ଅସୁବିଧା ନିଃସଂକୋଚରେ କହିପାରିବେ ।

ଏଇ ଅଞ୍ଚଳର ସ୍କୁଲ୍ ମାନଙ୍କରେ ଆଦିବାସୀ ଶିକ୍ଷକ ଶିକ୍ଷୟିତ୍ରୀଙ୍କ ସଂଖ୍ୟା ଯେତେ ବେଶୀ ରହିବ ସେତେ ଭଲ । ଏହା ବ୍ୟତୀତ ରତୁସ୍ରାବ ଜନିତ ସାମାଜିକ ପ୍ରତିବନ୍ଧତା, ସ୍ୱାସ୍ଥ୍ୟ ଓ ସ୍ୱଛତା ପ୍ରତି ସଚେତନତା ଆଣିବା ମଧ୍ୟ ଅତ୍ୟନ୍ତ ଜରୁରୀ । ଉତ୍ତମ ସ୍ୱାସ୍ଥ୍ୟ ଓ ଗୁଣାତ୍ମକ ଶିକ୍ଷାର ବ୍ୟବସ୍ଥା ହେଲେ, ବିକାଶ ଆପେ ଆପେ ହେବ । ଶିକ୍ଷାର ମୂଳ ଉଦ୍ଦେଶ୍ୟକୁ ପଛରେ ପକାଇ, ଆଦିବାସୀ ପିଲାଙ୍କ ବିକାଶର ଲକ୍ଷ୍ୟ ହାସଲ କରିବା କଷ୍ଟ ।

ମତ ଓ ମନ୍ତବ୍ୟ

ଭାରତ ବର୍ଷ ଭଳି ଏକ ବିବିଧତା ଭରା ଦେଶରେ ସାମାଜିକ, ସାଂସ୍କୃତିକ ଏବଂ ଆଞ୍ଚଳିକ ବିବିଧତା ଅନେକ ସମୟରେ ବିକାଶର ପରିପନ୍ଥୀ ଭଳି ମନେ ହୁଏ । ବିଭିନ୍ନ ଯୋଜନାରେ ଏହି ବିବିଧତାକୁ ଅଣଦେଖା କରି କିପରି ସମସ୍ତଙ୍କୁ ମୁଖ୍ୟ ସ୍ରୋତକୁ ଅଣାଯାଇପାରିବ, ସେପରି ଯୋଜନା ପ୍ରସ୍ତୁତ କରାଯାଏ । ଏଭଳି ମାନସିକତା ନିଶ୍ଚିତ ଭାବେ ଭାରତ ବର୍ଷର ବର୍ତ୍ତମାନ ଏବଂ ଭବିଷ୍ୟତ ପାଇଁ ଶୁଭ ସଂକେତ ନୁହେଁ । କେହି ଜଣେ ଆମ ଭଳି ନୁହେଁର ଅର୍ଥ, ଏହା ନୁହେଁ ଯେ ସେ ଖରାପ । କିମ୍ବା ସେ ଆମକୁ ଅନୁସରଣ କରିବା ନିହାତି ଆବଶ୍ୟକ । ଏପ୍ରକାରର ସଂକୁଚିତ ମନୋଭାବ ଓ ଭାବନା ମାନବ ସମ୍ବଳ ତଥା ଦେଶର ବିକାଶରେ ଏକ ବିରାଟ ବାଧକ । କ୍ଷେତ୍ରୀୟ ବିବିଧତା ପ୍ରକୃତରେ ଅସୁମାରୀ ସମ୍ଭାବନାର ଏକ ବିରାଟ ପୃଷ୍ଠଭୂମି ।

ନିରନ୍ତର ବିକାଶ ଲକ୍ଷ୍ୟ ହାସଲରେ ଗୁଣାତ୍ମକ ଶିକ୍ଷାର ଅବଦାନ ଅତ୍ୟନ୍ତ ଗୁରୁତ୍ୱପୂର୍ଣ୍ଣ, ଯାହା କେବଳ ଶ୍ରେଣୀଗୃହ ଶିକ୍ଷାଦାନ ମଧ୍ୟରେ ସୀମିତ ନୁହେଁ । ଏହାର ବିବିଧ ଦିଗର ପ୍ରକୃତ ଅନୁଶୀଳନ କରାଯାଇ, ସ୍ଥାନୀୟ ଭାବରେ ସୁଦୂର ପ୍ରସାରି ସମାଧାନ ଦିଗରେ ପ୍ରୟାସ କରାଗଲେ, ଲକ୍ଷ୍ୟ ପୁରଣ କରିବା ସମ୍ଭବ ହୋଇପାରିବ । ଶିକ୍ଷା ସହିତ ଜୀବନ ଜୀବିକା ଓ ଜୀବନ ଧାରଣର ମାନ ଅଙ୍ଗାଙ୍ଗୀ ଭାବେ ଜଡିତ । ତେଣୁ ଶିକ୍ଷାକୁ ବାଟବଣା ନ କରି ତା'ର ଲକ୍ଷ୍ୟ ଏବଂ ଉଦ୍ଦେଶ୍ୟ ସାଧନ କରିବାକୁ ହେଲେ, ଶିକ୍ଷକ ଓ ଶିକ୍ଷାୟତନ ଗୁଡିକୁ ସମୃଦ୍ଧ କରିବା ସହିତ, ଅଭିଭାବକ ମାନଙ୍କର ସକ୍ରିୟ ଯୋଗଦାନ ନିଶ୍ଚିତ କରିବା ଆବଶ୍ୟକ । ଶିକ୍ଷା ଏକ ନିରନ୍ତର ପ୍ରକ୍ରିୟା ଏବଂ ଜୀବନ ଧାରଣର ମାନ ବଢ଼ାଇବାରେ ଏହା ଅପରିହାର୍ଯ୍ୟ ବୋଲି ହୃଦୟଙ୍ଗମ କରିପାରିଲେ, ଶିକ୍ଷାଦାନ ସଫଳ ହୋଇପାରିବ ।

ଆଦିବାସୀଙ୍କ ଖାଦ୍ୟ ବ୍ୟବସ୍ଥା ଓ ଖାଦ୍ୟ ଅବସ୍ଥା

ବର୍ଷ ୨୦୨୪, ନଭେମ୍ବର ମାସରେ ଯେତେବେଳେ ଖବର ପ୍ରକାଶ ପାଇଲା ଯେ ଓଡ଼ିଶାର କନ୍ଧମାଳ ଜିଲ୍ଲାରେ ଆମ୍ବ ଟାକୁଆ ଖାଇ ଦୁଇ ଆଦିବାସୀ ମହିଳାଙ୍କ ମୃତ୍ୟୁ ଘଟିଛି, ସେତେବେଳେ ଦୁଃଖ ଲାଗିବା ତ ସ୍ୱାଭାବିକ ଥିଲା, ହେଲେ ମନକୁ କେତେ ଯେ ପ୍ରଶ୍ନ ଆସିଲା ଯାହାର ଉତ୍ତର ଅଣ୍ଡାଳି ହେଉଛି । କ'ଣ ସତରେ ସେଇ ଆଦିବାସୀଙ୍କୁ ଭାତ ଖାଇବାକୁ ମିଳିଲାନି ବୋଲି ସେମାନେ ଆମ୍ବ ଟାକୁଆ ଖାଇବାକୁ ବାଧ ହୋଇଗଲେ? କ'ଣ ଆଦିବାସୀ ଖାଦ୍ୟ ଶୈଳୀ ଏତେ ଦୁର୍ବଳ ଯେ ଆମ୍ବ ଟାକୁଆ ଜୀବନ ନେଇଗଲା? ଖାଦ୍ୟପେୟ ପ୍ରସ୍ତୁତି ଓ ଖାଦ୍ୟ ସେବନକୁ ନେଇ ଆଦିବାସୀଙ୍କ ଜ୍ଞାନ ତ ଏତେ ସମୃଦ୍ଧ, ହେଲେ ସାମାନ୍ୟ ଆମ୍ବ ଟାକୁଆ ପ୍ରାଣ ନେଇଗଲା କିପରି? ଖାଲି ମୋ ମନରେ ଆନ୍ଦୋଳନ ହେଉ ନଥିଲା, ବରଂ ଏହି ସମ୍ବାଦ ରାଜନୈତିକ ଓ ସାମାଜିକ ବ୍ୟବସ୍ଥାରେ ମଧ୍ୟ ହଲଚଲ ସୃଷ୍ଟି କରି ଦେଇଥିଲା । କିଛି ନିଜ ନିଜ ସ୍ୱାର୍ଥ ସାଧନ ଲାଗି ଆମ୍ବ ଟାକୁଆ ଜନିତ ଆଦିବାସୀଙ୍କ ମୃତ୍ୟୁକୁ ନେଇ ମତ ଓ ମନ୍ତବ୍ୟ ଦେଉଥିଲେ । ଆଦିବାସୀଙ୍କ ଜୀବନ ଶୈଳୀ ଓ ଖାଦ୍ୟପେୟ ପ୍ରଣାଳୀ ଓ ପ୍ରକ୍ରିୟା ଏତେ ବ୍ୟାପକ ଯେ, ଆମ୍ବ ଟାକୁଆ ଖାଇ ମୃତ୍ୟୁ ବା କୁପୋଷଣ ଜନିତ ସମସ୍ୟାର ଉପସ୍ଥିତି ଯେ ଏକ ବଡ଼ ପ୍ରଶ୍ନ, ଯାହାର ତର୍ଜମା କିନ୍ତୁ ସେଇ ସମୟରେ କେହି କରୁ ନଥିଲେ । ଯଦି ଆମେ ଆଦିବାସୀଙ୍କ ଖାଦ୍ୟ ଏବଂ ଖାଦ୍ୟ ସଂସ୍କୃତି ପଛରେ

ଥିବା ଜ୍ଞାନ ଓ ବିଜ୍ଞାନକୁ ଭଲ ଭାବରେ ବୁଝିବା, ତେବେ ବୋଧହୁଏ ଆମେ ଆକଳନ କରିପାରିବା ଯେ ଆଦିବାସୀ ଖାଦ୍ୟ ବ୍ୟବସ୍ଥାରେ ଏହିପରି ଦୁଃଖଦ ଦୁର୍ଘଟଣା ଧୀରେ ଧୀରେ କାହିଁକି, କେମିତି ଓ କିଏ ସୃଷ୍ଟି କରୁଛି ।

ଭାରତ ଭଳି ଜୀବନ୍ତ ସଂସ୍କୃତି ଏବଂ ପରମ୍ପରାର ଭୂମିରେ ଭୌଗୋଳିକ ଦୃଷ୍ଟିରୁ ବିବିଧ ରନ୍ଧନର ଇତିହାସ ଓ ବାସ୍ତବତା ଖୁବ୍ ସୁନ୍ଦର । ଭାରତର ବିବିଧ ଖାଦ୍ୟ ପରମ୍ପରାର ଏକ ସୁସ୍ୱାଦୁ ପୃଷ୍ଠା ମଧ୍ୟରେ ଆଦିବାସୀ ସମ୍ପ୍ରଦାୟ ଏକ ଅନନ୍ୟ ଏବଂ ପ୍ରାଚୀନ ଜ୍ଞାନ ବ୍ୟବସ୍ଥାର ମୂଳଦୁଆ । ଆଦିବାସୀ ଖାଦ୍ୟ, ଯାହାକୁ ଆମେ ପ୍ରାୟତଃ ସରଳ, ନିମ୍ନ, ବେଢ଼ଙ୍ଗ ବା ବେସୁଆଦିଆ ଭାବରେ ଦେଖିଥାଉ, ତହିଁରେ ବିଜ୍ଞାନ, ଜ୍ଞାନ ଏବଂ ସ୍ୱାସ୍ଥ୍ୟର ଏକ ଗଭୀର ସଂଯୋଗ ରହିଛି । ଆଦିବାସୀ ଖାଦ୍ୟ ହେଉଛି ସାଂସ୍କୃତିକ ଐତିହ୍ୟ, ପରମ୍ପରା ଏବଂ ସ୍ଥାୟୀ ଅଭ୍ୟାସର ଏକ ଜୀବନ୍ତ ସଂରକ୍ଷଣାଗାର । ଚୁଲି ପାଖରେ ବସି ଜଣେ ଆଦିବାସୀ ମହିଳାର ମାଣ୍ଡିଆ ପେଜ ତିଆରି କରୁଥିବା ବେଳେ ଆଦିବାସୀ ପୂର୍ବ ପୁରୁଷଙ୍କ କାହାଣୀ ପିଲାଙ୍କୁ ଶୁଣେଇବାଟା ଅତି ସାମାନ୍ୟ ଲାଗିପାରେ, କିନ୍ତୁ ଏହା ଅନେକ ଅସାଧାରଣ ଦିଗଗୁଡ଼ିକର ପ୍ରାଣକେନ୍ଦ୍ର । ଆଦିବାସୀମାନଙ୍କ ପାଇଁ, ଖାଦ୍ୟ କେବଳ ଏକ ଜୀବିକା ନୁହେଁ ବରଂ ପ୍ରକୃତି ଏବଂ ପିଢ଼ି ପରେ ପିଢ଼ି ଚାଲିଆସୁଥିବା ମାନବତା ମଧ୍ୟରେ ଏକ ସେତୁ ଓ ଏକ ଦର୍ଶନ । ଦିନ ଥିଲା ମାଣ୍ଡିଆ ଏକ ସାମାନ୍ୟ ଶସ୍ୟ ଥିଲା, ଓ ଆଦିବାସୀ ଖାଦ୍ୟ ଥିଲା । ଦିନ ଥିଲା ଯେତେବେଳେ ଲୋକେ କହୁଥିଲେ ଯେ ଗରିବ, ଦେଶିଆ ଅପାଠୁଆ ଆଦିବାସୀଙ୍କୁ କିଛି ଖାଇବାକୁ ମିଳୁ ନାହିଁ ଓ ସେଇ ବେଢଙ୍ଗିଆ ଆଦିବାସୀ କିଛି ବନେଇକି ଖାଇ ଜାଣୁ ନାହିଁ ବୋଲି ମାଣ୍ଡିଆ ଜାଉ ବା ମାଣ୍ଡିଆ ପେଜ ଖାଉଛି । ହେଲେ ଆଜି ଏମିତି କ'ଣ ହୋଇଗଲା ଯେ ମାଣ୍ଡିଆ ଓ ମାଣ୍ଡିଆ ଖାଉଥିବା ଆଦିବାସୀଙ୍କୁ ଏତେ ଶ୍ରେୟ? ଅପାଠୁଆ

ଆଦିବାସୀ ଏମିତି କ'ଣ ପାଠ ପଢ଼େଇ ଦେଲେ ଯେ ଆଜି ମାଣ୍ଡିଆ, ଆଦିବାସୀ ହାଣ୍ଡିଶାଳରୁ ବାହାରି ଅନ୍ତରାଷ୍ଟ୍ରିୟ ଭୋଜନ ଥାଳିରେ! ସେଇ ଅପାଠୁଆ, ଅଜ୍ଞାନୀ ଆଦିବାସୀ ଯାହା ଆଦିମ କାଳରୁ ଦେଖି ପାରିଥିଲେ ବା ଭାବି ପାରୁଥିଲେ, ଆମେ ପାଠୁଆ ଜ୍ଞାନୀ ତାହା ବୁଝିବାକୁ ୫୦ ବର୍ଷ ନେଇଗଲେ । ମାଣ୍ଡିଆ ପେଜ ହେଉଛି ପୋଷକ ତତ୍ତ୍ୱର ଭଣ୍ଡାର । ରାଗି, କିମ୍ବା ଫିଙ୍ଗର ମିଲେଟ୍, କ୍ୟାଲସିୟମ୍, ଆଇରନ୍ ଏବଂ ଅତ୍ୟାବଶ୍ୟକ ଆମିନୋ ଏସିଡ୍ ରେ ପରିପୂର୍ଣ୍ଣ, ଯାହା ଅସ୍ଥି ସ୍ୱାସ୍ଥ୍ୟ ଏବଂ ପ୍ରତିରକ୍ଷା ପାଇଁ ଏକ ସୁପରଫୁଡ୍ । ଅଧ୍ୟୟନରୁ ଜଣାପଡିଛି ଯେ ଫିଙ୍ଗର ମିଲେଟ୍ ରେ ମଧୁମେହ ବିରୋଧୀ ଗୁଣ ସହିତ ଫାଇଟୋକେମିକାଲ୍ ଥାଏ, ଯାହା ରକ୍ତ ଶର୍କରା ନିୟନ୍ତ୍ରଣ କରେ । ଏହି "ସୁପରଫୁଡ୍", ଅନେକ ଆଦିବାସୀ ସମ୍ପ୍ରଦାୟ ପାଇଁ ଏକ ମୁଖ୍ୟ ଖାଦ୍ୟ, ଯାହା ପୁଷ୍ଟିତତ୍ତ୍ୱ ବିଜ୍ଞାନ ବିଷୟରେ ସେମାନଙ୍କର ଅନ୍ତର୍ନିହିତ ଜ୍ଞାନକୁ ପ୍ରତିଫଳିତ କରେ । ଆଦିବାସୀଙ୍କ ଦ୍ୱାରା ପ୍ରସ୍ତୁତ ହେଉଥିବା ମାଣ୍ଡିଆ ଜାଉ ହେଉ ବା ଯେକୌଣସି ମାଣ୍ଡିଆ ବ୍ୟଞ୍ଜନ ହେଉ, ତାହାର ପ୍ରସ୍ତୁତି ପ୍ରଣାଳୀ ଅତି ସରଳ ଓ ଅପମିଶ୍ରଣ ରହିତ ହୋଇଥିବାରୁ ଏହା ସୁନିଶ୍ଚିତ କରାଏ ଯେ, ସେଥିରେ ଥିବା ପୁଷ୍ଟିକର ତତ୍ତ୍ୱ ଅତି ସୁରକ୍ଷିତ । ପାରମ୍ପାରିକ ଭାବରେ ଉଚ୍ଚ ପୁଷ୍ଟିକର ମାଣ୍ଡିଆ ଯାହା ଆଦିବାସୀଙ୍କ ଖାଦ୍ୟ ଏବଂ ଫସଲ ବ୍ୟବସ୍ଥାର ଏକ ଗୁରୁତ୍ୱପୂର୍ଣ୍ଣ ଅଂଶ, ତାହା ବର୍ତ୍ତମାନ ସମସ୍ତଙ୍କର ପ୍ରାଥମିକତା । କେବଳ ପୁଷ୍ଟି ଦିଗରୁ ନୁହେଁ ବରଂ ବଦଳୁଥିବା ଜଳବାୟୁ ଦିଗରୁ, ଆଜି ମାଣ୍ଡିଆ ସମସ୍ତଙ୍କର ନିଜର ହୋଇ ଚାଲିଛି । ମାଣ୍ଡିଆ, କମ୍ ଜଳ ଆବଶ୍ୟକ କରେ ଏବଂ ଜଳବାୟୁ ପରିବର୍ତ୍ତନ ପ୍ରତି ଅଧିକ ସହନଶୀଳ । ତରଙ୍ଗାୟିତ ଭୂଭାଗରେ ମଧ୍ୟ ଏଗୁଡ଼ିକ ଚାଷ ଯୋଗ୍ୟ । କିନ୍ତୁ, ସାଧାରଣ ବଣ୍ଟନ ବ୍ୟବସ୍ଥା (ପି. ଡି. ଏସ୍.) ରେ ଧାନର ପ୍ରାଧାନ୍ୟ ବୃଦ୍ଧି ହେତୁ ମାଣ୍ଡିଆର

ବ୍ୟବହାର ଆଦିବାସୀଙ୍କ ମଧ୍ୟରେ ହ୍ରାସ ପାଉଛି, ଯାହାର ଫଳସ୍ୱରୂପ ଅପପୁଷ୍ଟି ଓ ପୁଷ୍ଟିହୀନତାର ଶିକାର ହେଉଛନ୍ତି ଆଦିବାସୀ । ତାହାଛଡ଼ା, ଆମେ ଆଦିବାସୀଙ୍କୁ ଆମ ଭଳିଆ କରିବା ଦିଗରେ ବା ଆଧୁନିକତାର ଯାକଜକମର ଲୋଭ ଦେଖାଇବାରେ ଏତେ ବ୍ୟସ୍ତ ଯେ, ସେମାନଙ୍କ ଠାରୁ ସେମାନଙ୍କର ପାରମ୍ପାରିକ ଖାଦ୍ୟ ଦୁରେଇ ଯାଉଛି ଫଳସ୍ୱରୂପ, ଆଜି ଆଦିବାସୀ, ମାଣ୍ଡିଆ ଛାଡ଼ି ପ୍ୟାକେଟରେ ମିଳୁଥିବା ବିଷାକ୍ତ ଖାଦ୍ୟକୁ ବିକାଶର ଏକ ବାଟ ବୋଲି ଭାବୁଛି । ସଂପ୍ରତି ମାଣ୍ଡିଆ ଉତ୍ପାଦନ ଏବଂ ବ୍ୟବହାରରେ ଆଦିବାସୀମାନଙ୍କ ଠାରୁ ଶିକ୍ଷା ଏବଂ ମୂଲ୍ୟବୋଧ ଗ୍ରହଣ କରି ମାଣ୍ଡିଆକୁ ପ୍ରୋତ୍ସାହିତ କରିବା ପାଇଁ 'ଶ୍ରୀ ଅନ୍ନ ଅଭିଯାନ' ଆରମ୍ଭ ହୋଇଛି ।

ଆଦିବାସୀ ଖାଦ୍ୟ, ସେମାନଙ୍କ ଆଖପାଖର ପରିସଂସ୍ଥା ସହିତ ଅଙ୍ଗାଙ୍ଗୀ ଭାବେ ଜଡିତ । ଛତିଶଗଡ଼ର ଜଙ୍ଗଲ ଠାରୁ ଆରମ୍ଭ କରି ମେଘାଳୟର ପାହାଡ ପର୍ଯ୍ୟନ୍ତ, ଆଦିବାସୀ ରନ୍ଧନ ପ୍ରଣାଳୀ ଜୈବ ବିବିଧତାରେ ପରିପୂର୍ଣ୍ଣ, ଯାହା ସ୍ଥାନୀୟ ଜୈବ ବିବିଧତା ଉପରେ ନିର୍ଭରଶୀଳ ଓ ପ୍ରକୃତି ସହିତ ସୌହାର୍ଦ୍ଦ୍ୟର ଏକ ଗଭୀର ନୈତିକତାର ପ୍ରତିଫଳନ । ଆଦିବାସୀ ଖାଦ୍ୟ ଅଭ୍ୟାସରେ ସମ୍ବଳକୁ ସ୍ଥାୟୀ ଭାବରେ ବ୍ୟବହାର କରିବା ଏବଂ ପ୍ରାକୃତିକ ସନ୍ତୁଳନକୁ ସମ୍ମାନ କରିବାର ଅଭ୍ୟାସ ରହିଛି । ଖାଦ୍ୟ ଏବଂ ଜୈବ ବିବିଧତା ମଧ୍ୟରେ ଥିବା ସୁସମ୍ପର୍କ, ଆଦିବାସୀଙ୍କର ପରିବେଶଗତ ବୁଦ୍ଧିମତ୍ତାକୁ ପ୍ରୋତ୍ସାହିତ କରେ । ଏହି ଅଭ୍ୟାସଗୁଡ଼ିକୁ ସଂରକ୍ଷିତ କରି, ଆଦିବାସୀମାନେ ଆନୁବଂଶିକ ବିବିଧତାର ତତ୍ତ୍ୱାବଧାରକ ଭାବେ କାର୍ଯ୍ୟ କରିଥା'ନ୍ତି, ଯାହା ଜଳବାୟୁ ପରିବର୍ତ୍ତନ ଏବଂ ବିଶ୍ୱ ଖାଦ୍ୟ ସୁରକ୍ଷା ଆହ୍ୱାନର ମୁକାବିଲା ପାଇଁ ଏକ ଅମୁଲ୍ୟ ସମ୍ବଳ ଅଟେ । ଆଦିବାସୀମାନଙ୍କ ପାଇଁ ଖାଦ୍ୟ ସେମାନଙ୍କର

ସାଂସ୍କୃତିକ ପରିଚୟ । ଆଦିବାସୀ ରୀତିନୀତି, ପର୍ବପର୍ବାଣୀ ଏବଂ ସାମାଜିକ ସମାବେଶ ପ୍ରାୟତଃ ଖାଦ୍ୟ ଉପରେ ପର୍ଯ୍ୟବସିତ । ଅମଲ ପର୍ବ ସମୟରେ ଆଦିବାସୀମାନଙ୍କ ଦ୍ୱାରା ଖାଦ୍ୟର ଆନୁଷ୍ଠାନିକ ପ୍ରସ୍ତୁତି କେବଳ ଏକ ପର୍ବ ପାଳନର ଅଙ୍ଗ ବା ଏକ ରନ୍ଧନ ପ୍ରକ୍ରିୟା ନୁହେଁ, ବରଂ ସେମାନଙ୍କ କୃଷି ଐତିହ୍ୟର ଏକ ଉତ୍ସବ । ପାରମ୍ପାରିକ ରନ୍ଧନ ପଦ୍ଧତି, ଯେପରିକି ଧୀର ନିଆଁରେ ଧୀର ରନ୍ଧନ ଏବଂ ପଥରରେ ବାଟି ଖାଦ୍ୟ ପ୍ରସ୍ତୁତି କରିବା, ଢ଼ିଙ୍କିରେ ଧାନ କୁଟିବା, ଶିଳରେ ବାଟିବା, ସାଂସ୍କୃତିକ ଅଭ୍ୟାସର ସଂରକ୍ଷଣ । ଏହି ପଦ୍ଧତିଗୁଡ଼ିକ ଖାଦ୍ୟର ସ୍ୱାଦ ଏବଂ ପୁଷ୍ଟିକର ରୂପରେଖକୁ ବୃଦ୍ଧି କରିଥାଏ । ପଥରରେ ପେଷା ହୋଇଥିବା ଶସ୍ୟ ଅକ୍ସିଡେସନ୍ ହ୍ରାସ କରେ, ଅତ୍ୟାବଶ୍ୟକ ତେଲ ଏବଂ ମାଇକ୍ରୋ ନ୍ୟୁଟ୍ରିଏଣ୍ଟ ସଂରକ୍ଷଣ କରେ, ଯାହା ସ୍ୱାସ୍ଥ୍ୟରେ ଯୋଗଦାନ କରେ । ଧୀର ରୋଷେଇ ପ୍ରକ୍ରିୟା, ଜଟିଳ କାର୍ବୋହାଇଡ୍ରେଟ୍ ଗୁଡିକକୁ କ୍ରମିକ ଭାଙ୍ଗି, ପଚନଶୀଳତା ବୃଦ୍ଧି କରେ ଏବଂ ସ୍ୱାଦ ଦ୍ୱିଗୁଣିତ କରିଥାଏ । ମାଟି ପାତ୍ରର ବ୍ୟବହାର ଖାଦ୍ୟରେ କ୍ୟାଲସିୟମ୍ ଏବଂ ମ୍ୟାଗ୍ନେସିୟମ୍ ପରି ତତ୍ତ୍ୱର ବୃଦ୍ଧି କରିଥାଏ । ଖାଦ୍ୟ ପ୍ରସ୍ତୁତି ପରେ ପତ୍ର ଉପରେ ତାହାର ସେବନ ମଧ ଖାଦ୍ୟର ପୁଷ୍ଟିକର ତତ୍ତ୍ୱକୁ ବୃଦ୍ଧି କରିଥାଏ । ଏହି ଅଭ୍ୟାସ ଗୁଡ଼ିକ ରନ୍ଧନ କୌଶଳ ଠାରୁ ଅଧିକ, ସାଂସ୍କୃତିକ ମୂଲ୍ୟବୋଧ ଏବଂ ଐତିହାସିକ ଜ୍ଞାନର ଜୀବନ୍ତ ପ୍ରତିମୂର୍ତ୍ତି । ଆଦିବାସୀଙ୍କ ରନ୍ଧନ ଶୈଳୀ ବା ଖାଦ୍ୟ ପ୍ରଣାଳୀ ଆଜିର ଦ୍ରୁତ ଗତିରେ ବଢୁଥିବା ପ୍ରକ୍ରିୟାକୃତ ଖାଦ୍ୟ ସଂସ୍କୃତିର ସମ୍ପୂର୍ଣ୍ଣ ବିପରୀତ । କିଣ୍ୱନ ବା ଫରମେଣ୍ଟେସନ୍ **(fermentation)** ହେଉଛି ଆଦିବାସୀ ରନ୍ଧନ ଅଭ୍ୟାସର ଏକ ପ୍ରମୁଖ ଆଧାର । କିଣ୍ୱନ କେବଳ ସ୍ୱାଦ ବୃଦ୍ଧି କରେ ନାହିଁ ବରଂ ପ୍ରୋବାୟୋଟିକ୍ସର ଶକ୍ତିଶାଳୀ ଉତ୍ସ ଅନ୍ତନଳୀ ସ୍ୱାସ୍ଥ୍ୟକୁ ସୁସ୍ଥ ମଧ ରଖିଥାଏ । କିଣ୍ୱନ କେବଳ

କୋଷିକାର ଜୀବନ ବୃଦ୍ଧି କରେ ନାହିଁ, ବରଂ ଭିଟାମିନ୍-ବି ପରି ପୋଷକ ତତ୍ତ୍ୱର ଜୈବ ଉପଲବ୍ଧତାକୁ ବୃଦ୍ଧି କରେ ଓ ରୋଗ ପ୍ରତିରୋଧକ ଶକ୍ତିକୁ ମଧ୍ୟ ବୃଦ୍ଧି କରେ । ଏହା ମାନସିକ ସ୍ୱାସ୍ଥ୍ୟରେ ମଧ୍ୟ ଉନ୍ନତି କରିଥାଏ । ଆଦିବାସୀଙ୍କର ଅତି ପ୍ରିୟ ହାଣ୍ଡିଆକୁ କେବଳ ଏକ ନିଶା ଦ୍ରବ୍ୟ ବୋଲି କୁହାଯାଇ ପାରିବ ନାହିଁ, ବରଂ ଏକ ସୁସ୍ଥ ଖାଦ୍ୟ ଭାବରେ ଗଣା ଯାଇପାରିବ । ସାଧାରଣ ଭାବରେ ଏହା ଆମ ଧାରଣା ଯେ, ଆଦିବାସୀଙ୍କୁ ଟିକିଏ ହାଣ୍ଡିଆ ମିଳିଗଲେ ସେମାନଙ୍କୁ ଆଉ କିଛି ଦରକାର ପଡେ ନାହିଁ । ଯେଉଁ ସମୟରୁ ଶୀତଳୀକରଣ ବିଷୟରେ ଶୁଣିବାକୁ ମିଳୁନଥିଲା, ସେଇ ସମୟ ବା ତା'ର ପୂର୍ବରୁ ଖାଦ୍ୟ ଏବଂ ପାନୀୟ ସଂରକ୍ଷଣ ପାଇଁ କିଣ୍ୱନ ଦୀର୍ଘ ଦିନର ଏକ ପଦ୍ଧତି । ପ୍ରାରମ୍ଭିକ ସଭ୍ୟତା ଦ୍ୱାରା ଅଭ୍ୟାସ କରାଯାଉଥିବା ଏହି ପ୍ରାଚୀନ କୌଶଳରେ ଖମୀର (yeast), ବୀଜାଣୁ (bacteria), କିମ୍ବା ଫଙ୍ଗସ୍ ପରି ଅଣୁଜୀବ ଅନ୍ତର୍ଭୁକ୍ତ, ଯାହା ଶର୍କରା ଏବଂ ଶ୍ୱେତସାରକୁ ଅମ୍ଳରେ ପରିଣତ କରିଥାଏ । ହାଣ୍ଡିରେ ତିଆରି ହେଉଥିବାରୁ 'ହାଣ୍ଡିଆ' ପରି କିଣ୍ୱିତ ପାନୀୟ ଆଦିବାସୀ ଜୀବନରେ ଏକ ଗୁରୁତ୍ୱପୂର୍ଣ୍ଣ ଭୂମିକା ଗ୍ରହଣ କରେ । ହାଣ୍ଡିଆ ତିଆରି ହେଉଛି ଏକ କଳା ଯାହା ପିଢ଼ି ପରେ ପିଢ଼ି ଆଦିବାସୀଙ୍କ ମଧ୍ୟରେ ଚାଲିଆସୁଛି । ହାଣ୍ଡିଆ ତିଆରି କରିବାର କଳାରେ ରାନୁ ନାମକ ଏକ ପଦାର୍ଥ, ଯାହା ଗବେଷଣା ଅନୁଯାୟୀ ୨୦ ଟି ଉଦ୍ଭିଦ ପ୍ରଜାତିର ମୂଳ ଏବଂ ଛାଲର ମିଶ୍ରଣରୁ ତିଆରି । ତାକୁ ଭାତ, ପଖାଳ ବା ପେଜ ସହିତ ମିଶାଇ ହାଣ୍ଡିରେ କିଣ୍ୱିତ ହେବା ପାଇଁ ଛାଡ଼ି ଦିଆଯାଏ । ଏକ ସପ୍ତାହ ମଧ୍ୟରେ ତହିଁରୁ ହାଣ୍ଡିଆ ପ୍ରସ୍ତୁତ ହୋଇଯାଏ । ଏହା ଏକ ଧଳା ରଙ୍ଗର ସାମାନ୍ୟ ଖଟା ଲାଗୁଥିବା ପାନୀୟ ପଦାର୍ଥ ଯାହାକୁ ବହୁ ଦିନ ଲାଗି ରଖି ହୁଏ ଓ ବ୍ୟବହାର କରି ହୁଏ । କିଣ୍ୱିତ ହୋଇଥିବା ଖାଦ୍ୟ ଏବଂ

ପାନୀୟଗୁଡ଼ିକର ବ୍ୟବହାରରେ ସ୍ୱାସ୍ଥ୍ୟ ସମ୍ବନ୍ଧୀୟ ଲାଭ ଥାଏ । ଶର୍କରା ଏବଂ ଶ୍ୱେତସାରର ରୂପାନ୍ତର, ଖାଦ୍ୟରେ ପ୍ରାକୃତିକ, ଲାଭଦାୟକ ବ୍ୟାକ୍ଟେରିଆକୁ ବୃଦ୍ଧି କରେ । ହାଣ୍ଡିଆ, ପ୍ରୋବାୟୋଟିକ୍ସରେ ସମୃଦ୍ଧ, ଯାହା ପାଚନ ସ୍ୱାସ୍ଥ୍ୟକୁ ବୃଦ୍ଧି କରେ ଏବଂ ପ୍ରତିରକ୍ଷା ପ୍ରଣାଳୀକୁ ସୁଦୃଢ଼ କରେ । ସର୍ବେକ୍ଷଣ ଆଧାରରେ ଏହା ପରିଲକ୍ଷିତ ହୋଇଛି ଯେ ସାକ୍କାରାଇଡ୍ (ସରଳ ଶର୍କରା ଏବଂ ଓଲିଗୋସାକେରାଇଡ୍) ସୁଗାର, ଆଲକୋହଲ୍, ଆମିନୋ ଏସିଡ୍ (ଫ୍ରି ଆମିନୋ ଏସିଡ୍, ବ୍ରାଞ୍ଚେଡ୍ ଚେନ୍ ଆମିନୋ ଏସିଡ୍, ଏବଂ ବାୟୋଜେନିକ ଆମାଇନ୍) ପ୍ରୋଟିନ୍ (ପେପ୍ଟାଇଡ୍ ଆକାରରେ) ଜୈବିକ ଏସିଡ୍ (ଫ୍ୟାଟି ଏସିଡ୍ ଏବଂ ଅନ୍ୟାନ୍ୟ ଅସ୍ଥିର ଜୈବିକ ଏସିଡ୍) ହାଣ୍ଡିଆର ପୁଷ୍ଟିକର ଉପାଦାନ ଗଠନ କରେ । ଏହି ଉପାଦାନଗୁଡ଼ିକ ମଧ୍ୟରୁ ଅଧିକାଂଶ ଧାନ ଶସ୍ୟ ଏବଂ ଅନ୍ୟାନ୍ୟ ଉଦ୍ଭିଦ ସାମଗ୍ରୀର ପ୍ରତ୍ୟକ୍ଷ ବ୍ୟୁତ୍ପନ୍ନ କିମ୍ବା ମାଇକ୍ରୋବାୟାଲ୍ ରୂପାନ୍ତର ଦ୍ୱାରା କିଣ୍ୱନରୁ ଉତ୍ପନ୍ନ । ପୁଷ୍ଟିକର ଉପାଦାନଗୁଡ଼ିକ ବ୍ୟତୀତ, ହାଣ୍ଡିଆ କେତେକ ଉପାଦାନରେ ମଧ୍ୟ ପରିପୂର୍ଣ୍ଣ, ଯେପରିକି ଫେନୋଲିକ୍ସ, ଜୈବିକ ଅମ୍ଳ , ଯାହା କୌଣସି ପୁଷ୍ଟିକର ମୂଲ୍ୟ ପ୍ରଦାନ ନ କରିଲେ ମଧ୍ୟ, ତାହାର ଉପସ୍ଥିତି ଅନ୍ୟ ଉତ୍ପାଦରେ ପୁଷ୍ଟିକର ମୂଲ୍ୟକୁ ବର୍ଦ୍ଧିତ କରିଥାଏ । ହାଣ୍ଡିଆରେ ଉପସ୍ଥିତ ଆମିନୋ ଏସିଡ୍ ଏହାର ପୁଷ୍ଟିକର ମୂଲ୍ୟ ବ୍ୟତୀତ ମେଟାବୋଲିଜିମ୍ ବଜାୟ ରଖିବାରେ ମଧ୍ୟ ସାହାଯ୍ୟ କରିଥାଏ । ମୂଳ ଆଦିବାସୀଙ୍କ ହାଣ୍ଡିଆ ଔଷଧୀୟ । ହେଲେ ଆଧୁନିକ ଆଦିବାସୀ, ହାଣ୍ଡିଆକୁ ମଦ ସମାନ କରି ଦେଉଛନ୍ତି, ଯାହା ଶରୀର ଲାଗି ବିପଦଜନକ ।

ଆଦିବାସୀ ଖାଦ୍ୟ ବ୍ୟବସ୍ଥା, ସ୍ଥାୟୀତ୍ୱ, ସ୍ଥିରତ୍ୱ, ଏବଂ ଶୂନ୍ୟ ଅପଚୟକୁ ପ୍ରତିଫଳିତ କରେ । ଆଦିବାସୀଙ୍କ ଦ୍ୱାରା ବ୍ୟବହୃତ ଅମଳ କୌଶଳ ପ୍ରାୟତଃ

ମୃତ୍ତିକା ପୁନରୁଦ୍ଧାର ଏବଂ ଜୈବ ବିବିଧତା ସଂରକ୍ଷଣକୁ ସୂକ୍ଷ୍ମ ଭାବରେ ପରିଚାଳନା କରେ । ଉଦାହରଣ ସ୍ୱରୂପ, ଆଦିବାସୀ ମାନେ ଯେତେବେଳେ କନ୍ଦମୂଳ ବା ଅନ୍ୟାନ୍ୟ ମାଟି ତଳ ଖାଦ୍ୟ ସାମଗ୍ରୀ ଖୋଳି ଥା'ନ୍ତି, ସେତେବେଳେ ମାଟି ତଳୁ ସମ୍ପୂର୍ଣ୍ଣ କନ୍ଦମୂଳ ସଫାକରି ଘରକୁ ନେଇ ଆସନ୍ତି ନାହିଁ । କିଛି କନ୍ଦ ମାଟି ତଳେ ଥିବା ଜୀବଜନ୍ତୁଙ୍କ ଲାଗି ମଧ୍ୟ ଛାଡ଼ି ଦିଅନ୍ତି, ଯେମିତି ସେମାନେ ମଧ୍ୟ ଖାଇକି ବଞ୍ଚିବେ ଓ ଛାଡ଼ି ଦେଇଥିବା କନ୍ଦରୁ ଯେମିତି ଗଜା ହୋଇକି ଆସନ୍ତା ବର୍ଷ ଗଛ ନ ଲଗାଇଲେ ମଧ୍ୟ କନ୍ଦ ଆପେ ଆପେ ଫଳି ପାରିବ ଓ ସମସ୍ତେ ଉପକୃତ ହେବେ । ଖାଲି କନ୍ଦ କାହିଁକି, ଆଦିବାସୀମାନେ ଯାହା ଖା'ନ୍ତି, ସେଥିରୁ ଟିକିଏ ଟିକିଏ ଅନ୍ୟ ପଶୁ ପକ୍ଷୀଙ୍କ ଲାଗି ଛାଡ଼ି ଦିଅନ୍ତି । ଆଦିବାସୀ ଖାଦ୍ୟ ବ୍ୟବସ୍ଥାରେ ଅନେକ ଲୁକ୍କାୟିତ ଦିଗ ସବୁ ରହିଛି, ଯାହା ଆଦିବାସୀଙ୍କର ଜ୍ଞାନ ଓ କୌଶଳର ଅନୁକୂଳତା ଉପରେ ଆଲୋକପାତ କରେ । ଏହି ଲୁକ୍କାୟିତ ଦିଗ ଯାହା ଗଭୀର ବୈଜ୍ଞାନିକ ଏବଂ ପରିବେଶ ଅନ୍ତର୍ଦୃଷ୍ଟିକୁ ପ୍ରକାଶ କରେ, ପ୍ରାୟତଃ ମୁଖ୍ୟଧାରାର ଆଲୋଚନାରେ ଅଣଦେଖା । ଔଷଧ ଭାବେ ଖାଦ୍ୟ ହେଉଛି ଆଦିବାସୀ ଜୀବନରେ ଏକ ମାର୍ଗଦର୍ଶକ ନୀତି । ମୋର ମନେ ପଡିଯାଉଛି ସେଇ କରୋନା ଦିନ ଗୁଡିକ ଯେତେବେଳେ ସମସ୍ତେ କରୋନା ଠାରୁ ବଞ୍ଚିବାକୁ ରୋଗ ପ୍ରତିରୋଧକ ଶକ୍ତି ବୃଦ୍ଧି କରିବା ପଛରେ ଧାଁଉଥିଲେ । ଯଦି ଆମେ କରୋନା ମୃତ୍ୟୁ ମାମଲା ଏବଂ କରୋନା ଦ୍ୱାରା ପ୍ରଭାବିତ ଲୋକଙ୍କ ପରିସଂଖ୍ୟାନ ବିଶ୍ଳେଷଣ କରିବା, ତେବେ ଆମେ ଜାଣିପାରିବା ଯେ ଆଦିବାସୀମାନେ ସବୁଠାରୁ କମ୍ ପ୍ରଭାବିତ ହୋଇଥିଲେ । ଏହା ନୁହେଁ ଯେ ସେମାନେ କରୋନା ସଂସ୍ପର୍ଶରେ ଆସିନଥିଲେ, କିନ୍ତୁ ସେମାନଙ୍କର ସ୍ୱଦେଶୀ ଜ୍ଞାନ ଏବଂ ସେମାନଙ୍କର ଖାଦ୍ୟ ଅଭ୍ୟାସ ସେମାନଙ୍କର ପ୍ରାକୃତିକ ପ୍ରତିରକ୍ଷା

ବର୍ଦ୍ଧକ ସାଜିଥିଲା । ଆମ ପରିବାରରେ ଯେତେବେଳେ ସମସ୍ତଙ୍କୁ କରୋନା ହୋଇଯାଇଥିଲା, ସେତେବେଳେ ଜଣେ ଆଦିବାସୀ ମାଉସୀ ଖବର ପାଇ, ଆମ ଲାଗି କିଛି କୁସୁମ ଫଳ ପଠାଇଥିଲେ । ସେତେବେଳେ, କୁସୁମ ଏକ ଫଳ ବୋଲି ମୁଁ ଜାଣି ନଥିଲି । ତାକୁ କେମିତି ଖା'ନ୍ତି ତାହା ମଧ୍ୟ ଜାଣି ନଥିଲି । ସେଇ ମାଉସୀ ଜଣଙ୍କ କହିଲେ, ସେ ହେଉଛି କୁସୁମ ଫଳ ଓ ତାକୁ ଛଡେଇ ଖାଇଲେ କରୋନା ହେବ ନାହିଁ । ପ୍ରଥମେ ମୁଁ ଟିକିଏ ବିଶ୍ୱାସ କରି ନଥିଲି । ହେଲେ ପରେ କିନ୍ତୁ ମୁଁ ସେଇ କୁସୁମ ଫଳକୁ ଖାଇଥିଲି । ଖଟା ଓ ଟିକିଏ ମିଠା ସେଇ ଫଳ ଆମେ ସମସ୍ତେ ଖାଇଥିଲୁ । ସତରେ ଆମକୁ ଅନୁଭବ ହେଲା ଯେ କୁସୁମ ଖାଇବା ଫଳରେ କରୋନା ଆମକୁ ଏତେ ପ୍ରକୋପ କରିଲା ନାହିଁ । କରୋନା ପରେ କିନ୍ତୁ ଯେତେବେଳେ ମୁଁ ସେଇ ଫଳ ବିଷୟରେ ଟିକିଏ ଗବେଷଣା କରିଲି, ସେବେ ଜାଣିବାକୁ ପାଇଲି ଯେ ସେଇ ଛୋଟିଆ ଫଳ ଏକ ଭିଟାମିନ୍ ର ବଟିକା ସ୍ୱରୂପ । ଖାଲି ସେତିକି ନୁହେଁ, ସେଇ ଛୋଟ ଫଳର ମଞ୍ଜିରୁ ତେଲ, ଗଛ ଛାଲରୁ ଔଷଧ ଭଳି କେତେ କ'ଣ ଉପାଦେୟ ଜିନିଷ ଆଦିବାସୀମାନେ ତିଆରି କରନ୍ତି । କୁସୁମର ଛାଲ ଔଷଧୀୟ ଭାବରେ ମୂଲ୍ୟବାନ, ଯାହା କୁଷ୍ଠ ରୋଗ, ଚର୍ମ ରୋଗ, ଅଲ୍ସର୍ ଏବଂ କଫକୁ ଆରୋଗ୍ୟ କରେ । କୁସୁମ ମଞ୍ଜିର ତେଲ ବାତ ରୋଗରେ ବ୍ୟବହୃତ ହୁଏ, ବ୍ରଣ, ପୋଡ଼ାରେ ପ୍ରୟୋଗ କରାଯାଏ ଏବଂ କେଶ ବୃଦ୍ଧି ଉଦ୍ଦେଶ୍ୟରେ ମଧ୍ୟ ବ୍ୟବହୃତ ହୁଏ । ତେଣୁ, ଏଥିରୁ ଆମେ ଜାଣିପାରିବା ଯେ ଆଦିବାସୀ ଜ୍ଞାନ ସାଧାରଣତଃ କୌଣସି ଅତ୍ୟାଧୁନିକ କୌଶଳ କିମ୍ବା ଉପକରଣ ଆବଶ୍ୟକ କରେ ନାହିଁ, ବରଂ ତାହା ସ୍ୱାସ୍ଥ୍ୟ, ସମାଜ ଏବଂ ଜୀବିକା ଉନ୍ନତ କରିବାରେ ଅତ୍ୟନ୍ତ ସହାୟକ ।

ଧୀରେ ଧୀରେ ମାଣ୍ଡିଆର ବଢୁଥିବା ଚାହିଦା ଭଳି, ଆଦିବାସୀଙ୍କର ଏହି ଅଭ୍ୟାସଗୁଡ଼ିକର ବୈଜ୍ଞାନିକ ବୈଧିକରଣ ମଧ୍ୟ ବୃଦ୍ଧି ପାଉଛି । ଔଷଧୀୟ ଜ୍ଞାନର ରକ୍ଷକ ଭାବରେ ଆଦିବାସୀଙ୍କ ପାରମ୍ପାରିକ ପ୍ରତିକାରଗୁଡ଼ିକ ପ୍ରାୟତଃ ମୌଖିକ ଯାହାର ଦସ୍ତାବିଜକରଣ ଅତି ଆବଶ୍ୟକ । ଆଦିବାସୀମାନେ ପବିତ୍ର ଚାରଣ ଅଭ୍ୟାସ କରନ୍ତି, ଯେଉଁଠାରେ ଆଧ୍ୟାତ୍ମିକ ରୀତିନୀତିର ଅଂଶ ଭାବରେ ନିର୍ଦ୍ଦିଷ୍ଟ ଉଦ୍ଭିଦ କେବଳ ନିର୍ଦ୍ଦିଷ୍ଟ ଋତୁରେ ଅମଳ କରାଯାଏ । ଏହି ଅଭ୍ୟାସ ଉଦ୍ଭିଦ ପ୍ରଜାତିର ସଂରକ୍ଷଣ ସୁନିଶ୍ଚିତ କରେ ଏବଂ ପରିବେଶ ସନ୍ତୁଳନ ସହିତ ମେଳ ଖାଏ । ଉଦାହରଣ ସ୍ୱରୂପ, ଶାଳ ପତ୍ରର ଅମଳ ପ୍ରାୟତଃ ଏପରି ଭାବରେ କରାଯାଏ ଯାହା ପୁନଃ ବୃଦ୍ଧିକୁ ସମର୍ଥନ କରେ ଓ ଚାରଣ ପାଇଁ ଏକ ସ୍ଥାୟୀ ଆଭିମୁଖ୍ୟ ପ୍ରଦାନ କରେ । ଆଦିବାସୀ ଖାଦ୍ୟର ଏକ ବିରଳ ଦିଗ ଯାହା ଖୁବ୍ କମ ଆଲୋଚନାର ପ୍ରସଙ୍ଗ, ତାହା ହେଉଛି ସେମାନଙ୍କ ଖାଦ୍ୟରେ କୀଟପତଙ୍ଗର ଅନ୍ତର୍ଭୁକ୍ତି । ଆଦିବାସୀମାନେ ଲାଲ ପିମ୍ପୁଡ଼ି ବା କାଇ ଖାଆନ୍ତି, ଯାହା ପ୍ରୋଟିନ୍, ଫୋଲିକ୍ ଏସିଡ୍ ଏବଂ ଜିଙ୍କ୍ ର ଏକ ସମୃଦ୍ଧ ଉତ୍ସ । ତାହାଛଡା ଗେଣ୍ଡା, ଝିଡିପୋକ, ବିଲ କଙ୍କଡା ଇତ୍ୟାଦି ମଧ୍ୟ ଅନ୍ତର୍ଭୁକ୍ତ । ଏହି ଅଭ୍ୟାସ, ଯଦିଓ ଶୁଣିବାକୁ ଟିକିଏ ଅଣପାରମ୍ପାରିକ ଲାଗୁଛି, ହେଲେ ପୁଷ୍ଟିକର ଭାବରେ ଗୁରୁତ୍ୱପୂର୍ଣ୍ଣ ଅଟେ । 'ଫୁଡ୍ ସିକ୍ୟୁରିଟି' ପତ୍ରିକାରେ ପ୍ରକାଶିତ ୨୦୨୦ ମସିହାର ଏକ ଅଧ୍ୟୟନ ଅନୁଯାୟୀ, କୀଟପତଙ୍ଗ ମାନଙ୍କରେ ଥିବା ପ୍ରୋଟିନ୍ ପରିମାଣ ଏବଂ କମ୍ ପରିବେଶଗତ ପଦଚିହ୍ନ ହେତୁ ବୈଶ୍ୱିକ ପୁଷ୍ଟିକର ଅଭାବକୁ ଦୂର କରିବାର କ୍ଷମତା ରହିଛି । ମରୁଡ଼ି କିମ୍ବା ଅଭାବ ସମୟରେ, ଆଦିବାସୀ ମାନେ ନିଜ ଖାଦ୍ୟ ବ୍ୟବସ୍ଥା ସହିତ ଉଲ୍ଲେଖନୀୟ ଅନୁକୂଳତା ପ୍ରଦର୍ଶନ କରିଥା'ନ୍ତି । ଏହି ଅନୁକୂଳ ରଣନୀତି ପୁଷ୍ଟିକର ଆବଶ୍ୟକତା ସହିତ

ସାଲିସ୍ ନକରି ଯଥେଷ୍ଟ ପୁଷ୍ଟିକର ତତ୍ତ୍ୱ ସୁନିଶ୍ଚିତ କରିଥାଏ । କେତେକ ଆଦିବାସୀ ଖାଦ୍ୟ ବୀଜ ସଂରକ୍ଷଣକୁ ମଧ୍ୟ ପ୍ରୋତ୍ସାହିତ କରିଥାଏ । ଏହି ରନ୍ଧନ ଆଭିମୁଖ୍ୟ କୃଷି ଜୈବ ବିବିଧତାକୁ ସମର୍ଥନ କରେ ଏବଂ ଆଧୁନିକ ସଂରକ୍ଷଣର ଲକ୍ଷ୍ୟ ସହିତ ମେଳ ଖାଇଥାଏ । ଆଦିବାସୀଙ୍କ ପାଖରେ ସ୍ୱାଦ ଏବଂ ଗନ୍ଧ ମାଧ୍ୟମରେ ଖାଇବା ଯୋଗ୍ୟ ଏବଂ ଔଷଧୀୟ ଉଦ୍ଭିଦ ଚିହ୍ନଟ କରିବାର ତୀବ୍ର କ୍ଷମତା ରହିଛି । ଏହି ଜ୍ଞାନ, ଉଦ୍ଭିଦ ଜୈବ ରସାୟନ ବିଜ୍ଞାନର ଏକ ଅତ୍ୟାଧୁନିକ ଦିଗକୁ ରେଖାଙ୍କିତ କରେ । ଏହିପରି ଚିହ୍ନଟ ପଦ୍ଧତିଗୁଡ଼ିକ ଉଦ୍ଭିଦରେ ଜୈବ-ସକ୍ରିୟ ଯୌଗିକଗୁଡ଼ିକର ଆବିଷ୍କାରରେ କିପରି ଯୋଗଦାନ କରିଛନ୍ତି, ତାହା ଅନେକ ଅଧ୍ୟୟନରେ ମଧ୍ୟ ଦର୍ଶାଯାଇଛି । କିନ୍ତୁ, ଆଦିବାସୀ ଖାଦ୍ୟ ଅଭ୍ୟାସର ଏକ ଦୁଃଖଦ ଦିଗ ହେଉଛି ଆମ୍ବ ଟାକୁଆ ଖାଇ ମୃତ୍ୟୁ । ଯଦିଓ ଆମ୍ବ ଟାକୁଆ କ୍ୟାଲୋରୀର ଉତ୍ସ ପ୍ରଦାନ କରିଥାଏ, ହେଲେ ଅନୁପଯୁକ୍ତ ପ୍ରକ୍ରିୟାକରଣ, ଏବଂ ସାୟୋନୋଜେନିକ୍ ଯୌଗିକ **(cyanogenic compounds)** ହେତୁ ଏହା ବିଷାକ୍ତ ହୋଇଯା'ନ୍ତି । ତାହା ସହିତ ଆଜିକାଲି ଯେମିତି ପ୍ରଦୁଷଣର ଭାର ବଢ଼ି ବଢ଼ି ଚାଲିଛି, ସଜ ମାଛରେ ବି ପୋକ ପଡି ଯାଉଛି । ବାୟୁମଣ୍ଡଳରେ ଏତେ ପ୍ରଦୂଷକ ରହୁଛି ଯେ କିଏ କେତେବେଳେ କାହା ସାଙ୍ଗରେ ମିଶି କିଭଳି ପ୍ରତିକ୍ରିୟା କରି, ଖାଦ୍ୟପେୟ ଉପରେ କି ପ୍ରଭାବ ପକାଉଛି, ତାହା ସବୁବେଳେ ସମାନ ଭାବରେ ଆକଳନ କରିବା କଷ୍ଟ ।

ଭାରତର ଆଦିବାସୀ ସମ୍ପ୍ରଦାୟ ପ୍ରକୃତି ସହିତ ସେମାନଙ୍କର ଘନିଷ୍ଠ ସମ୍ପର୍କ ଏବଂ ବିବିଧ ପରିସଂସ୍ଥାରେ ନିହିତ ସେମାନଙ୍କର ସମୃଦ୍ଧ ଖାଦ୍ୟ ପରମ୍ପରା ପାଇଁ ଯଦିଓ ଜଣାଶୁଣା, ହେଲେ, ଗୁରୁତର ଅପପୁଷ୍ଟି, ପୁଷ୍ଟିହୀନତା ଏବଂ କ୍ଷୁଧା ଜନିତ ମୃତ୍ୟୁ ଆଦିବାସୀଙ୍କ ମଧ୍ୟରେ ବ୍ୟାପକ । ଏହି ବିରୋଧାଭାସର

କାରଣ ବହୁମୁଖୀ, ଯେଉଁଥିରେ ସୀମିତ ଉପଲବ୍ଧତା ଠାରୁ ଆରମ୍ଭ କରି ସାମାଜିକ-ଅର୍ଥନୈତିକ ଦୁର୍ବଳତା ପର୍ଯ୍ୟନ୍ତ ଅନେକ କାରଣ ସବୁ ରହିଛି । ପାରମ୍ପାରିକ ଖାଦ୍ୟରୁ ଆଧୁନିକ, ପ୍ରକ୍ରିୟାକୃତ ଖାଦ୍ୟକୁ ପରିବର୍ତ୍ତନ ଏହି ସମସ୍ୟାକୁ ଆହୁରି ବଢ଼ାଇଥାଏ । ନାଲି ଚାଉଳ ବଦଳରେ ସଫେଦ ଚାଉଳ ଏବଂ ଗୃହରେ ପ୍ରସ୍ତୁତ ଖାଦ୍ୟ ପରିବର୍ତ୍ତେ ପ୍ରକ୍ରିୟାକୃତ ପ୍ୟାକେଟ ଖାଦ୍ୟ, ଆଦିବାସୀଙ୍କ ଥାଳିରୁ ମିଲେଟ୍ ଓ ଜଙ୍ଗଲୀ ସବୁଜ ପନିପରିବା ପରି ପୁଷ୍ଟିକର-ଘନ ମୁଖ୍ୟ ଖାଦ୍ୟର ସ୍ଥାନ ନେବାରେ ଲାଗିଛି । ସୀମିତ ସ୍ୱାସ୍ଥ୍ୟସେବା ସୁବିଧା ଏବଂ ଖରାପ ପରିମଳ ସହିତ, ଏହି ଖାଦ୍ୟ ପରିବର୍ତ୍ତନ ଆଦିବାସୀ ଅଞ୍ଚଳରେ ରକ୍ତହୀନତା, ଅବିକଶିତ ବୃଦ୍ଧି ଏବଂ ଉଚ୍ଚ ମାତୃ ମୃତ୍ୟୁହାରରେ ଯୋଗଦାନ କରୁଛି ।

ଆଦିବାସୀମାନଙ୍କ ମଧ୍ୟରେ ଅପପୁଷ୍ଟିର ଏକ ପ୍ରମୁଖ କାରଣ ହେଉଛି ଶିଳ୍ପାୟନ, ଜଙ୍ଗଲ କ୍ଷୟ ଏବଂ ବିକାଶ ପ୍ରକଳ୍ପ କାରଣରୁ ପାରମ୍ପାରିକ ଭୂମିରୁ ସେମାନଙ୍କର ବିସ୍ଥାପନ । ଆଦିବାସୀମାନେ ପୁଷ୍ଟିକର ଆବଶ୍ୟକତା ପାଇଁ ଜଙ୍ଗଲ ଉତ୍ପାଦ ଉପରେ ନିର୍ଭରଶୀଳ ଥିବା ବେଳେ, ଜଙ୍ଗଲ କ୍ଷୟ ଯୋଗୁଁ ସେମାନଙ୍କର ଜୀବିକା ଓ ସ୍ୱାସ୍ଥ୍ୟ ବାଧାପ୍ରାପ୍ତ ହେଉଛି । ଜଙ୍ଗଲ ଆଇନ ଅନ୍ତର୍ଭୁକ୍ତ, ଆଦିବାସୀଙ୍କର ଜଙ୍ଗଲକୁ ପ୍ରବେଶ ନିଷେଧ ହୋଇଯାଉଥିବାରୁ, ଜଙ୍ଗଲୀ ଫଳ, ପନିପରିବା ଏବଂ ଅନ୍ୟାନ୍ୟ ପ୍ରାକୃତିକ ଖାଦ୍ୟ ସଂଗ୍ରହ କରିବାର କ୍ଷମତା ହ୍ରାସ ପାଉଛି, ଯାହାଦ୍ୱାରା ଆଦିବାସୀଙ୍କର ଖାଦ୍ୟ ବିବିଧତା ହ୍ରାସ ପାଉଛି ଓ ପୁଷ୍ଟିହୀନତା ଭଳି ସମସ୍ୟା ଦେଖା ଦେଉଛି । ଆର୍ଥିକ ଅନଗ୍ରସରତା ଏହି ସମସ୍ୟାକୁ ଆହୁରି ଜଟିଳ କରିଦେଉଛି । ସୀମିତ ଆୟ-ସୃଷ୍ଟି ସୁଯୋଗ ସହିତ, ଆଦିବାସୀମାନେ ପୁଷ୍ଟିକର ଖାଦ୍ୟ କିଣିବାରେ ଅସମର୍ଥ ହେଉଛନ୍ତି, ଯାହାଦ୍ୱାରା ପୋଷକ ତତ୍ତ୍ୱର ଅଭାବ ଆଦିବାସୀଙ୍କ

ମଧ୍ୟରେ ଦେଖା ଦେଉଛି । ଏହାସହିତ, ବ୍ୟବସ୍ଥିତ ଅବହେଳା ଏବଂ ଭେଦଭାବ ସେମାନଙ୍କ ଦାରିଦ୍ର୍ୟ ଏବଂ ଖାଦ୍ୟ ନିରାପତ୍ତାକୁ ଆହୁରି ବୃଦ୍ଧି କରିଥାଏ । ଜଳବାୟୁ ପରିବର୍ତ୍ତନ ଏବଂ ପରିବେଶ ଅବକ୍ଷୟ ମଧ୍ୟ ଆଦିବାସୀ ଖାଦ୍ୟ ବ୍ୟବସ୍ଥାକୁ ବହୁ ମାତ୍ରାରେ ବ୍ୟାଘାତ କରିଥାଏ । ଅପ୍ରତ୍ୟାଶିତ ବର୍ଷା, ଦୀର୍ଘକାଳୀନ ମରୁଡ଼ି, ଚରମ ପାଣିପାଗ ଏବଂ ମୃତ୍ତିକାର ଉର୍ବରତା ହ୍ରାସ କୃଷି ଉତ୍ପାଦକତା ଏବଂ ଜଙ୍ଗଲ ଆଧାରିତ ଖାଦ୍ୟ ଉପଲବ୍ଧତାକୁ ବ୍ୟାହତ କରିଥାଏ । ଏହି ପରିବର୍ତ୍ତନଗୁଡ଼ିକ ପାରମ୍ପାରିକ ଫସଲ, ଜଙ୍ଗଲୀ ଫଳ ଏବଂ ଔଷଧୀୟ ଗଛର ଉପଲବ୍ଧତାରେ ହ୍ରାସ ଘଟାଉଛି, ଯାହା ଏକଦା ଆଦିବାସୀ ଖାଦ୍ୟର ଅବିଚ୍ଛେଦ୍ୟ ଅଙ୍ଗ ଥିଲା । ଏହିସବୁ କାରଣବଶତଃ ଆଦିବାସୀମାନେ ପରିବେଶ ଅଭାବ ଏବଂ ଖାଦ୍ୟର କମ୍ ବିକଳ୍ପ ଭଳି ଦ୍ୱୈତ ଆହ୍ୱାନର ସମ୍ମୁଖୀନ ହେଉଛନ୍ତି । ଉପଲବ୍ଧ ପ୍ରାକୃତିକ ସମ୍ବଳରୁ ସନ୍ତୁଳିତ ଖାଦ୍ୟ ପ୍ରସ୍ତୁତ କରିବା ପାଇଁ ଆଦିବାସୀମାନେ ସ୍ୱଦେଶୀ ଜ୍ଞାନ ଉପରେ ଅଧିକ ନିର୍ଭରଶୀଳ । ଆଧୁନିକ ଖାଦ୍ୟ ଅଭ୍ୟାସର ଅନୁପ୍ରବେଶ ଏବଂ ପାରମ୍ପାରିକ ଅଭ୍ୟାସର ହ୍ରାସ ଏହି ଜ୍ଞାନର କ୍ରମିକ ଅବକ୍ଷୟ ଘଟାଉଛି । ଆଧୁନିକୀକରଣ, ପ୍ରାୟତଃ ପ୍ରକ୍ରିୟାକୃତ ଏବଂ କମ୍ ପୁଷ୍ଟିକର ଖାଦ୍ୟର ପ୍ରବର୍ତ୍ତନ ସହିତ, ଖାଦ୍ୟ ପସନ୍ଦକୁ ବଦଳାଇ ଦେଉଛି । ଆଧୁନିକ ଜୀବନଶୈଳୀ ଦ୍ୱାରା ପ୍ରଭାବିତ ଯୁବପିଢ଼ି ପ୍ରାୟତଃ ସେମାନଙ୍କ ପୈତୃକ ଖାଦ୍ୟ ଅଭ୍ୟାସକୁ ନିକୃଷ୍ଟ ବୋଲି ବିବେଚନା କରୁଛନ୍ତି । ଏହି ପରିବର୍ତ୍ତନ ଜଗତୀକରଣ ଦ୍ୱାରା ଆହୁରି ଜଟିଳ ହେଉଛି, ଯାହା ପୁଷ୍ଟିକର ଭାବରେ ପର୍ଯ୍ୟାପ୍ତ କିମ୍ବା ସାଂସ୍କୃତିକ ଭାବରେ ଉପଯୁକ୍ତ ହୋଇପାରୁ ନାହିଁ । ସରକାରୀ ଯୋଜନା ଯେପରିକି ସାଧାରଣ ବଣ୍ଟନ ବ୍ୟବସ୍ଥା (ପିଡିଏସ) ଏବଂ ସମନ୍ୱିତ ଶିଶୁ ବିକାଶ ସେବା (ଆଇସିଡିଏସ) କ୍ଷୁଧା ଏବଂ ଅପପୁଷ୍ଟି

ଦୂର କରିବା ପାଇଁ ଉଦ୍ଦିଷ୍ଟ । ତଥାପି, ସେମାନଙ୍କର କାର୍ଯ୍ୟକାରିତା ପ୍ରାୟତଃ ଦୂରବର୍ତ୍ତୀ ଆଦିବାସୀ ଅଞ୍ଚଳରେ ପ୍ରଭାବଶାଳୀ ଭାବରେ ପହଞ୍ଚିବାରେ ବିଫଳ ହେଉଛି । ଦୁର୍ନୀତି, ଯୋଗାଣ ସମ୍ବନ୍ଧୀୟ ସମସ୍ୟା ଏବଂ କାର୍ଯ୍ୟକ୍ରମର ଢାଞ୍ଚା ବା ଧାରଣା ସାଂସ୍କୃତିକ ସମ୍ବେଦନଶୀଳତାର ଆବଶ୍ୟକତାକୁ ପୂରଣ ନ କରି ପାରୁଥିବାରୁ, ଆଦିବାସୀଙ୍କ ଉପରେ ଏହାର ପ୍ରଭାବ ଅଧିକ ପଡୁଛି । ଜଗତୀକରଣ, ନୀତିଗତ ପ୍ରାଥମିକତାକୁ ମଧ୍ୟ ପ୍ରଭାବିତ କରୁଛି, ଯାହା ପ୍ରାୟତଃ ଆଦିବାସୀଙ୍କ ଅନନ୍ୟ ଆବଶ୍ୟକତାକୁ ଅଣଦେଖା କରିଥାଏ । ଶିଳ୍ପ, କୃଷି ଏବଂ ବୃହତ ବାଣିଜ୍ୟିକ ଉଦ୍ୟୋଗକୁ ସମର୍ଥନ କରୁଥିବା ନୀତିଗୁଡ଼ିକ ଆଦିବାସୀଙ୍କ ପାରମ୍ପାରିକ ଚାଷକୁ ଦୁର୍ବଳ କରିଥାଏ, ଯାହା ଆଦିବାସୀଙ୍କ ଖାଦ୍ୟ ବ୍ୟବସ୍ଥା ଉପରେ ପ୍ରଭାବ ପକାଇଥାଏ । ନଗଦ ଫସଲ ଏବଂ ରପ୍ତାନି ଭିତ୍ତିକ କୃଷି ଆଦିବାସୀଙ୍କୁ ଜମି ଏବଂ ପାରମ୍ପାରିକ ଖାଦ୍ୟ ଉତ୍ସରୁ ବଞ୍ଚିତ କରିଥାଏ । ଆଦିବାସୀମାନଙ୍କ ମଧ୍ୟରେ ପୋଷଣର ବିରୋଧାଭାସକୁ ସମାଧାନ କରିବା ପାଇଁ ଏକ ବହୁମୁଖୀ ଆଭିମୁଖ୍ୟ ଆବଶ୍ୟକ ।

ଭାରତରେ ଆଦିବାସୀ ଖାଦ୍ୟ ଏବଂ ସମ୍ପୂର୍ଣ୍ଣ ଆଦିବାସୀ ଖାଦ୍ୟ ବ୍ୟବସ୍ଥା ପୁଷ୍ଟିକର ଜ୍ଞାନ, ପରିବେଶ ସୌହାର୍ଦ୍ଦ୍ୟ ଏବଂ ସାଂସ୍କୃତିକ ଐତିହ୍ୟର ଭଣ୍ଡାର । ଖାଦ୍ୟ ଜନିତ ଆଦିବାସୀଙ୍କ ଜ୍ଞାନ ଏବଂ ବ୍ୟାବହାରିକ ଶୈଳୀ ଜୈବ ବିବିଧତା, ସ୍ଥାୟୀ ଅଭ୍ୟାସ ଏବଂ ସ୍ୱାସ୍ଥ୍ୟ ବିଷୟରେ ଏକ ଜଟିଳ ବୁଝାମଣାକୁ ପ୍ରତିଫଳିତ କରେ, ଯାହାକୁ ଆଧୁନିକ ବିଜ୍ଞାନ ଧୀରେ ଧୀରେ ବୈଧ କରିବା ଆରମ୍ଭ କରିଛି । ଆଦିବାସୀ ଖାଦ୍ୟର ସୁରକ୍ଷା କେବଳ ରନ୍ଧନ ପ୍ରଣାଳୀର ସଂରକ୍ଷଣ ବିଷୟରେ ନୁହେଁ, ବରଂ ଏହା ଏକ ଜୀବନଶୈଳୀର ସୁରକ୍ଷା

ବିଷୟରେ ମୂଲ୍ୟ ଦିଏ । ଯେହେତୁ ବିଶ୍ୱ ଏକ ନିରନ୍ତର ବିକାଶ ଲକ୍ଷ୍ୟ ହାସଲ କରିବାକୁ ପ୍ରୟାସ କରୁଛି, ଆଦିବାସୀ ଖାଦ୍ୟ ପ୍ରଣାଳୀକୁ ମୁଖ୍ୟଧାରାର ବିବରଣୀରେ ଏକୀକୃତ କରିବା ଖାଦ୍ୟ ସୁରକ୍ଷା, ଅପପୁଷ୍ଟି ଏବଂ ପରିବେଶ ସଂରକ୍ଷଣ ପାଇଁ ଅଭିନବ ସମାଧାନ ପ୍ରଦାନ କରିପାରିବ । ଆଦିବାସୀ ଖାଦ୍ୟର ପରମ୍ପରା, ପୃଥିବୀ ସହିତ ମାନବତାର ଗଭୀର ସମ୍ପର୍କର ଏକ ସ୍ମାରକୀ । ଯେତେବେଳେ ଆମେ ଏକବିଂଶ ଶତାବ୍ଦୀର ଜଟିଳତାକୁ ସାମ୍ନା କରୁଛୁ, ଏହି ପ୍ରାଚୀନ ଜ୍ଞାନ ଆଗକୁ ଏକ ସନ୍ତୁଳନ, ସମ୍ମାନ ଏବଂ ସ୍ଥିରତା ଉପରେ ଆଧାରିତ ପଥ ପ୍ରଦାନ କରେ । ବର୍ତ୍ତମାନ ସମୟ ଆସିଛି, ଏହା ସୁନିଶ୍ଚିତ କରିବା ଯେ ଆଦିବାସୀ, ଆଦିବାସୀ ଖାଦ୍ୟ ଓ ଆଦିବାସୀ ଖାଦ୍ୟ ବ୍ୟବସ୍ଥାକୁ ପ୍ରୋତ୍ସାହନ, ପ୍ରେରଣା ଓ ପରିଚୟ ଦେଇ ତାହାକୁ ପ୍ରୟୋଗରେ ଲଗାଇବା ।

ମତ ଓ ମନ୍ତବ୍ୟ

ଏଇ କିଛି ଦିନ ହେବ ଗୋଟେ କଥା ଭାରି ଜୋର ଧରିଛି ଯେ, କୋରାପୁଟ ଭଳି ଆଦିବାସୀ ଅଞ୍ଚଳରେ ଷ୍ଟ୍ରବେରୀ (**Strawberry**) ଚାଷ କରିବାକୁ ଆଦିବାସୀଙ୍କୁ ପ୍ରୋତ୍ସାହିତ କରାଯାଉଛି । ଏହା ଖୁବ୍ ଭଲ । ହେଲେ ଧୀରେ ଧୀରେ ଏହା ହୋଇପାରେ ଯେ, ଷ୍ଟ୍ରବେରୀର ଭଲ ମାର୍କେଟ ବା ଭଲ ମୂଲ୍ୟ ଥିବାରୁ ଆଦିବାସୀ ନିଜ ମୂଳ ଫସଲକୁ ଛାଡ଼ି, କେବଳ ଷ୍ଟ୍ରବେରୀ ଉତ୍ପାଦନ କରିବେ । ଏହାଫଳରେ କୋରାପୁଟରେ ଥିବା ଜୈବ ବିବିଧତା ଓ

ସେଠାକାର ମୂଳ ଆଦିବାସୀଙ୍କ ଖାଦ୍ୟ ବ୍ୟବସ୍ଥା ଉପରେ ହାନି ପହଞ୍ଚିପାରେ । ଏହା ଦେଖିବାକୁ ମିଳୁଛି ଯେ ଆଦିବାସୀମାନଙ୍କ ବିକାଶ ପାଇଁ ଆମର ଯୋଜନା ଏବଂ ନୀତି ସବୁବେଳେ ଏକ ତରଫା । ଆଜି ଯାହା ଅତି ଲୋଭନୀୟ ଲାଗୁଛି, ହୁଏ ତ କାଲି ତାହାର ଚାହିଦା କମିଯିବ, ବା ହୁଏ ତ ସେ ଆମର ଆବଶ୍ୟକତାକୁ ପୂରଣ ନ କରି ପାରେ । ସେଥିଲାଗି ଭବିଷ୍ୟତକୁ ଆଖିରେ ରଖି ନୀତି, ଯୋଜନା ବା ପରାମର୍ଶ, ସନ୍ତୁଳିତ ଭାବରେ ହେବା ଉଚିତ । ତାହାଛଡ଼ା, ଯଦି ଆମେ ଆଦିବାସୀଙ୍କ ଠାରୁ କିଣୁଥିବା ଷ୍ଟ୍ରବେରୀ ଦର ଓ ବଜାରରେ ବିକ୍ରି ହେଉଥିବା ଷ୍ଟ୍ରବେରୀ ଦରକୁ ତୁଳନା କରିବା, ତେବେ ନିହାତି ଜାଣିପାରିବା ଯେ ଷ୍ଟ୍ରବେରୀ ଚାଷ କରିଲେ ବା ଷ୍ଟ୍ରବେରୀ ଚାଷ କରିବାକୁ ଆଦିବାସୀଙ୍କୁ ମତାଇଲେ କାହାର ଲାଭ ହେଉଛି । ଯଦି ସତରେ ଷ୍ଟ୍ରବେରୀ ଚାଷର ଲାଭ ସମ୍ପୂର୍ଣ୍ଣ ଆଦିବାସୀଙ୍କୁ ମିଳନ୍ତା, ତେବେ ରହି ରହି ଆଦିବାସୀଙ୍କ ବିକାଶ କଥା ଉଠନ୍ତା ନାହିଁ ।

ଆମ ଓଡ଼ିଶାରେ ୬୪ ଆଦିବାସୀ ସମ୍ପ୍ରଦାୟ ଅଛନ୍ତି, ଯେଉଁମାନେ ସୁନ୍ଦରଗଡ, କେନ୍ଦୁଝର, ମୟୁରଭଞ୍ଜ, ରାୟଗଡା, କୋରାପୁଟ, କନ୍ଧମାଳ, ଓ ଅନେକ ଜିଲ୍ଲାର ଆଭ୍ୟନ୍ତରୀଣ ଅଞ୍ଚଳରେ ରହୁଛନ୍ତି । ହେଲେ ଆମେ ଯେତେବେଳେ ଆଦିବାସୀଙ୍କ ବିକାଶ, ଆଦିବାସୀ ସମ୍ବନ୍ଧୀୟ ଗବେଷଣା ମୂଳକ କର୍ମଶାଳା, ଆଦିବାସୀ ମେଳା ବା ଅନ୍ୟାନ୍ୟ ଆଦିବାସୀ ସମ୍ବନ୍ଧୀୟ କାର୍ଯ୍ୟକ୍ରମ କରୁଛେ, ସେତେବେଳେ ତାହା ସବୁ ପ୍ରାୟତଃ ରାଜଧାନୀରେ ସୀମିତ ହୋଇଯାଉଛି । ଆମେ ସବୁବେଳେ ଆଦିବାସୀଙ୍କୁ ବିକାଶ ଆଡକୁ ଟାଣୁଛନ୍ତି, ହେଲେ ବିକାଶ କେମିତି ଆଦିବାସୀଙ୍କ ପାଖରେ ପହଞ୍ଚି ପାରିବ, ସେଥିପ୍ରତି ଚିନ୍ତା ବା ଚିନ୍ତନର ଅଭାବ ରହି ଯାଉଛି । ଓଡିଶା ଫୁଡ୍ ଫେଷ୍ଟିଭାଲ ଭଳି ଆଦିବାସୀ ଫୁଡ୍ ଫେଷ୍ଟିଭାଲ ଆଦିବାସୀ ଅଂଚଳ

ମାନଙ୍କରେ ହେବା ଉଚିତ, ଯେମିତି ସହରରୁ ବା ରାଜଧାନୀରୁ ଲୋକେ ଯିବେ ଓ ଆଦିବାସୀ ପରମ୍ପରା ବିଷୟରେ ଆଦିବାସୀଙ୍କ ଠାରୁ ସେମାନଙ୍କ ମାଟିରୁ ଜାଣିବେ । ଓଡିଶା ସାହିତ୍ୟିକ କାର୍ଯ୍ୟ ଭଳି, ଆଦିବାସୀ ସାହିତ୍ୟ ସମାରୋହ ମଧ୍ୟ ଆୟୋଜିତ ହେବା ଦରକାର, ଯାହା ଫଳରେ ହଜି ଯାଉଥିବା ଆଦିବାସୀ ଭାଷା ସଂସ୍କୃତିକୁ ପରିଚୟ ଓ ଆଦୃତି ମିଳିବ ।

ଆଦିବାସୀଙ୍କ ମୂଳ ଖାଦ୍ୟ ମାଣ୍ଡିଆକୁ ଆଜି ଆମେ ଯେଉଁ ତତ୍ପରତା ଦେଖାଇଛନ୍ତି, ତାହା ଖୁବ ପ୍ରଶଂସନୀୟ । ମାଣ୍ଡିଆର ଚାହିଦା ଓ ବ୍ୟବହାର ବଢାଇବା ନିମନ୍ତେ, ସରକାରଙ୍କ ତରଫରୁ ସ୍ୱତନ୍ତ୍ର ବିକ୍ରୟ କେନ୍ଦ୍ର ବା **'Mission Millet Shop'** ଯୋଗାଇ ଦିଆଯାଇଛି । ହେଲେ ଏହା ମଧ୍ୟ ନଜରକୁ ଆସୁଛି ଯେ, ସେଇ ସବୁ ଦୋକାନ ମାନ ଦୀର୍ଘ ସମୟ ଧରି ବନ୍ଦ ରହୁଛି, ନ ହେଲେ ମାଣ୍ଡିଆ ଜାତୀୟ ଖାଦ୍ୟ ଛଡା ସେଠାରେ ପ୍ରକ୍ରିୟାକୃତ ପ୍ୟାକେଟ ଖାଦ୍ୟ ମିଳୁଛି । ଦୋକାନ ଫାଟକରେ ଆଦିବାସୀ ଚିତ୍ରକଳା, ଆଦିବାସୀଙ୍କ ମାଣ୍ଡିଆ ଚାଷ, ବା ଆଦିବାସୀଙ୍କ ଫଟୋ ଲାଗିଥିବ, ହେଲେ ଦୋକାନ ଭିତରେ ଆଦିବାସୀଙ୍କ କୌଣସି ଖାଦ୍ୟ ଦ୍ରବ୍ୟ ମିଳୁ ନଥିବ । ଏହା ବ୍ୟତୀତ, ଅନ୍ୟ ଦିଗ ଯେପରି, ସ୍ଥାନୀୟ ଭାବରେ ଉତ୍ପାଦିତ ବାଜରା ଏବଂ ଡାଲି ଅନ୍ତର୍ଭୁକ୍ତ କରିବା ପାଇଁ ସାଧାରଣ ବଣ୍ଟନ ପ୍ରଣାଳୀ (ପିଡିଏସ୍) କୁ ବିସ୍ତାର କରି, ଆଦିବାସୀ ଚାଷକୁ ଉତ୍ସାହିତ କରିବା । ପାରମ୍ପାରିକ କୃଷି ପଦ୍ଧତି ଅବଲମ୍ବନ କରୁଥିବା ଆଦିବାସୀ କୃଷକମାନଙ୍କୁ ଆର୍ଥିକ ସହାୟତା ଏବଂ ରିହାତି ପ୍ରଦାନ ପ୍ରଦାନ କରିବା, ସମବାୟ ମଡେଲ୍ ସ୍ଥାପନ କରିବା ଯେଉଁଠାରେ ଆଦିବାସୀ ସମ୍ପ୍ରଦାୟମାନେ ସ୍ୱଚ୍ଛ-ବାଣିଜ୍ୟ ଅଭ୍ୟାସ ଅଧୀନରେ ପାରମ୍ପାରିକ ଖାଦ୍ୟ ପ୍ରକ୍ରିୟାକରଣ, ପ୍ୟାକେଜ୍ ଏବଂ ବିକ୍ରୟ କରିପାରିବେ, ଯାହା ଦ୍ୱାରା ଆଦିବାସୀ ମାନେ ଆର୍ଥିକ ଭାବରେ

ଲାଭାନ୍ବିତ ହୋଇପାରିବେ, ପୁଷ୍ଟିକର ଖାଦ୍ୟ ଏବଂ ସାଂସ୍କୃତିକ ଗୌରବ ବୃଦ୍ଧି କରିବା ପାଇଁ ବିଦ୍ୟାଳୟ ମଧ୍ୟାହ୍ନ ଭୋଜନ ଯୋଜନାରେ ମାଣ୍ଡିଆ, ଡାଲି ଏବଂ ସବୁଜ ପତ୍ରଯୁକ୍ତ ପନିପରିବା ଭଳି ପାରମ୍ପାରିକ ଆଦିବାସୀ ଖାଦ୍ୟକୁ ସାମିଲ କରିବା, ଆଦିବାସୀ ଉତ୍ପାଦିତ ଉପାଦାନଗୁଡ଼ିକର ଉତ୍ସ ପାଇଁ ସ୍ଥାନୀୟ କୃଷକମାନଙ୍କ ସହିତ ସହଭାଗୀ କରିବା, ସରକାରୀ ସହାୟତାରେ ଗୋଷ୍ଠୀ ଦ୍ୱାରା ପରିଚାଳିତ ସ୍ଥାନୀୟ ଭାବରେ ଉତ୍ପାଦିତ ଶସ୍ୟ, କନ୍ଦ, ବା ଅନ୍ୟାନ୍ୟ ଯାବତୀୟ ସାମଗ୍ରୀ ଅନ୍ତର୍ଭୁକ୍ତ ଆଦିବାସୀ ଖାଦ୍ୟ ବ୍ୟାଙ୍କ ସୃଷ୍ଟି କରିବା, ସ୍ୱାସ୍ଥ୍ୟ ଓ ପୁଷ୍ଟି ପାଇଁ ଆଦିବାସୀ ଖାଦ୍ୟ ଯୋଜନାକୁ ବିକଶିତ କରିବା ଓ ସ୍ୱାସ୍ଥ୍ୟ ଶିକ୍ଷା ସହିତ ଅତିରିକ୍ତ ପୁଷ୍ଟିକର ସହାୟତା ଯୋଗାଇଦେବା, ଆଦିବାସୀ ଖାଦ୍ୟ ପ୍ରଣାଳୀ ଅଧ୍ୟୟନ ପାଇଁ ଉତ୍ସର୍ଗୀକୃତ ଗବେଷଣା କେନ୍ଦ୍ର ପ୍ରତିଷ୍ଠା କରିବା, ଯେଉଁଥିରେ ସେମାନଙ୍କର ସ୍ୱାସ୍ଥ୍ୟ ଲାଭ, ପରିବେଶ ପ୍ରଭାବ ଏବଂ ବ୍ୟାପକ ଗ୍ରହଣ ପାଇଁ ମାପନ ପ୍ରଣାଳୀ ସାମିଲ ରହିବ, ଆଦିବାସୀ କୃଷକ, ଶିକ୍ଷାନୁଷ୍ଠାନ ଏବଂ ନୀତି ନିର୍ଦ୍ଧାରକମାନଙ୍କ ମଧ୍ୟରେ ସହଯୋଗକୁ ପ୍ରୋତ୍ସାହିତ କରାଇବା, ଭଳି ପଦକ୍ଷେପ ଆଦିବାସୀଙ୍କ ଖାଦ୍ୟ, ଖାଦ୍ୟ ବ୍ୟବସ୍ଥା, ସ୍ୱାସ୍ଥ୍ୟ ଓ ସାମଗ୍ରିକ ସ୍ୱାସ୍ଥ୍ୟକୁ ସୁନିଶ୍ଚିତ କରିପାରିବ ।

ସାମାଜିକ ପରିଚୟ, ଆର୍ଥିକ ସ୍ଥିରତା ଏବଂ ସ୍ୱାସ୍ଥ୍ୟ ଉନ୍ନତି ପାଇଁ ଏକ ଉତ୍ସ ଭାବରେ ଆଦିବାସୀଙ୍କ ପାରମ୍ପାରିକ ଖାଦ୍ୟ ପ୍ରଣାଳୀକୁ ମୂଲ୍ୟାୟନ କରି ଆଦିବାସୀଙ୍କୁ ସଶକ୍ତ କରିବା ଦିଗରେ ଏହି ସବୁ ପରାମର୍ଶ ପ୍ରତି ଧ୍ୟାନ ଦିଆଯାଇ ପାରିବ, ଯେଉଁଥିରେ ଆଦିବାସୀଙ୍କ ସ୍ୱଦେଶୀ ଜ୍ଞାନ, ପାରମ୍ପାରିକ ଚାଷ ଏବଂ ଆଦିବାସୀ ଖାଦ୍ୟକୁ ସାର୍ବଜନୀନ ପୁଷ୍ଟିକର କାର୍ଯ୍ୟକ୍ରମରେ ଏକୀକୃତ କରାଯାଇପାରିବ । ଏହି ପଦକ୍ଷେପଗୁଡ଼ିକୁ ସ୍ଥାୟୀ ଅଭ୍ୟାସ ସହିତ

ଯୋଡ଼ିବା ଦ୍ୱାରା, ଖାଦ୍ୟ ଅସୁରକ୍ଷା, ଅପପୁଷ୍ଟି ଏବଂ ଆର୍ଥିକ ଅବହେଳା ଜନିତ ସମସ୍ୟା ଭଳି ମୁଖ୍ୟ ପ୍ରସଙ୍ଗଗୁଡ଼ିକର ସମାଧାନ କରାଯାଇପାରିବ । ଆଦିବାସୀ ନେତୃତ୍ୱ କ୍ଷମତା ନିର୍ମାଣ ଉପରେ ଧ୍ୟାନ ଦେଇ ଦୀର୍ଘକାଳୀନ ସ୍ଥିରତା ସୁନିଶ୍ଚିତ ହୋଇପାରିବ ।

ସ୍ୱଦେଶୀ ବିହନ ଭଣ୍ଡାର: ସବୁଜ ଭବିଷ୍ୟତ ଓ ବିକାଶରେ ଆଦିବାସୀ

ବିବିଧତା ହେଉଛି ପ୍ରକୃତିର ଏକ ପ୍ରମୁଖ ବୈଶିଷ୍ଟ୍ୟ ଯାହା ପରିବେଶଗତ ସ୍ଥିରତାର ମୂଳ ଆଧାର । ସେଇ ବିବିଧତାର ଏକ ଅଦମ୍ୟ ରୂପ ଦେଖିବାକୁ ମିଳେ ଭାରତର ବଣଜଙ୍ଗଲ ଏବଂ ଚାଷ କରାଯାଉଥିବା ଫସଲରେ । ହେଲେ ଆଜି ସେଇ ବିବିଧତା ସଂକଟରେ । ସବୁଜ ବିପ୍ଳବ ଫଳରେ, କେବଳ ସେଇ ଶସ୍ୟ ଉତ୍ପାଦନ ବୃଦ୍ଧି କରିବାକୁ ଗୁରୁତ୍ୱ ଦିଆଯାଇଥିଲା ଯାହା ରାସାୟନିକ ପ୍ରୟୋଗରେ ଅଧିକ ଉତ୍ପାଦନ ଦେବାରେ ସକ୍ଷମ । ଏହି ପ୍ରକ୍ରିୟାରେ ମୁଖ୍ୟତଃ ଧାନ ଏବଂ ଗହମ କିସମ ଚୟନ କରାଯାଇଥିଲା, ଯାହାର ପରିଣାମ ସ୍ୱରୂପ ଆଜି ଅନେକ ପାରମ୍ପାରିକ ପ୍ରଜାତି କିସମ ବିଲୁପ୍ତିର ଶୀର୍ଷରେ । ସ୍ଥାନୀୟ ଜ୍ଞାନ ଏବଂ କୃଷି ଦକ୍ଷତା ସମେତ ବିବିଧ ଖାଦ୍ୟ ଉତ୍ପାଦନ ବ୍ୟବସ୍ଥା ଆଜି ବିପଦରେ । କୃଷକମାନଙ୍କ କ୍ଷେତରୁ ୯୦% ରୁ ଅଧିକ ପ୍ରକାରର ଫସଲ ଆଜି ବିଲୁପ୍ତ । ଜଙ୍ଗଲ ଆଚ୍ଛାଦନ, ଉପକୂଳବର୍ତ୍ତୀ ଆର୍ଦ୍ରଭୂମି, ଅନ୍ୟାନ୍ୟ ଚାଷ ନହୋଇଥିବା ଅଞ୍ଚଳ ଏବଂ ଜଳଜ ପରିବେଶର ବିନାଶ, କୃଷି ଜୈବ ବିବିଧତାର ଆନୁବଂଶିକ କ୍ଷୟକୁ ବୃଦ୍ଧି କରୁଅଛି । ଅନୁର୍ବର କ୍ଷେତ ଏବଂ ବନ୍ୟଭୂମି କୃଷକମାନଙ୍କ ପାଇଁ ଉପଯୋଗୀ ବହୁ ସଂଖ୍ୟକ ପ୍ରଜାତିକୁ ସମର୍ଥନ କରୁଥିଲାବେଳେ, କେତେକ ଅଞ୍ଚଳରେ ଜମି ଉପରେ ଏତେ ଚାପ ରହୁଛି ଯେ, ବନ୍ୟ ଖାଦ୍ୟ ଯୋଗାଣ ଶେଷ ହୋଇଚାଲିଛି । କୃଷି ଜୈବ ବିବିଧତାରେ ଏହି ହ୍ରାସର ଅନେକ କାରଣ

ରହିଛି, ଯେପରି ବର୍ଦ୍ଧିତ ଜନସଂଖ୍ୟାର ବର୍ଦ୍ଧିତ ଚାହିଦା ଏବଂ ପ୍ରାକୃତିକ ସମ୍ବଳ ପାଇଁ ଅଧିକ ପ୍ରତିଯୋଗିତା, ଶିଳ୍ପ ଓ ସବୁଜ ବିପ୍ଲବ, କୃଷିର ଦ୍ରୁତ ସମ୍ପ୍ରସାରଣ, ଖାଦ୍ୟ ବ୍ୟବସ୍ଥାର ଜଗତୀକରଣ, କୃଷକ ଓ ଉପଭୋକ୍ତାଙ୍କ ବଦଳୁଥିବା ପସନ୍ଦ ଓ ଜୀବନଧାରଣ ସ୍ଥିତି । ଫସଲର ଆନୁବଂଶିକ କ୍ଷୟର ମୁଖ୍ୟ କାରଣ ପ୍ରାୟ ବିଦେଶୀ କିସମ ଏବଂ ପ୍ରଜାତି ଦ୍ୱାରା ସ୍ଥାନୀୟ କିସମର ପ୍ରତିସ୍ଥାପନ । ହେଲେ ଏଥିମଧ୍ୟରେ ଅଶାର ଆଲୋକ ଏହା ଯେ, ଦ୍ରୁତ ଗତିରେ ବିକଶିତ ହେଉଥିବା କୃଷିର ପରିଦୃଶ୍ୟରେ, ଆଦିବାସୀଙ୍କ ଜ୍ଞାନ ଓ ପ୍ରୟାସ ଦ୍ୱାରା ପରିଚାଳିତ ସ୍ୱଦେଶୀ ମଞ୍ଜି ବା ବିହନ ଭଣ୍ଡାର ସ୍ଥାୟୀ କୃଷିର ମୂଳଦୁଆ ଭାବେ ପ୍ରମାଣିତ ହେଉଛି । ଆଦିବାସୀଙ୍କ ଦ୍ୱାରା ପ୍ରସ୍ତୁତ ସ୍ୱଦେଶୀ ବିହନ ଭଣ୍ଡାରର ଗୁରୁତ୍ୱ ଅଧିକ, ଯାହା ସ୍ଥାନୀୟ ଓ ପାରମ୍ପାରିକ ଧାନ, ବାଜରା, ଡାଲି ଏବଂ ପନିପରିବାର ସଂରକ୍ଷଣକୁ ସୁନିଶ୍ଚିତ କରିଥାଏ । ପାରମ୍ପାରିକ ଓ ସ୍ଥାନୀୟ ଭାବେ ଗ୍ରହଣ କରାଯାଇଥିବା ମଞ୍ଜିଗୁଡ଼ିକର ଏହି ଭଣ୍ଡାର କେବଳ ଜୈବ ବିବିଧତା ସଂରକ୍ଷଣର ଏକ ମାଧ୍ୟମ ନୁହେଁ, ବରଂ ସ୍ଥାୟୀ ବିକାଶ ଲକ୍ଷ୍ୟ ହାସଲ କରିବା ଏବଂ ଆର୍ଥିକ ଅଭିବୃଦ୍ଧିକୁ ପ୍ରୋତ୍ସାହିତ କରିବା ଦିଗରେ ଆଦିବାସୀଙ୍କ ଅଭିଜ୍ଞତା, କଳା, କୌଶଳ ଏବଂ ପରିବେଶଗତ ଜ୍ଞାନର ଏକ ଜ୍ୱଳନ୍ତ ପ୍ରମାଣ । ଉଦାହରଣ ସ୍ୱରୂପ,କୋରାପୁଟ ଜିଲ୍ଲାର ଆଦିବାସୀ ମହିଳା ଚାଷୀ ତଥା "ମିଲେଟ୍ ରାଣୀ" ଭାବେ ଜଣାଶୁଣା ରାଇମତି ଘିୟୁରିଆ ଏପର୍ଯ୍ୟନ୍ତ ପ୍ରାୟ ୪୦ ପ୍ରକାରର ମିଲେଟ୍ ଏବଂ ୮୦ ପ୍ରକାରର ଧାନ ସଂରକ୍ଷଣ କରିଛନ୍ତି, ଯେଉଁଥିରୁ ଅନେକ ଜଳବାୟୁ ନମନୀୟ ଏବଂ ପୁଷ୍ଟିକର ଅଟେ । ଜଳବାୟୁ ପରିବର୍ତ୍ତନ ଭାରତୀୟ କୃଷିକୁ ଅଧିକରୁ ଅଧିକ ଅସୁରକ୍ଷିତ କରିଦେଇଛି । ସ୍ଥାନୀୟ ଜଳବାୟୁ ଏବଂ ମୃତ୍ତିକା ଅବସ୍ଥାକୁ ସହ୍ୟ କରିବା ପାଇଁ ବିକଶିତ

ହୋଇଥିବା ସ୍ୱଦେଶୀ ମଞ୍ଜି, ଖାଦ୍ୟ ସୁରକ୍ଷା ବଜାୟ ରଖିବା ପାଇଁ ଗୁରୁତ୍ୱପୂର୍ଣ୍ଣ । ଅଧ୍ୟୟନରୁ ଜଣାପଡ଼ିଛି ଯେ, ପାରମ୍ପାରିକ ମଞ୍ଜିଗୁଡ଼ିକ, ସଂକର ମଞ୍ଜି ତୁଳନାରେ କୀଟପତଙ୍ଗ ଓ ମରୁଡ଼ି ପ୍ରତି ଅଧିକ ସହନଶୀଳ । ଆଦିବାସୀ କୃଷକମାନେ ବ୍ୟବହାର କରୁଥିବା ସ୍ୱଦେଶୀ ମଞ୍ଜିଗୁଡ଼ିକ ସାର ଏବଂ କୀଟନାଶକ ପରି ମହଙ୍ଗା ନିବେଶ ଆବଶ୍ୟକ କରନ୍ତି ନାହିଁ, ଯାହା କୃଷି ନିବେଶ ଖର୍ଚ୍ଚକୁ ୪୦-୫୦% ହ୍ରାସ କରିଥାଏ । ସ୍ୱଦେଶୀ ବିହନ ଭଣ୍ଡାରକୁ ପୁନର୍ଜୀବିତ ଏବଂ ପ୍ରୋତ୍ସାହିତ କରି, ଆଦିବାସୀ ସମ୍ପ୍ରଦାୟ ଖାଦ୍ୟ ସୁରକ୍ଷା, ଜଳବାୟୁ ନମନୀୟତା ଏବଂ ସାଂସ୍କୃତିକ ସଂରକ୍ଷଣ ହାସଲ କରିବା ଓ ବୈଶ୍ୱିକ ସ୍ଥାୟୀ ବିକାଶ ଲକ୍ଷ୍ୟରେ ଯୋଗଦାନ କରିବାରେ ସକ୍ଷମ ହୋଇ ପାରିଛନ୍ତି ।

ଆମେ ଯେକୌଣସି ଶସ୍ୟ, ପନିପରିବା, ଫଳମୂଳ ଉତ୍ପାଦନ କରୁଛନ୍ତି, ସବୁର ପଛରେ ରହିଛି ଏକ ମଞ୍ଜି।ଖାଦ୍ୟ ଏବଂ ପୁଷ୍ଟିସାଧନ ସୁରକ୍ଷା, କୃଷକଙ୍କ ଜୀବିକା ସୁରକ୍ଷା, ଜଳବାୟୁ ଓ ପରିସଂସ୍ଥାନର ସୁରକ୍ଷା, ସ୍ଥାନୀୟ ଅର୍ଥବ୍ୟବସ୍ଥାର ସୁରକ୍ଷା ବା ସମଗ୍ର କୃଷି କ୍ଷେତ୍ରରେ ଏକ ମୌଳିକ ନିବେଶ ଭାବରେ ଛୋଟ ଏକ ମଞ୍ଜି ଅତି ଗୁରୁତ୍ୱପୂର୍ଣ୍ଣ ଭୂମିକା ଗ୍ରହଣ କରିଥାଏ । ଆଦିବାସୀମାନଙ୍କ ପାଖରେ ମଞ୍ଜି ଚୟନ, ସଂରକ୍ଷଣ ଏବଂ ସ୍ଥାୟୀ ଚାଷ ସମ୍ବନ୍ଧୀୟ ଶହ ଶହ ବର୍ଷର ପାରମ୍ପାରିକ ଜ୍ଞାନ ରହିଛି । ଆଦିବାସୀମାନେ ବିଭିନ୍ନ ପ୍ରକାରର ମଞ୍ଜି ସଂଗ୍ରହ କରି ସେଗୁଡ଼ିକର ଶୁଦ୍ଧତା ଏବଂ ଗୁଣବତ୍ତା ବଜାୟ ରଖନ୍ତି । ଅନେକ ଜନଜାତିଙ୍କ ମଧ୍ୟରେ ପାରମ୍ପାରିକ ମଞ୍ଜି ବଣ୍ଟନର ଅଭ୍ୟାସ ରହିଛି, ଯାହା ସ୍ଥାନୀୟ ଖାଦ୍ୟ ପ୍ରଣାଳୀକୁ ମଜବୁତ କରେ । ଆଦିବାସୀମାନେ କୀଟ ନିୟନ୍ତ୍ରଣ ଏବଂ ଜୈବିକ କମ୍ପୋଷ୍ଟିଂ ପରି ପରିବେଶ ଅନୁକୂଳ ପଦ୍ଧତି ବ୍ୟବହାର କରନ୍ତି, ଯାହା ମୃତ୍ତିକା ସ୍ୱାସ୍ଥ୍ୟ ଏବଂ ସ୍ଥିରତାକୁ

ସୁନିଶ୍ଚିତ କରେ । ଆଦିବାସୀ ମହିଳାମାନେ ମଞ୍ଜି ସଂରକ୍ଷଣରେ ଗୁରୁତ୍ୱପୂର୍ଣ୍ଣ ଭୂମିକା ଗ୍ରହଣ କରିଆସୁଛନ୍ତି । କିନ୍ତୁ ସେମାନେ ଏହା ମୁଖ୍ୟତଃ ନିଜ ପାଇଁ କରୁଥିଲେ, କିମ୍ବା ଅତି ନିକଟ ସମ୍ପର୍କୀୟଙ୍କ ସହ ବାଣ୍ଟୁଥିଲେ । ଫସଲ ନଷ୍ଟ ହେଲେ ମଞ୍ଜି ନଷ୍ଟ ହୋଇଯିବାର ଭୟ ଥିଲା । ତେଣୁ, ସେମାନେ ଆଦିବାସୀ ମାନଙ୍କ ବ୍ୟତୀତ ଅନ୍ୟ କାହାରିକୁ ମଞ୍ଜି ଦେଉ ନଥିଲେ । ଆଦିବାସୀ ମହିଳାମାନେ ଦେଶୀ ମଞ୍ଜି ସଂରକ୍ଷଣ ଏବଂ ବହୁଗୁଣିତ କରିବାରେ ପୂର୍ବରୁ ହିଁ ବିଶେଷଜ୍ଞ, କିନ୍ତୁ ବର୍ତ୍ତମାନ ସେମାନେ ବୃହତ୍ତର କଲ୍ୟାଣ ପାଇଁ ମଞ୍ଜି ଭଣ୍ଡାର ବା 'ସିଡ଼ ବ୍ୟାଙ୍କ' ମାଧ୍ୟମରେ ମଞ୍ଜି ବାଣ୍ଟିବାକୁ ଆଗେଇ ଆସିଛନ୍ତି । ସେମାନଙ୍କ ମତରେ ଦେଶୀ ମଞ୍ଜି, ଗଛକୁ କୀଟପତଙ୍ଗ ଏବଂ ରୋଗ ସହନଶୀଳ କରିଥାଏ, ଚାଷର ଖର୍ଚ୍ଚକୁ କମ୍ କରି ଲାଭକୁ ଅଧିକ କରିଥାଏ, ଉତ୍ପାଦକର ଗୁଣବତ୍ତା ଉପରେ କୃଷକମାନଙ୍କର ନିୟନ୍ତ୍ରଣ ରହିଥାଏ, ଏବଂ ନିଜ ମଞ୍ଜି ଦ୍ୱାରା ଫସଲ ଉତ୍ପାଦନ କରିବାରେ ଅପାର ସନ୍ତୋଷ ମଧ୍ୟ ମିଳିଥାଏ । ବାସ୍ତବରେ, ବଛା ବଛା ଦେଶୀ ମଞ୍ଜି, ହାଇବ୍ରିଡ୍ ମଞ୍ଜି ତୁଳନାରେ ବିନା ରାସାୟନିକ ଦ୍ରବ୍ୟ ବ୍ୟବହାରରେ ଭଲ ପ୍ରଦର୍ଶନ କରିଥାଏ, ଯାହା ଆମକୁ ଜଳବାୟୁ ସଙ୍କଟରୁ ରକ୍ଷା କରିବାରେ ସାହାଯ୍ୟ କରିପାରିବ ।

ଆଦିବାସୀମାନେ ଅମଳ ସମୟରେ ସବୁଠାରୁ ସ୍ୱାସ୍ଥ୍ୟକର ଏବଂ ସର୍ବାଧିକ ଉତ୍ପାଦନକ୍ଷମ ଗଛରୁ ମଞ୍ଜି ଚିହ୍ନଟ ଏବଂ ସଂଗ୍ରହ କରନ୍ତି । ଏହା ସୁନିଶ୍ଚିତ କରେ ଯେ ସର୍ବୋତ୍ତମ ବୈଶିଷ୍ଟ୍ୟ, ଯେପରିକି କୀଟ ପ୍ରତିରୋଧ, ମରୁଡ଼ି ସହନଶୀଳତା, ଏବଂ ଉଚ୍ଚ ଉତ୍ପାଦନକୁ ଆଗକୁ ନିଆଯାଇପାରିବ । ଆର୍ଦ୍ରତା ଦୂର କରିବା, ଫଙ୍ଗସ୍ ସଂକ୍ରମଣକୁ ରୋକିବା ଏବଂ ଦୀର୍ଘକାଳୀନ ସଂରକ୍ଷଣ ସୁନିଶ୍ଚିତ କରିବା ପାଇଁ ମଞ୍ଜିଗୁଡ଼ିକୁ ଭଲ ଭାବରେ ସଫା କରାଯାଏ ଏବଂ ସୂର୍ଯ୍ୟାଲୋକରେ ଶୁଖାଇ ଦିଆଯାଏ । ସଂରକ୍ଷଣ ସମୟରେ କୀଟପତଙ୍ଗ

ଏବଂ ରୋଗରୁ ମଞ୍ଜିକୁ ରକ୍ଷା କରିବା ପାଇଁ ଆଦିବାସୀମାନେ ନିମ୍ବ ପତ୍ର, ହଳଦୀ, ପାଉଁଶ ପରି ଜୈବିକ ପଦାର୍ଥ ବ୍ୟବହାର କରନ୍ତି । ଆଦିବାସୀମାନେ ମଞ୍ଜି ସଂରକ୍ଷଣ ପାଇଁ ମାଟି ପାତ୍ର, ଲାଉ ଏବଂ ବାଉଁଶ ଝୁଡ଼ି ଭଳି ପରିବେଶ ଅନୁକୂଳ ପାତ୍ର ବ୍ୟବହାର କରନ୍ତି । ଏହି ସାମଗ୍ରୀଗୁଡ଼ିକ ସଠିକ ଆର୍ଦ୍ରତା ସ୍ତର ବଜାୟ ରଖିଥାଏ ଏବଂ ମଞ୍ଜିଗୁଡ଼ିକୁ ମୂଷା ଓ କୀଟପତଙ୍ଗ ମାନଙ୍କ ଠାରୁ ରକ୍ଷା କରିଥାଏ । କେତେକ ଆଦିବାସୀ ସମ୍ପ୍ରଦାୟ ଭୂଗର୍ଭରେ ଗର୍ତ୍ତ କରି ସେଥିରେ ନଡ଼ିଆ କତା ଓ ଗୋବର ବ୍ୟବହାର କରି ମଞ୍ଜି ସଂରକ୍ଷଣ କରିଥା'ନ୍ତି । ଏହି ଗର୍ତ୍ତଗୁଡ଼ିକ ଏକ ଶୀତଳ ଏବଂ ସ୍ଥିର ତାପମାତ୍ରା ବଜାୟ ରଖିଥାଏ, ଯାହା ମଞ୍ଜିର କାର୍ଯ୍ୟକ୍ଷମତାକୁ ଦୀର୍ଘସ୍ଥାୟୀ କରିଥାଏ । ଆଦିବାସୀମାନେ ପ୍ରାୟତଃ ନିଜ ମଧ୍ୟରେ ମଞ୍ଜି ବିନିମୟ କରିବା ପାଇଁ ସ୍ଥାନୀୟ ଗୋଷ୍ଠୀ କିମ୍ବା ସମବାୟ ସମିତି ଗଠନ କରିଥା'ନ୍ତି । ଆଦିବାସୀଙ୍କ ପାରମ୍ପାରିକ ପର୍ବପର୍ବାଣି ଏବଂ ସମାବେଶରେ ପ୍ରାୟତଃ ବୀଜ ବିନିମୟ, ବା ମଞ୍ଜି ବଣ୍ଟନର ପ୍ରଥା ମଧ୍ୟ ରହିଥାଏ, ଯେଉଁଥିରେ ଉତ୍ତମ ଧରଣର ମଞ୍ଜିର ସଂରକ୍ଷଣ ଓ ସଂପ୍ରସାରଣ ଆପେ ଆପେ ହୋଇଯାଏ । ଆଦିବାସୀମାନେ ଫସଲ ଚକ୍ର ଏବଂ ମିଶ୍ରିତ ଚାଷ ଅଭ୍ୟାସ କରନ୍ତି, ଯାହା ମୃତ୍ତିକାର ଉର୍ବରତା ବଜାୟ ରଖିବା ଏବଂ କୀଟ ଚକ୍ରକୁ ବ୍ୟାହତ କରି ପ୍ରାକୃତିକ ଉପାୟକୁ ସୁନିଶ୍ଚିତ କରେ । କେତେକ ଫସଲ ପରସ୍ପରଲାଗି ଉପଯୋଗୀ ହେବା ଫଳରେ ଏକାଠି ଚାଷ କରାଯାଏ, ଯାହା ପ୍ରାକୃତିକ ଭାବରେ ନାଇଟ୍ରୋଜେନ୍ ସହିତ ମାଟିକୁ ସମୃଦ୍ଧ କରେ । ଆଦିବାସୀମାନେ ସେମାନଙ୍କ ମଞ୍ଜି ଏବଂ ଫସଲର ସୁରକ୍ଷା ପାଇଁ ସ୍ଥାନୀୟ ଭାବେ ଉପଲବ୍ଧ ନିମ୍ବ, ରସୁଣ ଏବଂ ଲଙ୍କା ଭଳି ଔଷଧୀୟ ବୃକ୍ଷରୁ ପ୍ରସ୍ତୁତ ପ୍ରାକୃତିକ କୀଟନାଶକ ବ୍ୟବହାର କରିଥା'ନ୍ତି । ବିବିଧ ପ୍ରକାରର ଫସଲ ଉତ୍ପାଦନ, ବ୍ୟାପକ କୀଟ ଆକ୍ରମଣର

ଆଶଙ୍କାକୁ ହ୍ରାସ କରିଥାଏ, ଯାହା କେତେକ ଫସଲକୁ ପ୍ରତିକୂଳ ପରିସ୍ଥିତିରେ ମଧ୍ୟ ବଞ୍ଚାଇ ରଖିବା ସୁନିଶ୍ଚିତ କରିଥାଏ । କେତେକ ଆଦିବାସୀ ଅଞ୍ଚଳରେ, ରୋଷେଇ ଘର ଉପରେ ମଞ୍ଜି ଗଚ୍ଛିତ ରଖାଯାଏ, ଯେଉଁଠାରେ ଧୂଆଁ ଏକ ପ୍ରାକୃତିକ ସଂରକ୍ଷଣକାରୀ ଭାବରେ କାର୍ଯ୍ୟ କରେ, ଯାହା କୀଟପତଙ୍ଗଙ୍କୁ ଦୂରେଇ ରଖେ । ଶସ୍ୟ ଭଣ୍ଡାର ଗୁଡ଼ିକୁ ଗୋବର ସହିତ ମିଶ୍ରିତ କାଦୁଅରେ ଆବୃତ କରି ଏକ କବଚ ସୃଷ୍ଟି କରାଯାଏ ଯାହା ମଞ୍ଜି ଗୁଡ଼ିକୁ ଆର୍ଦ୍ରତା ଏବଂ କୀଟପତଙ୍ଗରୁ ରକ୍ଷା କରିଥାଏ । ଆଦିବାସୀମାନେ ପ୍ରତ୍ୟେକ ଫସଲରୁ ମଞ୍ଜି, ଭବିଷ୍ୟତର ରୋପଣ ପାଇଁ ଆବଣ୍ଟନ କରନ୍ତି, ଯାହା ସ୍ଥାୟୀତ୍ୱ ସୁନିଶ୍ଚିତ କରେ । ସ୍ଥାନୀୟ କିସମ ବୀଜକୁ ପ୍ରାଥମିକତା ଦେଇ, ଆଦିବାସୀମାନେ ଆନୁବଂଶିକ ବିବିଧତା ବଜାୟ ରଖନ୍ତି ଏବଂ ବାଣିଜ୍ୟିକ ବିହନ ବଜାର ଉପରେ ନିର୍ଭରଶୀଳତାକୁ ହ୍ରାସ କରନ୍ତି । କେତେକ ଆଦିବାସୀ ସମ୍ପ୍ରଦାୟ କୃଷି ବୈଜ୍ଞାନିକ ଏବଂ ସ୍ୱେଚ୍ଛାସେବୀ ସଂଗଠନ ମାନଙ୍କ ସହ ମିଶି ବିହନ ସଂରକ୍ଷଣ କୌଶଳରେ ଉନ୍ନତି ଆଣିବା ଏବଂ ପାରମ୍ପାରିକ ଜ୍ଞାନ ସହ ସାଲିସ୍ ନକରି ଆନୁବଂଶିକ ବୈଶିଷ୍ଟ୍ୟ ସମ୍ବନ୍ଧରେ ସେମାନଙ୍କର ବୁଝାମଣା ବୃଦ୍ଧି କରିବାରେ ସହଯୋଗ କରିଥା'ନ୍ତି । ଆଦିବାସୀମାନେ ପରିବର୍ତ୍ତିତ ଜଳବାୟୁ ପରିସ୍ଥିତି ସହିତ ସ୍ୱଦେଶୀ ମଞ୍ଜିଗୁଡ଼ିକର ଅନୁକୂଳତା ପରୀକ୍ଷା କରିବା ପାଇଁ ସକ୍ରିୟ ଭାବେ ପରୀକ୍ଷଣରେ ନିୟୋଜିତ ମଧ୍ୟ ହୋଇଥା'ନ୍ତି । ଏହି ପଦ୍ଧତିଗୁଡ଼ିକୁ ଗ୍ରହଣ କରି, ଆଦିବାସୀ ସମ୍ପ୍ରଦାୟ କେବଳ ସେମାନଙ୍କ କୃଷି ଐତିହ୍ୟକୁ ସୁରକ୍ଷିତ ରଖନ୍ତି ନାହିଁ, ବରଂ ବୈଶ୍ୱିକ ସ୍ଥିରତା ଆଣିବାରେ ମଧ୍ୟ ଗୁରୁତ୍ୱପୂର୍ଣ୍ଣ ଯୋଗଦାନ କରନ୍ତି । ସେମାନଙ୍କର ପାରମ୍ପାରିକ ଅଭ୍ୟାସ, ପ୍ରକୃତି ସହିତ ସାମଞ୍ଜସ୍ୟ, ସ୍ଥାୟୀ ବିକାଶ ହାସଲ

କରିବା ଦିଗରେ ସ୍ୱଦେଶୀ ବିହନ ଭଣ୍ଡାରକୁ ଏକ ଗୁରୁତ୍ୱପୂର୍ଣ୍ଣ ଉପକରଣ ଭାବେ ପରିଣତ କରିଛି ।

ପ୍ରାଚୁର୍ଯ୍ୟର ସାମ୍ରାଜ୍ୟରେ କ୍ଷୁଧା ଏବଂ ଅପପୁଷ୍ଟି ଭଳି ସମସ୍ୟା ମାଡ଼ିଆସିବା ଏକ ଶୁଭ ସଂକେତ ନୁହେଁ । ଏହି ସମସ୍ୟାକୁ ଏଡ଼ାଇବାକୁ ଓ ସ୍ଥାୟୀ ବିକାଶ ଲକ୍ଷ୍ୟ-୨-କ୍ଷୁଧା ଶୂନ୍ୟ, ଲକ୍ଷ୍ୟ-୧୨-ଦାୟିତ୍ୱବାନ ଉପଭୋଗ ଏବଂ ଉତ୍ପାଦନ ଓ ଲକ୍ଷ୍ୟ-୧୫-ପୃଥିବୀ ପୃଷ୍ଠରେ ଜୀବନ ହାସଲ କରିବା ଦିଗରେ ଆଦିବାସୀଙ୍କ ଦ୍ୱାରା ପରିଚାଳିତ ଓ ଅନୁପ୍ରାଣିତ ସ୍ୱଦେଶୀ ବିହନ ଭଣ୍ଡାର ଏକ ଗୁରୁତ୍ୱପୂର୍ଣ୍ଣ ଭୂମିକା ନିର୍ବାହ କରେ । ବିହନ ବା ମଞ୍ଜି ଭଣ୍ଡାର କେବଳ କୃଷି କ୍ଷେତ୍ରରେ ଉନ୍ନତି ଆଣେ ନାହିଁ, ବରଂ ଜୀବିକା ମଧ୍ୟ ସୃଷ୍ଟି କରିଥାଏ । ଆଦିବାସୀ ସମ୍ପ୍ରଦାୟକୁ ଆର୍ଥିକ ଏବଂ ବୈଷୟିକ ସହାୟତା ପ୍ରଦାନ କରି ସ୍ୱଦେଶୀ ବିହନ ଭଣ୍ଡାରକୁ କୃଷି ନୀତିରେ ସାମିଲ କରିବା ଉଚିତ । ବିହନ ବା ମଞ୍ଜି ଭଣ୍ଡାର ଓ ଉତ୍ପାଦ ପାଇଁ ସୁଦୃଢ଼ ବଜାର ସଂଯୋଗ ସ୍ଥାପନ କରିବା ଦ୍ୱାରା ବିହନ ଭଣ୍ଡାରର ଆର୍ଥିକ ସାମର୍ଥ୍ୟ ଆହୁରି ବୃଦ୍ଧି ପାଇପାରିବ । ଭାରତର ଆଦିବାସୀ ସମ୍ପ୍ରଦାୟ ହେଉଛନ୍ତି କୃଷି ଐତିହ୍ୟ ଏବଂ ଜୈବ ବିବିଧତାର ରକ୍ଷକ । ସେମାନଙ୍କ ଜ୍ଞାନ ଏବଂ ପ୍ରୟାସ ଦ୍ୱାରା ପୋଷିତ ସ୍ୱଦେଶୀ ବିହନ ଭଣ୍ଡାର ନିରନ୍ତର ବିକାଶ ଏବଂ ଅର୍ଥନୈତିକ ଅଭିବୃଦ୍ଧି ପାଇଁ ଆଶାର ଆଲୋକବର୍ତ୍ତିକା । ଏହାକୁ ସମର୍ଥନ ଦେଇ, ଆମେ କୃଷି ପାଇଁ ଏକ ସୁନେଲି ଭବିଷ୍ୟତ ସୁନିଶ୍ଚିତ କରି ଏକ ସବୁଜ ରାଷ୍ଟ୍ର ଗଢ଼ିପାରିବା ।

ମତ ଓ ମନ୍ତବ୍ୟ

ଆଦିବାସୀଙ୍କର ବିହନ ବା ବୀଜ ଭଣ୍ଡାର, ପରିବେଶଗତ ସ୍ଥିରତା ଏବଂ ସାଂସ୍କୃତିକ ଐତିହ୍ୟ ପ୍ରତି ଗଭୀର ପ୍ରତିବଦ୍ଧତାକୁ ପ୍ରତିଫଳିତ କରିଥାଏ । ଏହା ଆଦିମ କୃଷି ପ୍ରଣାଳୀର ସୁରକ୍ଷା ଏବଂ ସଂରକ୍ଷଣ, ଜୈବ ବିବିଧତା ବଜାୟ ରଖିବା, ସ୍ଥାୟୀ ବିକାଶ ଲକ୍ଷ୍ୟ ହାସଲ ଏବଂ ଜଳବାୟୁ ପରିବର୍ତ୍ତନ ଆହ୍ବାନର ମୁକାବିଲା ପାଇଁ ଏକ ଆଧାର ଭାବରେ କାର୍ଯ୍ୟ କରେ । ଆଦିବାସୀ ବିହନ ଭଣ୍ଡାର ସ୍ଥାନୀୟ ପରିବେଶ ଅନୁକୂଳ ସ୍ୱଦେଶୀ ମଞ୍ଜି ସଂରକ୍ଷଣ କରି ପାରମ୍ପାରିକ କୃଷି ପଦ୍ଧତିର ନିରନ୍ତରତାକୁ ସୁନିଶ୍ଚିତ କରିଥାଏ । ଏହି ମଞ୍ଜିଗୁଡ଼ିକ ସ୍ୱଳ୍ପ-ନିବେଶ କୃଷିକୁ ପ୍ରୋତ୍ସାହିତ କରିଥାଏ, ବାଣିଜ୍ୟିକ ହାଇବ୍ରିଡ୍ ବିହନ ଉପରେ ନିର୍ଭରଶୀଳତାକୁ ହ୍ରାସ କରିଥାଏ ଏବଂ ପ୍ରାଚୀନ ଫସଲ ଢାଞ୍ଚାକୁ ବଜାୟ ରଖିଥାଏ । ମଞ୍ଜି ବା ବିହନର ସଂରକ୍ଷଣ ଏବଂ ଚୟନ, ଉଭୟ ପାରମ୍ପାରିକ କୃଷି ଜ୍ଞାନ ଏବଂ ଜୈବ ବିବିଧତା ପାଇଁ ଗୁରୁତ୍ୱପୂର୍ଣ୍ଣ । ଏହାଦ୍ୱାରା ଆଦିବାସୀମାନେ ଏକ ସନ୍ତୁଳିତ କୃଷି ପରିସଂସ୍ଥାକୁ ପ୍ରୋତ୍ସାହିତ କରନ୍ତି, ପରାଗଣକାରୀ, ମୃତ୍ତିକା ଅଣୁଜୀବ ଏବଂ ବନ୍ୟଜନ୍ତୁଙ୍କୁ ମଧ୍ୟ ସମର୍ଥନ କରନ୍ତି । ଏହା ମାଧ୍ୟମରେ ଆଦିବାସୀ କୃଷି ବ୍ୟବସ୍ଥା କମ୍ ଅଙ୍ଗାରକାମ୍ଳ ପଦଚିହ୍ନ ଛାଡ଼ିଥାଏ । ଆଦିବାସୀ ବିହନ ଭଣ୍ଡାରକୁ ଆହୁରି ସମୃଦ୍ଧ କରିବା ନିମନ୍ତେ ଓ ଅଧିକ ରୁ ଅଧିକ କାର୍ଯ୍ୟରେ ଲଗାଇବା ଦିଗରେ କିଛି ପଦକ୍ଷେପ ମାନ ଅବଲମ୍ବନ କରାଯାଇପାରିବ, ଯେପରି:-

- ଏକ ଜାତୀୟ ନେଟୱାର୍କ ମାଧ୍ୟମରେ ସଂଯୁକ୍ତ ଗୋଷ୍ଠୀ-ନେତୃତ୍ୱାଧୀନ ଅଞ୍ଚଳ-ନିର୍ଦ୍ଦିଷ୍ଟ ବିହନ ବ୍ୟାଙ୍କ ପ୍ରତିଷ୍ଠା କରିବା

- ମଞ୍ଜି ବିନିମୟ ପାଇଁ ଡିଜିଟାଲ୍ ପ୍ଲାଟଫର୍ମ ପ୍ରଦାନ କରିବା
- ସ୍ୱଦେଶୀ ମଞ୍ଜି କିସମ ମ୍ୟାପିଂ କରିବା
- ସ୍ୱଦେଶୀ ମଞ୍ଜି କିସମ ଏବଂ ସମ୍ପୃକ୍ତ ପାରମ୍ପାରିକ ଜ୍ଞାନର ଦସ୍ତାବିଜକରଣ
- ଆଦିବାସୀ କୃଷକମାନଙ୍କୁ ସ୍ୱଦେଶୀ କିସମର ସଂରକ୍ଷଣ ଏବଂ ପ୍ରସାର ପାଇଁ "ବୀଜ/ବିହନ ଅଭିଭାବକ" ବା **"Seed Guardians"** ଭାବରେ ସ୍ୱୀକୃତି ଏବଂ ତାଲିମ ଦେବା
- ସ୍ୱଦେଶୀ ମଞ୍ଜି ଗୁଡ଼ିକୁ ସେମାନଙ୍କର ଅନନ୍ୟ ବୈଶିଷ୍ଟ୍ୟ ପାଇଁ ଜେନେଟିକ୍ ମ୍ୟାପିଂ କରିବା ପାଇଁ ଗବେଷଣା ପ୍ରତିଷ୍ଠାନ ସହିତ ସହଯୋଗ କରିବା
- ଅନନ୍ୟ ମଞ୍ଜି କିସମ ପାଇଁ ଭୌଗୋଳିକ ସୂଚକ (ଜିଆଇ) ଟ୍ୟାଗିଂ କୁ ସୁଗମ କରିବା
- ଆଦିବାସୀ କୃଷକମାନଙ୍କୁ ସହରାଞ୍ଚଳର ଜୈବିକ ବଜାର ସହ ଯୋଡ଼ିବା ଏବଂ ସ୍ୱଦେଶୀ ମଞ୍ଜି ଉତ୍ପାଦନକୁ ପ୍ରୋତ୍ସାହନ ଦେବା ଲାଗି ବିହନ ମେଳାର ଆୟୋଜନ
- ସାଧାରଣ ବଣ୍ଟନ ବ୍ୟବସ୍ଥା ଏବଂ କୃଷି-ରପ୍ତାନୀ ନୀତିରେ ଆଦିବାସୀ ବିହନ ଉତ୍ପାଦକୁ ସାମିଲ କରିବା

- କମ୍ ଅଙ୍ଗାରକାମ୍ଳ ଯୁକ୍ତ କୃଷି ପ୍ରଣାଳୀକୁ ପ୍ରୋତ୍ସାହନ ଦେବା ଲାଗି ଆଦିବାସୀ ବିହନ ବ୍ୟାଙ୍କଗୁଡିକ ପାଇଁ କାର୍ବନ କ୍ରେଡିଟ୍ ଯୋଜନା ଆରମ୍ଭ କରିବା

- ଆଦିବାସୀ ସମୁଦାୟଙ୍କ ପାଇଁ ରାଜସ୍ୱ ସୃଷ୍ଟି କରିବା ଲାଗି ଏହି କ୍ରେଡିଟ୍ଗୁଡ଼ିକୁ ବୈଶ୍ୱିକ କାର୍ବନ ବଜାର ସହିତ ଯୋଡ଼ିବା

- ଆଦିବାସୀ ଅଞ୍ଚଳରେ ସ୍କୁଲ ପାଠ୍ୟକ୍ରମରେ ସଚେତନତା ଏବଂ ଅଂଶଗ୍ରହଣ ସୃଷ୍ଟି କରିବା ଲାଗି ବୀଜ ସଂରକ୍ଷଣ ସମେତ

- ସ୍ଥାୟୀ କୃଷିକୁ ଆଧାର କରି ଜୀବିକା ନିର୍ବାହ ପାଇଁ ଆଦିବାସୀ ଯୁବକମାନଙ୍କ ପାଇଁ "ବୀଜ/ବିହନ ଉଦ୍ୟୋଗୀତା" ବା **“seed entrepreneurship”** କାର୍ଯ୍ୟକ୍ରମ ଆରମ୍ଭ କରିବା

ଏହି ଅଭିନବ ପଦକ୍ଷେପଗୁଡ଼ିକୁ କାର୍ଯ୍ୟକାରୀ କରିବା ଦ୍ୱାରା, ଆଦିବାସୀ ବିହନ ଭଣ୍ଡାରଗୁଡ଼ିକୁ ସ୍ଥାୟୀ କୃଷି ଏବଂ ଜୈବ ବିବିଧତା ସଂରକ୍ଷଣ ପାଇଁ ବୈଶ୍ୱିକ ମଡେଲ ଭାବେ ବିକଶିତ କରାଯାଇପାରିବ, ଯାହା ଜଳବାୟୁ ନମନୀୟତା ଏବଂ ସ୍ଥିରତା ଦିଗରେ ପ୍ରଗତିକୁ ତ୍ୱରାନ୍ୱିତ କରିପାରିବ । ଏହା ନା କେବଳ ବର୍ତ୍ତମାନର ଚାଷ ପ୍ରଣାଳୀକୁ ସମୃଦ୍ଧ କରିବ, ବରଂ ଭବିଷ୍ୟତରେ ଏକ ସ୍ଥାୟୀ କୃଷି ବ୍ୟବସ୍ଥା ସୁନିଶ୍ଚିତ କରାଇବାରେ ମଧ୍ୟ ସହାୟକ ହେବ, ଯାହାର ସୂତ୍ରଧର ବା କର୍ଣ୍ଣଧାର ହେବେ ଆଦିବାସୀମାନେ ।

ଆଦିବାସୀ ଓ ଶତାବରୀ

ଶତାବରୀ... ସଂସ୍କୃତରେ ଶତାବରୀର ଅର୍ଥ ହେଉଛି ଶହେ ମୂଳ ଥିବା ଏକ ପ୍ରାକୃତିକ ଔଷଧୀୟ ଉଦ୍ଭିଦ,ଯାହା ବିଭିନ୍ନ ଆୟୁର୍ବେଦିକ ଔଷଧ ପ୍ରସ୍ତୁତିରେ ବ୍ୟବହୃତ ହୁଏ । ପାରମ୍ପାରିକ ଲୋକକଥା ଅନୁଯାୟୀ ଶତାବରୀର ଅର୍ଥ ହେଉଛି, "ଶହେ ସ୍ୱାମୀଙ୍କ ସହିତ" । ଏହାଛଡା "ଶହେ ରୋଗର ଉପଶମକାରୀ" ଭାବରେ ମଧ ଶତାବରୀକୁ ତୁଳନା କରାଯାଇଛି । ଯଦି ହଳଦୀ ଆୟୁର୍ବେଦର 'ରାଜା', ତେବେ ଶତାବରୀ ନିଶ୍ଚିତ ଭାବରେ 'ରାଣୀ' ଅଟେ । ଆୟୁର୍ବେଦରେ ମହିଳାଙ୍କ ଶାରୀରିକ ତଥା ମାନସିକ ସ୍ୱାସ୍ଥ୍ୟ ପାଇଁ ଶତାବରୀ ଏକ ଆଶ୍ଚର୍ଯ୍ୟଜନକ ଔଷଧ ଭାବରେ ବିବେଚିତ । ପିତ୍ତ ଏବଂ ବାତ ଦୋଷକୁ ସନ୍ତୁଳିତ କରିବା ପାଇଁ ଆୟୁର୍ବେଦରେ ଶତାବରୀର ବ୍ୟବହାର କରାଯାଏ । ସାଧାରଣତଃ, ଶତାବରୀ ସହିତ ଜଡିତ ବିଜ୍ଞାନ, ପାରମ୍ପାରିକ ଔଷଧୀୟ ଜ୍ଞାନ, ଲୋକକଥା, ସଂସ୍କୃତି ଏବଂ ପରମ୍ପରା ବିଷୟରେ ସମସ୍ତେ ଅବଗତ ନୁହଁନ୍ତି । ଶତାବରୀ ବିଷୟରେ ସମସ୍ତଙ୍କର ସାଧାରଣ ଜ୍ଞାନ ଏହା ଯେ, ଏହା ଏକ ଲତା, ଯାହାର ପତ୍ର ମୁନିଆ-ମୁନିଆ ଓ ପକ୍ଷୀ ପର ଆକାରର ଓ ଚେର କନ୍ଦମୂଳ ଭଳିଆ । ଏହା ଘର ବାହାର କାନ୍ଥ ବା ଫାଟକରେ ମାଡି ଥାଏ, ଯାହାର ଟିକି-ଟିକି ଛୋଟ ଧଳା ଫୁଲ କେତେବେଳେ ଫୁଟି କେତେବେଳେ ଝଡିଯାଏ ଜଣା ପଡ଼େନି । ଫୁଲ ପରେ ଫଳ ମଧ ଆସେ ଯାହା ବଇଞ୍ଚ କୋଳି ଆକାରର । ଆଜିକାଲି କିନ୍ତୁ କାହିଁକି ଶତାବରୀ ଆଉ ଦେଖା ଯାଉ ନାହିଁ । କାଁ-ଭାଁ କାହା ବାଡ଼ିରେ ମିଳୁଛି । ଆପଣମାନେ ଶତାବରୀକୁ ଚିହ୍ନି ପାରୁଛନ୍ତି ତ?

ଶତାବରୀ ଯେତେବେଳେ ବିଲୁପ୍ତ ହେବାରେ ଲାଗିଛି, ଭାଗ୍ୟକୁ ମୋ ଘରେ ଶୋଭା ପାଉଛି ଶତାବରୀର ଏକ ଲତା, ଯାହାକୁ ଅତି ଯତ୍ନରେ ମୁଁ ଘର ଫାଟକରେ ମଡ଼େଇଛି।କିଛି ଦିନ ତଳେ ମୁଁ ଦେଖିଲି ଜଣେ ଭଦ୍ର ବ୍ୟକ୍ତି ମୋ ଶତାବରୀ ଲତାକୁ ଅନେଇ-ଅନେଇ ଯାଉଛନ୍ତି । ଠିକ୍ ତା ପରଦିନ, ସେଇ ଭଦ୍ର ବ୍ୟକ୍ତି ଜଣଙ୍କ ଘର କବାଟ ଠକ୍ ଠକ୍ କରିବାରୁ, ମୁଁ ତାଙ୍କୁ ଦେଖି ଟିକିଏ ଡରି ଗଲି । ସେ ମୋତେ ଦେଖି ହାତ ଯୋଡି, ଅତି ନମ୍ର ସ୍ୱରରେ କହିଥିଲେ, "ମାଡାମ୍ ନମସ୍କାର! ମୋ ଝିଆରୀ ବାହାଘର କାଲି । ସେଇ ନିମନ୍ତେ ମୋତେ ଶତାବରୀ ଆବଶ୍ୟକ । ଆପଣଙ୍କର ଯଦି ଅନୁମତି ହେବ, ତେବେ ମୁଁ କିଛି ଶତାବରୀ ଚେର ରୁ ଉପାଡିକି ନେଇ ପାରିବି କି?" ବ୍ୟକ୍ତି ଜଣଙ୍କ କଥା ଶୁଣି ମୁଁ କ'ଣ ଶତାବରୀ ଲାଗି ଆଉ ମନା କରିଥା'ନ୍ତି କି! ଆମ ବାହାଘର ରୀତିନୀତିରେ ଯେହେତୁ ଶତାବରୀର ବ୍ୟବହାର ମୁଁ କେବେ ଦେଖି ନାହିଁ, ମୋ ମନରେ ଜିଜ୍ଞାସା ସୃଷ୍ଟି ହେଲା ଯେ ବିବାହଘର ରେ ଶତାବରୀର ପ୍ରୟୋଜନ କ'ଣ । ସେଇ ଭଦ୍ର ବ୍ୟକ୍ତିଙ୍କୁ ବିବାହ କର୍ମରେ ଶତାବରୀର ବ୍ୟବହାର ବିଷୟରେ ପଚାରିବାରୁ, ସେ କହିଥିଲେ, "ମାଡାମ୍ ଆମେ ଆଦିବାସୀ । ଆମ ବାହାଘର ମାନଙ୍କରେ ଶତାବରୀ ବ୍ୟବହାର ହୁଏ ବୋଲି ଆମେ କେବେଠାରୁ ଦେଖି ଆସୁଛୁ, ଓ ଆମର ପୁରୋହିତ ମଧ୍ୟ ଶତାବରୀ ବାହାଘର କର୍ମରେ ବ୍ୟବହାର କରନ୍ତି ବୋଲି ଆମେ ଜାଣିଛୁ । କିନ୍ତୁ କାହିଁକି ବ୍ୟବହାର ହୁଏ, ତାହା ମୋତେ ଜଣା ନାହିଁ । ଗୋଟେ ରୀତିନୀତି ରହିଛି ତ ରହିଛି!" ଏହା କହି ଆଦିବାସୀ ଭଦ୍ର ବ୍ୟକ୍ତି ଜଣଙ୍କ ଶତାବରୀ ନେଇ ଚାଲିଗଲେ । କିନ୍ତୁ ସେ ଯିବା ପରେ ମୋ ମନରେ ଅନେକ ପ୍ରଶ୍ନ ଉଠିଲା ଏବଂ ମୁଁ ତା'ର ଉତ୍ତର ଖୋଜିବାରେ ଲାଗିଲି ।

ଏହା ତ ସତ ଯେ ଶତାବରୀ ଏକ ଔଷଧୀୟ ଲତା, ଯାହାର ଉପାଦେୟତା ବହୁତ । ହେଲେ ଶତାବରୀ ଆମର ପ୍ରତ୍ୟକ୍ଷ ବ୍ୟବହାରରେ ଆସେ କି? ଆମ୍ବ, ପଣସ, ବେଲ, ନିମ୍ବ ଏମିତିକି ବରକୋଳି ପତ୍ର ଓ ଦୁବ ଘାସର ବ୍ୟବହାର ବିଷୟରେ ଆମର ଜ୍ଞାନ ଅଛି । ଏହି ସବୁ ପତ୍ରକୁ କେନ୍ଦ୍ର କରି ଯଦି ପ୍ରଶ୍ନ କରାଯାଏ ଯେ, ଏମାନଙ୍କର ବ୍ୟବହାର କ'ଣ ବୋଲି, ତେବେ ବହୁ ମାତ୍ରାରେ ଉତ୍ତର ମିଳିବ ଯେ ଏହି ସବୁ ପତ୍ର ଗୁଡ଼ିକର ଔଷଧୀୟ ଗୁଣ ଥିବା ସହିତ ଏମାନେ ପୂଜା, ଶୁଭ କାମ, ବା ଅନ୍ୟାନ୍ୟ ବ୍ୟବହାରରେ ଆସନ୍ତି । ଏହା ସତ! କିନ୍ତୁ ସେଇ ପ୍ରଶ୍ନକୁ ଯଦି ଟିକିଏ ଲମ୍ବେଇ ଦିଆଯାଇ ପଚରା ଯାଏ ଯେ, ଏହି ସବୁ ପତ୍ର କାହିଁକି ପୂଜା କର୍ମରେ ଲାଗନ୍ତି, ତେବେ, 'ଆମେ ଦେଖିଛୁ ଏହାର ବ୍ୟବହାର କରାଯାଏ', 'ଆମେ ଜାଣିଛୁ ଏହାକୁ ବ୍ୟବହାର କରନ୍ତି', 'ଏହି ସବୁ ପତ୍ର ଶୁଭ ବୋଲି ଏହାକୁ ପୂଜା ବା ଶୁଭ କର୍ମରେ ଲଗା ଯାଏ' ବୋଲି ଆମେ ଆମର ସାଧାରଣ ଉତ୍ତର ରଖିବା । କିନ୍ତୁ ୯୫% ରୁ ଅଧିକ ଲୋକଙ୍କ ପାଖରେ ଏହାର ସଠିକ ବା ଉପଯୁକ୍ତ ଉତ୍ତର ନଥିବ । କାରଣ ଆମେ, "କ'ଣ", "କେମିତି", "କାହିଁକି" ଭଳି ପ୍ରଶ୍ନକୁ ଜାଣିବାକୁ ବା ଆମ ପିଲାଙ୍କୁ ଜଣାଇବାକୁ ବେଶୀ ଆଗ୍ରହୀ ହୁଅନ୍ତି ନାହିଁ । ଆମ କାମ ହୋଇଗଲେ ଗଲା! ସେଥିପାଇଁ ବୋଧେ ଆଜି ଆମ ଅସ୍ମିତା ସଙ୍କଟରେ । ପୂଜା ସମାରୋହରେ ବ୍ୟାପକ ଭାବରେ ବ୍ୟବହୃତ ଆମ୍ବ ପତ୍ର ସମୃଦ୍ଧତା, ଉର୍ବରତା ଏବଂ ମନ୍ଦ ଉପରେ ଭଲର ବିଜୟର ପ୍ରତୀକ ଅଟେ । ହିନ୍ଦୁ ରୀତିନୀତିରେ କୌଣସି ସମାରୋହ ପୂର୍ବରୁ ଏକ କଳସ ବା ପାଣି ହାଣ୍ଡି ଉପରେ ଆମ୍ବ ପତ୍ର ସହିତ ଗୋଟିଏ ପଇଡ଼ ରଖାଯାଏ । ଏଠାରେ ଆମ୍ବ ପତ୍ର ପ୍ରଭୁଙ୍କର ଅଙ୍ଗକୁ ପ୍ରତିପାଦିତ କରେ ଏବଂ ପଇଡ଼ ଈଶ୍ୱରୀୟ ମସ୍ତକର ପ୍ରତୀକ ଅଟେ । ଏହି ଉପାଦାନଗୁଡ଼ିକର ମିଳନ ଏକ ଶୁଭ ସମୟ ଓ

ଦେବତା ମାନଙ୍କର ଉପସ୍ଥିତିକୁ ସୂଚିତ କରେ । କବାଟ ଏବଂ ଝରକାରେ ଆମ୍ବ ପତ୍ର ଟାଙ୍ଗିବାର ପରମ୍ପରା ଅଧିକାଂଶ ହିନ୍ଦୁ ପରିବାରରେ ପାଳନ କରାଯାଏ । ଏହା ଆଧ୍ୟାତ୍ମିକ ଶକ୍ତି ବିରୁଦ୍ଧରେ ନକାରାତ୍ମକ ଶକ୍ତିକୁ ପ୍ରତିରୋଧ କରେ ବୋଲି ବିଶ୍ୱାସ କରାଯାଏ, ଯାହା ଏକ ପ୍ରତିବନ୍ଧକ ସୃଷ୍ଟି କରି ବାସସ୍ଥାନକୁ ଦୁଷ୍ଟ ଶକ୍ତିରୁ ରକ୍ଷା କରିଥାଏ । ସେହିପରି ହିନ୍ଦୁ ରୀତିନୀତିରେ ଦୁବ ଘାସ ମଧ୍ୟ ଏକ ଗୁରୁତ୍ୱପୂର୍ଣ୍ଣ ଭୂମିକା ଗ୍ରହଣ କରିଥାଏ । ଦୁବ ଘାସରେ ନିର୍ମିତ ମୁଦି କୁ ହୋମ ରୀତିନୀତି, ପୂଜା ବା ନୈବେଦ୍ୟ ଆରମ୍ଭ କରିବା ପୂର୍ବରୁ ପିନ୍ଧାଯାଏ, ଯାହା ଯଜମାନ ବା କର୍ତ୍ତାଙ୍କ ଉପରେ ଏକ ଶୁଦ୍ଧ ପ୍ରଭାବ ପକାଇଥାଏ । ଦୁବ, ଶ୍ରୀଗଣେଶଙ୍କ ପୂଜାର୍ଚ୍ଚନାରେ ବ୍ୟବହାର ହୋଇଥାଏ । ଏହିପରି କେତେ ପତ୍ର ଅଛି ଯାହାର ବ୍ୟବହାର ତ ଆମେ ଜାଣିଛୁ, ହେଲେ ତାହା କାହିଁକି ବ୍ୟବହାର କରାଯାଏ, ଗଭୀର ଭାବରେ ଜାଣିବା ବାକି ରହି ଯାଉଛି । ଏତେ ପତ୍ର ଭିତରେ, ଆମେ ଶତାବରୀକୁ ପୂଜାରେ ବ୍ୟବହାର କରନ୍ତି କି? ଶତାବରୀର ତ ଏତେ ଗୁଣ ଅଛି ହେଲେ ତାହା କ'ଣ କୌଣସି ପୂଜା ବା ଶୁଭ କର୍ମରେ ଲାଗେ କି? ସାଧାରଣ ଭାବରେ ଆମେ ତାହା ଦେଖି ନାହୁଁ ଯେ ଶତାବରୀ କୌଣସି ପୂଜାରେ ବା ଶୁଭ କର୍ମରେ ଲାଗେ ବୋଲି । ଆମ ଜ୍ଞାନରେ ଶତାବରୀ କେବଳ ଏକ ଔଷଧୀୟ ଲତା । କିନ୍ତୁ ଧନ୍ୟ ସେଇ ଆଦିବାସୀ ଓ ସେମାନଙ୍କର ରୀତିନୀତିକୁ, ଯାହା ମଧ୍ୟରେ ଶତାବରୀର ଆଧ୍ୟାତ୍ମିକ ଦିଗ ଅନ୍ତର୍ଭୁକ୍ତ ।

ଆଦିବାସୀଙ୍କ ସଂସ୍କୃତି, ପରମ୍ପରା, ରୀତିନୀତି ଏତେ ସମୃଦ୍ଧ ଓ ବୈଜ୍ଞାନିକ ମନୋଭାବ ଦ୍ୱାରା ଅନୁପ୍ରାଣିତ ଯେ, ଶତାବରୀ ସେଥିରେ ଏକ ପ୍ରମୁଖ ସ୍ଥାନ ଲାଭ କରି ପାରିଛି । ସାଧାରଣତଃ, ବିବାହ, ନାରୀ ଓ ପୁରୁଷ ମଧ୍ୟରେ ଏକ

ସଠିକ ସମ୍ପର୍କ ପ୍ରତିଷ୍ଠା ପାଇଁ ଏକ ସାମାଜିକ ଅନୁଷ୍ଠାନ । ସାମାଜିକ ଚୁକ୍ତିନାମାର ଏକ ରୂପ ଅପେକ୍ଷା ବିବାହ ଏକ ପବିତ୍ର ବନ୍ଧନ, ଯାହା ସ୍ୱାମୀ ଓ ସ୍ତ୍ରୀକୁ ପରିପୂର୍ଣ୍ଣ କରେ । ବିବାହ କରି ବଂଶ ଅଧିକାର କରିବା ହିଁ ଉଭୟ ନାରୀ ଓ ପୁରୁଷଙ୍କର ପରିପୂର୍ଣ୍ଣତାକୁ ସୂଚାଇ ଥାଏ । ସଂସାରର ଗାଡି ଆଗେଇ ନେବାକୁ ଓ ଏକ ନୂଆ ଜୀବନକୁ ଧରାକୁ ଆଣିବାକୁ ଲୋଡ଼ା, ଉଭୟ ସ୍ୱାମୀ ଓ ସ୍ତ୍ରୀଙ୍କର ଶାରୀରିକ ଏବଂ ମାନସିକ ସୁସ୍ଥତା । ସେଇ ପରିପ୍ରେକ୍ଷୀରେ, ପାରମ୍ପାରିକ ଭାବରେ ଶତାବରୀ ମହିଳାମାନଙ୍କର ସମ୍ପୂର୍ଣ୍ଣ ଜୀବନ ପର୍ଯ୍ୟାୟରେ ଏକ ଗୁରୁତ୍ୱପୂର୍ଣ୍ଣ ଭୂମିକା ନିର୍ବାହ କରେ । ଏହା ମହିଳାମାନଙ୍କର ପ୍ରଜନନ ସ୍ୱାସ୍ଥ୍ୟ ପାଇଁ ବିଶେଷ ଲାଭଦାୟକ ଅଟେ । ଏହା ମହିଳାଙ୍କ ଋତୁସ୍ରାବ ଜନିତ ସ୍ୱାସ୍ଥ୍ୟ ଏବଂ ମହିଳାମାନଙ୍କର ଶିଶୁ ଜନ୍ମ କରିବାର କ୍ଷମତା ଓ ଉର୍ବରତାକୁ ବୃଦ୍ଧି ମଧ୍ୟ କରି ଥାଏ । ଶତାବରୀ ପୁରୁଷଙ୍କ ସ୍ୱାସ୍ଥ୍ୟ ପାଇଁ ମଧ୍ୟ ଲାଭଦାୟକ, ଯାହା ଶୁକ୍ରାଣୁ ଏବଂ ବୀଜାଣୁର ଗୁଣବତ୍ତା ଏବଂ ପରିମାଣରେ ଉନ୍ନତି ଆଣିଥାଏ । ଶତାବରୀ ଉର୍ବରତା ଏବଂ ଜୀବନଶୈଳୀ ବୃଦ୍ଧି କରିବାର କ୍ଷମତାକୁ ଦର୍ଶାଏ । ସ୍ତନ୍ୟପାନ ବୃଦ୍ଧି ପାଇଁ ଏହା ଏକ ଜଣାଶୁଣା ଆୟୁର୍ବେଦିକ ଉପଚାର । ଆଧ୍ୟାତ୍ମିକ ସ୍ତରରେ ଶତାବରୀ ପ୍ରେମ, ଭକ୍ତି ଏବଂ କରୁଣା ବୃଦ୍ଧି କରିବାକୁ ବିବେଚନା କରାଯାଏ । ସେହି ପ୍ରସଙ୍ଗରେ, ଭଲ ବର ପାଇବାକୁ କୁମାରୀ ମାନେ ଯେମିତି କୁଆଁର ପୁନେଇ କରନ୍ତି, ବିଦ୍ୟା ଲାଭ ଲାଗି ଗଣେଶ ପୂଜା ଓ ମା' ସରସ୍ୱତୀଙ୍କୁ ପୂଜା କରନ୍ତି, ଧନ ପାଇବାକୁ ମା' ଲକ୍ଷ୍ମୀଙ୍କୁ ପୂଜା କରନ୍ତି, ଶିବ ଠାକୁରଙ୍କୁ ପ୍ରସନ୍ନ କରିବାକୁ ଯେମିତି ୧୦୮ ବେଲ ପତ୍ର ଚଢାନ୍ତି, ଜଗନ୍ନାଥଙ୍କୁ ତୁଳସୀ ମାଳ ଅର୍ପଣ କରନ୍ତି, ସେହିପରି ବୈବାହିକ ଜୀବନ ସୁସ୍ଥ ଓ ସୁଖମୟ ହେଉ ଓ ଦମ୍ପତି ଦୁଇଜଣ ଯେମିତି ପିତା ମାତା ହେବାର

ସୌଭାଗ୍ୟ ପ୍ରାପ୍ତ କରନ୍ତୁ, ସେଥିପାଇଁ ଆଦିବାସୀମାନେ ନିଜର ବିବାହ କର୍ମରେ ଶତାବରୀର ବ୍ୟବହାର କରିଥାନ୍ତି । ବିବାହ କର୍ମରେ ଶତାବରୀ ହେଉଛି ଉର୍ବରତାର ପ୍ରତିକୃତି । ବିବାହ କର୍ମରେ ଶତାବରୀର ବ୍ୟବହାର ଏହା ସ୍ୱଷ୍ଟ ଭାବରେ ସୂଚେଇ ଦେଉଛି ଯେ, ଆଦିବାସୀଙ୍କ ବ୍ୟବହାର ଶୈଳୀ କେତେ ତର୍କ ସଂଗତ । ଆଦିବାସୀ ସମ୍ପ୍ରଦାୟର ଲୋକମାନେ ଅତି ପ୍ରକୃତି ପ୍ରେମୀ, ଯାହାଫଳରେ ପ୍ରକୃତିରେ ହିଁ ସେମାନେ ନିଜର ଇଷ୍ଟ ଦେବତା ବା ଆରାଧ ଦେବତାଙ୍କୁ ପାଇଥାନ୍ତି । ପାହାଡ଼, ପର୍ବତ, ଜଙ୍ଗଲ, ଗଛ, ପତ୍ର ହେଲେ ଆଦିବାସୀଙ୍କର ଈଶ୍ୱର, ଓ ସେମାନେ ତାହାର ସନ୍ତାନ । ଆଧ୍ୟାତ୍ମିକତା, ବୈଜ୍ଞାନିକ ମନୋଭାବ, ଭାବ ଓ ଭାବନା, ବିଶ୍ୱାସ ଓ ବେଳେବେଳେ ଅନ୍ଧବିଶ୍ୱାସର ଏକ ଉତ୍କୃଷ୍ଟ ମିଶ୍ରଣ ହେଲେ ଆମ ଆଦିବାସୀ, ଯାହାର ଜ୍ୱଳନ୍ତ ଉଦାହରଣ ହେଲା ବିବାହରେ ଶତାବରୀର ବ୍ୟବହାର । ହେଲେ, ସବୁ ଭଲ କଥାରେ ଗୋଟିଏ ଦୁଃଖର କଥା ଏହା ଯେ ଆଧୁନିକୀକରଣ, ପାଶ୍ଚାତ୍ୟକରଣ ଓ ସମୟ ପରିବର୍ତ୍ତନର ଶିକାର ହୋଇ ଆଦିବାସୀମାନେ ନିଜର ସମୃଦ୍ଧ ପରମ୍ପରାକୁ ଯଦିଓ ଅଳ୍ପେ ବହୁତେ ପାଳନ କରୁଛନ୍ତି, ହେଲେ ପାଳନ କରିବା ପଛର ମର୍ମ, ମୂଲ୍ୟ, ଓ ଗୁରୁତ୍ୱକୁ ଭୁଲି ଗଲେଣି, ଯାହା ଆଗାମୀ ଦିନରେ ଏକ ଜାତି ବା ସମୁଦାୟ ଲାଗି ବିପଦଜନକ ହୋଇପାରେ, ଯାହାର ଉଦାହରଣ ସେ ଆଦିବାସୀ ଭଦ୍ରବ୍ୟକ୍ତି ଜଣଙ୍କ ଯିଏ ନିଜ ଝିଆରୀ ବାହାଘର ଲାଗି ଶତାବରୀ ତ ନେଇଥିଲେ, ହେଲେ ଶତାବରୀର ବ୍ୟବହାର କ'ଣ, ଜାଣି ନଥିଲେ । ଏହିସବୁ ପାଇଁ ଆଦିବାସୀଙ୍କ ସମୃଦ୍ଧ ଐତିହ୍ୟ ଓ ଅସ୍ମିତା ସଂକଟରେ ପଡ଼ି ଯାଇପାରେ । ଆଦିବାସୀମାନେ ନିଜ ଗୌରବ ଗାଥା ନିଜେ ଲେଖିଲେ, ନିଜର କଳା ସଂସ୍କୃତିକୁ ନିଜେ ପ୍ରଚାର ପ୍ରସାର କରିଲେ, ନିଜ ଲୋକକଥା ନିଜେ

ବଖାଣିଲେ, ଆଦିବାସୀ ଅସ୍ମିତା ଅସ୍ତ ହେବାରୁ ବଂଚିପାରିବ, ଓ ସାରା ବିଶ୍ୱ ଆଦିବାସୀଙ୍କ ଏକ ସ୍ୱର୍ଣ୍ଣିମ ଇତିହାସର ସାକ୍ଷୀ ରହିବ ।

ମତ ଓ ମନ୍ତବ୍ୟ

ପ୍ରକୃତିର ଉପାସକ ତଥା ସଂରକ୍ଷକ ଆଦିବାସୀ ମାନଙ୍କ ଠାରୁ ପ୍ରାକୃତିକ ଚିକିତ୍ସା ପ୍ରଣାଳୀର ଜ୍ଞାନ ଓ ଉପଯୋଗ ବିଧି ଜାଣିବା ପାଇଁ ଆଜି ସମଗ୍ର ବିଶ୍ୱ ତତ୍ପର । ବିକାଶର ଅମୁହାଁ ଗଳିର ଦୌଡ଼ରେ ଦୌଡ଼ି ଦୌଡ଼ି ଆଜିର ଆଧୁନିକ ମାନବ ଦିଗହରା ହୋଇଯାଇଛି । ବିଜ୍ଞାନ ଏତେ ପ୍ରଗତି କରିବା ସତ୍ତ୍ୱେ, ସମସ୍ତ ସମସ୍ୟାର ସମାଧାନ ତଥାକଥିତ ବିଜ୍ଞାନ କରିପାରୁ ନାହିଁ, ଯାହା ସମସ୍ତେ ହୃଦୟଙ୍ଗମ କରିଲେଣି । ପାରମ୍ପାରିକ ଜ୍ଞାନ କୌଶଳରେ ଲୁଚି ରହିଥିବା ବିଜ୍ଞାନର ଆବିଷ୍କାର ହିଁ, କିଛି ଉତ୍ତର ଦେଇପାରିବ ବୋଲି ବୈଜ୍ଞାନିକ ମାନେ ଭାବୁଛନ୍ତି । ମାତ୍ର ସେମାନଙ୍କର ସୀମିତ ତାଲିମ୍, ତାଙ୍କ ପାଇଁ ଏକ ବଡ଼ ବାଧକ ସାଜିଛି । କୌଣସି ବୈଜ୍ଞାନିକ ଉଦ୍ଭାବନର ସବୁ ସମୟରେ ଅର୍ଥନୈତିକ ବା ଅନୈତିକ ଶୋଷଣ ହୋଇଆସିଛି । ଆଦିବାସୀ ସଂସ୍କୃତି ଏ ବିଷୟରେ ଅନେକ ସଚେତନ, ଯାହାଫଳରେ ଜଙ୍ଗଲର ସୁରକ୍ଷା ହୋଇପାରିଛି, ଅନେକ ଲୁପ୍ତପ୍ରାୟ ଗଛପତ୍ର ଓ ଜୀବଜନ୍ତୁ ସୁରକ୍ଷିତ ରହି ପାରିଛନ୍ତି । ଶତାବରୀର ବୈଜ୍ଞାନିକ ପ୍ରୟୋଗ ଗୋଟିଏ କଥା, କିନ୍ତୁ ଶତାବରୀ ଭଳି ଲୁପ୍ତପ୍ରାୟ ଗୁଳ୍ମ ଲତାର ସଂରକ୍ଷଣ କେତେ ଜରୁରୀ ଏବଂ ପରମ୍ପରା ଯୋଗୁଁ ତାହା କିପରି ବଞ୍ଚି ରହିଛି, ଏ ଶିକ୍ଷା ଆଦିବାସୀମାନେ

ଆମକୁ ଦେଇଛନ୍ତି । ପ୍ରକୃତି ସହିତ ଏକାକାର ହୋଇ ଶାନ୍ତିପୂର୍ଣ୍ଣ ସହାବସ୍ଥାନରେ ବିଶ୍ୱାସ କରୁଥିବା ଆଦିବାସୀ ସମ୍ପ୍ରଦାୟକୁ ତଥାକଥିତ ବିକାଶ ନାମରେ ବାଟବଣା କରି, ଦୋଛକିରେ ଛିଡ଼ା କରାଇ, ନା' ତ ଆମେ ଲୋକ କଲ୍ୟାଣ କରୁଛୁ ନା ପ୍ରକୃତିର ସୁରକ୍ଷା । ନିଜକୁ ଅତି ଜ୍ଞାନୀଗୁଣୀ ଭାବୁଥିବା ଆଜିର ମଣିଷ ନିଜକୁ ଧ୍ୱଂସ କରିବା ରାସ୍ତା ନିଜେ ତିଆରି କରିବା ସହିତ ସମଗ୍ର ବିଶ୍ୱକୁ ଧ୍ୱଂସ ମୁଖକୁ ଠେଲିଦେବାକୁ ତିଳେ ମାତ୍ର କୁଣ୍ଠାବୋଧ କରୁନାହିଁ । ଆମକୁ ଆମର ଚିନ୍ତାଧାରା ପରିବର୍ତ୍ତନ କରିବାର ଆବଶ୍ୟକତା ରହିଛି । ଆଦିବାସୀ ସଂସ୍କୃତି ଓ ପରମ୍ପରାରୁ ଶିକ୍ଷାଗ୍ରହଣ କରି, "ବସୁଧୈବ କୁଟୁମ୍ବକମ୍" ଆଦର୍ଶରେ ବିଶ୍ୱାସ ରଖୁଥିବା ସେଇ ଆଦିବାସୀ ମାନଙ୍କୁ ଅନୁସରଣ କରିଲେ, ପୃଥିବୀ ସମ୍ଭାବ୍ୟ ଧ୍ୱଂସ ମୁଖରୁ ବଞ୍ଚିପାରିବ, ଏବଂ ଭାରତବର୍ଷ ପ୍ରକୃତରେ ବିଶ୍ୱଗୁରୁ ହେବାର ଗୌରବ ଅର୍ଜନ କରିପାରିବ ।

ବୈଜ୍ଞାନିକ ଆଦିବାସୀ

ଆଜିର ଏହି କୃତ୍ରିମ ବୁଦ୍ଧିମତ୍ତାର ଦୁନିଆରେ ପ୍ରାୟ ସବୁଦିନ ବିଜ୍ଞାନର କିଛି ନା କିଛି ଚମତ୍କାରୀ ଆବିଷ୍କାର ଓ ମାନବ ସମାଜ ଲାଗି ତା'ର ଅବଦାନ ଦେଖିବାକୁ ମିଳୁଛି । ୫-ଜି ଠାରୁ ଆରମ୍ଭ କରି ଚନ୍ଦ୍ରାୟାନ-୩ ପର୍ଯ୍ୟନ୍ତ, ସବୁଠି ପ୍ରାୟ ବିଜ୍ଞାନର   ଜୟଗାନ । ହେଲେ ଏହି ବିଜ୍ଞାନ କ'ଣ? କେବେଠାରୁ ଏହି ବିଜ୍ଞାନ ମନୁଷ୍ୟ ସାଙ୍ଗରେ ଅଛି? ଯାହା ବୌଦ୍ଧିକ ଏବଂ ବ୍ୟାବହାରିକ କାର୍ଯ୍ୟକଳାପର ବ୍ୟବସ୍ଥିତ ଅଧ୍ୟୟନକୁ ଅନ୍ତର୍ଭୁକ୍ତ କରେ, ପ୍ରାକୃତିକ, ଶାରୀରିକ ଏବଂ ଆଚରଣ ଗଠନକୁ ପର୍ଯ୍ୟବେକ୍ଷଣ ଏବଂ ପରୀକ୍ଷଣ ମାଧ୍ୟମରେ ଅନୁଧ୍ୟାନ କରେ, ଆମେ ତାହାକୁ ବିଜ୍ଞାନ ବୋଲି କହିପାରିବା । ମଣିଷର ଅସ୍ତିତ୍ୱରୁ ହିଁ ବିଜ୍ଞାନର ଉପସ୍ଥିତି । ମଣିଷର ଜ୍ଞାନ, ଓ ଚାହିଦା ସହିତ ବିଜ୍ଞାନ ବ୍ୟାପି ଚାଲିଛି । କେବଳ ଶିକ୍ଷା ବା ଆଧୁନିକୀକରଣ ଯେ ମଣିଷ ଭିତରେ ବିଜ୍ଞାନ ବା ବୈଜ୍ଞାନିକ ମନୋଭାବକୁ ଜନ୍ମ ଦିଏ, ତାହା ସମ୍ପୂର୍ଣ୍ଣ ସତ୍ୟ ନ ହୋଇପାରେ । ଆଦିମ କାଳରୁ ଚାଲିଆସୁଥିବା ଆମ ଆଦିବାସୀଙ୍କ ସ୍ୱଦେଶୀ ଜ୍ଞାନ କୌଶଳ କୌଣସି ବିଜ୍ଞାନ ବା ପ୍ରଯୁକ୍ତିବିଦ୍ୟା ଠାରୁ କମ ନୁହେଁ, କାରଣ ବ୍ୟାବହାରିକ ଉଦ୍ଦେଶ୍ୟ ପାଇଁ ବୈଜ୍ଞାନିକ ଜ୍ଞାନର ପ୍ରୟୋଗକୁ ପ୍ରଯୁକ୍ତି ବିଦ୍ୟା ବୋଲି କୁହାଯାଏ, ଯାହା ଆଦିବାସୀଙ୍କ ଦୈନନ୍ଦିନ କାର୍ଯ୍ୟକଳାପରେ ଉତ୍ତମ ଭାବରେ   ପରିଲକ୍ଷିତ । ଆଦିବାସୀଙ୍କର ସେଇ ଗଣ୍ଠି ପକାଇ ଶାଢ଼ୀ ପିନ୍ଧିବା ହେଉ ବା ବେଣୀ ପକାଇ ଚୁଟି ବାନ୍ଧିବା ହେଉ । ସେ ଫାସ ପକାଇ ପତ୍ରରେ/ପାତିଆରେ ଆସନ-ଝୁଡି ବନେଇବା ହେଉ ବା

ଅମ୍ଳୀଭବନ କରି ହାଣ୍ଡିଆ ରାନ୍ଧିବା ହେଉ, ହାତ ଛନ୍ଦି ନାଚ କରିବା ହେଉ ବା ମାଳୀର ଅଳଙ୍କାରରେ ସଜେଇ ହେବା ହେଉ, ମାଣ୍ଡିଆ ଚାଷ ହେଉ ବା ଜୈବିକ ଚାଷ ହେଉ, ଗଛ ଚଢ଼ା ହେଉ ବା ଜନ୍ତୁର ଶିକାର ହେଉ-ବିଜ୍ଞାନର ଆଭାସ, ବିଜ୍ଞାନ ଓ ପ୍ରଯୁକ୍ତିବିଦ୍ୟାର ପରିଭାଷା ବୈଜ୍ଞାନିକ ଆଦିବାସୀଙ୍କ ପାଖରେ ଆବହମାନ କାଳରୁ ରହିଛି ।

ଏଇ କିଛିଦିନ ତଳେ ଆମ ପାଖ ଘର ନନ୍ଦ ମାଉସୀ ତାଙ୍କ ନାତି ଉପରେ ରାଗିକି ପାଟି କରି କହୁଥିଲେ, "ବ୍ରାହ୍ମଣ ଘର ଛୁଆ ଆଦିବାସୀଙ୍କ ଭଳି ହାତରେ, ପିଠିରେ ଚିତା କୁଟେଇ ପଳେଇ ଆସିଲା । କ'ଣ ଦେଖା ଯାଉଛି ସେ ସବୁ?" ଆଜ୍ଞା ହଁ! ଯଦି ଆପଣ ଲକ୍ଷ୍ୟ କରୁଥିବେ ଆଜିର ଯୁବ ପିଢ଼ି; କ'ଣ ପୁଅ, କ'ଣ ଝିଅ, ଦେହରେ ଚିତା କୁଟେଇଲା ଭଳି ଚିତ୍ର କରୁଛନ୍ତି ଯାହାକୁ ଫେସନରେ 'ଟାଟୁ' ବୋଲି କହୁଛନ୍ତି । ତାହାଛଡା ପୁଅମାନେ କାନ ଓ ନାକ ମଧ୍ୟ ଫୋଡାଉଛନ୍ତି, ଓ ଲମ୍ବା-ଲମ୍ବା ଚୁଟି ରଖି ହିପ୍ପୀ ମଧ୍ୟ ବାନ୍ଧୁଛନ୍ତି । ଏ ସବୁ କାଳେ ଆଜିକାଲିକାର ଅତ୍ୟାଧୁନିକ ଫେସନ୍ । ହେଲେ ଏଇ ଫେସନ୍ ପ୍ରକୃତରେ ଆସିଲା କେଉଁଠୁ? ଏହି ପ୍ରଶ୍ନର ଉତ୍ତର ନନ୍ଦ ମାଉସୀ ଆଗରୁ ଦେଇ ସାରିଛନ୍ତି । ଆଦିବାସୀମାନେ ହେଲେ ଏହାର ଫେସନ୍ ଡିଜାଇନର । ଏହି ଚିତା କୁଟେଇବା ଆଦିବାସୀମାନଙ୍କର ପରମ୍ପରା ଓ ପ୍ରଥା,ଯାହା ଯୁଗ ଯୁଗରୁ ରହି ଆସିଛି । ଏହା କେବଳ ଅଳଙ୍କାର କିମ୍ବା ଜାତିର ଚିହ୍ନଟ ଲାଗି ନୁହେଁ, ବରଂ ଅଭିବ୍ୟକ୍ତି ଏବଂ ବିଶ୍ୱାସର ଏକ ମାଧ୍ୟମ । ଆଦିବାସୀଙ୍କର ଏହା ବିଶ୍ୱାସ ଯେ ଚିତା କୁଟେଇବା ଦ୍ୱାରା ପେଟ ଜନିତ ସମସ୍ୟା ଦେଖା ଦିଏ ନାହିଁ ଓ ରୋଗ ପ୍ରତିରୋଧକ ଶକ୍ତି ମଧ୍ୟ ବୃଦ୍ଧି ହୋଇଥାଏ । ଏହା ରକ୍ତ ସଞ୍ଚାଳନ ସମ୍ବନ୍ଧୀୟ ବ୍ୟାଧିକୁ ଦୂର କରିଥାଏ ଓ ଗଣ୍ଠି ବ୍ୟାଘାତକୁ ରୋକିଥାଏ, କାରଣ ଏହା ଆକ୍ୟୁପଂକ୍ଚର ଚିକିତ୍ସା ଭାବରେ

କାମ କରିଥାଏ । ଆଦିବାସୀମାନେ ନିଜର ବିଶ୍ୱାସ ଓ କିଛି ଭିତ୍ତିହୀନ ବିଶ୍ୱାସକୁ ମିଶାଇ ଏହି ଟାଟୁର ଉଦ୍ଭାବନ କରିଥିଲେ, ଯାହାର ପାରମ୍ପାରିକ, ସାମାଜିକ, ବୈଜ୍ଞାନିକ ଓ ଔଷଧୀୟ ଗୁଣ ରହିଛି । ଆଦିବାସୀଙ୍କ ବେଶଭୁଷା, ଅଳଙ୍କାର ପରିଧାନ ଓ ପରିପାଟୀରେ ପ୍ରାକୃତିକ ଜ୍ଞାନ ଓ ବିଜ୍ଞାନ ନିହିତ । ସେଇଆକୁ ଆମେ ଅନୁକରଣ କରୁଛନ୍ତି ଓ ଆଧୁନିକ ଷ୍ଟାଇଲ୍ ଓ ଜ୍ଞାନର ଆଖ୍ୟା ଦେଇ, ତାହାସହିତ ଜଡିତ ଆଦିବାସୀଙ୍କ ପାରମ୍ପାରିକ, ସାଂସ୍କୃତିକ ତଥା ବୈଜ୍ଞାନିକ ମନୋଭାବକୁ ଅଣଦେଖା କରି, ସେଇମାନଙ୍କୁ ହୀନ ମଣି ଦେଉଛନ୍ତି ।

ଆପଣମାନେ ଜାଣିଥିବେ ଯେ କୋରାପୁଟର ଆଦିବାସୀ ଅଞ୍ଚଳରୁ ଅନୁସନ୍ଧାନ ଲାଗି ୩୩ରୁ ଅଧିକ ସ୍ୱଦେଶୀ ମାଣ୍ଡିଆ କିସମ ସଂଗ୍ରହ କରାଯାଇଥିଲା, ଯାହା ହାଇବ୍ରିଡ୍ କିସମ ଅପେକ୍ଷା ଅଧିକ ପୁଷ୍ଟିକର ବୋଲି ଚିହ୍ନଟ ହୋଇଛି । ଆଦିବାସୀଙ୍କ ଦ୍ୱାରା ଉତ୍ପାଦିତ ତେଲୁଗୁ, ବଡା, ଦଶହେରା କିସମର ମାଣ୍ଡିଆ ରେ ପ୍ରୋଟିନ, କାର୍ବୋହାଇଡ୍ରେଟ୍, ଫାଇବର, ଫ୍ଲାଭୋନାଏଡ୍ ଏବଂ ଆଣ୍ଟିଅକ୍ସିଡାଣ୍ଟର ମାତ୍ରା, ଅତ୍ୟାଧୁନିକ ହାଇବ୍ରିଡ଼ ମାଣ୍ଡିଆ ଓ ମାଣ୍ଡିଆ ଜାତୀୟ ଶସ୍ୟ ତୁଳନାରେ ଖୁବ୍ ଅଧିକ । ପ୍ରାକୃତିକ ଉପାୟରେ, ବିନା ରାସାୟନିକ ଦ୍ରବ୍ୟ ବ୍ୟବହାର କରି, ନିଜର ସ୍ୱଦେଶୀ ବା ଦେଶୀୟ ପଦ୍ଧତି ଓ ଜ୍ଞାନ କୌଶଳର ଉପଯୋଗ କରି ଆଦିବାସୀମାନେ କେତେ ଆଗୁଆ ତାହାର ପ୍ରମାଣ ସମୟ ସମୟରେ ମିଳୁଛି । ଆଦିବାସୀମାନଙ୍କ ଦ୍ୱାରା ଉତ୍ପାଦିତ ଜିନିଷ ଆଗରୁ ମଧ୍ୟ ପ୍ରାକୃତିକ ଥିଲା ଓ ଏବେ ମଧ୍ୟ ପ୍ରାକୃତିକ । ଆମେ ଆଦିବାସୀମାନଙ୍କ ଠାରୁ ସେଇ ପ୍ରାକୃତିକ ପ୍ରଣାଳୀରେ ଚାଷ ଶିଖି, ସେଇମାନଙ୍କ ବିଜ୍ଞାନ ଓ ଜ୍ଞାନ କୌଶଳକୁ ଅନୁସରଣ କରି, ସେଇ ବୈଜ୍ଞାନିକ ଆଦିବାସୀଙ୍କ ସବୁ ଶ୍ରେୟ ନିଜେ ନେଇ

ଯାଉଛନ୍ତି । ଆଜିକାଲି **"Adibasi Hair Oil"** ଖୁବ୍ ଚର୍ଚ୍ଚାରେ । ଯାହାକୁ ଦେଖ ସିଏ ଆଦିବାସୀ ତେଲ ବିକୁଛି । ସେଇ ତେଲର ଉପକାରିତା ଯୋଗୁଁ ତାର ବିକ୍ରି ଯେତେ ନାହିଁ, ତାହା ଠାରୁ ଅଧିକ ବିକ୍ରି ହେଉଛି କେବଳ "ଆଦିବାସୀ" ଶବ୍ଦ ଲାଗି ଥିବାରୁ । ସମସ୍ତଙ୍କୁ ଲାଗୁଛି ଯେହେତୁ ସେଇଟା ଆଦିବାସୀ ତେଲ, ତାହା ନିଶ୍ଚୟ କାମ କରିବ । କେଉଁଠି ନା କେଉଁଠି ଆମ ସମସ୍ତଙ୍କର ଏକ ବିଶ୍ୱାସ ରହୁଛି ଯେ ଆଦିବାସୀଙ୍କ ପ୍ରାଚୀନ ଜ୍ଞାନ କୌଶଳ ସତରେ ଲାଭଦାୟୀ । ପ୍ରାଚୀନତା ଉପରେ ଆମ ସମସ୍ତଙ୍କର ବିଶ୍ୱାସ ଥିଲେ ମଧ୍ୟ, ଆଧୁନିକତା ତାକୁ ମଳିନ କରି ଦେଉଛି । ହେଲେ ଏଇ ସବୁ ପଛରେ ଗୋଟିଏ ପ୍ରଶ୍ନ ଯେ ଏଇ **"Adibasi Hair Oil"** ତିଆରି କରିଥିବା ଆଦିବାସୀ କିଏ ଓ ସେମାନେ କାହାନ୍ତି? କ'ଣ ସତରେ ଆଦିବାସୀମାନେ ସେଇ ତେଲ ତିଆରି କରିଛନ୍ତି, ନା ମିଛରେ କେହି ଆଦିବାସୀଙ୍କ ନାଁ ରେ ପଇସା ଛାଣୁଛି? ଯଦି ସତରେ କେହି ଆଦିବାସୀ ସେଇ ତେଲ ତିଆରି କରିଛି, ତେବେ ତାକୁ ଶ୍ରେୟ ମିଳିବା କଥା, ପରିଚୟ ମିଳିବା କଥା ଓ ପ୍ରୋତ୍ସାହନ ମିଳିବା କଥା । ହେଲେ ଅଧିକାଂଶ ସମୟରେ ଏହା ଦେଖିବାକୁ ମିଳୁଛି ଯେ, ଆମେ ଆଦିବାସୀଙ୍କ ବିନା ସହମତିରେ ବା ତାଙ୍କୁ ନ ଜଣାଇ ସେମାନଙ୍କ ଜିନିଷ ବା ଅବିଷ୍କାରକୁ ନିଜ ନାଁ ରେ ପ୍ୟାଟେଣ୍ଟ **(patent)** କରି ଦେଉଛୁ ଓ ଅସଲ ଅବିଷ୍କାରକଙ୍କୁ କୋଣଠେସା କରି ସବୁ ଶ୍ରେୟ ନିଜ ନାଁରେ ସାଉଁଟି ନେଉଛୁ । ଆଦିବାସୀଙ୍କ ନାଁ, ତାଙ୍କ ପାରମ୍ପାରିକ ଜ୍ଞାନ-କୌଶଳ, ବିଜ୍ଞାନ ଓ ତାଙ୍କର ଆବିଷ୍କାରକୁ ନିଜର ବୋଲି କହି ଆମେ ବିକାଶର ପଥରେ ଆଗେଇ ଚାଲି, ସେମାନଙ୍କୁ ପଛରେ ପକେଇ ଦେଉଛନ୍ତି ।

୪୦/୪୫ ଡିଗ୍ରୀ ତାପମାତ୍ରାରେ ଆମେ ଏସି ଘରୁ ବାହାରିବାକୁ ମନ କରୁନା । କୁଲର୍ ସେତେବେଳେ କାମ କରେ ନାହିଁ । ହେଲେ ଆପଣ

କେବେ କେଉଁ ଆଦିବାସୀର ମାଟି କାଦୁଅ ଘରକୁ ଯାଇଛନ୍ତି? ତା ଘର ଭିତରଟା ପୁରା ଥଣ୍ଡା । କୌଣସି ଏସି ଘର ଠାରୁ କମ ନୁହେଁ । କାଠ ଫାଳିଆ ଓ କାଦୁଅର ଏକ ସୁନ୍ଦର ବୈଜ୍ଞାନିକ ପ୍ରୟୋଗରେ ସେଇ ଘର ହୋଇଥାଏ, ଯାହା ଖରା ଦିନେ ଥଣ୍ଡା ଓ ଶୀତ ଦିନେ ଉଷୁମ ଲାଗେ । ପୁରା ଥର୍ମୋ ଫ୍ଲାସ୍କ ଭଳିଆ କାମ କରେ । ସେଇ ଘର ଭିତରେ ଖରା ଦିନେ ପରିବା ପଚେ ନାହିଁ, କି କ୍ଷୀର ମଧ୍ୟ ଗରମରୁ ଫାଟେ ନାହିଁ । ମଝିରେ ମଝିରେ ଗାଈ ଗୋବରରେ ଘରର ଲିପା-ପୋଛା ହୋଇଗଲେ ତାହାର ସ୍ୱଚ୍ଛତାର ମାନ ବୃଦ୍ଧି ପାଇଯାଏ । ଏହା ହେଉଛି ଆଦିବାସୀ ବୈଜ୍ଞାନିକ ମାନଙ୍କ ମଧ୍ୟରେ ସିଭିଲ୍ ଇଞ୍ଜିନିୟରିଂର ଜ୍ଞାନ । ଖାଲି କାଦୁଅ ଘର କାହିଁକି ଗଛ ଉପରେ ଘର କରିବାଟା ମଧ୍ୟ ଆଦିବାସୀଙ୍କ ଆବିଷ୍କାର, ଯାହାକୁ ଅନୁକରଣ କରି, ଆଜି ବଡ଼ ବଡ଼ ନିର୍ମାଣ ସଂସ୍ଥା, ହୋଟେଲ ବା ରିସୋର୍ଟ ମାନେ 'କାଦୁଅ ଘର' **(mud house)** ବା ଗଛ ଉପରେ ଘର **(tree house)** ଚିନ୍ତାକଳ୍ପ ଦ୍ୱାରା ପଇସା ଛାଣୁଛନ୍ତି । ସହରରେ ବା ସହର ବାହାରେ ଏକ ବଡ଼ ଜାଗା କିଣି, ତାକୁ କୃତ୍ରିମ ଜଙ୍ଗଲର ରୂପ ଦେଇ, କାଦୁଅ ଘର ବା ଗଛ ଉପରେ ଘର ତିଆରି କରି, କ'ଣ ନା ସହରର ଭିଡ଼ଭାଡ଼ ମଧ୍ୟରେ ପ୍ରାକୃତିକ ଭାବରେ, ପ୍ରକୃତିର କୋଳରେ ରହିବାର ମଜା କିଛି ଅଲଗା କହି, ବିଜ୍ଞାପନ କରି, ବୈଜ୍ଞାନିକ ଆଦିବାସୀଙ୍କୁ ଅନୁକରଣ କରି, ବ୍ୟବସାୟ କରୁଛନ୍ତି । ଏଇ ସବୁ ପରେ ବି ଅତି ପାଠୁଆ ଆଧୁନିକ ମଣିଷ କହିବ ନା କ'ଣ, ସେଇ ଦେଶିଆ ଆଦିବାସୀମାନେ କିଛି ଜାଣି ନାହାନ୍ତି!

କେବେ କେଉଁ ଆଦିବାସୀ ମା'କୁ ନିଜ ଛୋଟ ଛୁଆକୁ ଧରି ଘର ବାହାରେ କାମ କରୁଥିବାର ଦେଖିଛନ୍ତି? ମା'ଟି ଗୋଟିଏ ଗାମୁଛା ବା ବଡ଼ ଚଦର ସାହାଯ୍ୟରେ ଛୁଆଟିକୁ ନିଜ ପିଠିରେ ବାନ୍ଧି ଦେଇ ଖରାରେ ହେଉ ବା

ଶୀତରେ ହେଉ, ଧୂଳିରେ ହେଉ ବା ମଳିରେ ହେଉ, ଜଙ୍ଗଲ ଭିତରେ ହେଉ ବା ସହର ନିର୍ମାଣରେ ହେଉ, ନିଜ କାମ କରୁଥାଏ । ପିଲାଟି ତା'ର ମା' ପିଠିରେ ଜୁଳୁ ଜୁଳୁ କରି ଅନାଉଥିବ, ମୁରୁକି ମୁରୁକି ହସି ଦେଉଥିବ, ନହଲେ ନିଘୋଡ଼ ନିଦରେ ନିଶ୍ଚିନ୍ତ ହୋଇ ଶୋଇ ପଡ଼ିଥିବ । ଆମ ଭଳିଆ ପାଠୁଆ ସହରୀ ଏହି ଦୃଶ୍ୟ ଦେଖିଲେ ସାଙ୍ଗେ ସାଙ୍ଗେ ଟିପ୍ପଣୀ ଦେଇଦେବ, "ବିଚରା ପିଲାଟା, କେତେ କଷ୍ଟରେ ବନ୍ଧା ହୋଇ ରହିଛି । ମା'କୁ ବି କଷ୍ଟ ଓ ଛୁଆକୁ ବି କଷ୍ଟ ।" ହେଲେ ଆମେ ସେଇ କଷ୍ଟ ତ ଦେଖି ପାରନ୍ତି, ବିଚରା ଗରିବ ଆଦିବାସୀ ବୋଲି ମଣି ପାରନ୍ତି, ହେଲେ ଆଦିବାସୀ ମା'ର ସେହିପରି ଛୁଆ ବନ୍ଧା ପଛର ବିଜ୍ଞାନକୁ ବୋଧେ ଦେଖି ପାରନ୍ତି ନାହିଁ । ଆଜିକାଲି, ଡାକ୍ତରୀ ବିଜ୍ଞାନ ନୂଆ ନୂଆ ମା' ହୋଇଥିବା ସମସ୍ତଙ୍କୁ ଆଦିବାସୀ ମା'ର ସେଇ ଛୁଆ ବନ୍ଧା ଶୈଳୀକୁ ଅନୁସରଣ କରିବା ଲାଗି କହୁଛି । କାରଣ ତାହା ଏକ ପ୍ରମାଣ-ଆଧାରିତ ଅଭ୍ୟାସ ବା ଶୈଳୀ ଯାହାକି କାର୍ଯ୍ୟ କରିବା ସମୟରେ ମା' ଏବଂ ସେମାନଙ୍କର ଶିଶୁଙ୍କ ମଧ୍ୟରେ ବନ୍ଧନକୁ ଦୃଢ଼ କରିଥାଏ, ଛୁଆଟିକୁ ଭଲ ନିଦ୍ରା ଓ ସ୍ଥିର ହୃଦସ୍ପନ୍ଦନ ଦେବା ସଙ୍ଗେ ସଙ୍ଗେ ତା'ର ଶାରୀରିକ ଓ ମାନସିକ ବିକାଶରେ ମଧ୍ୟ ସହାୟକ ହୋଇଥାଏ । ସେଥିଲାଗି ଆପଣମାନେ ଦେଖୁଥିବେ ଆଜିକାଲି ବଜାରରେ ଛୁଆ ବନ୍ଧା ମୁଣି ମିଳୁଛି, ଯାହା ଭିତରେ ଛୁଆକୁ ପୁରାଇ ଏକ ବେଲ୍ଟ ସାହାଯ୍ୟରେ ପିଠିରେ ବା ଛାତିରେ ବାନ୍ଧି ହେବ । ଆଦିବାସୀଙ୍କ ବୁଦ୍ଧି,ବିଜ୍ଞାନ ଓ କୌଶଳର ନବକଳେବର କରି, ଆମେ ପଛୁଆ ଆଦିବାସୀଙ୍କ ଠାରୁ ଆଗୁଆ ବୋଲି କହୁଛନ୍ତି । କିନ୍ତୁ ସେଇ ବୈଜ୍ଞାନିକ ଆଦିବାସୀଙ୍କୁ ଶ୍ରେୟ ଦେଉନାହାନ୍ତି ।

ଜୀବନର ସୃଷ୍ଟିରୁ ଆରମ୍ଭ କରି ଶେଷ ନିଶ୍ୱାସ ଯାଏଁ, ସୂର୍ଯ୍ୟ ଉଦୟରୁ ଆରମ୍ଭ କରି ଅସ୍ତ ଯାଏଁ, ଆକାଶରୁ ବର୍ଷା ଓ ମଞ୍ଜିରୁ ଗଛ ହେବା ଯାଏଁ, ହାଣ୍ଡିଶାଳରୁ

ଭୋଜନ ଯାଏଁ, ସବୁଠି ଆମେ ବିଜ୍ଞାନର ଛାପ ପାଇପାରିବା । ଛୁଆଟି ଜନ୍ମ ହେଲା ମାତ୍ରେ,ଆରମ୍ଭ ହୋଇଯାଏ ବିଜ୍ଞାନ ସାଙ୍ଗରେ ତା'ର ସମ୍ପର୍କ ଓ ସେଇ ନବଜାତ ଶିଶୁ କୌଣସି ବୈଜ୍ଞାନିକ ଠାରୁ କମ ନଥାଏ, କାରଣ ମା' ପେଟରୁ ବାହାରୁ-ବାହାରୁ ବିଜ୍ଞାନର ଶୋଷଣ ସିଦ୍ଧାନ୍ତ (Suction Theory) ପ୍ରୟୋଗ କରି ମା' ଠାରୁ କ୍ଷୀର ଖାଇ ଥାଏ । ତାହା ହେଲେ, ବିଜ୍ଞାନ, ବୈଜ୍ଞାନିକ ଅନୁସନ୍ଧାନ ଓ ବୈଜ୍ଞାନିକ ଆବିଷ୍କାରର ପରିସୀମା ଠାରୁ ଆଦିବାସୀମାନେ ମଧ୍ୟ ବାଦ ପଡିବେ ବା କିପରି? ହେଲେ, ଖାଲି ପାର୍ଥକ୍ୟ ଏତିକି ଯେ ଆଦିବାସୀମାନେ ପାରମ୍ପାରିକ ପ୍ରଣାଳୀ ମାଧ୍ୟମରେ ଆବିଷ୍କାର ଓ ସୃଷ୍ଟି କରି ଜାଣିଛନ୍ତି, କିନ୍ତୁ ଆଧୁନିକ ପାଠୁଆ ମଣିଷଙ୍କ ଭଳି ନକଲ କରି ସବୁ ଶ୍ରେୟ ନିଜ ଆଡକୁ ଟାଣି ନେବାଟା ଶିଖି ନାହାନ୍ତି । ଆଦିବାସୀଙ୍କର ଶିକ୍ଷାଗତ ଯୋଗ୍ୟତା ଆଧୁନିକ ମଣିଷ ଠାରୁ କମ ଥାଇପାରେ, ହେଲେ ବିଜ୍ଞାନ ଏବଂ ବୈଜ୍ଞାନିକ ସମୀକରଣ ତାଙ୍କ ପାଖରେ ଅଛି । ସେ ପତ୍ରରୁ ଦନା ତିଆରି ହେଉ ବା ଝୁଡି ପାଛିଆ ତିଆରି ହେଉ । ସେ ପ୍ରାକୃତିକ ପ୍ରଣାଳୀରେ ଚାଷ ହେଉ ବା ମଞ୍ଜି ସଂରକ୍ଷଣ ହେଉ । ସେ ତାଡ଼ି ପ୍ରସ୍ତୁତି ହେଉ ବା ହାଣ୍ଡିଆ ପ୍ରସ୍ତୁତି ହେଉ, କାନ୍ଥରେ ଚିତ୍ର ଆଙ୍କିବା ହେଉ ବା ଦେହରେ ଚିତା କୁଟେଇବା ହେଉ, ଜଙ୍ଗଲର କୁଳପତି ହୋଇ ପରିବେଶକୁ ସୁରକ୍ଷା ଯୋଗାଇବା ହେଉ ବା ପ୍ରକୃତିର ପୂଜକ ହେଉ, ଆଦିବାସୀଙ୍କର ଦୈନନ୍ଦିନ ଜୀବନରେ ମିଳିବ ବିଜ୍ଞାନର ବାସ୍ନା ଓ ବୈଜ୍ଞାନିକ ଚିନ୍ତାକଳ୍ପ, ଯାହା ସେମାନଙ୍କୁ ଅନ୍ୟମାନଙ୍କ ଠାରୁ କରିଦିଏ ଟିକିଏ ଅଲଗା । ଆଦିବାସୀଙ୍କର ଏହି ଅଦ୍ୱିତୀୟତାକୁ ଅସଙ୍ଗତ ବୋଲି ଭାବିବା ବା ମାନିବା ଆମର ଅବୋଧତାର ପରିଚୟ । ସେଥିପାଇଁ, ଚାଲନ୍ତୁ ଏହି ବିଜ୍ଞାନ ଯୁଗରେ ସେଇ ବୈଜ୍ଞାନିକ ଆଦିବାସୀଙ୍କୁ ନୂଆ ଏକ ପରିଚୟ ଦେବା, ତାଙ୍କ କାମ ଲାଗି

ତାଙ୍କୁ ଶ୍ରେୟ ଦେବା ଓ ସ୍ଥାୟୀ ବିକାଶ ଲାଗି ଆଗକୁ କାମ କରିବା ଲାଗି ପ୍ରୋତ୍ସାହନ ଦେବା ।

ମତ ଓ ମନ୍ତବ୍ୟ

ବିକଶିତ କିଏ? ବିଜ୍ଞାନୀ କିଏ? ଯଦି ଏହା ପଚରାଯାଏ, ଅନେକ ଲୋକ ପାଠ୍ୟପୁସ୍ତକରୁ ଆହରଣ କରିଥିବା ଜ୍ଞାନକୁ ହିଁ ମାନକ ଭଳି ବ୍ୟବହାର କରି ଅତି ସୁନ୍ଦର ଭାବେ କଣ୍ଠସ୍ଥ କରିଥିବା ଉତ୍ତରଟିଏ ଦେବେ ଏବଂ ଶୁଣୁଥିବା ଶ୍ରୋତାମାନେ ମଧ୍ୟ ଗଦଗଦ ହୋଇ କରତାଳି ମାରିବେ ଏବଂ ପ୍ରଶଂସାରେ ପୋତି ପକାଇବେ । ଆଜିର ଜ୍ଞାନ, କାରାଗାରର କୌଣସି ବନ୍ଦୀ ଠାରୁ ଅଲଗା ନୁହେଁ । ବିଦ୍ୟାଳୟ, ମହାବିଦ୍ୟାଳୟ ଏପରିକି ବିଶ୍ୱବିଦ୍ୟାଳୟରେ ଅଧ୍ୟୟନରତ ଛାତ୍ରଛାତ୍ରୀ ଏବଂ ସେମାନଙ୍କର ଶିକ୍ଷକ ଶିକ୍ଷୟତ୍ରୀ ମାନଙ୍କୁ ଶିକ୍ଷିତ ହେବାର ବା କରାଇବାର ଗୋଟିଏ ମାତ୍ର ଉପାୟ ଜଣା, ତାହାହେଲା ପାଠ୍ୟକ୍ରମ କିପରି ଶେଷ କରିବା, ସେହି ସୀମିତ ପାଠ୍ୟକ୍ରମର ପରୀକ୍ଷା କିପରି କରିବା ଏବଂ ପରୀକ୍ଷାରେ ଭଲ ଅଙ୍କ ରଖି କିପରି ଉତ୍ତୀର୍ଣ୍ଣ ହେବା । ଏତିକି କରିଦେଲେ ଶିକ୍ଷା ସମ୍ପୂର୍ଣ୍ଣ । ବିଜ୍ଞାନ ଶିକ୍ଷାର ମଧ୍ୟ ସମାନ ଅବସ୍ଥା । ଲାଗେ ଯେପରି ପୁସ୍ତକ ଏବଂ ଜୀବନ ଦୁଇଟି ସମ୍ପୂର୍ଣ୍ଣ ଅଲଗା ବିଷୟ । ପରିବେଶରୁ ଶିକ୍ଷା, ଅନୁଧ୍ୟାନରୁ ଶିକ୍ଷା, ପୁସ୍ତକ ବାହାରୁ ବ୍ୟାବହାରିକ ଶିକ୍ଷା, ବୈଜ୍ଞାନିକ ମନୋଭାବ ପୋଷଣ, ଆଜିର ସମୟରେ ଯେପରି ଅଦରକାରୀ ବିଷୟବସ୍ତୁ ବିଦ୍ୟାର୍ଥୀ ମାନଙ୍କ ପାଇଁ । ଆଦିବାସୀ ମାନେ ପ୍ରକୃତିରୁ ଯେଉଁ

ଜ୍ଞାନ ଆହରଣ କରନ୍ତି, ସେମାନେ ସେଥିରେ ଜୀବନ ସାରା ବିନା କାହାର ଦୟାରେ ସ୍ୱାବଲମ୍ବୀ ହୋଇପାରିଥାନ୍ତି । ମାତ୍ର, ତଥାକଥିତ ଶିକ୍ଷିତ ହୋଇଥିବା ବିଦ୍ୟାର୍ଥୀ କିପରି ଭଲ ଚାକିରୀ ଟିଏ ପାଇବ, ସେହି ଦୌଡରେ ଅଣନିଃଶ୍ୱାସୀ ହୁଏ । କାରଣ ପ୍ରକୃତ ଶିକ୍ଷା ଠାରୁ ତାକୁ ଅନେକ ଦୂରରେ ରଖାଯାଇଛି । ଆଦିବାସୀମାନେ ଯେଉଁ ଜ୍ଞାନ ଓ ଅନୁଭୂତିର ଅଧିକାରୀ ସେଥିପାଇଁ ଶ୍ରେୟ ନେବାକୁ କେବେ ଇଚ୍ଛା କରିନଥାନ୍ତି । ହେଲେ, ଆଜିର ଶିକ୍ଷାରେ ସେମାନଙ୍କର ଜ୍ଞାନ କୌଶଳକୁ ବ୍ୟବହାର କରି ଏକ ସନ୍ଦର୍ଭ ଲେଖି ଆମେ ଚାହୁଁ ଯେ ଏହି ଜ୍ଞାନର ଶ୍ରେୟ ଆମକୁ ମିଳୁ । ବିଶେଷକରି ତଥାକଥିତ ବିକଶିତ ରାଷ୍ଟ୍ର ସମୂହ ଏ ପ୍ରକାର ନିୟମ ତିଆରି କରି ନିଜକୁ ବା ନିଜ ଦେଶର ବେତନ ଭୋଗୀ ବୈଜ୍ଞାନିକ ମାନଙ୍କୁ ବିଶ୍ୱର ଶ୍ରେଷ୍ଠ ବୈଜ୍ଞାନିକ ହିସାବରେ ଗଣାଯିବା ଦୌଡରେ ଆଗରେ । ଏଇଠି ଗୋଟିଏ ମୌଳିକ ପ୍ରଶ୍ନ । ଯଦି ଆମର ତଥାକଥିତ ବିଜ୍ଞାନ ଓ ବିଜ୍ଞାନୀ ଏତେ ଦୂରଦୃଷ୍ଟି ସମ୍ପନ୍ନ, ତେବେ ବିଶ୍ୱରେ ଅଣୁଯୁଦ୍ଧ, ପରିବେଶ କ୍ଷୟ, ପ୍ରାକୃତିକ ବିପର୍ଯ୍ୟୟ ଏବଂ ଧ୍ୱଂସ ଲୀଳାକୁ କାହିଁକି ବନ୍ଦ କରିପାରୁନାହାନ୍ତି? ଆଦିବାସୀ ମାନେ ପ୍ରକୃତିର ସଂରକ୍ଷଣରେ ମାନବ ଜାତିର ସଂରକ୍ଷଣ ନିହିତ ଅଛି ବୋଲି ହୃଦୟଙ୍ଗମ କରିଛନ୍ତି ଏବଂ ନିଜର ଦୈନନ୍ଦିନ କାର୍ଯ୍ୟକଳାପରେ ତା'ର ବ୍ୟାବହାରିକ ପ୍ରମାଣ ମଧ୍ୟ ଦେଇଛନ୍ତି । ବିଜ୍ଞାନ ବିନାଶମୁଖୀ ନ ହେଉ, ଏ ବାର୍ତ୍ତା ସେମାନେ ଦେଇ ଚାଲିଛନ୍ତି । ଆମର ରାଜନେତା, ନୀତିନିର୍ମାତା ମାନେ ଏ ଦିଗ ପ୍ରତି ଧ୍ୟାନ ଦେଲେ ପ୍ରକୃତିର ଅଯଥା ଅତ୍ୟାଚାରରୁ ସାରା ବିଶ୍ୱକୁ ରକ୍ଷା କରିପାରିବେ ।

ନିରନ୍ତର ବିକାଶ ଲକ୍ଷ୍ୟ ହାସଲରେ ଆଦିବାସୀକରଣ

ପରିବେଶ ଅବକ୍ଷୟ, ସାମାଜିକ ଅସମାନତା ଏବଂ ଆର୍ଥିକ ଅସ୍ଥିରତା ଭଳି ଜଟିଳ ସମସ୍ୟାର ସମ୍ମୁଖୀନ ହେଉଥିବା ବିଶ୍ୱରେ, ସ୍ଥାୟୀ ବିକାଶର ସନ୍ଧାନ ଏକ ବିଶ୍ୱସ୍ତରୀୟ ଆବଶ୍ୟକତା ପାଲଟିଯାଇଛି । ସ୍ଥାୟୀ ବିକାଶ ପାଇଁ ମିଳିତ ଜାତିସଂଘର ୨୦୩୦ କାର୍ଯ୍ୟସୂଚୀ ଏହି ଦୃଷ୍ଟିକୋଣକୁ ୧୭ ଟି ଲକ୍ଷ୍ୟ ମାଧ୍ୟମରେ ପୃଥିବୀକୁ ସୁରକ୍ଷା ଦେବା ସହିତ ସ୍ଥାୟୀ ସମୃଦ୍ଧିକୁ ପ୍ରୋତ୍ସାହିତ କରିବା ପାଇଁ ଉଦ୍ଦିଷ୍ଟ । ଆଧୁନିକ ଢାଞ୍ଚା ଏବଂ ବୈଷୟିକ ପ୍ରଗତି ମଧ୍ୟରେ ଓ ସଭ୍ୟତାର ରଙ୍ଗୀନ ଚାଦର ତଳେ ଦୀର୍ଘ ଦିନ ଧରି ଲୁଚିରହିଥିବା ଆଦିବାସୀ ସମ୍ପ୍ରଦାୟର ନୈତିକତା, ପ୍ରାଚୀନ ଜ୍ଞାନ କୌଶଳ, ସାମଗ୍ରିକ ଭାବେ ଆଗକୁ ବଢ଼ିବାରେ ଏକ ଚାବିକାଠି ଧାରଣ କରିଥାଏ । ସ୍ୱଦେଶୀ ଜ୍ଞାନ, ଅଭ୍ୟାସ ଓ ଚିନ୍ତାଧାରାକୁ ଆଧୁନିକ ବିକାଶ ଢାଞ୍ଚାରେ ସ୍ୱୀକୃତି ପ୍ରଦାନ କରି, ସ୍ଥାୟୀତ୍ୱ ଓ ସ୍ଥାୟୀ ଉନ୍ନତି ଦିଗରେ ଆଦିବାସୀ ଏକୀକରଣ ସହିତ, ଆଦିବାସୀକରଣ ଏକ ପ୍ରମୁଖ ଭୂମିକା ଗ୍ରହଣ କରେ । ପ୍ରକୃତି ସହିତ ସାମଞ୍ଜସ୍ୟ ଏବଂ ଗୋଷ୍ଠୀ କୈନ୍ଦ୍ରିକ ଜୀବନଶୈଳୀରେ ଗଭୀର ଭାବରେ ନିହିତ ଆଦିବାସୀ ଜୀବନଶୈଳୀ, ବିଶ୍ୱ ଚାହୁଁଥିବା ସନ୍ତୁଳନ ହାସଲ କରିବା ଦିଗରେ ଏକ ପ୍ରକୃଷ୍ଟ ମାର୍ଗଦର୍ଶକ ।

ଜଗତୀକରଣ, ଶିଳ୍ପାୟନ ଏବଂ ଆଧୁନିକୀକରଣ ଭଳି, ଆଦିବାସୀକରଣ ମଧ୍ୟ ସ୍ଥାୟୀ ବିକାଶ ଓ ଅଭିବୃଦ୍ଧି ଲାଗି ଅତ୍ୟନ୍ତ ଜରୁରୀ । ଜଗତୀକରଣ,

ଶିଳ୍ପାୟନ ଏବଂ ଆଧୁନିକୀକରଣ ଆନ୍ତଃସଂଯୁକ୍ତ ଅର୍ଥନୀତି ସୃଷ୍ଟି ମାଧ୍ୟମରେ ଉନ୍ନତ ଭିତ୍ତିଭୂମି ଏବଂ ବୈଷୟିକ ପ୍ରଗତି ସହିତ ଅବିଶ୍ୱସନୀୟ ଭାବରେ ଅଗ୍ରଗତି କରିବା ସହିତ ପରିବେଶ ଅବକ୍ଷୟ,ଜୈବ ବିବିଧତାର କ୍ଷତି ଏବଂ ସାମାଜିକ ଅସମାନତା ଭଳି ଅନିଚ୍ଛାକୃତ ପରିଣାମ ମଧ୍ୟ ସାଙ୍ଗରେ ଆଣିଛି । ହେଲେ, ଆଦିବାସୀକରଣ ଏକ ଆବଶ୍ୟକୀୟ ପ୍ରତି-ସନ୍ତୁଳନକୁ ପ୍ରତିନିଧିତ୍ୱ କରେ, ଯାହା ପ୍ରକୃତି ସହିତ ସାମଞ୍ଜସ୍ୟ ରକ୍ଷାକରି ମାନବଜାତିର କଲ୍ୟାଣ, ଏବଂ ସମ୍ବଳର ନ୍ୟାୟସଂଗତ ବ୍ୟବହାର ଉପରେ ଗୁରୁତ୍ୱ ଦେଇଥାଏ । ଜଗତୀକରଣ ବିଶ୍ୱକୁ ଯୋଡ଼ିପାରିଛି, ସଂସ୍କୃତି ଏବଂ ଅର୍ଥବ୍ୟବସ୍ଥାରେ ଏକତ୍ରୀକରଣରେ ମଧ୍ୟ ଯୋଗଦାନ ଦେଇପାରିଛି, କିନ୍ତୁ ବେଳେବେଳେ ସ୍ୱଦେଶୀ ସମ୍ପ୍ରଦାୟ ଏବଂ ସ୍ଥାନୀୟ ଅର୍ଥବ୍ୟବସ୍ଥାକୁ ଅବହେଳିତ ମଧ୍ୟ କରିଛି । ସେହିପରି, ଶିଳ୍ପାୟନ ଅର୍ଥନୈତିକ ଅଭିବୃଦ୍ଧିକୁ ତ୍ୱରାନ୍ୱିତ କରିଛି, କିନ୍ତୁ ତାହା ପରିବେଶ ବିନାଶ, ସମ୍ବଳ ହ୍ରାସ ଏବଂ ଅସ୍ଥିର ଅଭ୍ୟାସର ମୂଲ୍ୟରେ । ଆଧୁନିକୀକରଣ ପ୍ରଯୁକ୍ତିବିଦ୍ୟା, ସ୍ୱାସ୍ଥ୍ୟ ଏବଂ ଶିକ୍ଷାରେ ଅଗ୍ରଗତି ଆଣିଛି, କିନ୍ତୁ ପାରମ୍ପାରିକ ଜ୍ଞାନ ପ୍ରଣାଳୀ ଏବଂ ଅଭ୍ୟାସକୁ ଅବକ୍ଷୟ ମଧ୍ୟ କରିଛି । ମାତ୍ର, ଆଦିବାସୀକରଣ ସ୍ଥିରତା ଏବଂ ପରିବେଶ ପରିଚାଳନା ପ୍ରତି ଧ୍ୟାନ ଫେରାଇ ଆଣିଛି । ଏହା ପୃଥିବୀର ସୀମିତ ସମ୍ବଳକୁ ସମ୍ମାନ ଦେଉଥିବା ଅଭ୍ୟାସକୁ ଗ୍ରହଣ କରିବାକୁ ପ୍ରୋତ୍ସାହିତ କରେ । ପ୍ରଗତିର ଏହି ଶକ୍ତିରେ ଆଦିବାସୀ ଜ୍ଞାନକୁ ଏକୀକୃତ କରି, ଆଦିବାସୀକରଣକୁ ଅନୁସରଣ କରି ଆମେ ସ୍ଥାୟୀ ଅଭିବୃଦ୍ଧି ପାଇଁ ଏକ ଅଧିକ ସନ୍ତୁଳିତ ଢାଞ୍ଚା ସୃଷ୍ଟି କରିପାରିବା ।

ଶିଳ୍ପାୟନର ଅର୍ଥନୀତି କୈନ୍ଦ୍ରିକ କିମ୍ବା ଆଧୁନିକୀକରଣର ବୈଷୟିକ ଗୁରୁତ୍ୱର ବିପରୀତ, ଆଦିବାସୀକରଣ ବିକାଶର ଏକ ସାମଗ୍ରିକ ସାମାଜିକ,

ପାରିପାର୍ଶ୍ବିକ ଏବଂ ଆଧ୍ୟାତ୍ମିକ ଦିଗକୁ ଅଧିକ ସମ୍ବୋଧିତ କରେ । ଆଦିବାସୀ ସମାଜ ସ୍ଵାଭାବିକ ଭାବରେ ସ୍ଥାୟୀ ସମ୍ବଳ ପରିଚାଳନା ଓ ପ୍ରାକୃତିକ ପ୍ରକ୍ରିୟା ବିଷୟରେ ସେମାନଙ୍କର ଘନିଷ୍ଠ ଜ୍ଞାନ ମାଧ୍ୟମରେ ପରିସଂସ୍ଥା ଏବଂ ଜୈବ ବିବିଧତାର ସଂରକ୍ଷଣ କରନ୍ତି । ଶିଳ୍ପାୟନ, ପ୍ରାୟତଃ ପ୍ରାକୃତିକ ସମ୍ବଳର ଶୋଷଣ କରିଥାଏ, ଯାହା ଜଳବାୟୁ ପରିବର୍ତ୍ତନ, ଜଙ୍ଗଲ ବିନାଶ ଏବଂ ପ୍ରଦୂଷଣ ପାଇଁ ପ୍ରମୁଖ ଭାବରେ ଦାୟୀ । ଆଧୁନିକୀକରଣ ବୈଷୟିକ ସମାଧାନ ଉପରେ ଧ୍ୟାନ ଦେଇଥାଏ, ଯାହା ଗୁରୁତ୍ୱପୂର୍ଣ୍ଣ ହୋଇଥିଲେ ମଧ୍ୟ, ପ୍ରାୟତଃ ମଣିଷ ଏବଂ ପରିବେଶର ଆନ୍ତଃସଂଯୋଗକୁ ଅଣଦେଖା କରିଥାଏ । ଅନ୍ୟପକ୍ଷରେ, ଆଦିବାସୀକରଣ ପ୍ରକୃତି ସହିତ ଏକ ଜୈବିକ ସାମଞ୍ଜସ୍ୟ ଭିତ୍ତିକ ସମ୍ପର୍କ ଉପରେ ଗୁରୁତ୍ୱ ଦେଇଥାଏ, ଯାହା ଦୀର୍ଘକାଳୀନ ସ୍ଥିରତା ସୁନିଶ୍ଚିତ କରିଥାଏ । ଏହାକୁ ଆଧୁନିକ ବିକାଶ ଢାଞ୍ଚାରେ ସାମିଲ କରି ଆମେ ଏହା ସୁନିଶ୍ଚିତ କରିପାରିବା ଯେ ଅଭିବୃଦ୍ଧି କେବଳ ଆର୍ଥିକ ଦୃଷ୍ଟିରୁ ସମୃଦ୍ଧ ନୁହେଁ, ବରଂ ପରିବେଶ ଏବଂ ସାମାଜିକ ଦୃଷ୍ଟିରୁ ମଧ୍ୟ ସ୍ଥାୟୀ ହୋଇପାରିବ । ଅସ୍ଥିର ବିଶ୍ୱ ଅର୍ଥନୀତି, ସାମାଜିକ ଅସ୍ଥିରତା ଓ ଜଳବାୟୁ ପରିବର୍ତ୍ତନ ଭଳି ମହାମାରୀ ବର୍ତ୍ତମାନର ବିକାଶ ଢାଞ୍ଚାର ସ୍ଥିରତା ପ୍ରତି ବିପଦ ସୃଷ୍ଟି କରୁଛି । ଏହି ଦିଗରେ ଆଦିବାସୀ ଓ ଆଦିବାସୀକରଣ ଅବିଶ୍ୱସନୀୟ ଭୂମିକା ଗ୍ରହଣ କରୁଛନ୍ତି । ପରିବେଶ ସନ୍ତୁଳନ ବଜାୟ ରଖୁଥିବା ପ୍ରୟାସ, ପ୍ରକ୍ରିୟା ଓ ପ୍ରତିକ୍ରିୟା ସହିତ ଆଦିବାସୀମାନେ ନିଜ ପରିବେଶ ସହିତ ଖାପଖୁଆଇ ସହସ୍ର ବର୍ଷ ଧରି ଚଳିଆସୁଥିବା ବେଳେ, ଜଗତୀକରଣ ସ୍ଥାନୀୟ ଅର୍ଥବ୍ୟବସ୍ଥାକୁ ବିଶ୍ୱ ବଜାରର ଅସ୍ଥିରତା ପ୍ରତି ଉନ୍ମୁକ୍ତ କରି ଆଦିବାସୀଙ୍କୁ ଅସୁରକ୍ଷିତ କରିଥାଏ । ଶିଳ୍ପାୟନର ଅଣ-ନବୀକରଣ ସମ୍ବଳ ଏବଂ କେନ୍ଦ୍ରୀକୃତ ବ୍ୟବସ୍ଥା ଉପରେ ନିର୍ଭରଶୀଳତା, ଆଗାମୀ

ଦିନମାନଙ୍କରେ ଆଶା କରାଯାଉଥିବା ଅର୍ଥନୈତିକ ବା ପରିବେଶ ଜନିତ ସଙ୍କଟକୁ ସାମ୍ନା କରିବାକୁ ସକ୍ଷମ ନୁହେଁ । ଆଧୁନିକୀକରଣ ଦ୍ୱାରା ଦ୍ରୁତ ସହରୀକରଣ ହୋଇଛି ସତ, କିନ୍ତୁ ବହୁ ପରିମାଣରେ ସ୍ଥାନୀୟ ସମ୍ପ୍ରଦାୟ ଏବଂ ପାରମ୍ପାରିକ ଜୀବିକା ବିସ୍ଥାପିତ ହୋଇଛି ବୋଲି ଏଡାଇ ଦିଆଯାଇ ପାରିବ ନାହିଁ । ସେଇ ପରିପ୍ରେକ୍ଷୀରେ, ଆଦିବାସୀକରଣ ଆତ୍ମନିର୍ଭରଶୀଳତା, ଅନୁକୂଳ ଅଭ୍ୟାସ ଏବଂ ସମ୍ବଳ ପୁନରୁଦ୍ଧାର ମାଧ୍ୟମରେ ସ୍ଥାନୀୟ ସହନଶୀଳତାକୁ ପ୍ରୋତ୍ସାହିତ କରେ । ଏହି ଆଭିମୁଖ୍ୟ ସଙ୍କଟ ସମୟରେ ମଧ୍ୟ ସ୍ଥାୟୀ ବିକାଶ ସୁନିଶ୍ଚିତ କରି, ଗୋଷ୍ଠୀଗୁଡ଼ିକ ବାହ୍ୟ ଆଘାତ ଏବଂ ପରିବେଶଗତ ପରିବର୍ତ୍ତନ ପ୍ରତି ଅଧିକ ସହନଶୀଳ କରାଇପାରିବ ।

ଜଗତୀକରଣ, ଶିଳ୍ପାୟନ ଏବଂ ଆଧୁନିକୀକରଣ ଅନେକ ସମୟରେ ସାମାଜିକ ଓ ଅର୍ଥନୈତିକ ଅସମାନତା ସୃଷ୍ଟି କରେ । ଏହି ପ୍ରକ୍ରିୟା ଗୁଡିକର ଲାଭ ସମାନ ଭାବରେ ବଣ୍ଟନ ହୁଏ ନାହିଁ, ଯାହାଫଳରେ ଅବହେଳିତ ସମ୍ପ୍ରଦାୟ, ବିଶେଷ କରି ସ୍ୱଦେଶୀ ଏବଂ ଆଦିବାସୀ ଲୋକମାନେ ପ୍ରାୟତଃ ପଛରେ ରହିଯା'ନ୍ତି । ଆଦିବାସୀକରଣ ବିକାଶ ପାଇଁ ଏକ ଅଧିକ ସମାବେଶୀ ଆଭିମୁଖ୍ୟ, ଯାହା ସ୍ୱଦେଶୀ ଜନସଂଖ୍ୟାର ଅଧିକାର ଏବଂ ଅବଦାନକୁ ସ୍ୱୀକୃତି ଦିଏ । ଜଗତୀକରଣ ସମ୍ପଦ ସୃଷ୍ଟି କରିପାରେ, କିନ୍ତୁ ତାହା ସହିତ ଧନୀ ଏବଂ ଗରିବଙ୍କ ମଧ୍ୟରେ ଥିବା ପାର୍ଥକ୍ୟକୁ ମଧ୍ୟ ପ୍ରଶସ୍ତ କରିଦିଏ । ସହରାଞ୍ଚଳରେ ଶିଳ୍ପାୟନର କେନ୍ଦ୍ରୀଭୂତ ହେବା, ଗ୍ରାମୀଣ ଏବଂ ଆଦିବାସୀ ସମ୍ପ୍ରଦାୟର ଅବହେଳାର କାରଣ ହେଉଛି । ସେଇ ତୁଳନାରେ, ଆଦିବାସୀକରଣ ସମାବେଶୀ ବିକାଶକୁ ପ୍ରୋତ୍ସାହିତ କରେ, ଓ ଏହା ସୁନିଶ୍ଚିତ କରେ ଯେ, ଅବହେଳିତ ସମ୍ପ୍ରଦାୟ କେବଳ ହିତାଧିକାରୀ ନୁହଁନ୍ତି,

ବରଂ ବିକାଶ ପ୍ରକ୍ରିୟାରେ ସକ୍ରିୟ ଅଂଶଗ୍ରହଣକାରୀ ମଧ୍ୟ । ସାମ୍ପ୍ରଦାୟିକ ଭାଗିଦାରୀ, ସ୍ଥାନୀୟ ଶାସନ ଏବଂ ନ୍ୟାୟସଙ୍ଗତ ସମ୍ବଳ ବଣ୍ଟନ ଭଳି ଆଦିବାସୀ ମୂଲ୍ୟବୋଧକୁ ସାମିଲ କରି, ଆଦିବାସୀକରଣ ବିକାଶକୁ ସମାବେଶୀ ଏବଂ ନ୍ୟାୟସଙ୍ଗତ କରାଇଥାଏ ।

ଆଦିବାସୀକରଣ ବିକାଶ ପାଇଁ ଏକ ଗୁରୁତ୍ୱପୂର୍ଣ୍ଣ ସାଂସ୍କୃତିକ ଏବଂ ନୈତିକ ଦିଗ ମଧ୍ୟ ଆଣିଥାଏ, ଯାହା ପ୍ରକୃତି ପ୍ରତି ସମ୍ମାନ, ସାମୂହିକ ଦାୟିତ୍ୱ ଏବଂ ମାଟି ସହିତ ସଂଯୋଗ ଭଳି ମୂଲ୍ୟବୋଧ ଉପରେ ଗୁରୁତ୍ୱ ଦେଇଥାଏ । ଏହି ମୂଲ୍ୟବୋଧ ଗୁଡିକ ପ୍ରାୟତଃ ଆର୍ଥିକ ଅଭିବୃଦ୍ଧି ଏବଂ ଜଗତୀକରଣ, ଶିଳ୍ପାୟନ ଏବଂ ଆଧୁନିକୀକରଣରେ ବୈଷୟିକ ପ୍ରଗତି ଦ୍ୱାରା ଛାୟାବୃତ ହୋଇଛି । ଜଗତୀକରଣ, ସ୍ଥାନୀୟ ସଂସ୍କୃତି ଏବଂ ସ୍ୱଦେଶୀ ଜ୍ଞାନ ବ୍ୟବସ୍ଥାର ଅବକ୍ଷୟ ଘଟାଇବା ସହିତ, ଆଧୁନିକୀକରଣ ବୈଜ୍ଞାନିକ ଏବଂ ବୈଷୟିକ ପ୍ରଗତି ଉପରେ ଅଧିକ ଧ୍ୟାନ ଦେଇ, ପରିବେଶ ଏବଂ ସମ୍ପ୍ରଦାୟର ନୈତିକ ବିଚାରକୁ ଅଣଦେଖା କରିଥାଏ । ଆଦିବାସୀକରଣ କିନ୍ତୁ ସାଂସ୍କୃତିକ ସଂରକ୍ଷଣ ଏବଂ ପରିବେଶର ନୈତିକ ବ୍ୟବହାରକୁ ପ୍ରୋତ୍ସାହିତ କରିଥାଏ ଏବଂ ଏହା ସୁନିଶ୍ଚିତ କରାଇଥାଏ ଯେ ବିକାଶ କେବଳ ଏକ ଭୌତିକ ପ୍ରୟାସ ନୁହେଁ ବରଂ ସାଂସ୍କୃତିକ, ନୈତିକ ଏବଂ ଆଧ୍ୟାତ୍ମିକ ମୂଲ୍ୟବୋଧକୁ ମଧ୍ୟ ସମ୍ମାନ ଦେବା, ଯାହା ଦୀର୍ଘକାଳୀନ ମାନବ କଲ୍ୟାଣକୁ ବଜାୟ ରଖେ । ଆଦିବାସୀକରଣ, ସ୍ୱଦେଶୀ ଜ୍ଞାନ, ଅଭ୍ୟାସ ଏବଂ ମୂଲ୍ୟବୋଧକୁ ମୁଖ୍ୟଧାରାର ବିକାଶ ରଣକୌଶଳରେ ଏକୀକୃତ କରିବାର ପ୍ରକ୍ରିୟା, ମିଳିତ ଜାତିସଂଘ ଦ୍ୱାରା ସ୍ଥିର କରାଯାଇଥିବା ସ୍ଥାୟୀ ବିକାଶ ଲକ୍ଷ୍ୟ ହାସଲ ପାଇଁ ଏକ ଶକ୍ତିଶାଳୀ ଢାଞ୍ଚା ପ୍ରଦାନ କରିଥାଏ । ସାମ୍ପ୍ରଦାୟିକ ସମ୍ବଳ ପରିଚାଳନା ଏବଂ ସ୍ଥାୟୀ ଜୀବିକା ଅଭ୍ୟାସ ଗ୍ରହଣ ମାଧ୍ୟମରେ, ଆଦିବାସୀକରଣ

ଦାରିଦ୍ର୍ୟ ହ୍ରାସ କରିବାରେ ସାହାଯ୍ୟ କରିପାରିବ । ବିଶେଷକରି ଗ୍ରାମାଞ୍ଚଳରେ, ସହଭାଗୀ ସମୃଦ୍ଧି ଏବଂ ସ୍ଥାନୀୟ ଆତ୍ମନିର୍ଭରଶୀଳତାର ଢାଞ୍ଚାକୁ ପ୍ରୋତ୍ସାହିତ କରି, ଆଦିବାସୀକରଣ ଦାରିଦ୍ର୍ୟତା ହ୍ରାସ କରିପାରିବ । ଆଧୁନିକ କୃଷି ବ୍ୟବସ୍ଥାରେ ପାରମ୍ପାରିକ ଫସଲ ଓ ଜଳ ପରିଚାଳନା ପରି ସ୍ଥାୟୀ କୃଷି କୌଶଳକୁ ଅନ୍ତର୍ଭୁକ୍ତ କରି, ଶିଳ୍ପ ଉତ୍ପାଦିତ ଖାଦ୍ୟ ପଦାର୍ଥ ଉପରେ ନିର୍ଭରଶୀଳତାକୁ ହ୍ରାସ କରିବା ସହିତ, ଆଦିବାସୀକରଣ ଖାଦ୍ୟ ସୁରକ୍ଷା ମଧ୍ୟ ନିଶ୍ଚିତ କରିପାରିବ । ଔଷଧୀୟ ଉଦ୍ଭିଦ ଏବଂ ପ୍ରାକୃତିକ ଉପଚାର ସମ୍ବନ୍ଧୀୟ ପାରମ୍ପାରିକ ଜ୍ଞାନକୁ ସ୍ୱାସ୍ଥ୍ୟସେବା ବ୍ୟବସ୍ଥାରେ ଏକୀକୃତ ତଥା ସୁସ୍ଥ ଜୀବନଧାରଣ ପରିବେଶକୁ ପ୍ରୋତ୍ସାହିତ କରି, ଆଧୁନିକ ସ୍ୱାସ୍ଥ୍ୟସେବାରେ ସୀମିତ ପ୍ରବେଶ ଥିବା ଅଞ୍ଚଳରେ, ଆଦିବାସୀକରଣ ସାମଗ୍ରିକ ସୁସ୍ଥତାରେ ଉନ୍ନତି ଆଣିପାରିବ । ସ୍ୱଦେଶୀ ଶିକ୍ଷାଗତ ଅଭ୍ୟାସକୁ ସମର୍ଥନ କରିବା ଏବଂ ଆଦିବାସୀ ଜ୍ଞାନ କୌଶଳ ଆଧାରିତ ପରିବେଶ ଶିକ୍ଷା ଓ ଆଦିବାସୀ ନୈତିକତାକୁ ପାଠ୍ୟକ୍ରମରେ ସାମିଲ କରି, ଆଦିବାସୀକରଣର ବ୍ୟାପକତା ବିଷୟରେ ଯୁବ ପିଢ଼ିଙ୍କୁ ଜ୍ଞାନ ଦେବା ସହିତ, ଆଦିବାସୀକରଣର ଲାଭଦାୟକ ପଦକ୍ଷେପକୁ ଅନୁସରଣ କରିବା ଲାଗି ମଧ୍ୟ ପ୍ରୋତ୍ସାହନ ଦିଆଯାଇପାରିବ । ଅନେକ ଆଦିବାସୀ ସମାଜରେ, ମହିଳାମାନେ ପ୍ରାକୃତିକ ସମ୍ବଳ, କୃଷି ଏବଂ ଗୋଷ୍ଠୀ ନିଷ୍ପତ୍ତି ନେବାରେ ପ୍ରମୁଖ ଭୂମିକା ଗ୍ରହଣ କରନ୍ତି । ଭାରତ ଭଳି ପୁରୁଷ କୈନ୍ଦ୍ରିକ ଦେଶରେ ମହିଳାମାନଙ୍କୁ ପୁରୁଷଙ୍କ ତୁଳନାରେ ଯେତେବେଳେ ଟିକିଏ କମ ବୋଲି ମଣାଯାଏ, ସେତେବେଳେ ଆଦିବାସୀକରଣ ମହିଳାମାନଙ୍କ ଭୂମିକାକୁ ବ୍ୟାପକ ବିକାଶ ରଣକୌଶଳରେ ଏକୀକୃତ କରି, ଲିଙ୍ଗଗତ ସମାନତା ବୃଦ୍ଧି ପୂର୍ବକ, ସ୍ଥାୟୀ ବିକାଶରେ ମହିଳାମାନଙ୍କର ଗୁରୁତ୍ୱପୂର୍ଣ୍ଣ

ଭୂମିକାକୁ ସ୍ୱୀକୃତି ଦେଇ, ମହିଳା ସଶକ୍ତିକରଣ ଆଣିପାରେ । ଆଦିବାସୀକରଣ ମାଧ୍ୟମରେ ପାରମ୍ପାରିକ ଜଳ ସଂରକ୍ଷଣ କୌଶଳ, ଯେପରିକି ବର୍ଷା ଜଳ ଅମଳ, ପୋଖରୀ ନିର୍ମାଣ, ପ୍ରାକୃତିକ ଜଳାଶୟ ଗୁଡ଼ିକର ରକ୍ଷଣାବେକ୍ଷଣ ଏବଂ ଗୋଷ୍ଠୀ ଜଳ ବଣ୍ଟନ ପ୍ରଣାଳୀକୁ ସମନ୍ୱିତ କରିବା ଦ୍ୱାରା ବିଶେଷକରି ଜଳ ଅଭାବ କିମ୍ବା ପ୍ରଦୂଷଣର ସମ୍ମୁଖୀନ ହେଉଥିବା ଅଞ୍ଚଳ ମାନଙ୍କରେ ନିରନ୍ତର ସ୍ୱଚ୍ଛ ଜଳର ଉପଲବ୍ଧତାକୁ ସୁନିଶ୍ଚିତ କରାଯାଇପାରିବ । ନବୀକରଣ ଯୋଗ୍ୟ ଶକ୍ତିର ବ୍ୟବହାରକୁ ଅନ୍ତର୍ଭୁକ୍ତ କରି ଏବଂ ସ୍ୱଳ୍ପ ପ୍ରଭାବ ଶକ୍ତି ବ୍ୟବହାର ଦ୍ୱାରା, ଆଦିବାସୀକରଣ ପରିବେଶ ଅବକ୍ଷୟକୁ ରୋକିବା ସହିତ ଶକ୍ତି ସ୍ଥିରତା ପାଇଁ ଯୋଗଦାନ କରିପାରିବ । ଆଦିବାସୀକରଣ ଦ୍ୱାରା ପ୍ରେରିତ ପରିବେଶ ଅନୁକୂଳ ସ୍ଥାପତ୍ୟ ଏବଂ ସ୍ଥାୟୀ ଭିତ୍ତିଭୂମି ବିକାଶ, ସବୁଜ ପ୍ରଯୁକ୍ତିବିଦ୍ୟାରେ ନବସୃଜନକୁ ସମର୍ଥନ କରିପାରିବ । ସମ୍ବଳର ସାମ୍ପ୍ରଦାୟିକ ମାଲିକାନା ଏବଂ ସହଭାଗୀ ନିଷ୍ପତ୍ତି ଗ୍ରହଣ ପ୍ରକ୍ରିୟା ସହିତ ଆଦିବାସୀ ସମାଜ ପ୍ରାୟତଃ ଅଧିକ ସମତାବାଦୀ । ଏହା ଅତ୍ୟଧିକ ଅସମାନତାକୁ ରୋକିଥାଏ ଏବଂ ସାମାଜିକ ଏକତା ଏବଂ ଗୋଷ୍ଠୀ ଜୀବନଯାପନ ପ୍ରଣାଳୀକୁ ପ୍ରୋତ୍ସାହିତ କରିଥାଏ । ଆଦିବାସୀକରଣ ମାଧ୍ୟମରେ ସ୍ଥାୟୀ ଗୋଷ୍ଠୀ ଯୋଜନା ନୀତି ଗ୍ରହଣ କରିବା ଦ୍ୱାରା ଆଧୁନିକ ସହରଗୁଡିକ ଅଧିକ ସ୍ଥାୟୀ, ଏବଂ ସମାବେଶୀ ହୋଇପାରିବେ, ଯାହା ସହରୀ ବିକାଶକୁ ପ୍ରୋତ୍ସାହିତ କରିବା ସହିତ ପରିବେଶକୁ ସମ୍ମାନ ଏବଂ ସାମାଜିକ ସଂଯୋଗକୁ ମଧ୍ୟ ପ୍ରୋତ୍ସାହିତ କରିପାରିବ । ଆଦିବାସୀ ସମାଜ ପ୍ରାୟତଃ ସର୍ବନିମ୍ନ ଆବଶ୍ୟକତା ଅନୁସରଣ ନୀତି ପାଳନ କରିଥା'ନ୍ତି, ଯେଉଁଥିରେ ଯାହା ଆବଶ୍ୟକ ତାହା କେବଳ ପରିବେଶରୁ ଗ୍ରହଣ କରିଥା'ନ୍ତି । ଏହିପରି, ଆଦିବାସୀବାଦ ମାଧ୍ୟମରେ ଦାୟିତ୍ୱବାନ ଅଭ୍ୟାସ

ଢାଞ୍ଚା, ପରିବେଶ ଅବକ୍ଷୟକୁ ହ୍ରାସ କରିପାରିବ ଓ ଅଧିକ ସ୍ଥାୟୀ ଉତ୍ପାଦନ ହାସଲ କରିବାରେ ସାହାଯ୍ୟ ମଧ୍ୟ କରିବ । ଜଙ୍ଗଲ ସଂରକ୍ଷଣ ଏବଂ ସ୍ଥାୟୀ କୃଷି ମାଧ୍ୟମରେ ଅଙ୍ଗାରକାମ୍ଳ ପୃଥକୀକରଣ ଭଳି ସ୍ୱଦେଶୀ ଜଳବାୟୁ ଅନୁକୂଳ ଏବଂ ପ୍ରଶମନ ରଣନୀତିର ପ୍ରୟୋଗ ଦ୍ୱାରା, ଜଳବାୟୁ ପରିବର୍ତ୍ତନର ମୁକାବିଲା କରିବାରେ ଆଦିବାସୀକରଣ ଏକ ଗୁରୁତ୍ୱପୂର୍ଣ୍ଣ ଭୂମିକା ଗ୍ରହଣ କରିପାରିବ । ଆଧୁନିକ ମତ୍ସ୍ୟ ଚାଷ ଏବଂ ଉପକୂଳ ନୀତି ସହିତ ଆଦିବାସୀ ଜଳ ଏବଂ ସାମୁଦ୍ରିକ ସମ୍ବଳ ପରିଚାଳନା ଅଭ୍ୟାସକୁ ଏକୀକୃତ କରିବା ଦ୍ୱାରା, ଦୀର୍ଘକାଳୀନ ସ୍ଥିରତା ସୁନିଶ୍ଚିତ କରିହେବ ଓ ତାହା ସାମୁଦ୍ରିକ ପରିସଂସ୍ଥାର ପୁନରୁଦ୍ଧାର ଏବଂ ସଂରକ୍ଷଣରେ ମଧ୍ୟ ସାହାଯ୍ୟ କରିପାରିବ । ଆଦିବାସୀ ସମ୍ପ୍ରଦାୟ ସହିତ ଭାଗିଦାରୀକୁ ପ୍ରୋତ୍ସାହିତ କରି, ସରକାର ଏବଂ ସଂଗଠନ, ସ୍ୱଦେଶୀ ଜ୍ଞାନରୁ ଉପକୃତ ହୋଇପାରିବେ ଏବଂ ସହଭାଗୀ ବିକାଶ ଲକ୍ଷ୍ୟ ହାସଲ ପାଇଁ ସହଯୋଗ ବୃଦ୍ଧି କରିପାରିବେ ।

ଆଦିବାସୀକରଣ ବିକାଶ ପାଇଁ ଏକ ସାମଗ୍ରିକ, ଗୋଷ୍ଠୀ-କୈନ୍ଦ୍ରିକ ଆଭିମୁଖ୍ୟକୁ ପ୍ରୋତ୍ସାହିତ କରି, ସ୍ଥାୟୀ ବିକାଶ ଲକ୍ଷ୍ୟକୁ ହାସଲ କରିବା ସକାଶେ, ଏକ ଅମୂଲ୍ୟ ଢାଞ୍ଚା ପ୍ରଦାନ କରେ, ଯାହା ପ୍ରକୃତିକୁ ସମ୍ମାନ ଦିଏ, ସହନଶୀଳତାକୁ ପ୍ରୋତ୍ସାହିତ କରେ ଏବଂ ସାମାଜିକ ଅନ୍ତର୍ଭୁକ୍ତିକରଣକୁ ନିଶ୍ଚିତ କରେ । ସ୍ଥାୟୀତ୍ୱ ପାଇଁ ବିଶ୍ୱସ୍ତରୀୟ ପ୍ରୟାସରେ ଆଦିବାସୀ ମୂଲ୍ୟବୋଧ ଏବଂ ଅଭ୍ୟାସକୁ ଏକୀକୃତ କରି, ଆମେ ବିକାଶର ଲକ୍ଷ୍ୟ ଗୁଡିକ ଏପରି ଭାବରେ ପୂରଣ କରିବାକୁ ନିଶ୍ଚିତ କରିପାରିବା, ଯାହା ଉଭୟ ଜୀବଜଗତ ଏବଂ ପୃଥିବୀ ଲାଗି ଲାଭଦାୟକ ହୋଇପାରିବ ।

ମତ ଓ ମନ୍ତବ୍ୟ

ଆଦିବାସୀକରଣର ପ୍ରକୃତ ସାରାଂଶ ହେଉଛି, ଆଦିବାସୀଙ୍କର ଅଧିକାର ଓ ସାଂସ୍କୃତିକ ଐତିହ୍ୟକୁ ସୁରକ୍ଷା ଦେବା ସହିତ ଆଦିବାସୀ ଜ୍ଞାନ, ମୂଲ୍ୟବୋଧ ଏବଂ ଅଭ୍ୟାସକୁ ମୁଖ୍ୟଧାରାର ବିକାଶ ପ୍ରତିମାନରେ ଏକୀକରଣ କରିବା । ଏହାଦ୍ୱାରା ଆଦିବାସୀ ଜୀବନଶୈଳୀର ଅନନ୍ୟ ଶକ୍ତିର ଲାଭ ଉଠା ଯାଇପାରିବ ଓ ଏକ ସ୍ଥାୟୀ ଏବଂ ସମାବେଶୀ ଭବିଷ୍ୟତ ସୃଷ୍ଟି ପାଇଁ ଏକ ପରିବର୍ତ୍ତନଶୀଳ ମାର୍ଗ ପ୍ରଦାନ କରାଯାଇପାରିବ । ସ୍ଥାୟୀ କୃଷି, ଜଙ୍ଗଲ ଆଧାରିତ ଉତ୍ପାଦ ଏବଂ ପରିବେଶ ପର୍ଯ୍ୟଟନ କ୍ଷେତ୍ରରେ ଆଦିବାସୀ ଉଦ୍ୟୋଗୀମାନଙ୍କ ନେତୃତ୍ୱରେ, ପୁନରୁତ୍ପାଦକ ଅର୍ଥନୈତିକ ଢାଞ୍ଚା ତିଆରି କରାଯାଇ ପାରିବ । ଭର୍ଚୁଆଲ୍ ମ୍ୟୁଜିୟମ୍, ଇ-ଲାଇବ୍ରେରୀ ଏବଂ ଆଦିବାସୀ ଲୋକ କଥା ବା ଆଦିବାସୀ କାହାଣୀକୁ ସ୍ଥାୟୀ ବିକାଶ ଲକ୍ଷ୍ୟ ହାସଲ ଦିଗରେ ବିନିଯୋଗ କରାଯାଇପାରିବ । ଡିଜିଟାଲ୍ ଅନ୍ତର୍ଭୁକ୍ତିକରଣ, ଏକ ଗୁରୁତ୍ୱପୂର୍ଣ୍ଣ ଭୂମିକା ଗ୍ରହଣ କରିପାରିବ, ଯାହା ସେମାନଙ୍କୁ ବିଶ୍ୱ ବଜାର ସହିତ ସଂଯୋଗ କରିପାରିବ । ଏହି ଦୂରଦୃଷ୍ଟିକୁ ସମର୍ଥନ କରିବା ପାଇଁ, ଆଦିବାସୀ ଜମି, ସଂସ୍କୃତି ଏବଂ ସମ୍ବଳର ସୁରକ୍ଷା, ଆଦିବାସୀ ଅଞ୍ଚଳକୁ ଜୈବ ବିବିଧତା ଏବଂ ସାଂସ୍କୃତିକ ସଂରକ୍ଷଣ ଜୋନ୍ ଭାବରେ ଶୋଷଣରୁ ସୁରକ୍ଷିତ ରଖିବା ପାଇଁ ଦୃଢ ଆଇନଗତ ଢାଞ୍ଚାର ଆବଶ୍ୟକତା ରହିଛି । ପ୍ରକୃତ ଆଦିବାସୀକରଣ, ଆଦିବାସୀ ସମ୍ପ୍ରଦାୟକୁ ଅଲଗା କରିବା ବିଷୟରେ ନୁହେଁ, ବରଂ ଏକ ବିଶ୍ୱସ୍ତରୀୟ ସ୍ଥାୟୀ ଭବିଷ୍ୟତ ପାଇଁ ଏକ ଆଧାର ଭାବରେ ସେମାନଙ୍କର ଜ୍ଞାନକୁ ଗ୍ରହଣ କରିବା । ଏହା ଏପରି ଏକ ବିଶ୍ୱ ନିର୍ମାଣ କରିବାର ସୁଯୋଗ ପ୍ରଦାନ କରିବ, ଯେଉଁଠାରେ ଆଧୁନିକତା

ଏବଂ ପରମ୍ପରା ମିଳିତ ଭାବରେ ପରିବେଶ ସନ୍ତୁଳନ, ସାମାଜିକ ସୌହାର୍ଦ୍ଦ୍ୟ ଏବଂ ସମସ୍ତଙ୍କ ପାଇଁ ଆର୍ଥିକ ନମନୀୟତା ବୃଦ୍ଧି କରାଇପାରିବ ।

ଆଦିବାସୀ ବନାମ ଆଦିବାସୀ

ଜୀବବିଜ୍ଞାନରେ ଇମ୍ୟୁନିଟି ନାମକ ଏକ ସଂଜ୍ଞା ଅଛି,ଯାହା କରୋନା ମହାମାରୀ ସମୟରେ ସମସ୍ତଙ୍କର ଧ୍ୟାନ ଆକର୍ଷଣ କରିଥିଲା । ଯାହାକୁ ଦେଖ, ଖାଲି 'ଇମ୍ୟୁନିଟି ବୁଷ୍ଟ' କଥା କହୁଥିଲେ । ବାହ୍ୟ ଆକ୍ରମଣକାରୀ ଜୀବାଣୁଙ୍କ ବିରୁଦ୍ଧରେ ଆମ ନିଜ ଶରୀରର ପ୍ରତିରକ୍ଷା ପ୍ରଣାଳୀ, ଯାହାକୁ ରୋଗ ପ୍ରତିରୋଧକ ଶକ୍ତି ବା ଇମ୍ୟୁନିଟି ବୋଲି କୁହାଯାଏ, ତାହା ହେଉଛି ଶରୀର ପ୍ରଥମ ସିପାହୀ ବା ପ୍ରତିରକ୍ଷା ସେନାନୀ, ଯାହା ଆମକୁ ଅସୁସ୍ଥ ହେବାରୁ ରକ୍ଷା କରିବାରେ ସାହାଯ୍ୟ କରେ ଏବଂ ଆମେ ଆହତ ଥିବା ସମୟରେ ସ୍ୱୟଂକ୍ରିୟ ଆରୋଗ୍ୟକୁ ପ୍ରୋତ୍ସାହିତ କରେ । କିନ୍ତୁ କ'ଣ ହୁଏ, ଯେତେବେଳେ ଶରୀରର ପ୍ରାକୃତିକ ପ୍ରତିରକ୍ଷା ପ୍ରଣାଳୀ ଆମର ନିଜ ଶରୀର କୋଷ ଏବଂ ବିଦେଶୀ କୋଷ ମଧ୍ୟରେ ପାର୍ଥକ୍ୟ ଜାଣିପାରେ ନାହିଁ ଓ ଭୁଲରେ ଶରୀର ଉପଯୋଗୀ କୋଷ ଉପରେ ଆକ୍ରମଣ କରିବାକୁ ଆରମ୍ଭ କରିଦିଏ? ସେତେବେଳେ ଶରୀର 'ଅଟୋଇମ୍ୟୁନ୍ ରୋଗ' ଦ୍ୱାରା ଆକ୍ରାନ୍ତ ହୁଏ, ଯେଉଁଥିରେ ରୋଗ ବିରୁଦ୍ଧରେ ଲଢୁ-ଲଢୁ ଶରୀର ନିଜ ସାଙ୍ଗରେ ନିଜେ ଲଢ଼ିବାକୁ ଆରମ୍ଭ କରିଦିଏ । ଚିକିତ୍ସା ବିଜ୍ଞାନର ଏହି ପ୍ରସଙ୍ଗ, ମନରେ ଏକ ପ୍ରଶ୍ନ ସୃଷ୍ଟି କରୁଛି ଯେ, ଏଇ ଅଟୋଇମ୍ୟୁନ୍ ରୋଗ ଶରୀର ରୁ ବାହାରି ସମାଜ ବା ସଂସ୍କୃତିକୁ ମାଡି ଯାଉଛି କି, ଯାହାର ପ୍ରଥମ ଶିକାର ନିରୀହ ଆଦିବାସୀ ମାନେ? ସମାଜରେ ଚାଲିଥିବା ବ୍ୟତିକ୍ରମ ଆଡ଼ିକି ନିରିଖେଇ ଦେଖିଲେ କାହିଁକି କେଜାଣି ମନରେ ପ୍ରଶ୍ନବାଚୀ ସୃଷ୍ଟି ହେଉଛି ଯେମିତି, ନିରୀହ ଆଦିବାସୀ ମାନେ ନିଜ ଅଧିକାର ଓ ଅଭିବୃଦ୍ଧି ପାଇଁ ଲଢେଇ କରୁ

କରୁ, ନିଜ ସଂସ୍କୃତି, ପରମ୍ପରା ଓ ନିଜର ସ୍ୱତନ୍ତ୍ରତା ଓ ଅନନ୍ୟତା ବିରୁଦ୍ଧରେ ଲଢେଇ କରିବା ଆରମ୍ଭ କରିଦେଇ ନାହାନ୍ତି ତ? ଆଦିବାସୀ ସମ୍ପ୍ରଦାୟ ଉପରେ 'ଆଦିବାସୀ ଘୁଣ' ଲାଗି ଯାଉ ନାହିଁ ତ? ମୂଳ ଆଦିବାସୀ ଓ ବିକଶିତ ଆଦିବାସୀଙ୍କ ଭିତରେ କିଛି ପାର୍ଥକ୍ୟ ସୃଷ୍ଟି ହେଉ ନାହିଁ ତ? ସମୃଦ୍ଧ ଆଦିବାସୀଙ୍କର 'ଆଦିବାସୀ ପରିଚୟ' କେବଳ ଆଧାର କାର୍ଡ, ଜାତି ପ୍ରମାଣପତ୍ର ଓ ଆରକ୍ଷଣରେ ସୀମିତି ବା ସଂକୁଚିତ ହୋଇଯାଉ ନାହିଁ ତ?

ସୃଷ୍ଟିର ମୂଳ ଅସ୍ତିତ୍ୱ, ମାନବ ସଭ୍ୟତାର ମୂଳ ପରିଚୟ,ଦେଶ ବା ଜାତିର ମୂଳ ନିବାସୀ, ସଂସ୍କୃତି ଓ ପରମ୍ପରାର ମୂଳ ଅସ୍ମିତା, ହେଲେ ଆଦିବାସୀ । କିନ୍ତୁ, ଚିନ୍ତାର ବିଷୟ ଏହା ଯେ, ବିକାଶର ଅସଂଜ୍ଞାୟିତ ଓ ପରିବର୍ତ୍ତନଶୀଳ ଅଧ୍ୟାୟ ଆଦିବାସୀମାନଙ୍କ ମଧ୍ୟରେ ଅଯଥା ପ୍ରତିଦ୍ୱନ୍ଦ୍ୱିତା ଜାତ କରି, 'ଆଦିବାସୀ ବନାମ ଆଦିବାସୀ' ନାମକ ଏକ ସାମାଜିକ ଚହଲ ସୃଷ୍ଟି କରିଦେଉଛି, ଯାହାର ଲାଭ ସ୍ୱକଳ୍ପିତ ବିକାଶର ଚାଳକ ଓ ବିକଶିତ ଜନତା ଉଠାଉଛନ୍ତି । "ମୂଳ ଆଦିବାସୀ", ଯେଉଁମାନେ ସେମାନଙ୍କର ପାରମ୍ପାରିକ ଜୀବନଶୈଳୀ ବଜାୟ ରଖିଛନ୍ତି ଓ "ବିକଶିତ ଆଦିବାସୀ", ଯେଉଁମାନେ ଆଧୁନିକ ସମାଜରେ ଏକୀଭୂତ ହୋଇ ସାମାଜିକ-ଅର୍ଥନୈତିକ ଅଗ୍ରଗତି ଗ୍ରହଣ କରିସାରିଛନ୍ତି, ସେମାନଙ୍କ ମଧ୍ୟରେ ବଢୁଥିବା ଫାଙ୍କ, ସମଗ୍ର ଆଦିବାସୀ ସମ୍ପ୍ରଦାୟ ଲାଗି ଏକ ଅଟୋଇମ୍ୟୁନ୍ ରୋଗ ଭଳି । ଭାରତର ଆଦିବାସୀ ସମ୍ପ୍ରଦାୟର ଏକ ସମୃଦ୍ଧ ସାଂସ୍କୃତିକ ଐତିହ୍ୟ ରହିଛି ଯାହା ପିଢ଼ି ପରେ ପିଢ଼ି ଚାଲିଆସିଛି । ସେମାନଙ୍କର ଅନନ୍ୟ ଭାଷା, ପରମ୍ପରା, ରୀତିନୀତି ଏବଂ ଜୀବନଶୈଳୀ ଭାରତର ସାଂସ୍କୃତିକ ବିବିଧତାର ଏକ ଗୁରୁତ୍ୱପୂର୍ଣ୍ଣ ଦିଗକୁ ପ୍ରତିନିଧିତ୍ୱ କରେ । କିନ୍ତୁ, ଆଧୁନିକୀକରଣ,ସ୍ଥାନାନ୍ତରଣ, ଜମି ବା ଜଙ୍ଗଲ ଅଧିଗ୍ରହଣ ଏବଂ ସାମାଜିକ-ଅର୍ଥନୈତିକ ବିକାଶ ସହିତ,

ଅନେକ ଆଦିବାସୀ ଯେଉଁମାନେ ସମାଜର ତଥାକଥିତ ମୁଖ୍ୟଧାରାରେ ଏକୀଭୂତ ହେଉଛନ୍ତି, ସେମାନେ ଧୀରେ ଧୀରେ ସେମାନଙ୍କର ପାରମ୍ପାରିକ ମୂଳ ସହିତ ସମ୍ପର୍କ ହରାଉଛନ୍ତି, ଯାହା ଆଦିବାସୀ ସମ୍ପ୍ରଦାୟର ସାଂସ୍କୃତିକ, ପାରମ୍ପାରିକ, ଅସ୍ତିତ୍ୱ ଓ ଅସ୍ମିତା ଅବକ୍ଷୟ ଭଳି ଚିନ୍ତା ସୃଷ୍ଟି କରୁଛି ।

ବର୍ତ୍ତମାନର ଶିକ୍ଷା ହେଉଛି ଆଦିବାସୀମାନଙ୍କ ପାଇଁ ଏକ ଦୁଇ ପଟ ଧାର ଥିବା ଖଣ୍ଡା ବିଶିଷ୍ଟ । ଯଦିଓ ଶିକ୍ଷା ଆର୍ଥିକ ସୁଯୋଗ ଉନ୍ମୁକ୍ତ କରିଥାଏ ଏବଂ ସାମାଜିକ-ଅର୍ଥନୈତିକ ଗତିଶୀଳତା ପାଇଁ ମାର୍ଗ ପ୍ରଦାନ କରିଥାଏ, ଏହା ସାଂସ୍କୃତିକ ସ୍ଥାନାନ୍ତରଣରେ ମଧ୍ୟ ଏକ ପ୍ରମୁଖ ଭୂମିକା ଗ୍ରହଣ କରିଥାଏ । ଭାରତରେ ଆନୁଷ୍ଠାନିକ ଶିକ୍ଷା ପ୍ରାୟତଃ ମୁଖ୍ୟଧାରାର ସଂସ୍କୃତି ଏବଂ ମୂଲ୍ୟବୋଧକୁ ପ୍ରୋତ୍ସାହିତ କରିଥାଏ, ଯାହା ଆଦିବାସୀ ଜ୍ଞାନ ବ୍ୟବସ୍ଥା, ବିଶ୍ୱ ଦୃଷ୍ଟିକୋଣ ଏବଂ ଇତିହାସର ସଂରକ୍ଷଣ ପାଇଁ କମ୍ ସ୍ଥାନ ଛାଡିଥାଏ । ବିଦ୍ୟାଳୟ ଏବଂ ବିଶ୍ୱବିଦ୍ୟାଳୟରେ, ସାଧାରଣତଃ ଜାତୀୟ ଇତିହାସ, ବିଜ୍ଞାନ ଏବଂ ସାହିତ୍ୟ ଉପରେ ଧ୍ୟାନ ଦେଉଥିବା ପାଠ୍ୟକ୍ରମରୁ ଶିକ୍ଷା ଦିଆଯାଏ, ଯେଉଁଥିରେ ଆଦିବାସୀ ପରମ୍ପରା, ଆଦିବାସୀ ଇତିହାସ ଏବଂ ସ୍ୱଦେଶୀ ଅଭ୍ୟାସ ଉପରେ ସର୍ବନିମ୍ନ ଗୁରୁତ୍ୱ ଦିଆଯାଏ । ଫଳସ୍ୱରୂପ, ଅନେକ ଯୁବ ଆଦିବାସୀ, ପାଉଥିବା ଶିକ୍ଷା ମାଧ୍ୟମରେ ସେମାନଙ୍କର ସ୍ୱଦେଶୀ ଜ୍ଞାନକୁ ନିକୃଷ୍ଟ କିମ୍ବା ଅପ୍ରାସଙ୍ଗିକ ଭାବନ୍ତି ଓ ଶିକ୍ଷାଗତ ଡିଗ୍ରୀ ଅର୍ଜନ ପରେ, ଶିକ୍ଷିତ ଆଦିବାସୀ, ଆଦିବାସୀ ହେବାର ମୂଲ୍ୟବୋଧକୁ ଆଉ ମନେ ପକାଇବାକୁ ଚାହାନ୍ତି ନାହିଁ । ଏମିତିକି ଶିକ୍ଷିତ ଆଦିବାସୀ ଆଉ ଆଦିବାସୀ ଅଂଚଳରେ ବା ନିଜ ଗାଁରେ ମଧ୍ୟ ରହିବାକୁ ପସନ୍ଦ କରନ୍ତି ନାହିଁ । ଅନେକ ଆଦିବାସୀ ଉନ୍ନତ ଶିକ୍ଷା, ନିଯୁକ୍ତି ଏବଂ ଉତ୍ତମ ଜୀବନଶୈଳୀ ସନ୍ଧାନରେ ସହରକୁ ଚାଲିଯାଆନ୍ତି । ସେଠାରେ, ସେମାନେ ମୁଖ୍ୟଧାରାର ସଂସ୍କୃତି

ସହିତ ପରିଚିତ ହୁଅନ୍ତି, ଯାହା ସେମାନଙ୍କର ସ୍ୱଦେଶୀ ମୂଳଠାରୁ ଭିନ୍ନ । ସହରରେ, ଆଦିବାସୀମାନେ ନିଜ ପାରମ୍ପାରିକ ପର୍ବପର୍ବାଣୀ, ସେମାନଙ୍କ ସ୍ୱଦେଶୀ ଧର୍ମ ପାଳନ କରିବା ବା ନିଜର ଅନନ୍ୟ ରୀତିନୀତିକୁ ଅନୁସରଣ କରିବାର ସୁଯୋଗ ଓ ସମ୍ଭାବନା ଖୁବ କମ୍ ପ୍ରାପ୍ତ କରିଥାନ୍ତି । ଆଦିବାସୀମାନେ ସହରାଞ୍ଚଳ କିମ୍ବା ମୁଖ୍ୟଧାରାର ଜୀବନରେ ଅଧିକ ଏକୀକୃତ ହେବା ଫଳରେ, ଅନ୍ୟ ଧର୍ମକୁ ଧର୍ମାନ୍ତରିତ ହୁଅନ୍ତି, ଓ ସେମାନଙ୍କର ସ୍ୱଦେଶୀ ଧାର୍ମିକ ପରିଚୟକୁ ହରାଇଥାନ୍ତି । ଏହି ପରିବର୍ତ୍ତନ ସେମାନଙ୍କ ପାରମ୍ପାରିକ ଜ୍ଞାନ ଏବଂ ଆଚରଣର ଗୁରୁତ୍ୱକୁ ହ୍ରାସ କରିଥାଏ । ସହରାଞ୍ଚଳରେ ବଢୁଥିବା ଅନେକ ଆଦିବାସୀ ପିଲା, ହିନ୍ଦୀ କିମ୍ବା ଇଂରାଜୀ ଭଳି ମୁଖ୍ୟଧାରାର ଭାଷା ପଢ଼ିଥାନ୍ତି, ଯାହାଫଳରେ, ସେମାନେ ପ୍ରାୟତଃ ସେମାନଙ୍କ ମାତୃଭାଷାରେ ସାବଲୀଳତା ହରାଇଥାନ୍ତି, ଯାହାର ଫଳସ୍ୱରୂପ ଆଦିବାସୀ ଭାଷାଗୁଡ଼ିକ ଧୀରେ ଧୀରେ ବିଲୁପ୍ତ ହେବାରେ ଲାଗିଛି।ଭାଷା ହେଉଛି ସଂସ୍କୃତିର ଏକ ପ୍ରମୁଖ ବାହକ, ଏବଂ ସ୍ୱଦେଶୀ ଭାଷାଗୁଡ଼ିକର କ୍ଷୟ ହେଉଛି ସାଂସ୍କୃତିକ ବିସ୍ମୃତିର ସଙ୍କେତ । ଟେଲିଭିଜନ, ସ୍ମାର୍ଟଫୋନ୍ ଏବଂ ସୋସିଆଲ ମିଡିଆ ପ୍ଲାଟଫର୍ମ ସମେତ ଆଧୁନିକ ଗଣମାଧମର ବିସ୍ତାର ସହିତ, ଯୁବ ଆଦିବାସୀମାନେ ଜଗତୀକୃତ ସଂସ୍କୃତି ଏବଂ ମନୋରଞ୍ଜନ ଆଡକୁ ଢଳିଯାଉଛନ୍ତି । ଫ୍ୟାସନ ଓ ପାଶ୍ଚାତ୍ୟ ଯାକଜକମ ଆଦିବାସୀ ପାରମ୍ପାରିକ ଜୀବନଶୈଳୀକୁ ଛାୟାବୃତ୍ତ କରୁଛି । ସମୟକ୍ରମେ, ଏହା ସହିତ ଆଦିବାସୀଙ୍କର ନିଜସ୍ୱ ପରମ୍ପରାକୁ ବଜାୟ ରଖିବାର ଗୁରୁତ୍ୱକୁ ହ୍ରାସ କରୁଛି । ପାରମ୍ପାରିକ କାହାଣୀ, ଲୋକକଥା ସଙ୍ଗୀତ ଏବଂ ନୃତ୍ୟ ଯାହା ଆଦିବାସୀ ସଂସ୍କୃତିର ଅବିଚ୍ଛେଦ୍ୟ ଅଙ୍ଗ, ତାହାକୁ ଆଧୁନିକ ମନୋରଞ୍ଜନ ଦ୍ୱାରା ବଦଳାଯାଉଛି । ଅନେକ ଯୁବ ଆଦିବାସୀଙ୍କ ପାଇଁ, ଡିଜିଟାଲ୍

ଜୀବନର ସୁବିଧା ସେମାନଙ୍କ ସାଂସ୍କୃତିକ ଐତିହ୍ୟରେ ନିୟୋଜିତ ହେବାର ଆବଶ୍ୟକତା ଠାରୁ ଅଧିକ।ସେଥିପାଇଁ ବୋଧେ, ଆଜି କରମା-ସାରନା ପର୍ବରେ ଢୋଲ ମାଦଳରେ ଧରା ଦୁଲୁକିବା ପରିବର୍ତ୍ତେ, ଡି.ଜେ ଗୀତରେ କାନ ଅତଡ଼ା ହେଉଛି । ସେଥିପାଇଁ ବୋଧେ ଆଜି ଆଦିବାସୀମାନେ ନିଜ ପାରମ୍ପାରିକ ପୋଷାକ ତ୍ୟାଗ କରି ଅଦ୍ଭୁତ ପୋଷାକ ପରିଧାନ କରୁଛନ୍ତି । ସେଥିପାଇଁ ଆଜି ଆଦିବାସୀ ଘର କାନ୍ଥରେ ପାରମ୍ପାରିକ ଚିତ୍ରକଳା ଆଉ ଦିଶୁ ନାହିଁ । ସେଥିପାଇଁ ଆଜି ଆଦିବାସୀ ଘର ପିଣ୍ଡା ଉପରେ ଆଦିବାସୀ ସ୍ତ୍ରୀଲୋକଙ୍କ ଆସର ଆଉ ଜମୁ ନାହିଁ । ସେଥିପାଇଁ ଆଜି ଆଦିବାସୀ ଝିଅ ଶାଶୁ ଘରକୁ ବିଦା ହେଲା ବେଳେ ବା କୋକେଇରେ ଶବ ଉଠିଲାବେଳେ ଆଉ କାନ୍ଦଣା ଗୀତ ଶୁଭୁ ନାହିଁ।ସେଥିପାଇଁ ଆଜି ଆଦିବାସୀଙ୍କ ଘରେ ଆଉ ଗାଈ ଗୋରୁଙ୍କ ସ୍ଥାନ ନାହିଁ । ସେଥିପାଇଁ ବୋଧେ ଆଜି ଆଦିବାସୀ ନିଜ ପରିଚୟ ଓ ପ୍ରମାଣକୁ ସାଉଁଟୁଛି । ସେଥିପାଇଁ ବୋଧେ ଆଜି ଆଦିବାସୀ ସାଂସ୍କୃତିକ ଓ ସାମାଜିକ କନ୍ଦଳରେ ମାତିଛି । ସେଥିପାଇଁ ଆଜି ଆଦିବାସୀଙ୍କ ଜଙ୍ଗଲ, ଜଳ, ଜମି ଅନ୍ୟମାନଙ୍କ ହାତକୁ ପଳାଉଛି । ସେଥିପାଇଁ ଆଜି ଆଦିବାସୀ ଆଉ ଚାଷ ନ କରି ଅନୁଦାନ ଉପରେ ନିର୍ଭରଶୀଳ । ସେଥିପାଇଁ ଆଜି ଆଦିବାସୀ ସାମାଜିକ ଓ ଶାରୀରିକ କୁପୋଷଣ ବା ପୁଷ୍ଟିହୀନତାର ଶିକାର । ସେଥିପାଇଁ ଆଜି ଆଦିବାସୀ ବିଧବା, ଭତ୍ତା ଲାଗି ନିଜ ଗାଁ ଆଦିବାସୀ ସରପଞ୍ଚ ଘରେ ବେଠି ଖଟୁଛି । ସେଥିପାଇଁ ଆଜି ନିରୀହ ଆଦିବାସୀ ନିଜ ମୁଣ୍ଡକୁ ଛାତ ଲାଗି ଆଉ ଗୋଟେ ଆଦିବାସୀ ବଡ଼ ବାବୁଙ୍କୁ ଲାଞ୍ଚ ଦେଉଛି । ସେଥିପାଇଁ ଆଜି ଆଦିବାସୀ ନିଜ ଅଧିକାର ପାଇଁ ନିଜ ଲୋକଙ୍କୁ ଗୁହାରି କରୁଛି । ସେଥିପାଇଁ ଆଜି ଆଦିବାସୀ ବନାମ ଆଦିବାସୀ ।

ଏବେ କିନ୍ତୁ ପ୍ରଶ୍ନ ଉଠିବ ଯେ, କ'ଣ ତେବେ ଆଦିବାସୀ ବିକଶିତ ହେଲେ ଖରାପ? କ'ଣ ଆଦିବାସୀ ବିକାଶର ମୁଖ୍ୟଧାରାରେ ସାମିଲ ହେବେ ନାହିଁ? ଏହାର ସଠିକ ଉତ୍ତର ଜାଣିବାକୁ ହେଲେ,ପ୍ରଥମେ ଜାଣିବା ଦରକାର ଯେ ଆଦିବାସୀ କ'ଣ ଚାହୁଁଛନ୍ତି ଓ ସେମାନଙ୍କୁ କ'ଣ ଦରକାର । ଦ୍ୱିତୀୟରେ, ଆଦିବାସୀଙ୍କୁ ବିକଶିତ କରିବା ବା ବିକାଶର ମୁଖ୍ୟଧାରାରେ ସାମିଲ କରିବା ପ୍ରଣାଳୀ ବା ପ୍ରକ୍ରିୟାରେ ରହିଯାଉଥିବା ଭୁଲ୍ କୁ ସୁଧାରିବା । ବିକାଶର ମାନେ ନୁହେଁ ଯେ ଆଦିବାସୀ ନିଜ ମାଟି, ନିଜ ପରିଚୟ, ଅସ୍ତିତ୍ୱ ଓ ଅସ୍ମିତାକୁ ଭୁଲି, ସମୟର ସ୍ରୋତରେ ଭାସିଯିବେ । ତାହାଛଡ଼ା, ବିକାଶ ଏକ ବିମୂର୍ତ୍ତ ସଂଜ୍ଞା, ଯାହାର ପ୍ରକୃତ ଅର୍ଥ ବ୍ୟକ୍ତି ବା ସମୁଦାୟ ଦ୍ୱାରା ପ୍ରଭାବିତ । ଗୋଟିଏ ରଙ୍ଗୀନ ସୁନ୍ଦର ସାମୁଦ୍ରିକ ମାଛ ଲାଗି ତା ନିଜ ବିକାଶର ଅର୍ଥ ହେଲା ସ୍ୱଚ୍ଛ ଅନାବୃତ ସମୁଦ୍ର ଜଳ ଓ ମଣିଷ ପାଇଁ ମାଛର ବିକାଶ ହେଲା ସୁନ୍ଦର ଏକ୍ୱାରିଅମ୍ । ବିକାଶ ନାଁରେ ଆଦିବାସୀ ଆଦିବାସୀ ଭିତରେ ଆମେ ପାର୍ଥକ୍ୟ ସୃଷ୍ଟି କରିଦେଉଛନ୍ତି । ଗୋଟିଏ ଆଦିବାସୀ ପରିବାରର ଦୁଇ ଭାଇ, ଜଣଙ୍କ ପାଖରେ ସେ ଆଦିବାସୀ ହେବାର ଦସ୍ତାବିଜ ଥିବାରୁ ତାକୁ ବିକାଶର ଲଡୁ ମିଳିବ ଓ ଆର ଭାଇ ପାଖରେ ଆଦିବାସୀ ବୋଲି ପ୍ରମାଣ ପତ୍ର ନଥିବାରୁ ସେ ବିକାଶରୁ ବଂଚିତ? ଏୟା କ'ଣ ଆଦିବାସୀଙ୍କ ବିକାଶ? ଏୟା କ'ଣ ଆଦିବାସୀଙ୍କୁ ବିକଶିତ କରାଇବାର ଉଚିତ ପ୍ରଣାଳୀ? ଆଦିବାସୀମାନଙ୍କ ପାଇଁ ବିକାଶମୂଳକ କାର୍ଯ୍ୟକ୍ରମ ଗୁଡିକ ଗୋଷ୍ଠୀଗତ ଯୋଗଦାନ ଏବଂ ନେତୃତ୍ୱକୁ ପ୍ରାଥମିକତା ଦେବା ଉଚିତ । ଆଦିବାସୀମାନେ ସେମାନଙ୍କର ଜମି, ସଂସ୍କୃତି ଏବଂ ଆବଶ୍ୟକତା ବିଷୟରେ ଅନନ୍ୟ ଜ୍ଞାନ ରଖିଥାନ୍ତି । ବାହ୍ୟ ସମାଧାନ ଲାଗୁ କରିବା ପରିବର୍ତ୍ତେ, ଆଦିବାସୀଙ୍କର ପ୍ରକୃତ ଆବଶ୍ୟକତାକୁ ପୂରଣ କରିବା ପାଇଁ ଆଦିବାସୀମାନଙ୍କ

ସହଯୋଗରେ ପଦକ୍ଷେପ ଗ୍ରହଣ କରାଯିବା ଉଚିତ । ଶିକ୍ଷା ମାଧ୍ୟମରେ ଆଦିବାସୀଙ୍କର ଉଚିତ ବିକାଶ ସେତେବେଳେ ହୋଇପାରିବ, ଯେତେବେଳେ ଶିକ୍ଷା କାର୍ଯ୍ୟକ୍ରମଗୁଡ଼ିକ ଆଦିବାସୀ ଜ୍ଞାନ, କୌଶଳ, ପରମ୍ପରା, ଇତିହାସ, ଏବଂ ଭାଷାକୁ ପାଠ୍ୟକ୍ରମରେ ସ୍ଥାନ ମିଳିବ ଓ ତାହା ସୁନିଶ୍ଚିତ କରାଇବ ଯେ ଆଦିବାସୀ ଯୁବପିଢ଼ି ଆଧୁନିକ କୌଶଳ ହାସଲ କରିବା ସହିତ ନିଜ ସାଂସ୍କୃତିକ ମୂଳ ସହିତ ଯୋଡ଼ି ହୋଇ ରହିବେ । ସଠିକ ବିକାଶ ସେତେବେଳେ ସମ୍ଭବ, ଯେତେବେଳେ ବିକାଶ କାର୍ଯ୍ୟକ୍ରମଗୁଡ଼ିକ ଆଦିବାସୀଙ୍କର ଆର୍ଥିକ ସ୍ଥିତିରେ ଉନ୍ନତି ଆଣିବା ଉପରେ ଧ୍ୟାନ ଦେବା ସହ ସେମାନଙ୍କ ପାରମ୍ପାରିକ କୌଶଳ ସହ ତାଳ ଦେଇ ସ୍ଥାୟୀ ଜୀବିକା ନିର୍ବାହ କରିବ । ଖଣି ଖନନ ଭଳି ପ୍ରାକୃତିକ ସମ୍ବଳର ଉପଯୋଗ ବା ଉପଭୋଗ କରୁଥିବା ଶିଳ୍ପଗୁଡ଼ିକୁ ପ୍ରୋତ୍ସାହିତ କରିବା ପରିବର୍ତ୍ତେ, ଜଙ୍ଗଲ ଆଧାରିତ ଅର୍ଥ ବ୍ୟବସ୍ଥା, ହସ୍ତଶିଳ୍ପ, ପରିବେଶ ପର୍ଯ୍ୟଟନ ଏବଂ ଜୈବିକ/ପ୍ରାକୃତିକ କୃଷିକୁ ପ୍ରୋତ୍ସାହିତ କରିବା । ଜଳ, ଜମି ଏବଂ ଜଙ୍ଗଲ ଆଦିବାସୀ ଜୀବିକା ଏବଂ ସଂସ୍କୃତିର ଏକ ଅବିଚ୍ଛେଦ୍ୟ ଅଙ୍ଗ । ଖଣି, ଜଙ୍ଗଲ ଅଧିକରଣ ଏବଂ ଶିଳ୍ପାୟନ ଦ୍ୱାରା ଶୋଷଣକୁ ରୋକିବା ପାଇଁ ଆଦିବାସୀଙ୍କର ଜମି ଏବଂ ପ୍ରାକୃତିକ ସମ୍ବଳର ଆଇନଗତ ସୁରକ୍ଷା ସୁନିଶ୍ଚିତ କରିବା ଗୁରୁତ୍ୱପୂର୍ଣ୍ଣ । ଆଦିବାସୀଙ୍କ ବିକାଶ ସେତେବେଳେ ହେବ, ଯେତେବେଳେ ସରକାରୀ କଲ୍ୟାଣକାରୀ ଯୋଜନାଗୁଡ଼ିକ ଆଦିବାସୀଙ୍କର ଆବଶ୍ୟକତା ଅନୁଯାୟୀ ପ୍ରସ୍ତୁତ ହେବ । ସ୍ୱଚ୍ଛ ଜଳ, ପରିମଳ, ଆବାସ ଏବଂ ବିଦ୍ୟୁତ ଭଳି ମୌଳିକ ସୁବିଧାଗୁଡ଼ିକର ଉପଲବ୍ଧତା ବୃଦ୍ଧି କରାଯିବା ଉପରେ ବିଶେଷ ଧ୍ୟାନଦିଆଯିବ, ଏବଂ ଏହା ସୁନିଶ୍ଚିତ କରାଯିବ ଯେ ସୁବିଧାଗୁଡ଼ିକ ଆଦିବାସୀ ଜୀବନଶୈଳୀରେ ଯେମିତି ବାଧା ସୃଷ୍ଟି ନ କରନ୍ତୁ । ଆଦିବାସୀଙ୍କ ପ୍ରକୃତ ବିକାଶ ଓ

ସଶକ୍ତିକରଣ ସେତେବେଳେ ହେବ, ଯେତେବେଳେ ସେମାନଙ୍କ ସଂସ୍କୃତି ପ୍ରତି ସମ୍ମାନ ଏବଂ ସ୍ଥାୟୀ ଅଭ୍ୟାସ ଉପରେ ଧ୍ୟାନ ଦିଆଯିବ ।

ବିକାଶ ପ୍ରକ୍ରିୟା ଅନେକ ଆଦିବାସୀଙ୍କୁ ଊର୍ଦ୍ଧ୍ୱମୁଖୀ ଗତିବିଧି ପାଇଁ ସୁଯୋଗ ପ୍ରଦାନ କରିଥିବା ବେଳେ ଆଦିବାସୀ ମୂଲ୍ୟବୋଧର ଅବକ୍ଷୟ ମଧ୍ୟ ଘଟାଇଛି । ବିକଶିତ ଆଦିବାସୀମାନେ ସେମାନଙ୍କ ସ୍ୱଦେଶୀ ଭାଷା, ଧାର୍ମିକ ପ୍ରଥା ଏବଂ ପାରମ୍ପାରିକ ଜୀବନଶୈଳୀକୁ ଭୁଲିଗଲେଣି, ଓ ଆଧୁନିକ ସମାଜର ବୃହତ୍ତର ଢାଞ୍ଚାରେ ନିଜର ପରିଚୟକୁ ହରାଇ ବସିଲେଣି । ନୀତି ନିର୍ଦ୍ଧାରକ, ଶିକ୍ଷାବିତ୍ ଏବଂ ସାମାଜିକ ଗବେଷକଙ୍କ ପାଇଁ ସାଂସ୍କୃତିକ ସଂରକ୍ଷଣ ସହିତ ଆଦିବାସୀ ବିକାଶକୁ ସନ୍ତୁଳିତ କରିବା ଗୁରୁତ୍ୱପୂର୍ଣ୍ଣ । ଏପରି ପ୍ରୟାସ ବିନା, ଭାରତର ଆଦିବାସୀ ସମ୍ପ୍ରଦାୟର ସମୃଦ୍ଧ ସାଂସ୍କୃତିକ ଐତିହ୍ୟ ବିସ୍ମୃତ ହୋଇଯାଇପାରେ।କେବଳ ସହଯୋଗ, ପାରସ୍ପରିକ ସମ୍ମାନ ଏବଂ ଭବିଷ୍ୟତ ପାଇଁ ଏକ ସହଭାଗୀ ଦୃଷ୍ଟିକୋଣ ମାଧ୍ୟମରେ ଆଦିବାସୀଙ୍କର ଅଧିକାରକୁ ସୁରକ୍ଷିତ କରାଯାଇପାରିବ, ସେମାନଙ୍କର ସମ୍ବଳକୁ ସୁରକ୍ଷା ଦିଆଯାଇପାରିବ ଏବଂ ଆଦିବାସୀମାନେ ନିଜର ସାଂସ୍କୃତିକ ପରିଚୟ ନ ହରାଇ ବିକଶିତ ହୋଇପାରିବେ । ଆଦିବାସୀ, ଆଦିବାସୀ ହୋଇ ରହିଲେ ଆଦିବାସୀ ବିକାଶର ଆବଶ୍ୟକତା ଆଉ ପଡ଼ିବ ନାହିଁ, କାରଣ, ଆଦିବାସୀ ଚିନ୍ତାଧାରା ଅନେକମାତ୍ରାରେ ଆମର ତଥାକଥିତ ଆଧୁନିକ ଚିନ୍ତାଧାରା ଠାରୁ ବହୁ ପରିମାଣରେ ଉନ୍ନତ ।

ମତ ଓ ମନ୍ତବ୍ୟ

ଏଥର ମତ ଓ ମନ୍ତବ୍ୟ ଦେବାର ଦାୟିତ୍ୱ ଆପଣଙ୍କର...

କୃତଜ୍ଞତା

କୃତଜ୍ଞତା ଭରା ହୃଦୟରୁ, ମୁଁ ଏହି ପୁସ୍ତକର ପ୍ରକୃତ ସ୍ତମ୍ଭ, ଆଦିବାସୀ ସମ୍ପ୍ରଦାୟକୁ ମୋର ଗଭୀର ଧନ୍ୟବାଦ ଜଣାଉଛି । ପୂଜନୀୟ ଆଦିବାସୀ ହେଲେ ଏହି ପୁସ୍ତକର ଆତ୍ମା, ପ୍ରେରଣା, ମାର୍ଗଦର୍ଶକ ଏବଂ ଦାର୍ଶନିକ ସ୍ୱରୂପ । ପୁସ୍ତକରେ ଉଲ୍ଲେଖ ପ୍ରତ୍ୟେକଟି ଶବ୍ଦ ଆଦିବାସୀଙ୍କ ଜୀବନର ବାସ୍ତବତା, ଯାହା ପୁସ୍ତକ ଭିତରେ ଜୀବନ ଫୁଙ୍କି ଦେଇଛି । ଆଜି ଯଦି ଏହି ପୁସ୍ତକଟିକୁ ଏକ ରୂପ ବା ବାସ୍ତବତାର ଏକ ଆକାର ମିଳିପାରିଛି, ତେବେ କେବଳ ଆଦିବାସୀ ଓ ବିଶେଷକରି ଓଡ଼ିଶା ମାଟିର ଆଦିବାସୀଙ୍କ ପାଇଁ ଏହା ସମ୍ଭବପର ହୋଇପାରିଛି । ସମଗ୍ର ପୁସ୍ତକଟି ଆଦିବାସୀଙ୍କୁ ସମର୍ପିତ ।

ଆଦିବାସୀ ପ୍ରସଙ୍ଗ ଆଧାରିତ ମୋର ଆଲେଖ୍ୟଗୁଡ଼ିକୁ ସମ୍ପାଦକୀୟରେ ପ୍ରମୁଖତା ପ୍ରଦାନ କରୁଥିବାରୁ, ମୁଁ ବିଶିଷ୍ଟ ଓଡ଼ିଆ ଦୈନିକ ସମ୍ବାଦପତ୍ରର ସମ୍ପାଦକୀୟ ମଣ୍ଡଳୀଙ୍କ ପ୍ରତି ଗଭୀର ଭାବେ କୃତଜ୍ଞ । ଖବର କାଗଜରେ ସ୍ଥାନିତ ମୋ ଆଲେଖ୍ୟ, ଅସଂଖ୍ୟ ପାଠକଙ୍କ ସହ ସଂଯୋଗ କରୁଥିବା ଏକ ସେତୁ ସ୍ୱରୂପ, ଯାହା ମୋତେ ସେମାନଙ୍କର ପ୍ରତିକ୍ରିୟା, ପ୍ରଶଂସା, ପରାମର୍ଶ, ପ୍ରେରଣା ସାଉଁଟିବାରେ ସାହାଯ୍ୟ କରେ । ଆଲେଖ୍ୟ ଲେଖିବା ମୋର ସେତେବେଳେ ସାର୍ଥକ ହୋଇଯାଏ, ଯେତେବେଳେ ତାହା ଖବର କାଗଜରେ ସ୍ଥାନଟିଏ ପାଇଥାଏ, ଯାହାଦ୍ୱାରା ସୁଦୂର ଆଦିବାସୀ ଅଧ୍ୟୁଷିତ ଅଞ୍ଚଳରୁ ଆଦିବାସୀମାନେ ମୋ ଲେଖା ପାଇଁ ମୋତେ ଧନ୍ୟବାଦ, ଭଲପାଇବା, ଆଶୀର୍ବାଦ ଏବଂ ହୃଦୟସ୍ପର୍ଶୀ ଅଭିବ୍ୟକ୍ତି ପ୍ରଦାନ କରନ୍ତି ।

ସମୟକ୍ରମେ, ତାହାସବୁ ପୁସ୍ତକକୁ ଆକାର ଦେବା ପାଇଁ ପ୍ରେରଣା ପାଲଟି ଯାଇଥିଲା ।

ମୋ ସ୍ୱାମୀ, ଡ. ରାମକୃଷ୍ଣ ବିଶ୍ୱାଳ, ଯାହାଙ୍କ ନିକଟରେ ମୁଁ ମୋର ପ୍ରତ୍ୟେକଟି ଲେଖା ପାଇଁ ଚିର ଋଣୀ, ତାଙ୍କ ପାଇଁ ମୋର କୃତଜ୍ଞତା, ଶବ୍ଦରେ ପରିପୂର୍ଣ୍ଣ ହୋଇପାରିବ ନାହିଁ । ମୋ ଉପରେ ତାଙ୍କର ବିଶ୍ୱାସ, ତାଙ୍କର ପ୍ରୋତ୍ସାହନ ଏବଂ ଚିନ୍ତାଶୀଳ ସମାଲୋଚନା, ସ୍ୱପ୍ନ ଦେଖିବା ଏବଂ ହାସଲ କରିବା ପାଇଁ ମୋ ଭିତରେ ଏକ ଆତ୍ମବିଶ୍ୱାସ ସୃଷ୍ଟି କରିଥିଲା । ମୂଲ୍ୟବାନ ଅନ୍ତର୍ଦୃଷ୍ଟି ଏବଂ ସୂକ୍ଷ୍ମ ଯାଞ୍ଚ ସହିତ ଏହି ପୁସ୍ତକରେ ଜୀବନ୍ୟାସ କରିଥିବାରୁ, ତାଙ୍କୁ ହୃଦୟରୁ ଧନ୍ୟବାଦ ।

ମୋ ପୁଅ, ନିଷ୍କର୍ଷ, ଯାହାର ଉତ୍ସାହ ମୋ ଭିତରେ ସୃଜନଶୀଳ ନିଆଁକୁ ପ୍ରଜ୍ୱଳିତ କରେ, ମୋତେ ଅର୍ଥପୂର୍ଣ୍ଣ ଏବଂ ପ୍ରଭାବଶାଳୀ କିଛି ଲେଖିବା ପାଇଁ ନିରନ୍ତର ଶକ୍ତି ଯୋଗାଏ, ତାକୁ ମୋର ସ୍ନେହଭରା ଧନ୍ୟବାଦ । କଠିନ ସମୟରେ ମୋତେ ଆଗକୁ ବଢିବାକୁ ଉତ୍ସାହିତ କରିଥିବାରୁ, ମୋ ପରିବାରକୁ ଅନ୍ତରରୁ ଧନ୍ୟବାଦ । ମୋ ଅଜା ଶ୍ରୀ କୁଳମଣି ନାୟକ, ସବୁବେଳେ ମୋର ପ୍ରେରଣାର ଉତ୍ସ । ସେ ମୋତେ ଶବ୍ଦର ଶକ୍ତି ଉପରେ ବିଶ୍ୱାସ ରଖି, ଲେଖା ଜରିଆରେ ହଜାର ହଜାର ହୃଦୟକୁ ଛୁଇଁବା ଶିଖାଇଛନ୍ତି । ଆଜି ସିନା ମୋ 'ବୋଉ' (ଆଈ) ସ୍ୱର୍ଗତା କମଳା ନାୟକ, ଆମ ଗହଣରେ ନାହିଁ, ହେଲେ ତା'ର ସେଇ ସ୍ନେହଭରା ଆଶୀର୍ବାଦ, ବିଶ୍ୱାସ ଓ ଭଲପାଇବା ଆଜି ବି ମୋ ପାଖରେ ସାଇତା, ଯାହା ଲାଗି ମୁଁ ସର୍ବଦା ଋଣୀ ।

ଶେଷରେ, ମୋର ସମାଲୋଚକମାନଙ୍କୁ ମଧ୍ୟ ମୁଁ ଧନ୍ୟବାଦ ଜଣାଉଛି । ଯଦିଓ ବେଳେ ବେଳେ ସମାଲୋଚନା ଅତି କଷ୍ଟଦାୟକ ହୋଇ ପଡ଼େ, ହେଲେ ତାହା ମୋତେ ଧୈର୍ଯ୍ୟ ଓ ସହନଶୀଳତା ଶିଖାଇ ଦେଲା । ଦୁର୍ଗମ ଗାଁ, ଆଭ୍ୟନ୍ତରୀଣ ବିଦ୍ୟାଳୟ, ଆଦିବାସୀ ଅଧ୍ୟୁଷିତ ଗାଁ, ଆଦିବାସୀଙ୍କ ସାଙ୍ଗରେ ସମୟ କାଟିବା, ତାଙ୍କୁ ଜାଣିବା ଓ ବୁଝିବା, ଯଦିଓ କିଛି ଲୋକଙ୍କୁ ତାହା ଅଣପାରମ୍ପାରିକ ଲାଗୁଥିଲା, ହେଲେ ବାସ୍ତବରେ ତାହା ହିଁ ଏହି ପୁସ୍ତକକୁ ରୂପ ଦେଉଥିବା ଗଭୀର ସତ୍ୟକୁ ଆବିଷ୍କାର କରିଛି, କାରଣ ସବୁବେଳେ ପ୍ରଶଂସା ସ୍ୱପ୍ନକୁ ଗଢ଼ି ନଥାଏ, ବରଂ ପ୍ରତିବାଦ, ସ୍ୱପ୍ନକୁ କିପରି ଉତ୍ତମ ଭାବରେ ବାସ୍ତବତାର ରୂପ ଦିଆ ଯାଇପାରିବ, ତାହାର ମାର୍ଗ ଦେଖାଇ ଥାଏ ଓ ସାହସ ପ୍ରଦାନ କରିଥାଏ ।

ଏହି ପୁସ୍ତକ କେବଳ ମୋର ଶ୍ରମ ନୁହେଁ, ବରଂ ଅସଂଖ୍ୟ ଆଦିବାସୀଙ୍କ ସ୍ୱର, ସ୍ୱପ୍ନ, ପରିଚୟ, ପ୍ରେରଣା, ଆଶା ଓ ବିଶ୍ୱାସର ଏକ ବାସ୍ତବ ରୂପ । ଏହି ପୁସ୍ତକଟି ଲାଗି, ମୁଁ ସମସ୍ତଙ୍କୁ ହୃଦୟରୁ ଧନ୍ୟବାଦ ଦେବା ସହିତ ଭଗବାନଙ୍କ ନିକଟରେ ସାଷ୍ଟାଙ୍ଗ ପ୍ରଣାମ କରୁଛି ।

କିଛି ଲେଖିକାଙ୍କ ବିଷୟରେ...

ଡ଼. ଅନ୍ତର୍ଜିତା ନାୟକ, ଜଣେ ଅର୍ଥନୀତି ଗବେଷିକା, ସମାଜ ବିଜ୍ଞାନୀ, ଲେଖିକା ଓ ସ୍ତମ୍ଭକାର ଭାବେ ସୁପରିଚିତ । ଓଡ଼ିଶାର ଜଣେ ଜଣାଶୁଣା ସ୍ତମ୍ଭକାର ଭାବରେ ବିଭିନ୍ନ ସାମାଜିକ ସମସ୍ୟା ଓ ସମାଧାନ ସମ୍ପର୍କିତ ତାଙ୍କର ଆଲେଖ୍ୟ ପ୍ରତିଷ୍ଠିତ ଓଡ଼ିଆ ଖବରକାଗଜ 'ପ୍ରମେୟ', 'ସକାଳ', 'ଧରିତ୍ରୀ', 'ନୀତିଦିନ', 'ସମ୍ବାଦ', 'ପ୍ରଗତିବାଦୀ', 'ସମାଜ' ସମ୍ପାଦକୀୟ ପୃଷ୍ଠାରେ ପ୍ରକାଶ ପାଇବା ସହିତ, ତାଙ୍କର ଲେଖା ପାଠକଙ୍କ ଦ୍ୱାରା ବେଶ୍ ଆଦୃତ । ରେଭେନ୍ସା ବିଶ୍ୱବିଦ୍ୟାଳୟରୁ ଅର୍ଥନୀତିରେ ସ୍ନାତକ ଏବଂ ସ୍ନାତକୋତ୍ତର ଶିକ୍ଷା ସମାପ୍ତି ପରେ, ଜାତୀୟ ପ୍ରଯୁକ୍ତି ପ୍ରତିଷ୍ଠାନ, ରାଉରକେଲାରୁ ଅର୍ଥନୀତିରେ ପି.ଏଚ.ଡି. ଲାଭ କରିଛନ୍ତି, ଡ଼.ନାୟକ । ଜଣେ **'ICSSR Doctoral'** ଏବଂ **'Post-Doctoral Fellow'** ହିସାବରେ, ତାଙ୍କର ପ୍ରମୁଖ ଗବେଷଣା କ୍ଷେତ୍ରଗୁଡ଼ିକ ଦାରିଦ୍ର୍ୟ ଏବଂ ବିକାଶ ଯୋଜନା, ଆଦିବାସୀ ପିଲାଙ୍କ ଶିକ୍ଷା, ଆଦିବାସୀ ମହିଳାଙ୍କ ସ୍ୱାସ୍ଥ୍ୟ ତଥା ସେମାନଙ୍କର କୌଶଳ ବିକାଶ ଏବଂ ରୋଜଗାର ଉପରେ ସନ୍ନିବେଶିତ । ସେ ତାଙ୍କର ଅନୁସନ୍ଧାନ ଭିତ୍ତିକ କାର୍ଯ୍ୟ ଅନେକ ଜାତୀୟ ତଥା ଅନ୍ତର୍ଜାତୀୟ

ସମ୍ମିଳନୀରେ ଉପସ୍ଥାପନା କରିବା ସହିତ, ଅନେକ ଗବେଷଣାତ୍ମକ ପ୍ରବନ୍ଧମାନ ପ୍ରକାଶନ ମଧ୍ୟ କରିଛନ୍ତି । **"Tribal School Dropout"** ଉପରେ ତାଙ୍କର ଅନୁସନ୍ଧାନ କାର୍ଯ୍ୟ ପାଇଁ ତାଙ୍କୁ ୨୦୨୨ ମସିହାରେ **"International Society for the Study of Behavioral Development" (ISSBD),** ଦ୍ୱିବାର୍ଷିକ ସମ୍ମିଳନୀରେ ନିଜର ସନ୍ଦର୍ଭ ଉପସ୍ଥାପନ ନିମନ୍ତେ ସମ୍ମାନଜନକ ଅନୁଦାନ ପ୍ରଦାନ କରାଯାଇଛି ।

ଇଂରାଜୀରେ ତାଙ୍କର ପୁସ୍ତକ "Poverty: By Chance or By Choice", ମାନବ ମନୋବୃତ୍ତିର ଏକ ଗଭୀର ଅନୁଧ୍ୟାନ, ଯେଉଁଥିରେ 'ଗରୀବମାନେ କାହିଁକି ଗରୀବ' ଭଳି ପ୍ରଶ୍ନର ଉତ୍ତର ଲୁକ୍କାୟିତ । ଡ଼.ନାୟକଙ୍କର ପ୍ରଥମ ଓଡ଼ିଆ ପୁସ୍ତକ "ମନ କଥା" ଅନେକ ସାମାଜିକ ଓ ଅର୍ଥନୈତିକ ସମସ୍ୟା, ତାହାର କାରଣ ଓ ସମ୍ଭାବ୍ୟ ସମାଧାନ ଉପରେ ଆଧାରିତ । ତାଙ୍କର ଦ୍ୱିତୀୟ ଓଡ଼ିଆ ପୁସ୍ତକ "ପରୀକ୍ଷାର ପରୀକ୍ଷା", ଭାରତୀୟ ଶିକ୍ଷା ବ୍ୟବସ୍ଥା ଏବଂ ପରୀକ୍ଷା ପ୍ରକ୍ରିୟା ଉପରେ କେନ୍ଦ୍ରିତ, ଯାହା ପାଠକଙ୍କ ଦ୍ୱାରା ବେଶ୍ ଆଦୃତି ଲାଭ କରିଛି । ଡ଼.ନାୟକଙ୍କ ତୃତୀୟ ଓଡ଼ିଆ ପୁସ୍ତକ "କୁସୁମ: ବ୍ୟବସ୍ଥାର ଅବ୍ୟବସ୍ଥାରେ ଆଦିବାସୀ", ସମାଜ ଓ ସାମାଜିକ ବ୍ୟବସ୍ଥାରେ ଥିବା ନିଷ୍ଠୁରତା, କ୍ରୁରତା ଓ ବର୍ବରତା ବିରୁଦ୍ଧରେ ମୁକାବିଲା ଓ ସଂଘର୍ଷ କରୁଥିବା ଏକ ଗରିବ ଆଦିବାସୀ ବାପା-ମା'ଙ୍କର ହୃଦୟସ୍ପର୍ଶୀ କାହାଣୀକୁ ବଖାଣେ । ଏହା ବ୍ୟତୀତ ସେ ପିଲାମାନଙ୍କ ପାଇଁ ୧୧ ଟି ପୁସ୍ତକ ମଧ୍ୟ ଲେଖିଛନ୍ତି, ଯାହା ବିକାଶ ଏବଂ ଶିକ୍ଷଣର ପ୍ରାଥମିକ ଅବଧିରେ ଶିଶୁର ବ୍ୟାବହାରିକ ଆବଶ୍ୟକତା ଉପରେ ଆଧାରିତ ।

ଡ.ନାୟକ, ଅଭିବ୍ୟକ୍ତି ରିସର୍ଚ୍ଚ ଏଣ୍ଡ ଡେଭେଲପମେଣ୍ଟ ଫାଉଣ୍ଡେସନ୍ **(Abhibyakti Research and Development Foundation)**ର

ପ୍ରତିଷ୍ଠାତା ନିର୍ଦ୍ଦେଶିକା ହିସାବରେ, ମହିଳା, ଶିଶୁ, ସ୍ୱାସ୍ଥ୍ୟ, ଶିକ୍ଷା ଏବଂ ପରିବେଶ ଜନିତ ସମସ୍ୟା ତଥା ସମାଧାନ ଦିଗରେ ଅନୁସନ୍ଧାନ କରିବା ସହିତ, ଏକ ସ୍ଥାୟୀ ଅଭିବୃଦ୍ଧି ଏବଂ ବିକାଶର ଉତ୍ତମ ଲକ୍ଷ୍ୟ ରଖି ଅନେକ କାର୍ଯ୍ୟ ମଧ୍ୟ କରିଚାଲିଛନ୍ତି ।

www.ingramcontent.com/pod-product-compliance
Lightning Source LLC
LaVergne TN
LVHW091315150826
845673LV00006B/1653
9798897440580